숨은 거인의 길 2

일송 윤덕선 박사의 큰 생각을 담은 글모음 2

숨은 거인의 길 2

초판발행   2023년 1월 31일

발 행 인   일송기념사업회
발 행 처   도서출판 소화
등   록   제13-412호
주   소   서울시 영등포구 버드나루로 69
전   화   (02)2677-5890(대표)
팩   스   (02)2636-6393
홈페이지   www.sowha.com

ISBN 978-89-8410-510-2

값 25,000원

| 일송―松 윤덕선尹德善 박사의 큰 생각을 담은 글모음 2 |

숨은 거인의 길 2

일송기념사업회 엮음

小花

발간에 즈음하여

한림대학교 의료원과 학교법인 일송학원의 설립자이신 일송一松 윤덕선尹德善 선생님께서 생전에 남긴 저술, 기고, 일기 등을 편집하여 『숨은 거인의 길』 2를 한림대학교 일송기념사업회에서 발간하게 되었습니다. 이 책은 『숨은 거인의 길』(2001, 소화)에 이은 두 번째 유고 문집입니다.

일송 선생은 생전에 많은 의학 논문, 저서, 의료 경영서 『병원경영실무』, 수상록 『낙엽을 밟으면서』를 낸 바 있습니다. 그의 사후에는 추모 문집 『주춧돌』과 유고집 『숨은 거인의 길』이 출간되었고 이를 통하여 우리는 일송 선생의 풍부한 인간적 면모를 엿볼 수 있었습니다. 또한 2016년에 발간된 『일송 윤덕선 평전』은 그의 생애 전반과 더불어 그가 이룩한 위대한 업적을 자세히 기술하여 높은 역사적 의미를 부여하였습니다. 그중 『숨은 거인의 길』은 그가 1992~1993년에 저술한 일기 가운데서 주요 내용을 간추려 소개한 것으로서 주로 만년의 경륜과 철학이 담겨 있습니다.

이번에 발간되는 『숨은 거인의 길』 2는 일송 선생이 가톨릭의대에 재직하던 시절인 1960년부터 만년까지 여러 형식으로 발표한 글과 자료를 뽑아 정리한 책입니다. 의학과 의료 경영이라는 전문 분야의 저술을 제외하고, 출간되지 않았거나 흩어져 있던 그의 주요 저술이나 강연 등이 망라되었다고 보아도 좋을 듯합니다.

한국의 의료, 교육, 사회복지 분야에 큰 자취를 남긴 일송 선생의 생생한 목소리를 우리는 이 책을 통하여 감상할 수 있습니다. 이 책에 실린 목소리들은 오늘의 한국을 있게 한 전前 세대 지도층의 생생한 증언이자, 한국 현대 지성인이라면 당연히 통과한 사색의 여정이기도 합니다. 이 책으로 인해 일송 선생에 대한 이해가 더욱 높아지고, 나아가서는 한국의 현대 역사에 대한 균형 잡힌 해석이 자리 잡기를 기대합니다.

2021년은 일송 선생(1921~1996)의 탄신 100주년이자, 의료원 설립 50주년을 맞이한 해였습니다. 올해 2022년은 한림대학교 개교 40주년이 되는 해입니다. 한림대학교 의료원과 한림대학교는 어느덧 불혹의 나이를 넘어 완숙의 경지를 향하고 있습니다. 일송 선생의 정신을 계승하고 발전시켜야 하는 한림인의 어깨가 더욱 무거운 이때, 이 책은 그의 글과 말을 통하여 우리를 다시 일깨워 주면서 동시에 힘차게 나아갈 용기를 선물할 것입니다.

일송기념사업회는 일송학원의 제2대 이사장인 윤대원 박사의 지원으로 2006년부터 사업을 시작했습니다. 의학, 교육, 사회봉사 분야에서 훌륭한 공적을 남긴 분들에게 '일송상'을 수상하고, 다양한 학술 연구와 출판을 지원하여 왔습니다. 사업회는 앞으로도 일송 선생의 유지를 계승하는 사업을 발굴하고 진행할 예정입니다.

100년을 향한 새로운 한림New Hallym을 설계하는 일송학원의 구성원들에게 든든한 디딤돌 하나를 바치는 마음으로 이 책을 세상에 펼쳐 놓습니다.

2022년 9월
한림대학교 총장
일송기념사업회 위원장
최양희

『숨은 거인의 길』2 소개

현재 전하는 일송 선생의 글과 연설 등은 시기와 형식을 기준으로 크게 셋으로 나눌 수 있다.

첫째는 1969년까지의 저술이다. 이 시기의 저술로는 1957년부터 왕성하게 발표한 의학 논저와 1969년에 장기려, 김희규 등과 펴낸 『외과학 각론』을 우선 꼽을 수 있다. 이들 논저에 대해서는 『윤덕선 박사 화갑기념논문집』(1981)을 참고할 수 있다. 다만 이 논저들은 전문 분야인지라 일반인이 읽기는 어렵다. 이 시기에 주목할 글은 가톨릭대학 의학부의 학보인 『성의월보』에 쓴 것들이다. 일송은 1956년에 이 대학에 부임하여 의학부장, 의무원장 등을 역임한 바 있다. 그는 1959년 12월부터 발간된 『성의월보』에 총 46편의 글을 기고하였다. 내용은 의학 관련 11편, 논단 20편, 문화 3편, 기타 11편이었다. 1967년 월보의 조사에 의하면 가장 많은 글을 기고한 이가 그였다. 조사 당시 『성의월보』는 87호까지 발행되었으므로, 평균 2달에 1편 정도를 기고한 셈이다. 이 글들은 그가 왕성한 독서와 넓은 시야 그리고 호방한

필력의 소유자였음을 보여준다.[1]

둘째는 독자적으로 병원과 대학을 운영한 1970년 이후 시기의 글과 연설 등이다. 물론 이 시기에도 의학 관련 저술은 여전히 왕성하였다. 『외과학 각론』을 이어 1973년에 『외과학 총론』을 편찬한 일이 대표적이다. 외과 분야 외에도 일송은 의학 교육, 병원 운영, 의료보험, 북한의 의료 체계 등 의료계 전반에 대한 논문을 저술했다. 1991년에는 종합병원의 경영 경험을 토대로 『병원경영실무』를 저술하기도 했다. 이들 저작에서는 의사이자 병원 경영자로서의 식견을 알 수 있다.

이 시기에도 일송은 사회의 여러 분야와 관련한 주제, 수필 등을 지속적으로 썼다. 병원의 사보社報인 『성심월보』, 평안도에서 월남한 이들이 펴낸 여러 잡지, 가톨릭 기관에서 출판한 잡지 등에 그는 일상, 시사, 의료 정책 등을 주제로 한 글을 꾸준히 기고하였다. 한편 병원이 확장되고 한림대학교를 비롯한 교육 기관을 운영하자 그가 발표해야 할 식사式辭, 연설문 등도 늘어갔다. 그런데 이들 공문公文 작성에서도 그의 역량이 드러났다. 사실 대부분의 최고경영자들은 연설문 등은 대개 초고를 대필하게 하고 자신이 검수하는 방식을 택한다. 그러나 일송은 구상부터 퇴고까지 본인이 직접 수행하였다. 따라서 그의 연설문은 천편일률적이지 않고, 그의 주장과 식견을 생생하게 드러냈다.

셋째는 일송이 70대를 전후한 시기에 집중적으로 써낸 일기와

---

1) 일송기념사업회, 2016, 『일송 윤덕선 평전』, 민음사, 302~303쪽.

메모이다. 그는 60대에 접어든 1980년대에 한림대학교와 한림성심대학교 등을 설립, 운영하며 대학 교육에 매진하였다. 고등 교육의 리더이자 사회의 지도자로서 그는 시민 사회, 국가와 민족, 인류 보편의 공존과 번영을 위해 다방면으로 독서하고, 메모하고, 글을 썼다. 첫 열매는 1991년에 『낙엽을 밟으면서』로 선을 보였다. 이 책에서 그는 좌우명, 젊은이에게 들려주고 싶은 이야기, 인생 회고, 단상斷想, 기도, 사회관 등을 담았다.

한편 그는 1990년에 한림과학원을 창설하고, 김원룡·고병익·이기백·최영희·정범모·지명관 등 학계의 거장들과 함께 공부하고, 국내외 저명인사를 두루 초빙하여 세미나를 진행하며 다시 학구열을 불태웠다. 그리고 공부의 성과와 자신의 회고, 경륜을 1992년과 1993년에 거의 매일 기록하였다. 굳이 말하면 '일기'이지만, 역사와 민족, 세계와 사회의 변화와 개혁의 방향, 교육, 생명·인간·종교, 경영 철학, 인생에 대한 성찰, 자연과 일상에서의 사색, 늙음과 죽음에 대한 명상 등 종횡으로 생각을 정리한 수상록隨想錄에 더 가깝다. 그는 일기의 많은 부분에 제목을 달기도 하였고, 붉은 줄을 그어 강조하기도 하였다. 아마 『낙엽을 밟으면서』의 후속편을 기약했는지도 모르겠다. 그러나 이들 일기는 생전에 빛을 보지 못했다. 1996년에 갑작스레 별세하였기 때문이다.

일송이 갑작스레 세상을 뜨고 난 후, 다이어리북 10권에 빼곡하게 적힌 그의 일기가 공개되었다. 일기는 1992년 정초부터 1993년 3월 19일까지 1년 3개월여 동안 거의 매일 작성되었다. 200자 원고지로

2,420여 매에 달하는 방대한 분량이었다.[2]

일송기념추모사업회(회장 현승종)에서는 이들 원고를 간행하기로 결정했다. 한림대학교의 전신재, 차흥봉, 성경륭 교수가 탈초하고, 일기 중에 중요한 글 2/3 정도를 간추리고 몇몇 원고를 추가하고 주제별로 분류하여 2001년에 유고집 『숨은 거인의 길』(소화)을 출판하였다.

일송 서거 10년이 되는 2006년에 윤대원 이사장의 후원으로 일송기념사업회가 설립되었다. 기념사업회에서는 일송에 대한 평전 간행을 주요 업무 중의 하나로 설정하고, 추모 사진전 등을 진행하며 그가 남긴 자료를 광범위하게 수집하였다. 이미 알려진 자료 외에, 일송이 가톨릭대학교에 재직하던 시절에 『성의월보』에 기고한 글을 비롯해 신문, 잡지에 기고한 글 등을 순차적으로 확보하였다. 그 자료에 힘입어 2016년에 『일송 윤덕선 평전』(민음사)이 출간되었다.

『일송 윤덕선 평전』이 완성될 즈음인 2016년에 일송기념사업회는 강동성심병원으로부터 이제껏 알려지지 않았던 일송 생전의 자필 기록, 메모, 사진 등을 다량으로 인계받았다. 그 기록들은 다이어리 46권, 노트 19권, 자필 원고 14편을 비롯해 여러 종류의 프린트, 신문 기사 스크랩 등이었다. 마지막 보고寶庫를 연 것 같은 심정이었다. 당시 일송기념사업회 위원장 김용구 교수는 이에 『일송 윤덕선 문집』을 기획하였다. 문집은 기존에 출판된 서적, 평전을 준비하며 확보한 원고 그리고 새로 발견한 자료를 망라한 방대한 분량이었다. 하지만

---

2) 일기는 현재 일송기념사업회에서 소장하고 있다.

새로 확보한 다이어리와 노트의 대부분은 주로 의학 공부, 단편적인 메모 위주여서 일반인이 보기에는 애로가 많았다. 이에 기념사업회에서는 2020년에 방침을 새로 정했다. 기존에 출간된 저서, 의학과 병원 관계 저술을 빼고 그의 식견과 인간적 면모를 알려주는 원고를 추려, 기왕에 발간된 유고집을 계승하자는 것이었다. 그 성과가 바로 이 책 『숨은 거인의 길』 2이다.

　이 책에 실린 글과 편집 기준은 다음과 같다. 책·잡지·신문 등의 기고문, 연설·강연, 인터뷰, 미공개 원고 등이다. 간단하게 말해 여러 형식으로 발표되었지만 책으로 출간되지 않은 기록과 처음 공개되는 일기·메모이다. 시기는 1960년부터 별세하기 전까지 35년에 걸쳐 있다.

　형식이 다양하고 작성 시기가 길기 때문에 주제에 따라 편집하기는 어려웠다. 대신 위에서 소개한 세 범주를 기준으로 3개의 부로 나누고, 각 부에서는 글의 형식에 따라 2~4개의 장을 두었고, 각 장에서는 시간에 따라 배열하였다.

　제1부는 1960년부터 1969년까지의 글들이다. 『성의월보』에 실린 글 중에서 의학 관련 기사를 제외하고, 졸업생을 보내는 소회, 수필, 시사와 관련한 글 11편을 골랐다. 일송의 글 가운데서 전문 논저를 제외하고는 가장 이른 시기의 글들이다. 과거와 일상에 대한 유려한 수필이 인상적이다. 경성의학전문학교 시절의 회고도 흥미롭고, 4·19혁명과 관련한 몇 편의 글은 의과대학의 참여에 대한 귀중한 증언이자, 사회에 대한 그의 각별한 책임감을 전해준다.

제2부는 1970년부터 만년까지 공식적으로 발표한 여러 글을 수록하였다. 분량도 많고 형식도 여러 가지이다. 따라서 먼저 형식에 따라 크게 네 분야로 나누었다. 첫째, 한림대학교 의료원에서 정기적으로 발간한 『성심월보』(1975~2018)의 축사, 신년사이다. 한림대학교 의료원의 초창기 모습과 발전 구상을 알 수 있다. 둘째, 『황룡성』·『대동강』·『경향잡지』 등 북한 도민회 및 가톨릭 계열 잡지, 『인간과학』·『지성의 현장』 등 학술지, 『성심월보』 등에 기고한 글이다. 고향에 대한 생각, 냉면 풍습, 종교 생활 등 잔잔한 수필도 읽기에 좋고, 시사 문제 특히 북한과 관련한 논단과 의료 정책에 대한 논단이 흥미롭다. 셋째, 축사, 기념사 등이다. 1980년 이후 병원, 대학, 복지 기관을 지휘한 일송이 각종 행사에서 밝힌 당부와 구상이 위주이다. 한림대학교의 입학식과 졸업식에서의 식사式辭가 가장 많아, 그의 교육관을 알 수 있다. 넷째, 강연과 인터뷰이다. 교육관을 밝히는 강연이 다수이고, 직원을 향한 당부, 병원 경영의 구상을 알 수 있다. 인터뷰는 3종으로 자신의 삶에 대한 회고와 교육에 대한 구상이다.

제3부는 일송의 일기와 메모이다. 처음 공개된다. 일기와 메모는 모두 다이어리 형식의 노트에 쓰여 있으나 내용과 형식이 다르다. 일기는 1992년 1월~1993년 3월에 집중적으로 작성되었고, 연월일과 요일을 밝혔다. 이 점이 메모와 결정적으로 다른 차이이다. 내용 또한 논설, 수필 등으로 다양하고, 매 기사의 분량도 길다. 위에서 언급했듯, 일기의 2/3 정도는 『숨은 거인의 길』로 출간되었다. 이 책은 당시 실리지 않았던 200자 원고지 900매 분량의 글 중에서 다시 450매 분량을 정리해 실었다. 남은 450매 분량의 글은 백과사전과 같은 설명

이 다수이다. 메모는 2016년에 확보한 다이어리 46권에 서술된 글이다. 대부분 간단한 메모, 단상 등이고 드물게 논설이 있다. 여기에는 읽을 만한 글 19편을 추려서 소개하였다. 취사와 탈초脫草 작업은 조선대학교의 이정선 교수가 담당하였다. 메모에 속하는 글들은 연월일이 없어 시기를 특정하기 어렵다. 그 때문에 편찬자가 편의상 연도를 특정하였다.

마지막으로 간단한 편집 원칙을 밝힌다. 일송이 남긴 대부분의 글은 국한문 혼용 때론 영문 혼용이다. 이런 자료들의 경우 보통 '원문대로'와 '가독성'이라는 두 원칙이 충돌한다. 충돌의 해결은 이 책을 '비교적 전문적인 글'로 볼 것인가, 아니면 '일반인이 읽을 수 있는 책'으로 볼 것인가라는 정체성에 따르게 된다. 사실 애초 기획은 전자였으나, 고심 끝에 후자를 선택했다. 따라서 원문의 많은 한자는 특별한 경우가 아니면 한글로 바꾸고 필요에 따라 한자, 영문을 병용했다. 물론 맥락에 따라 한자와 영어를 노출할 경우도 드물게 있었다. 윤문, 단락 조정도 불가피했다.

특히 1960년대의 글이나, 제3부의 일기·메모는 윤문이 많다. 그럼에도 옛날 어투를 어느 선까지 살려야 하는지, 그의 고유한 어투를 손대는 게 가당한지 등은 계속 고민이었다. 그 점에서 원문을 따른 것들도 있기에 지금 세대에겐 다소 읽기가 매끄럽지 않은 부분도 있을 듯하다. 이 점은 양해를 바란다. 탈초자 혹은 편집자의 의견은 '[ ]' 또는 주석으로 표시하였다.

한림과학원 원장
이경구

차례

제1부

1960년대
『성의월보』와 기고

❶ 1959년가톨릭외과학교실
❷ 1950년대후반가톨릭 의과대학 집무실-학감
　윤덕선
❸ 1955년-가톨릭의대 예과 건물
❹ 1960년 가톨릭 의과대학 제1회 졸업식 기념
　사진

1. 『성의월보』

졸업생을 보내는 소감

내가 이 대학에 부임한 것이 금년도 졸업생이 본과 1학년 때였다. 당시 현 부장 신부님이 취임하시자 곧 도미하시고 전임傳任으로는 현 예과 이규룡李圭龍 조교수와 조규찬曺圭讚 교수 두 분뿐이었고, 연구실이라고는 직조표본제작소織組標本製作所가 이미 헐린 현 신축되는 부속병원 자리에 있을 뿐이었다. 본 대학 존폐의 갈림길에서 방황하던 당시를 회고하여 불과 4년 후 현재 각 교실 연구실의 시설 활동, 학생들의 질적 수준, 교수진용 등을 비교하여 제1회 졸업생을 내보내는 마음 무어라 가슴 저린 느낌 표현할 길 없다. 학생들에게 소리 지르고 싫은 소리만 하는 것을 본업인 줄로 착각하고 있는 나한테 가장 욕을 많이 먹은 학생이 바로 이 제1회 졸업생들이다. 공산당 같은 놈, 천하 악질, 피도 없고 눈물도 없는 놈, 종종種種 온갖 명예스러운 애칭을 다 받아온 나는 39명의 제자를 내보내며 여전히 절대로 눈물이 없다.

본 대학의 주춧돌이 된 이 졸업생은 초창기에서의 온갖 형극荊棘의 길을 학교 당국과 더불어 갖은 고초를 다 겪어왔기 때문에 교수 선생들이나 학교 당국과 특별한 친밀정親密情, 가족적인 따스한 정이 서로 얽혀 있다고 본다.

6년 전 제1회로 예과에 입학하였을 때 칠십 명의 신입생들이었던 그들은 도중 편입 등 146명의 학생이 한 학년에서 공부하다가 무려 107명의 급우들이 낙제 또는 제적되고 겨우 39명만이 졸업의 영관榮冠을 쓰게 된 가장 힘들게 선발된 제군들이다.

초창기 의과대학에서 불충분한 시설과 부족한 교수진으로 가장 불우한 환경 속에서 배워온 제군에게 항상 미안한 마음을 금할 수 없으며 앞으로 사회에 나가서의 첫 시련인 국가시험에 대해서도 전연 자신이 서지 못함이 안타까울 따름이다.

다만 제군을 내보내는 지금에야 비로소 교사는 아직 미흡할망정 교수진용, 연구실 활동 등이 남부끄럽지는 않을 정도로 되었다고 자부하면서 앞으로 나올 후배들에게는 더욱 축복이 있을 것이고 수년 내에 한국 제일의 의과대학이 될 것을 확신하면서 같이 기뻐해 주기를 바라는 바이다.

39명 졸업생 중 병역을 마치지 않은 학생 10명만이 병역연기를 받아 기초교실이나 부속병원에 남아서 수련할 것이고 나머지 졸업생들은 군의관으로서 입대할 것이나 제군이 제대되어 돌아올 때는 새로운 교사와 완비된 연구실과 최신 최대의 부속병원이 제군을 기다리고 있을 것이니 훌륭한 군의관의 의무를 다하고 돌아와 주기를 바라는 바이다.

본 대학 의학부의 첫 번째의 선배가 된 제군은 수많은 뒤를 따를 후배들이 그대들을 주시하면서 지도를 바라고 있거늘 훌륭한 우리 대학의 전통을 세워놓은 개척자로서 부끄러움이 있을 수 없으며 제군의 가슴속에는 영원히 가톨릭 의대의 배지가 붙어 있을 것이다.

인간 세계에서 가장 귀한 것이 오직 사람의 생명이거늘 일평생 책을 떠나지 말아 게으른 탓에 몰라서 생명을 구하지 못하였다는 범죄자가 되어서는 안 될 것이요 또 돈을 벌기 위한 의학을 함으로써 히포크라테스 이래 이천여 년의 고귀한 학문을 모독할 수도 없는 것이다.

끝으로 언제나 몸조심하여 의학인으로서 자기 자신의 건강을 먼저 주의할 것을 부탁하며 제군에게 무한한 행복 있기를 빌어 마지않는다.(부학장)

〈성의월보 16, 1960년 3월 30일〉

나는 이렇게 본다.

학생을 선두로 한 전 국민의 궐기는 십여 년간의 독재정치 체제를 개혁하여 참다운 민주주의 정치체제를 이룩하는 방향으로 이끌었다. 이를 가리켜 4·19학생의거라고 하며 이 의거가 성공한 것은 궐기한 학도들에게는 아무 정치 또는 기타의 야심이 없었고 순진한 정의감에서만 용감히 나섰기 때문에 불의의 총검은 드디어 거꾸러지고 만 것이다.

정의를 위하여 나라를 바로잡기 위한 단심은 그렇게 용감하였기 때문에 세계 모든 국민은 찬사를 아끼지 않았고 한국 학생의 명예는 만방에 떨쳤다. 더욱이 총검 앞에 용감히 싸워 민주혁명의 터전을 양심 있는 정치가에게 마련해 주고 학생들은 다시 각각 자기의 학원으로 돌아왔다. 처참한 전화戰火 속에 뛰어다니다가 다시 상아탑 속에 유연히 돌아와 땀을 씻고 조용히 그들의 본분인 면학에 열심인 청년학도들은 역시 장래의 우리나라를 잘되게 하고 훌륭한 나라를 만들기 위해서 배움의 길을 걷고 있는 것이다. 이때 우리는 우리의 살뜰한 많은 학우를 잃어버리면서까지 싸워야 했던 4·19의거를 다시 한 번 검토해 볼 필요가 있지 않을까?

필자는 부정선거 또는 협잡선거라는 3·15 정·부통령 선거가 있기 전의 우리나라 사태를 회상해 보고 싶다. 선거를 얼마 앞둔 때였다. 이승만 전 대통령이 진해로부터 서울까지 기차로 올라올 때 소식이다. 연연천여리連連千餘里 길을 심지어는 터널까지도 수많은 백성이 철도 연변에 늘어서 '영생불사 만만세'를 부르며 환호하는 뉴스 영화를 본 기억은 아직도 생생하다. 그뿐이랴, 수많은 단체가 저마다 다투어 가며 이승만, 이기붕李起鵬을 지지하는 성명을 매일같이 내고 있지 않았던가. 오늘날 이 독재정권의 원흉들이라는 지목을 받은 사람들은 영어囹圄의 몸이 되어 법의 심판을 받고 있지만 우리는 이 원흉이라는 사람들이 그러한 일을 할 수 있도록 순순히 받아주고 있었다는 데 대해서 전체 국민의 깊은 반성과 한 걸음 더 나아가 우매했던 국민성의 개혁이 정치체제 개혁의 어떤 혁신보다도 더 중요한 것이 아닐까. 미국이나 영국 같은 데서도 4·19와 같은 일이 일어날 수 있을까? 우리는 정치체제의 개혁보다 먼저 전체 국민의 문화 수준의 향상이 무엇보다도 중요하다는 것을 느끼지 않을 수 없으며 이러한 중대 과업이 절대 필요하다면 이 과업을 담당할 수 있는 사람이 곧 청년 학도들이 아닐까?

필자는 다시 4·19 이후에 신문 사회면의 대부분을 점령하고 읽는 사람들로 하여금 가슴 아프게 하는 많은 학원 분규를 검토해 보고자 한다. 필자의 소견이 필자만의 오류라면 관용 있기를 바란다.

첫째로 분규를 일으키고 있는 학원은 필자가 아는 한 4·19의거 시에 감히 나서지도 못하였던 학교들이 대부분이라는 것이 눈에 뜨인다.

둘째로 분규를 일으키고 있는 학교의 대부분은 실례지만 그렇게 훌륭한 학교라고 사회에서 존경을 받던 학원들은 아니다.

셋째로 분규를 일으키는 데에 일선에 나선 것은 학생들인데 그 시초가 어떻든 간에 뒤에서는 소위 교직원이라는 사람들이 반드시 선동 내지 조종하고 있다.

일제의 식민지정책은 우리 국민의 교육을 극도로 제한하였다. 8·15해방 이후 교육에 대한 국민의 열의는 불같이 일어났다.

수많은 대학과 중·고등학교가 각처에 섰다. 이 많은 학생이 바치는 거액의 수업료는 세계에 자랑하리만큼 훌륭한 학교를 도처에 세우게 했고 이 건물을 운영하는 자본가의 재산은 엄청나게 불어갔다. 그러나 이렇게 급작스럽게 설립된 그 많은 학원의 학생들은 누가 교육하는가? 일제 때 남을 가르칠 수 있도록 충분한 교육을 받은 사람이란 극소수밖에 없었다. 선생이 없는 학교 이러한 모순이 드디어 오늘날의 우리나라 교육계에 일대 혼란을 일으키고 말았다. 소위 교수라고 할 만한 사람들은 이리 가고 저리 가서 강의록을 읽어 주고 돈 받아먹는 강의 행상으로 타락해 버리고 위조이력서가 통하는 세상은 많은 실직자가 고용되어 교직자라는 명함을 박을 수 있게 되었고 배움에 불타는 청년학도들에게 책 읽어 주는 것이 교수 직책의 전부가 되고 말았다. 이러한 교수들을 싼값으로 사게 된 경영주는 더한층 치부하며 일컬어 교육사업가 또는 육영사업가라는 아름다운 명함을 갖고 다닐 수 있게 되었다. 이러한 적폐가 쌓이고 쌓인 것이 오늘날의 학원 분규의 기본 원인이 아닐까. 그렇다면 이러한 혼란을 우리는 어떻게 해결해야 할 것인가?

필자는 감히 몇 가지 제언을 시도해 본다.

첫째 소위 교육 또는 육영사업을 한다는 분들은 과거의 자아기만의 탈을 벗고 학생들을 위하여 좋은 교사를 마련해 준다는 미명 아래 개인 치부에 힘쓰지 말고 교사 건축보다 몇 배나 더 시급한 교수 양성에 힘쓰라.

좋은 교수의 양성이나 초빙에 소비되는 돈은 손해가 되고 좋은 집을 짓는 것은 자기 재산이 된다는 따위의 근시안적 태도를 버리고 우리나라의 장래를 짊어질 젊은 학도를 육영하는 사업의 중대함이 그 얼마인가를 깊이 반성하라.

둘째 정부는 소위 대학설치기준령이라는 명령을 미끼삼아 이상과 같이 치부한 업자들과 결탁하여 눈에 보이는 건물만을 구애拘碍하여 위조이력서로 교수를 인가하여 이 나라 학원을 망치고 배움에 불타는 청년 학도들을 기만치 말라. 더욱이 근래의 빈번한 학원 분규에 대한 정부 당국의 물에 물 탄 듯한 태도는 필자의 마음을 더욱 무겁게 한다.

셋째 교수란 단지 강의 원고를 읽어 주는 사람이 아니다.

참다운 교육자로서의 자기반성은 아무리 냉혹해도 한이 없을 것이다. 그대들은 그대들의 제자를 가르치고 있다. 예수가 제자들을 가졌고 공자가 제자를 남기듯이 진실로 제자를 가질 수 있는 자신을 가져 보자.

넷째 많은 학도가 교수와 싸우고 학원 경영자와 싸우며 학업을 전폐한 지 이미 한 학기가 다 된 것이 한두 곳이 아니다. 이 얼마나 슬픈 일이고 애통한 일인가. 촌초寸秒를 아껴야 할 그대들이 아닌가. 좋지 못한 교수를 내쫓으면서 어디서 그대들은 그보다 잘난 교수를 모셔오겠다는 것인가. 우리나라에 그렇게 많은 교육자가 놀고 있는 줄 아는가? 학교 경영주를 내쫓으면 어느 누가 와서 보다 낫게 해낼 수 있다고 하는가? 교수는 교수대로 반성하고 경영주는 경영주대로 새로운 각오를 하여야 할 것은 물론이지만 청년 학도들이여! 그대들이 할 것은 오직 면학이다. 잠시도 쉬지 말고 배움을 찾자. 르네 데카르트가 군대에서나 학교에서나 인생의 철리哲理를 배우지 못하겠다고 그의 배움을 포기하였는가? 참된 스승을 얻지 못한 이 위대한 철인哲人이 동맹휴학을 하였다는 말은 듣지 못하였다.

끝으로 하기방학을 앞둔 이때에 귀성할 학도들에게 몇 가지 진심으로 부탁이 있다. 4·19의 비화悲話가 우리나라 역사에 다시는 기록되지 않도록 우리가 하여야 할 중대한 과업이 있다. 그대들이 해야 할, 또 그대들만이 순진한 마음으로 할 수 있을 일은 계몽운동에 의한 국민 문화 수준의 향상이다. (1) 옳고 그른 것을 판단할 수 있는 지적 계몽 (2) 정의와 불의를 판가름하여 악에 넘지 않는 국민윤리의 건설 (3) 빈곤한 국민의 체력 보건 향상 등을 위하여 그대들은 4·19 이상의 열정을 갖고 그대들 나라의 백년대계를 위하여 있는 힘을 다해 보자.

벌써부터 선거를 앞두고 어떤 학생들은 학업을 폐하고 그 정상배政商輩에게 팔려 마이크를 붙들고 다니는 것을 볼 때 우리는 다 같이 슬퍼하지 않을 수 없다. 이러한 탈선한 학우들을 올바른 길로 인도하는 것도 또한 그대들의 해야 할 선무先務의 하나이다. 그대들이 상대해야 할 사람은 국한되어 있지 않다. 젊음의 순진한 정의감은 누구에게나 영향을 줄 수 있는 무서운 힘이 있는 것을 알라. 어서 배워 어서 커서 그대들이 이 나라와 학원들을 바로잡아야 한다.(부학장)

〈성의월보 17, 1960년 7월 1일〉

잡상

어느 한가한 일요일 오후 따스한 햇볕을 즐기며 뜰 안에 면한 마루에 걸터앉아 혼자 조용히 명상에 잠겨 있노라니 바로 눈앞 장독 위에 고양이 한 마리가 졸고 있었다. 고양이란 원래가 야행성동물이라 밤에는 나와 다니고 낮에는 졸기를 잘한다. 그래서 고양이는 항상 졸고 있는 동물이라는 인상을 준다. 가만히 졸고 있는 고양이의 그 아름다운 눈을 보고 있노라니 나 자신도 어느덧 졸게 된다. 고양이의 졸고 있는 그 예쁜 눈을 자세히 바라다보니 동공이 가늘게 세로 선상線狀으로 그어져 있다. 보통 동공이란 광선이 많이 들어오면 그것을 조절하기 위하여 원형으로 수축되는 법이다. 비단 고양이만이 이러한 선상동공수축線狀瞳孔收縮을 가져온다는 것은 흔히 풀이 무성한 숲속에 숨어서 쥐를 잡고자 노리기 때문에 세로 밀립密立한 숲사이로 목표물을 응시하기 위하여 선상인 동공수축을 초래한다고 한다. 서서히 떴다 감았다 하는 그 눈은 전면前面을 향하여 있기 때문에 일단 목표물에 대하여 공격을 가하려면 전면의 두 눈으로 정확한 거리를 측정하여 단번의 도약으로 목표물을 취득한다고 한다.

이렇게 고양이의 서서히 떴다 감았다 하는 눈동자를 바라보며 고놈이 자고 있는가 무엇을 응시하고 있는가 하고 보고 있는 동안에 못 견디게 졸려서 부득이 고양이와의 대결은 피하여 방안에 들어와 멋들어지게 낮잠을 잤다. 꿈에 고양이란 놈이 얼굴 위를 왔다 갔다 하여 그 교만한 수염으로 얼굴을 간지럽게 하여 깨어 보니 파리 한 마리가 나르고 있다.

무려 한 시간여의 낮잠으로 머리가 깨끗해져 긴 기지개를 하고 뜰 안에 나서려니 고양이란 놈은 여전히 불결不缺의 태세로 같은 위치에서 졸리는 눈의 서서한 개폐開閉를 계속하고 있다. 얼핏 생각나기를 나의 달콤한 모처럼의 낮잠을 깨트린 것은 한 마리의 파리였지만 꿈에는 고양이의 수염이다. 도로 주저앉아 고양이의 얼굴을 들여다본다. 참 예쁘게 생긴 얼굴인데 아주 건방지게 긴 수염을 갖고 있다. 고양이가 많은 사람에게 미움을 받는 것은 고 수염이구나 생각났다. 그러나 그 수염은 멋 부리기 위한 수염은 아니요. 고양이의 생명을 유지하는 아주 필요한 촉수이다. 이 모毛는 턱밑 양 볼에 아주 깜찍스럽게 기르고 있을 뿐 아니라 흔히 고양이는 이 수염을 쓰다듬는 건방진 습관이 있다. 얼핏 보기에는 보통 모발 같지만, 그 모근은 사람과 달리 피하 깊이 커다란 모본毛本을 갖고 있으며 이 모본 내에는 액체가 충만되어 아주 극소한 촉감도 쉽사리 느끼게 된다. 이것은 고양이가 쥐를 몰래 추적할 때에 즉 소리를 내지 않고 엄습할 때 어떠한 물체도 건드려 소리 내지 않고 추적하기 위한 아주 중요한 무기이다. 이 촉수가 다 일어서면은 고양이 얼굴 전체를 가릴 수 있기 때문에 얼굴 하나가 소리 없이 통과할 수 있는 곳이면 몸 전체를 쉽게 통과시킨다고 한다. 이 촉수는 얼굴뿐이 아니고 발목 주위에도 붙어 있어서 보행에도 충분히 방음을 할 수 있게끔 되어 있다. 고양이가 항상 세수를 한다는 것은 이 예민한 무기인 촉수에 먼지가 붙어서는 안 되기 때문이라고 한다. 이렇게 생각하고 보니 그렇게 얄밉던 수염도 우선 양해하여 주어야겠구나 하여 내 눈은 다시 고 뾰족하게 일어서 있는 고양이 귀로 옮겨간다.

고양이 귀는 음향의 아주 작은 진동에 대해서도 쉽게 감도를 느끼는 기능이 있어서 아무리 깊은 잠이 들었다가도 쉽게 소리를 듣고 있다 한다. 전 신경을 귀에다 집중만 시키면 땅속의 벌레의 움직임도 들을 수 있다는 옛말이 생각난다. 갑자기 고양이의 수염이 총 기립하였다. 잠이 깨었나 하였더니 장독 옆 담 밑에서 쥐가 한 마리 고개를 내밀었다. 아주 주의 깊게 머리를 휘둘러 사방을 살핀 쥐 한 마리가 용감히 기어 나왔다. 고양이보다 내 눈은 더 커졌고 내 귀는 더 일어섰고 쉬던 숨이 멈춰진다. 아무것도 모르는 이 쥐 한 마리는 고양이 있는 데서 약 일 미터 반 떨어진 곳에 있는 개밥 그릇으로 살살 기어간다. 내 눈은 고양이와 쥐새끼를 한꺼번에 응시하고 있다. 점프! 길게 뻗은 고양이의 늘씬한 몸이 공중을 날았구나 하자 이 가련한 쥐새끼는 고양이 왼쪽 한발 밑에, 미동도 없이 풀리었다. 쩍! 하는 소리가 들렸는지 여부는 잘 모르겠다. 고양이는 몇 마디 야우! 하고 간단히 소리 내자 쥐새끼 동작은 완전정지다. 오른발을 들더니 쥐의 허리를 툭 치니 몇 번 굴러 넘어져 가만히 있다. 고양이의 발을 보았다. 예리한 발톱이 다섯 개, 그중 엄지발톱은 다른 데 발톱과 직각을 형성하고 있어 잡힌 물건을 놓치지 않게 되어 있다. 죽은 듯이 넘어져 있던 쥐 한 마리를 점잖게 입에 물더니 뒤뜰 안으로 소리 없이 뛰어가는 고양이를 바라보며 그 비상한 행동에 우선 감탄치 않을 수 없다. 그러고 보니 이 고양이가 약 두 시간 동안이나 장독 뒤에 앉아 있었던 것은 졸고 있었던 것이 아니요, 쥐구멍을 지키고 있었던 것이다. 그 강인한 인내력, 두 시간여나 같은 자리에 미동도 않고 있을 수 있는 의지력에 감탄치 않을 수 없다. 고양이의 인내력 고양이한테도 배울 것이 있다. 그러나 생각해 보면 이 고양이가 무엇 때문에 쥐를 잡아야만 하였던가?

집고양이가 먹을 것이 없을 리는 없다. 그렇게도 장시간 지키고 있으며 쥐를 잡아야만 하는 고양이의 생리가 궁금하다.

아주 옛날이야기다. 내가 학교를 갓 졸업하였을 때 외과에서 나에게 준 일은 종일 환자들에게 주사 놓는 일이다. 어느 날 외래에 어떤 거물 환자가 왔다. 나의 스승인 백 선생님이 직접 이 환자에게 주사하신다고 한다. 주사 같은 것은 나 같은 쫄팽이들이 하는 일이었으나 환자가 거물이기 때문인가 보다. 내가 보기는 상당히 큰 정맥인데 다섯 번이나 주사침을 찔러도 안 되는 모양이다. 옆에 서서 구경하다 "제가 해볼까요?" 하고 주사기를 받아서 단번에 쉽게 주사를 놓았다. 나의 스승은 큰소리로 "이십 년 전엔 내가 주사 선생이란 말들이 있었어." 하고 말씀하셨다.

얼마 전의 일이다. 검사실에 갔더니 모 교수가 열심히 요단백검사尿蛋白檢査를 하고 있다. 나는 묻기를 "무얼 그 따위 것을 다 직접 하고 있느냐?" 했더니 이 교수가 답하기를 "한 주일에 한 번씩은 꼭꼭 연습합니다. 이렇게 하는 동안에 이것도 공부가 됩니다."

고양이의 쥐잡기도 역시 훈련인가 보다. 너무 쉽게 대가가 주어지면 옛일을 깨끗이 잊어버리고 큰소리만 치는 대가가 되어서는 안 되겠다. 쉬운 것을 모르는 사람이 어려운 것을 알 리 없다. 배운 것도 또 배우고 알던 것도 또 읽으며 인간 두뇌라는 한정된 능력만 갖고 있는 기계를 항상 돌려 봐야만 하겠다. 대가가 되는 데는 밟아야 할 스텝이 있다. 기초적인 지식을 언제나 발판으로 튼튼히 짚어가며 하나하나 자신을 수련하여야 한다. 너무 갑자기 대가가 되어 쉬운 것은 잊어먹고도 알고 있는 줄 아는 급조대가急造大家가 우리나라에는 너무나 많다. 자기의 무력을 커버하기 위하여 큰소리만 치려고 노력하기 전에 쉬운 것 하나하나를 복습하도록 노력해 보자.(부학장)

〈성의월보 21, 1961년 2월 1일〉

축 제2회 졸업, 졸업생에게 부친다.
졸업생!

6년간의 지긋지긋한 학업을 끝마친 화사한 젊은이들의 얼굴이 먼저 영상으로 나타난다. 그러나 어딘지 모르게 젊으면서도 늙은 듯한 조로早老의 청년들. 나는 다시 한 번 나의 의학 교육 방법의 졸렬함을 되씹어 본다. 그러나 이번 졸업생들에게 특별한 회상이 있다면 서로 손을 잡고 이마에 땀을 흘리며 경무대 앞 총탄 속에 먼지와 땀에 젖었던 그들의 용맹스런 얼굴들이 나의 가슴 한구석에서 뭉클하고 떠오른다. 그후 나는 역시 그들에게는 가장 무섭고 싫은 존재였던 것 같다.

　　그들과 나는 고적탐승古蹟探勝을 가졌다. 오랜만에 내 생애에 즐거웠던 한때이기도 하였다. 그래도 나는 그들에게 달가운 존재는 결코 아니었으리라. 우리 의과대학이 내보내는 제2진의 용사들 그들은 이제부터 젊어져야 한다. 보기 싫던 나도 없고 무섭던 그도 없다. 해방이다. 자유다. 낙제도, 재시험도 없다. 그러나 젊은이들이여. 그대들은 히포크라테스의 선서를 하였다. 주먹구구로 외운 염불은 아니었다. 악법과 부패와 타락의 도가니에 뛰어드는 그대들에게 히포크라테스의 혼이 같이 있고 우리 대학의 성실하고 정직한 기풍이 그대들 마음속에 영원히 간직하고 있으렷다. 용감하라, 자신을 가지라.

　　아부와 모략과 독선이 썩고 있는 이 사회에 너무나 순진한 그들을 내보내는 마음 사뭇 불안함을 금할 수 없도다. 싱싱하게 자라야 할 귀한 청춘의 대부분을 시험과 공포 속에서 위축시켜버린 그들이다.

　　저 무서운 사회에 용감히 뛰어든 그대들에게는 선배라고는 1회밖에 없다. 부축해주고 이끌어줄 이 없는 그들은 학문의 책 보따리를 그냥 짊어지고 무서운 제약이 허다히 요구되는 사회를 걸어가야 한다.

첫째로 정직하라. 인간의 미법美法 중에 가장 중요한 것이다. 나 그대로 살자. 정직은 가장 힘 있는 것이거늘. 그것은 이 땅이 부정직으로 가득 차 있기 때문이다.

둘째로 겸손하라. 선배를 섬길 줄 알고 후배를 사랑할 줄 알라. 인간 만사는 평탄하기를 원하고 있지만 두드러지면 때려 집어넣어야 하고 들어간 것은 끄집어내 평탄하기를 바라는 것이 세상이란다.

셋째로 근면하라. 허식과 사치는 멸시당하는 세상이 되어야 한다. 방탕과 무질서는 없어야만 하는 세상이 되어야 한다. 너도나도 다 그렇게 하자. 그래야 우리도 진실한 때가 오지 않겠는가.

어느새 또 설교사가 되어버렸다. 제 버릇 개 못 준단 말이 맞느니라. 그만함이 가可하다고 생각된다. 축복받는 졸업생들이여. 그대들은 교문을 나서지만, 가톨릭의대에서는 떠나지 않는다. 건강하라. 명예로워라. 자신 있어라. 주의 가호가 항상 그들에게 머물러 있느니라.(부학장)

〈성의월보 22, 1961년 3월 27일〉

4·19 한 돌을 맞으며

1년 전 4월 18일이었다. 고대생들의 시위를 보고 돌아온 나는 즉시 우리 대학의 몇몇 중견 교수들을 불렀다. 우리도 학생을 데리고 나가야겠다는 의사를 표명하였더니 모두 반대다. 그날 저녁 나는 정신없이 내 어린 것들을 데리고 고대 데모대 뒤를 따르며 천일백화점 앞에서의 참상을 보았고 그들을 따라 안암동까지 다녀왔다. 밤새도록 잠이 안 온다. 이튿날 19일 본격적인 시위가 아침부터 시작될 무렵, 다시 몇몇 교수들을 불렀다. 우리도 나가야 한다고 주장하였으나 누구도 대답을 확실히 못 한다. 오로지 제자들과 학교 당국이 입을지도 모르는 나쁜 결과를 염려하기 때문이었다.

나도 역시 젊은 탓이었는지 모른다. 병원에 전화를 걸어 소아과 김영진金榮珍 부교수와 정형외과 김봉건金奉健 부교수를 불렀다. 마침 김봉건 선생은 수술 중이라 하였다. 올라온 김영진 부교수를 붙잡고 나의 결의를 말한 후 결행 방법을 물었다(그는 언제나 나의 냉철한 조언자였기 때문에). 학생들은 조용히 수업 중이다. 역시 여기엔 내가 나서선 안 된다고 한다. 갓 졸업한 인턴 오원섭吳元燮 군을 불렀다. 학생 신분증을 만들어 주고 수업 중인 학생대표를 불렀다. 데모에 나설 것을 말하였더니 기다렸다는 듯이 용기를 내었다. 선언문과 구호를 작성하며 병원 수녀에게 붕대 50개를 가져오도록 하였다.

그렇게 물건을 아끼기로 유명한 수녀들도 붕대고 무엇이고 다 내줄 것 같은 태도였다. 학생들은 학생대표에 의하여 교정에 집합되었다. 붕대를 머리에 동여매고 있을 때 수명의 학생들이 슬금슬금 꽁무

니를 빼고 있었다. 건망증이 심한 내가 왜 그때 이 사람들의 얼굴만은 안 잊어버리는지 모르겠다. 사백건아四百健兒는 이마에 흰 붕대를 두르고 질서 정연히 명동거리를 달려가는 뒷모습을 보며 나는 목이 메고 눈시울이 뜨거워짐을 금할 수가 없었다. 그들의 모습이 보이지 않을 때 '아이코 나는 저질렀구나.' 하는 생각이 내 마음을 억누른다.

저 귀한 젊은이 중에 혹시라도 무슨 사고가 나면 어떻게 하나 초조한 마음 금할 수 없었다. 곧 차를 타고 의사당 앞을 가보니 없다. 중앙청을 향하여 달리는데 교무과 김 주임이 뒤따르다 숨이 차서 걷고 있었다. 우리 학생들은 경무대 쪽으로 갔다고 한다. 뒤를 쫓아가 보니 중앙청 커브에서 수백 명 경찰과 정면충돌하여 효자동 길을 뚫으려고 격투 중이었다. 돌이 날아가서 중앙청 유리는 깨지고 경찰은 후퇴하여 중앙청 뜰 안에서 최루탄과 공포로 대결하고 있다. 우리 젊은이들은 다시 경무대로 돌진한다. 최루탄은 마구 터지고 눈을 뜰 수 없는 노변에 주민 부녀자들이 물을 떠다 준다. "선생님 물로 눈을 닦으세요. 그래야 합니다."

눈을 닦으니 한결 낫다. 그놈들 모르는 것도 없다. 올라간다. 행렬은 그냥 올라간다. 헌병들이 바리케이드를 치고 마구 최루탄을 쏘는가 하면 물자동차에서는 센 물을 마구 갈긴다. 전차를 끌어들인 어떤 학생들은 어느새 전차를 운전하여 바리케이드를 부수기 시작하고 노변 가옥들 지붕으로 학생들이 기어 올라가며 헌병들에게 돌을 던진다. 사태는 점차 악화되었다.

어느새 길가를 보니 정형외과 김봉건 선생이 치과 이법李法 레지던트와 같이 서 있다. 어떻게 할까. 데모는 드디어 폭력화하였다. "가톨릭의대생 집합!" 하니 약 오백여 학생들이 감았던 붕대는 다 없어지고 땀과 먼지로 뒤덮인 흉측한 형상만이 남았다.

철수를 명령하였다. 한 학생이 대답한다. "선생님 뒤를 보시오. 어디로 철수한단 말입니까!" 갈 데 올 데 없다. 이거 야단났구나! 이놈들 하나라도 다치면 어떻게 하나 어쩔 줄 모르고 있는데 헌병들은 쏜살같이 사라져 버렸다. 어느새 소방차를 탈취한 학생들은 경무대 정문을 향해 돌진하는데 난데없이 총탄이 쏟아지며 차 위에 태극기를 들고 섰던 학생이 쓰러진다.

약 사오십 명으로 추산되는 경찰이 카키색 전투복을 입고 밀려나오더니 마구 총탄을 퍼부었다. 새카맣게 길을 메웠던 학생들이 피를 쏟고 쓰러지며 노변 가옥의 담을 쳐부수고 피신한다. 콩 튀듯 쏘아붙이는 전투복 입은 경찰대의 우편에는 까만 경찰복을 입은 경찰관이 총격을 지휘하고 있었다.

우리 학생 하나라도 다친 사람 없나 하고 휘돌아보던 중 넓은 도로에는 몇몇 젊은이들이 넘어져 피를 흘리고 있는데 어떤 학생 한 명은 길 복판에 정좌하고서 총탄 속에 태연히 앉았음을 보고 소리를 질렀으나 워낙 쏟아지는 탄우彈雨 속에 그냥 어떤 골목 안으로 뚫고 들어갈 수밖에 없었다.

탄우 속에서 학생들을 찾았으나 워낙 혼잡하여 찾을 길 없이 그냥 학교로 돌아왔다. 한참 만에 두세 명의 학생과 같이 시공관(현 명동 예술극장) 앞에서 돌아오는 학생들을 불러 점심을 먹이고 돌아오니 약 이백여 명이 귀교하였다. 나머지 학생들의 소식이 궁금하여 사방으로 찾아보고 부장 신부님께 사태 성과를 말씀드리고 돌아오니 신입생 박원배朴元培 군이 총탄에 쓰러져 연세대 병원에 있다는 말을 듣고 즉시 구급차를 보내고 이백여 명 학생들은 다시 대오를 정리하여 남대문 쪽으로 시위를 떠났다. 박군을 본원에 입원시키니 사방에서 총탄에 맞은 수많은 부상자, 사망자가 들어오기 시작한다.

인턴 등은 조덕환曹德煥 선생 또는 배수동裵洙東 선생의 인솔로 구급차를 갖고 부상자 구출에 나가고, 밀려드는 부상자 수술로 밤을 꼬박 새우다시피 하였다. 밤이 깊도록 병원 주변에서는 그냥 총탄이 날고 있다. 살기와 흥분과 수술의 하룻밤 4·19는 지났다.

4·19 일주년이라는 제목의 원고를 맡아 쓰다 보니 회고담이 되고 말았다. 이만 붓을 돌려 4·19가 빚어낸 일 년 후의 오늘을 그려 보고자 한다. 4·19 이전에 비해 4·19 이후의 일 년간의 득실의 결산서를 적어 본다.

|득|

일, 무식하였기 때문에 교양 없이 횡포하였던 경찰의 탄압은 확실히 없어졌다.

이, 일인 만능의 군주식 독재는 사라졌다.

삼, 관존민비官尊民卑의 반민주사상의 소멸.

사, 학원모리學園謀利로 치부하기는 힘들게 되었다.

오, 신생활운동의 전개.

|실|

일, 좌익 또는 유사운동類似運動의 태동.

이, 학원의 혼란.

삼, 저열한 언론의 횡포와 선동.

사, 데모의 난행亂行.

오, 생산기관의 마비 등을 들 수 있으나 4·19 이후의 과도정권의 졸렬과 자유당을 몰아내고 남은 정권인 민주당의 정권 인수태세의 불비不備 등은 법의 위신을 잃어버리고 사회질서의 문란은 그 극에 달한 감을 준다.

자유당 독재를 욕할 줄 알고 대결하여 싸울 줄은 알고 있으면서도 국사를 어떻게 처리하여야겠다는 구체적인 자신을 못 가졌던 소위 자칭 애국자 집단이지 결코 정치가의 집단은 아니었던 민주당 정부는 대담하게도 경제 제일주의를 부르짖으며 민생문제 해결을 외쳐 보았건만 학식이 길지 못한 그들의 부르짖음은 국민으로부터의 불신을 초래하고 이러한 불신은 정부 권위를 퇴락시켜 만사에 난경難境을 면키 어려운 사태를 빚어내고 말았다.

정권을 빼앗긴 옛날의 동지였던 구파 신민당은 무조건 헐뜯고 욕만 하여 막상 자기네들이 정권을 떠맡는다 해도 민주당 이상의 공수표만 발행할 분들이, 자기는 다 잘할 수 있는 것처럼 외치는 것도 탈이다. 나라를 구할 수 있다면 그러한 비법은 공개하여 국민이 좀 더 잘 살도록 하여야 하지 않을까! 소위 혁신계 사람들은 마치 자유당 독재 정치를 대하듯 지금의 민주당 정부를 대하는 정신착란증을 일으켜 보이지 않는 붉은 마수가 그들 뒤에서 손뼉 치고 있는 줄은 알고 있는가?

이북 방송을 들어 보지 못하는가? 이와 같이 모든 정치가라는 사람들이 일심단결하여 사회의 혼란을 초래하려고 애를 쓰고 있으니 국가의 앞날을 생각함에 앞이 캄캄하다.

거의 대부분 공사립 학원은 학장, 교장, 교수들이 갈렸다. 사제지간의 은애恩愛는 없어지고 인간 교양의 교육 목적은 소멸되고 말았다. 어디로 갈 것인가? 오직 암담할 뿐이로다. 신세대는 어느 나라 사람이고 구세대는 어느 민족이란 말인가? 삼천만이 다 같이 손을 잡고 일을 하여도 먹고 살기 힘든 이 땅 위의 살림살이를 우리는 어떻게 하여야겠는가? 격동과 흥분과 의분에 일어섰던 그때는 어디로 갔는가?

아직도 희망이 있을 수 있다면 오직 한마디 '공부하자'라고 말하고 싶다. 정치가들도 이 이상 더 무식해지지 말고 공부를 하자. 인간을 가르칠 줄 아는 교수가 되고 공부해야 하는 것을 깨달을 줄 아는 학도가 되자. 무식과 무능을 감추고 체면만 세우려는 정치가가 되기 전에 정직한 실천가가 되어 보자. 죄 없는 청년학도들을 흥분시키는 신파쟁이가 되지 말고 인간적 감화를 줄 수 있는 참다운 제자의 스승이 되자. 억측과 경망을 일삼는 노리개가 되지 말고 자신을 아는 진실한 학도가 되자. 4·19를 중심으로 내가 얻은 것이 있다면 나 자신에 대한 많은 반대의 기회를 가질 수 있었다는 것이다.

이 대학의 교학 행정을 일선에서 일해 온 지 5년, 나는 내 발자취를 되씹어 보며 우리 민족의 거대한 발자취인 4·19를 계기로 나의 지도력이나 보좌력의 부족함을 뼈저리게 느끼고 나 자신이 공부할 것을 깨달으며 부학장의 직책을 겸허한 진심으로 내놓기로 하였다.(부학장)

〈성의월보 24, 1961년 5월 1일〉

나의 어린 시절

"과거를 묻지 마세요."라는 말을 기자들은 모르는 모양이다. 나의 어린 시절을 쓰라고 하니 말이다. 아마도 내가 현재 어리지는 않으니까 그런 부탁을 하는 것이 틀림없으리라 믿으며 어린 시절을 회상하여 보니 까마득한 것을 느끼며 어느새 늙어가는 것인가 하고 혼자 쓴웃음을 짓는다.

나는 어려서 다섯 살 때 벌써 방화放火를 저지를 소질을 갖고 있었다고 한다. 우리 집은 주로 일인日人들이 많이 사는 관사촌官舍村에 있었다. 자연히 같이 노는 꼬마 친구들은 일본 애들이었다. 그중에 '도모짱'이라는 나의 친구는 그 부모님하고도 우리 집은 친한 사이였다. 오시레(일본식 벽장) 미닫이 한쪽이 찢어져 있었고 우리는 성냥을 그으면 불이 나는 것이 무엇보다도 진기하였기에 어머니 몰래 성냥을 가져다가 그은 뒤에 미닫이 찢어진 조각에 대어 보았다. 활활 타오르는 불길은 어린 우리에게 이상한 흥분을 갖다 주었다. 우리는 그 진기하고 기운찬 불길에 막 좋아 날뛰었다.

물 길러 갔다 온 어머니는 우리가 하도 재미있게 떠드니까 들어와 보니 불길은 오시레 속의 이불 등을 태우고 천장이 타고 있었다. 자그마한 평화스러운 촌락이 이 소동을 곧 모두가 알게 되어 방 한 칸을 태운 뒤에 불은 섭섭하게도 소화消火되었다.

뜻하였으련만 도모짱과 나는 방화범의 낙인을 받고 방안에 감금되었다. 우리 어머님과 도모짱 어머니는 구수회의 끝에 두 어린이는 방화범 형장에 끌려 나왔다. 그곳은 우리 집 앞에 있는 창고 옆에 세워진 철봉대였다. 두 손과 발이 꽁꽁 한데 묶이어 철봉대에 매달리기를 한나절이 지났다. 아무리 울고 소리를 질러도 마을 사람들(거의 다 일인日人들)은 지나가며 바라보고는 좋아라고 웃기만 하고 갔다.

인간 세계가 이렇게 무정한가를 이리하여 나는 다섯 살 때 배웠다.

저녁 무렵이 되어서야 아버님은 자전거를 타고 일터로부터 돌아오셨다. 우리들의 비참한 꼴은 보지를 못 하고 집으로 들어가셨다. 소리를 지를까 했으나 무섭기도 하고 기운도 지쳤다. 조금 후에 아버님이 나오셨다. 채찍이 적어도 다섯 개는 부러져 나갈 줄 알았었는데 아버님은 "나쁜 놈들!" 한마디 하시고는 다 풀어 놓으셨다. 빨리 들어가 목욕하고 밥 먹자고 하시더니 "바카야로 도모"(바보 새끼들) 한마디로 우리는 구출되었다. 아버님의 말 없는 사랑이 예나 지금이나 매일반이었다. 저녁에 잘 무렵에 나는 다시 어머님 곁으로 가서 자려니 아버님이 나무라신다. 그래도 어머님이 좋았으니 형틀에 매다는 어머님의 사랑은 예나 지금이나 마찬가지이다.

시골서 보통학교를 다닌 나는 열두 살에 평양공립보통학교에 입학이 되었다. 전차는 물론이지만, 자동차, 기차도 처음 구경하는 시골뜨기 더벅머리를 아버님은 평양에 하숙을 정해주시고는 시골집으로 가셨다. 이 세상에 태어나 그때와 같이 울고 또 운 때는 드문 것 같다. 멋도 조금씩 부려 보고 싶은 고등보통학교 4학년 때이었다. 나는 많은 탐정소설을 읽었다. 『아르센 루팡』Arsene Lupin은 나에게 많은 수학, 화학, 어학 공부를 하도록 격려해 주었다. 우리나라 소설로 『흙』과 『상록수』를 읽었다. 이 책은 당시 일인 선생들한테 들키면 호되게 경을 치는 숨어서 보는 책들이었다. 이 책을 읽고 난 나는 급조 민족주의자가 되었다.

당시 우리 아버님은 평남 용강의 한 촌락에 사시면서 단신 천주교 전교 사업을 하여 조그마한 강당도 하나 지었고 영세신자 오백 명이 넘을 때였다.

급조 애국자가 된 나는 방학이면 고향에 가서 계몽운동을 하였다. 교회 시골 청소년들을 규합하여 축구단을 만들어 낮에는 볼을 찼다. 볼이 없어서 풀과 새끼를 둥글게 말아서 하루에 세 개 이상을 없앨 정도로 우리는 축구 연습을 하였다. 저녁에는 문맹 청소년 남녀들을 강당에 모아 놓고 한글 공부와 더불어 민족 독립사상을 연설(아쭈!)하였다. 삶의 보람을 느끼지도 못하면서도 맛본 나의 아름다운 어린 시절이었다.

마침 1년에 두 번 오시는 미국 신부님이 오셨다. 그는 나에게 볼과 단원들의 유니폼을 마련해준 분이었다. 그는 이미 이 세상에 없고 그의 형은 현재 내가 가장 좋아하는 안양 나병 수용소를 하시는 스위니 Joseph A. Sweeney 신부이다. 우리는 단연 서선축구대회西鮮蹴球大會에 나가 2위를 차지하였다. 나는 이렇게 행복했다.

고등보통학교高等普通學校를 나온 후에 상급학교를 진학하려니 애당초 공과나 상과를 지원하려 했으나 아버님은 한사코 의과를 택하라고 하셨다. 그 이유는 왜정 폭압하에 일인한테 고개 안 숙이고 살 수 있는 직업은 의사뿐이라 하셨다.

우리 집은 그리 윤택하지는 못하였다. 7년제 대학보다는 4년제 의전을 가라고 하셨다. 나의 모교인 경성의전京城醫專은 팔십 명 모집 정원인데 한인韓人 650명 지원에 한인 학생은 불과 14명만이 입학할 수 있었다.

의전醫專 1학기를 마친 후 고향에 내려가며 평양서 친구들을 만났다.

일본 각 대학에서 문과 계통 공부를 하는 친구들을 만나니 저마다 국부론이니 철학이니 인생이니 떠드는데 나는 전연 모르는 말들이었다. 그날 밤 나는 한잠도 못 자며 굳은 결심을 하였다. 나는 너에게 지지 않는다. 아담 스미스의 경제원론 니시다 기타로西田幾太郎의 순수경험철학, 세계문학전집을 닥치는 대로 탐독하였다.

그러나 책 살 돈이 없었다. 부득이 도서관 벌레가 될 수밖에 없었다. 내가 중학을 입학할 때 하숙비가 8원 내지 10원 하던 것이 전문학교 때는 35원 하였으나 아버님이 나에게 주시는 하숙비 이외의 잡비란 언제나 1원 50전이었다. 그 이상은 한 푼도 있을 수가 없었다.

부득이 나는 가정교사 자리를 탐探하지 않을 수 없었다. 춘원春園 선생의 소개로 나는 아주 좋은 집(이름을 밝힐 수 없음)에 들어가게 되었다. 학교에서는 축구부원이 되어 오후는 거의 강의를 빼고 축구 연습을 하였다. 저녁에는 의학 아닌 딴 책을 읽으며 학생을 가르쳤다. 이러니 의학 공부는 엉망이 되고 말 수밖에 없었다. 그러나 친구의 낙제를 구해 주려고 다녔어도 아주 요행히도 낙제는 못 해보았다.

그때 우리들의 민족독립 사상이란 무서운 것이었다. 우리는 연애를 안 하기로 맹세하였고 우리는 검소할 것을 약속하였다. 우리는 일인 학생들에게 공부나 싸움이나 운동이나 심지어 술 먹기에도 지지 않아야 할 것을 누구나 크게 결심하고 있었다.

젊었다. 젊음의 환희를 마음껏 즐기며 하늘을 보고 소리칠 수 있는 피 끓는 청년들이었다. 과거는 언제나 아름답다. 어린 시절의 회고는 이렇게도 아름답다. 그것은 과거이기 때문이라고 하면 나는 강력히 부인한다. 세속에 썩고 물들은 지금의 나는 절대로 그때와 같은 아름다운 시절을 향유하고 있지는 않다. 그러나 내가 나이 먹어 죽을 때 그때의 나는 지금의 나를 더없이 아름답던 시절로 생각하리라.

그러기에 인생은 언제나 즐겁고 아름다운 것이라 한다. 나는 즐겁기 위해서 오늘도 살아가고 있다.(부학장)

〈성의월보 29, 1961년 11월 1일〉

졸업에 부치는 소감

학위는 학문상의 연구자나 공헌이 있는 자에게 그 자격을 인정하기 위하여 주는 증서이며 우리나라에는 학사·석사·박사·명예박사의 네 종류의 학위가 있고 이 학위는 대학의 총장 또는 학장이 수여하기로 되어 있고 박사와 명예박사학위는 사전에 문교부 장관의 승인을 얻어야 한다는 것이 종래 우리나라 교육법시행령이었다. 금반今般 혁명정부는 학사학위를 국가관리제로 하고 정부에서 그 자격을 시험하게 되었음에는 많은 논의가 있었으나 교육에 종사하는 자나 각 학원이나 정부가 다 같이 깊은 반성과 새로운 인식을 가져야 할 것으로되 필자가 이를 언급고자 하는 바는 아니다.

가톨릭의대는 과거 2회에 걸쳐 78명에게 학사학위를 수여하였고 금반 또한 졸업 학년 전원이 정부에서 시행한 학사학위자격시험에 합격한 것은 이 대학의 전통으로 보나 현황으로 보나 당연한 일이라고 하겠다.

무릇 학위라는 것은 전술한 바와 같이 학문상의 연구자에게 주는 증서라 하겠지만 그만한 연구를 쌓는 그간의 노력이란 이루 말할 수 없는 것이었다.

필자는 과거 가톨릭의대 대학 학위수여식에 입회자로 외람되게도 직접 수여한 일이 있지만 그때마다 느끼는 것이 참으로 학위를 받을 수 있는 자에게 학사학위가 수여되고 있는 것인가 또 필자 자신이 이러한 엄숙한 수여식에 입회자로서 어느 정도 자격을 갖고 이 자리에 서 있는가를 깊이 뉘우치며 스스로를 부끄러워하였다.

이 대학의 학위수여식은 다른 대학과 다른 두 가지 특징이 있다. 그 하나는 이 식이 엄숙한 성당 안에서 미사 성제와 더불어 거행된다는 것이고 또 하나는 학위를 수여하는 분이 신부라는 점이다. 6년간의 형설의 공은 결코 쉬운 일이 아니었으며 더욱이 의학도의 학사학위란 인간의 모든 병고를 다스려야 하며 다스릴 수 있는 자에게 주어지는 학위는 예사스러운 예식이 될 수 없으며 가장 참되고 거룩하여야 할 것임에 이를 천주 앞에 증명하니 그 학위의 존엄성이 스스로 나타나는 것이다.

이 대학의 학장은 의사가 아닌 신부이어야 하는 특징은 모르는 사람에게 얼핏 의아감을 줄지도 모른다. 그러나 의학이라는 것은 과학일 뿐만 아니고 인간을 직접 다스리는 학문이기에 이 대학의 교육이념이 과학도의 양성만이 아니요, 참된 인격의 양성에 있다는 것을 아는 분은 이 대학의 학장이 의사가 아닌 신부라는 이유를 수긍할 수 있을 것이며 엄숙한 학위 수여가 훌륭한 과학자들인 교수들 임상 하에 법복法服을 입은 신부에 의하여 수여된다는 의의를 알게 될 것이다. 듣건대 금년도 졸업생 45명이 전원 학사 고시에 합격하여 정부로부터 전원이 그 자격을 인정받았는데도 불구하고 그중 두 명이 이 대학 졸업시험에 불합격함으로써 졸업을 못 하게 되었다 함은 참으로 듣기에 가슴 아픈 일이다.

앞으로 이 학사 학생을 학교 당국이 여하히 취급할 것인가는 필자도 매우 궁금히 여기는 바이지만 잘했다는 혁명정부가 무색할 지경이다. 선의로 보아 이 대학의 교육이 얼마나 엄격한가를 입증할 것이나 또한 교수나 학생이 다 같이 가볍지 않은 이 사실을 정관하여 느끼는 바 있어야 할 것을 경고하고 싶다.

또한 거반정부去反政府로부터 각 대학의 수료식 또는 졸업식을 학사고시합격자 발표가 있기 전 1월 20일까지 끝내라는 지시가 있었음에도 불구하고 이 대학에서는 학사고시 발표를 보고 다시 졸업시험을 치른 뒤에 오는 2월 하순에 졸업식을 거행케 한 학교 당국의 무게 있는 처사를 찬양하고 싶다.

금년도 학위수여식에는 이 대학으로서는 또 한 가지 새로운 경사가 있다고 하니 즉 6명의 석사학위 수여이다. 과거 5년간 직접 교학의 일을 맡아본 필자가 잘 아는 사실이며 자랑하고 싶은 것은 대학원, 제 교수들의 진한 대학원생 교육이다. 그뿐 아니라 그들 6명의 학위논문은 근래 박사학위에 지지 않은 좋은 연구업적들을 내어 우리나라 의학계에 공헌한 바 큼을 확신하는 바이다. 금춘今春에 있을 이러한 연거푼 경사를 축하하며 언제나 뇌리에서 사라지지 않는 것이 자리를 뜨신 양 신부님의 씩씩한 모습이다. 필자에게 이해할 수 없는 원한과 오명을 주시고 떠나신 양 신부님이었지만 그를 계기로 필자로 하여금 자괴를 금치 못하던 학교 직을 물러나게 하여 주시고 너무나 쓰디쓴 잔이었지만 아직도 나이 어린 필자에게 알지 못했던 인간사회의 일면을 경험케 하고 교훈하여 주신 양 신부님께 진심으로 감사하며 미운 정 고운 정 다 들었던 옛 윗사람의 모습이 가슴을 억누르며 목메게 하는구나.(부학장)

〈성의월보 32, 1962년 2월 28일〉

의술醫術은 인술仁術인가
− 캐나다와 이탈리아의 의료파업을 보고 −

지난 7월 이탈리아와 캐나다에서 각각 의사들이 파업 소동을 일으켰다. 그들의 수입을 제한하는 정부가 제정한 법률에 대해 반발하였던 것이다. 그들은 결국 승리하였다. 의술이 인술이라면 그들의 행동은 어떻게 비판해야 할까! 아마 그들은 "의醫는 인仁"이란 말을 모르나 보다.

한편 국내에선 지난 8월에 우리나라에선 처음인 의사면허취소조치가 있었으며 의업에도 영업세를 부가하겠다고 발표하였다. 한편으로는 의술은 인술이라 하면서 다른 한편에선 의술에 영업세가 붙었던 것이다.

검토돼야 할 인술이란 말
― 구미 각국에서는 기술화하여 가고 ―

최근 캐나다, 이탈리아, 오스트리아 등지에서 의사들의 파업이 보도되고 있다. 사회보장제도에 의한 의사들의 봉급 인상을 요구하는 것이다. 필자에게 이 보도에 대한 글을 써달라는 의도는 의는 인술이라는데 파업이 있을 수 있는가, 그 여부에 대해 의견을 듣고 싶다는 것이다.

한국 7천 명의 의사가 아무도 의사 파업이라는 문제는 생각해 본일이 없었을 것이라는 사실과 틀림없이 필자도 제목을 받아 놓고 이모저모 생각해 보니 한마디 말이 있을 듯싶으면서도 영 표현이 되지않는 나도 모를 의아함을 갖게 된다. 의는 인술이다. 인술이란 무슨 술을 보고 말하는 것인가? 나랏님들의 권세가 하늘을 찌를 듯할 때 나는학생들에게 가르치기를 인술이란 나랏님들이 치료 받고 약값 내기 싫을 때 사용되는 말이라고 하였다. 참으로 부끄러운 교육자의 경언輕言이었다. 일전 어느 신문 질의 응답란에 시간 외 개업을 금지당하고 있는 의료공무원이 시간 외에 환자가 진료를 요구하면 거절할 수 있는가라는 질문에 '의료법에 의하여 의사는 환자가 진료를 요구하면 거절할 수 없다. 단 진료비를 요구할 수 없다'라는 현답을 읽었다.

인술은 차차 묘술이 되어가는 것 같다. 우리나라 의사는 삼천만중에서 간택된 백성이라 남이 안 가는 군 복무를 할 의무를 갖고 그것도 오년 칠년 십년씩 있어야 했고 군 복무를 못 했거나 안 한 사람은대학 중고등 다니는 자식들을 하나둘씩 가진 45세까지의 의사들조차 자식들 학업을 다 중단시키고라도 벽촌 어느 마을에 가서 한지의사限地醫師 노릇을 하여야만 했다. 그러나 그것은 의는 인술이기 때문이라고 누가 한마디 말해 주지도 않았다.

　당장 죽어가는 사람을 돈이 없다고 죽는 것을 보고 손 안 댄 의사가 있을 수 있을까. 만일에 있다면 그는 의는 인술이기 때문에 악덕 의사가 된 것이 아니요. 원래가 악인이었기 때문이리라. 나라의 운명이 나 없이 망할 것이라는 때에 목숨을 내걸고 군에 안 나갈 의사가 있을까. 있다면 그는 의는 인술이기 때문에 죄인이 아니요. 원래가 악인이었으리라. 그러나 사회에서는 의는 인술이라고 의사를 강박하면서 의사는 도적이라고까지 맹언을 퍼붓는다. 밤새 수술하고 밤새 애를 쓰다가도 어떻게 환자가 사망하였을 때는 도적도 되어야 하고 살인자도 되어야 하며 너무도 간단히 철창 속에 들어간다. 의는 인술이기 때문일까? 우리 병원에는 백 명 가까운 의사가 종사하고 있다. 근무시간은 오전 9시부터 오후 5시까지이다. 거의 모든 교수를 비롯한 온 의사들이 오전 8시면 벌써 근무가 시작되고 오후 7시가 넘어야 집에 들어간다. 의는 인술이기 때문일까? 누군가 요구하는 것도 아니요, 특근수당을 주는 것도 아니다. 의는 인술이기 때문에 그렇게 하는 건가! 모르면 모두가 웃고 말 것이다. 며칠씩 밤을 새워 수술해도 특근수당 한 닢 없다고 불평 없는 의사들은 인술이라는 명칭을 이해도 못 하는 사람들이다. 의는 인술이니 약값을 받지 말라는 사회가 있다면 그곳은 의사가 필요한 사회가 아니요. 경찰만이 필요한 사회일 게다. 의사에게는 정당한 보수가 반드시 주어져야 한다. 무리를 강요하는 의사는 없다. 없는 돈을 내라는 의사는 없다. 그러나 있는 한 정당한 보수를 주어야만 한다. 더욱이 우리나라 같은 빈곤한 나라에서는 충분한 물적 보수를 줄 수가 없다면 적어도 정신적 응답은 있어야 한다.

캐나다, 이탈리아의 사회상을 지실知悉치 못하는 필자가 그곳 의사들의 파업을 운위할 수는 없다. 그러나 그 나라 물정을 잘 아는 우리나라 신문들은 이러한 해외 소식을 전하면서 '의는 인술인데'라는 어구로 그들의 행동을 규탄한다. 그러나 필자가 아는 한 그러한 외국에는 인술이라는 술은 아직 전수되지 않았기 때문에 우리나라 현명한 신문인들이 아무리 소리 쳐봐도 잘 알아듣지 못할 것 같다. 구미 각국의 의학 교육이 점차 기술 교육화함을 많은 학자가 개탄하고 있다. 의학이 기술이 되어서는 안 되니 인간은 기계가 아니기 때문이요 의는 인술만이 아니니 누구나 할 수 있고 누구나 해야 하는 자선 자비심을 가르침도 아니다.

문밖에서는 기한飢寒에 죽어가는 걸인을 내쫓으면서도 문안에서는 주지육림酒池肉林에 호탕을 해도 의사가 아니기 때문에 인술을 베풀지 않아도 되고 치료비 밀린 환자에게 치료비 요구하는 의사만은 인술을 베풀어야 하는 세상이 될 수 있느냐고 따지고 싶은 심정을 가질 수 없는 것이 의사 그대로의 자세가 아닐까?

세상은 점점 복잡만 해간다. 인간의 지혜가 나날이 발달해 가는 반면에 사람 본연의 착한 마음은 점점 비뚤어져만 간다. 부모를 병원에 모시고 와서는 의사보고 너는 빨리 이 사람의 병을 진료할 의무가 있느니 없느니 하며 권리·의무를 따질 만큼 영리해졌고 사랑하는 자식이 운명하였을 때 자식의 죽음을 슬퍼하기 전에 의사와 잘잘못을 고발하리만큼 지혜는 발달하였다. 사람의 생명보다도 법과 권리와 의무를 먼저 알만큼 영리해진 그들이건만 의가 인술이라는 것이 무엇인지도 모르고 잠잘 줄도 모르고 일하는 의사들은 이해할 수 없는 일이다.

정치인들은 권세인들은 치부자들은 또 그것을 추구하는 모든 사람들은 너무나 흥분하고 있다. 세상은 진정할 때가 왔다. 순진할 때가 왔다. 파업을 하는 의사는 모두 진정하라. 세속의 삶이 그리 길지 않거늘 어찌 그 많은 진정제가 필요한 세상이 되어 가는고!(부학장)

〈성의월보 38, 1962년 8월 27일〉

나의 대학시절
– 축구에 쏟은 반일감정, 최고 7회나 치른 재시험 –

일제 때의 경성의학전문학교京城醫學專門學校, 그것은 이미 없어지고 말았지만, 나의 학창 생활에서 가장 즐거운 그리고 거울이 되는 추억의 시절로 나의 평생의 모체가 된 곳이다. 한 학년 80명에 한인이라고는 15~20명의 적은 수의 우리는 일제의 식민 백성으로 억눌려 살기를 강요당하고 있던 젊은 청춘의 시절이기도 하였다. 지금은 어느덧 흰머리가 나기 시작한 나에게 많은 후배나 제자들이 그 당시의 나를 물어본다.

첫째 싸움, 둘째 운동, 셋째 독서, 넷째 재시험이라고나 할까?

싸움이란 말이 참 이상할지 모른다. 일인 학생들과의 격투 아닌 혈투는 다반사였고 매일의 학교 시간은 폭풍을 잉태한 풍운의 나날이다. 늘 싸움 상대가 되어주던 씨름부 보트부 야구부 학생들이 항상 그리운, 지금은 볼 수 없는 동기들이다. 한인학생들만이 참가하는 유일한 운동부가 축구였기에 그 부원인 나는 언제나 일인들만으로 된 앞에서 언급한 운동부원들과는 육탄전을 때때로 하지 않으면 안 되었음이 지금은 그래도 가장 즐거운 추억이기도 하다. 미워서 싸운 것도 아니요. 신세대·구세대가 되어서 싸운 것도 아니요. 사소한 시기와 모략으로 싸운 것도 아니요. 그야말로 그때는 그때대로의 민족의식에서의 혈투였으니 말이다.

여자들 궁둥이나 쫓아다니며 사소한 감정에 얽매어 갈팡질팡하는 학우들을 소인시하여 스스로 대인다운 체하면서 호남 되어 보겠다고 우쭐대던 그때의 '나'가 무척 그립고 지금은 남인 것같이 보이기만 한다.

일제 시대 중학과 고등학교를 합친 고등보통학교高等普通學校 즉 고보시대에는 운동이라고는 특기가 없던 내가 급작스럽게 축구선수가 된 것은 이러한 성격의 한인이기 때문이었지 축구를 할 줄 알아서 축구선수가 된 것은 아니었으니 그 축구단의 실력은 뻔하다. 할지 모르겠다. 그러나 18세 소년의 의욕은 결코 그렇지 않았다. 입에서 피가 나도록 뛰었고 몸이 으스러지도록 싸웠던 우리의 축구는 그 당시 전 동양의 패권을 잡았던 현 고대 즉 보성전문普成專門과 대전하여 마지막 3분 전에 부득이 한 골을 먹었을 때까지 보전팀의 초조와 고소는 사람의 의지력의 강함을 여실히 보여준 때였다.

남들은 예과에 들어가 버젓이 대학을 나와서 우쭐대지만, 돈이 없어 전문학교까지밖에 못 간다는 남에게 지고 싶지 않은 성격에 예과에서 배운다는 철학이니 경제학이니 하며 순수 경험철학이 어떻고 민족사가 어떻고 하며 혼자 다 아는 척하여 예과 다니는 고보 동기들과 경쟁하던 때의 의욕이 부럽기만 하다.

여름, 가을, 봄 매일같이 오후는 결석하고 축구 연습에 나가고 일 년에 두 번 시험 전날이라야만 밤을 꼬박 새우기를 십일 내지 십오일 하고 나면 의례히 재시험, 최고 7회까지 재시험 쳤으나 낙제는 안 하고 그렇게도 철학공부를 무서워 안했기 때문에 늙어서 책 보기 바쁘게 된 것이 한 가지 학창 시절이 남긴 한限일지 모르나 내가 학생들에게 엄격한 시험을 치르고 재시험 잘 주는 이유가 나와 같은 후년의 고생을 시키고 싶지 않아서 그렇다고 변명하리만큼 현명한 현재의 심경도 아님을 솔직히 말하고 싶다.

추억은 언제나 아름답다. 그것은 지난날을 다시 찾을 수 없다는 잠재의식에서 나오는 동경이라 한다면 아름답던 그 시절의 내가 되지 못할 것이 무엇이냐고 분발하고 싶으면서도 넥타이도 매지 않고 다니는 교수라고까지 제자들과 동료들에게 험구 듣는 내가 그때의 경파학생硬派學生이 되려니 겨우 술이나 한잔 먹으면 그때 기분 내보기나 할까? 신조가 있다면 째째한 입씨름이나 하고 말로만 자잘 거리는 사람이 되지 말고 행동하는 사람이 되고 싶다는 것이기나 할까? 자기보다도 남에게 더욱 관심이 많은 자학自虐?의 인간이 되지는 말자구나!(가톨릭중앙의료원 의무원장)

〈성의월보 46, 1963년 6월 1일〉

졸업생을 보내며
— 야심에 불을 붙여라, 학생 '노트'가 인생은 아냐 —

시원섭섭이라는 말이 있다. 시험 또 시험에 얽매였던 제군들 중 많은 사람이 이와 비슷한 심정을 가질 수 있다. 힘든 일을 치렀을 때 느껴지는 안도감 또는 만족감이 시원이라고 형용할 수 있으면서도 그 고된 여정이었으나 치르고 보면 어딘가 일말의 미련을 느끼기도 하는 것이 섭섭이라고 표현될 수도 있다.

의사가 되기 위한 의학의 이수 과정이란 과학의 발전이 너무 앞서가고 있기에, 사람의 생명을 탐구하는 인간의 노력이 자연의 섭리인 시간을 초월하려고까지 하기에 인간의 정상 지능 두뇌는 너무나 부족하리만큼 제군의 6년간의 세월은 삶의 생명 한계에 비해 너무나 길기도 하고 또 모자라기도 한 시간이었다. 이 어렵고 고된 제군들의 학구를 위하여 다 낡아빠진 교실과 녹슬고 깨어진 시험관밖에 제공할 수 없던 나의 부끄러움을 구태여 자위하고자 하는 궤사詭辭를 농할 뜻은 없지만 고된 길이기에 그만큼 보람이 있어다오라고 같이 웃음을 나누고 싶기도 하다.

내가 중학교 시절에 수신이라는 과목이 있어, 선생님이 매일 기록하는 반성록을 일주일마다 써서 제출하게 한 일이 있다. 어린 시절의 일종의 레지스탕스로 똑같은 것을 반복하는 데 싫증이 난 나는 그것을 '사보타주'하였다가 처벌당한 일이 생각난다.

사람이 어떤 일을 치렀을 때의 시원한 만족감은 삶의 단 하나의 윤기가 될 수 있지만 지난 일을 되씹어보며 자기를 다시 한 번 되새겨 보고 내가 느꼈던 내가 말했던 내가 행동했던 일이 좋고 나쁨을 조용히 반성해 본다는 것은 앞으로의 도약을 위해서 없어서는 안 될 일인 줄 안다.

더욱이 의서와 노트에만 사로잡혔던 의과대학의 생활이란 인간으로서의 자기를 망각하고 삶의 참된 철학을 잊어버린 기계생활이 되지나 않았을까. 내가 항상 말하듯이 의사라는 직업인이 되기 전에 의인醫人이라는 사람이 되어야 할 것이 아니겠는가? 의서를 통달하고 각종 의학 시험에 합격되었다고 자랑하기 전에 따뜻한 정서가 깃든 사랑의 영혼을 느낄 수 있고 허리 잡고 웃을 줄도 알고 목 놓아 울 줄도 아는 정든 사람이 되어 보는 것이 대문짝 같은 명함에 무슨 박사라고 헛껍데기 자랑하는 인간보다 보람 있는 삶인 줄 안다.

이러한 나의 바람이 6년이란 세월에 내가 가르치고 싶은 것, 싫었던 일 다 못한 푸념에서 우러나는 것임을 부정코자 하지는 않는다.

앞으로 제군들 앞에는 제군들이 보지도 듣지도 못한 너무나 넓고 너무나 많고 어려운 사회라는 것이 있다. 그것은 그대들에게 위대한 스승이 될 수도 있고 그대들이 넘어야 할 허다한 난관도 될 수 있다.

졸업이 제군들을 안도시키고 시험의 합격이 그대들을 만족시킬 정도라면 제군들은 야심을 잃어버린 낙오자가 되리라.

정복자! 인간 의사! 야심에 불을 붙여라!

〈성의월보 71, 1966년 2월 27일〉

개교 열다섯 해를 회고한다

1956년 당시 성신대학 의학부는 운영난으로 고려대학에 이양하기로 약정서까지 조인되었던 것을 다시 찾아 맡은 분이 신임 의학부장 양기섭 신부님. 신부님이 거기에 끌려든 것은 1957년 2월 초였다. 1회 졸업생이 본과 1학년 때였고 연전에 전남의대학장을 지낸 바 있는 조규찬 교수가 서울사대에 근무하면서 본 대학에 전임대우로 있었고 이규룡 교수가 교무과 일을 맡아보고 현 교학과장 김종훈 씨가 있었고 운전사 이덕준 씨가 아직도 남아 있는 직원일 뿐이다. 유일의 전임 교직원으로 취임하였던 본인도 당시는 약관 36세. 대학교육자로서의 경험은 상상도 못 해봤던 필자의 무모함은 지금도 생각하면 찬물을 끼얹는 듯하다.

취임하자마자 양 신부님은 곧 도미하게 되었고 학생들의 첫 번 조회를 열고 등록지 않은 학생에게다 며칠까지 여유를 주고는 제적한다고 하였더니 어떤 학생이 손을 들어서 "그러면 돈 없는 사람은 공부도 못하고 죽으란 말입니까?"라고 외치는 데는 아연실색하지 않을 수 없었다. 그 군이 바로 P군으로 현재 지방에서 개업 중.

전임 교직원으로 처음 모셔온 분이 당시 전남의대에 계시던 안부호 교수. 다음이 작고하신 이종수 교수 등의 순서이다. 기사나 조수도 없이 각자가 몸소 표본을 만들고 실습 준비를 하느라고 애쓰는 옛 모습이 눈에 훤하다. 지금 성모병원자리에 동성학교에서 쓰던 다 낡은 삼호 벽돌집이 있었다. 생리, 약리, 생화학 교실들이래야 전임이 없는 처지에 두세 평짜리 조그만 방에 유리 기구 몇 개가 흩어져 있고 물론

책상도 걸상도 없는 창고 비슷한 곳.

　필자가 취임하게 되자 학계 선배 20여 분의 모임에 격려의 뜻으로 초대된 일이 있다. 선배이신 서울대학의 기용숙 교수가 느닷없이 "군이 의과대학 교육의 중책을 맡았다는데 어떤 신념과 원칙principle을 갖고 있는지 설명해 달라."는 데는 다만 부끄러워 얼굴을 들 수도 없었다. "신념도 원칙도 없이 그저 잘해 볼 터이니 선배님들이 잘 지도해 주십시오." 하였더니 무엇을 어떻게 잘해 보겠다는 거냐고 재차 질문이다. 구변이나 좋았으면 웅변으로라도 때워 보겠으나 그렇지 못한 처지였다. 그때의 교훈은 오늘날까지도 언제나 필자에게는 명심하는 바가 되고 있다.

　초창기라 여러 가지 이유가 있겠지만 학과성적이 어떤 과목은 아주 불량하고 어떤 과목들은 90점 이하가 하나도 없다.

　이러다가는 학생들의 평균 성적을 낼 수가 없어서 교수회의를 소집하고 "앞으로 각 교수는 시험문제와 답안을 본인에게 제출하라. 본인이 직접 채점한다."고 지시한 일이 있다. 실로 엄청난 오만불손이요 무식함은 한도를 넘었다. 그런데도 불구하고 아무 말 없던 초창기 교수들의 깊은 이해와 인내성 있는 인격에 다만 숙연해질 뿐이다.

　필자가 취임한 첫해에 280명 학생 중 135명이 낙제 또는 제적을 당할 수밖에 없었으니 그 결과 긴급 학부형총회가 열리고 본인이 호출을 당하고 문교부에서까지 조사가 있었다. 학생들의 기강을 바로잡아 본다고 아침마다 조회를 섰고 교복을 착용치 않는 학생은 등교를 금했다. 교문에는 학생회 감찰부장을 비롯하여 교직원이 지켜 서서 교복 입지 않은 학생은 교문에 들어서지 못 하게 했으니 이것은 중고등학교인지 대학교인지 분간도 못 하는 본인의 우매가 그 극에 달했기 때문이었다. 당시 열심히 교문에 서던 감찰부장 C군은 그렇게 협조를 잘했는데도 나중에 제적당하여 타 대학을 졸업하여 수일 전에 월남에 간다고 인사하러 왔다.

숱한 데모와 스트라이크의 역사를 치르는 동안에 남은 것이 '악'만이라 어느새 본인에게는 '윤깡'이란 별명이 붙었다. 처음에는 스트롱이라는 뜻인 줄 알았더니 어느 졸업생이 '그것은 깡패의 총칭'이라고 한다. 학생들의 명석한 통찰력에 도타당하고 말았다.

추억이란 언제나 아름다운 것이기에 사람들은 괴로웠던 과거도 회상하기를 좋아한다. 몇 밤을 지새워도 끝이 없을 '윤깡'의 추억은 왜 그런지 회상하기 싫은 서글픈 역사를 갖고 있다. 학교를 나온 지 1년도 못 되었건만 수십 년 옛날 일들만 같다.

유아독존 오만불손은 도가 지나 돈키호테가 되어버렸던 나 자신이 왜 진작 자기의 진퇴를 찾지 못했던지 부끄럽기만 하다. 묵묵부답 늦었으나 좀더 나은 앞날을 살아 보자고 멀리 떠난 본인이 아직도 많은 사람의 입에 오르고 있는 것은 십여 년간 나의 행적에 대한 매서운 보복인 줄 알면서도 아직도 속에 들어앉은 '윤깡'의 지우지 못한 버릇에 고소를 하곤 한다. (윤덕선 성심병원장)

〈성의월보 115, 1969년 5월 13일〉

2. 신문 기고

서글픈 현실
— 임창영林昌榮 UN대사에게 부친다 —

필자는 정치나 외교에는 무관한 의학도이다. 장 내각張內閣의 외무인 사가 잘하는지 못하는지 지실한 바 못 되지만 금번 유엔 대사로 임명 된 임창영 박사는 필자가 수년간 도미 유학 당시 지면知面이 있고 주미 동포들이나 미국인 일본인들에게서 얻어들은 임창영 씨에 관한 이야 기를 대강 추려 본다.

1945년 제2차 세계대전이 끝나고 샌프란시스코에서 국제평화조 약기구회의가 있었다. 당시 미국에 있던 이승만 씨는 임창영 박사를 프린스턴대학 연구실로 찾아가 동 회의에 같이 참석하여 주기를 부탁 하였다. 그때 샌프란시스코회의에는 벌써 로스앤젤레스에서 한인 대 표들이 가서 활동하고 있었기 때문에 임 씨는 이 박사에게 저마다 한 국 대표라고 떠들어대야 외국인들로부터 창피만 당하기 쉬우니 그만두자고 하였으나 임 박사가 참석하여 로스앤젤레스사람들과 타협도 지어야 한다고 간청하기에 부득이 참석하였다. 이 샌프란시스코회의가 오늘의 유엔의 전신이며 그 당시 임 박사가 이 박사와 더불어 동 회의에 참석하여 남북분단 반대운동을 할 때는 재미교포들로부터 칭송도 자자하더니 오늘날 유엔대사로서 온갖 욕설을 먹고 있는 것도 임 박사의 기구한 운명인 것도 같다. 그후 임 씨의 외교활동은 교포들의 인정을 받아 이 박사가 귀국하기 전에 뉴욕에서 각국 외교관들을 초청하는 파티가 있을 때도 이 박사는 임 씨의 활약에 큰 힘을 얻었다고 한다. 이승만 씨가 귀국한 후 임 박사는 서재필徐載弼 박사와 더불어 하지 중장의 군정고문관으로 초청을 받아 1948년까지 모국에 머물러 있었다.

그가 떠날 때 한국의 정정政情은 이승만·김구·김규식 등 제 세력의 분규로 혼란하기 짝이 없었다. 서재필 박사는 임 씨에게 우리가 과거 임시정부 국민회 등으로 이승만 박사의 성품을 잘 아니 한 번 마음대로 혼자 해보라고 내버려 두어 보는 것이 좋을 것이요. 간섭이나 조언이 그로 하여금 마음대로 일도 못 하게 하고 또 오히려 해를 입을지도 모르니 돌아가자는 권유를 받고 이 박사의 만류를 뿌리치고 한국을 떠나게 되었던 것이다. 다시 도미한 그는 피츠버그에 있는 펜실베이니아 여자대학의 정치 주임교수로 근무하며 이승만 씨에게 항상 예리한 비판과 충고를 거듭하였으나 드디어 그는 이 박사와는 완전히 인연을 끊을뿐더러 이 정권이 제일 미워하는 적이 되고 말았다. 수차에 걸쳐 귀국을 시도하였으나 입국은 불허되었다. 모국으로부터 모든 통신은 완전히 차단되고 말았다. 때때로 찾아오는 동포들과 학생들로부터 이승만 정권의 독재 폭정을 듣고 있던 그는 정면으로 반이운동反李運動에 나서게 되었다.

펜실베이니아주 출신 상원의원 로렌스 씨를 비롯하여 미국 정계에 많은 친교의 인사들을 갖고 있는 그는 대학교수의 박봉을 털고 자동차를 팔아 팸플릿을 내고 유세 행각을 하며 이승만 대통령 삼선三選 시는 서울·대구·진해 등지의 이 박사의 득표율을 분석한 논문을 발표하여 동분서주하였다. 당시 그는 펠로십을 얻어 일 년간 예일대학에서 연구교수로 있었다. 현 주미공사인 고경주 씨를 비롯하여 보스턴 기타 동북부 미주에 있는 유학생들을 규합하여 '한회會'라는 것을 조직하여 귀국하면 나라에 이바지할 수 있는 참다운 인격자가 되기로 많은 청년을 지도 격려해 주고 있었다. 당시 그는 필자에게 다음과 같이 말한 것을 기억한다. 한인인 내가 자기 나라의 잘못을 외국에서 이야기하고 돌아다니니 이에서 더 슬픈 일이 있느냐고.

국내의 인사들인 장면·신흥우申興雨 제씨諸氏들과는 재일 동포나 혹은 미국인 또는 귀국하는 동포들을 통하여 비밀서신이 왕래되고 있었다. K신문이 발간되었을 때 그는 그의 자녀가 방학 중에 번 돈 8백여 달러까지도 몽땅 집어쓰며 이 정권의 언론탄압의 독재성을 규탄하는 운동을 미국 정계에서 시도하였건만 오늘날 그 K신문으로부터 제일 호되게 얻어맞고 있는 것도 또한 임 씨의 기구한 팔자인가 보다. 3·15선거에 유일한 희망을 걸고 있던 그가 이승만·이기붕의 압도적 승리라는 소식을 듣고 그가 다년간 정들었던 펜실베이니아를 떠나기를 결심하고 오하이오주에 있는 백오십여 년이라는 미국에서도 가장 오랜 역사와 전통을 자랑하는 머쉬킹덤대학 정치과 주임교수의 직을 맡기로 사인하고 말았다. 뜻밖에 4·19혁명과 더불어 그의 적은 물러갔다. 여러 국내 인사들, 학생들로부터 귀국하기를 종용받을 때 그는 글을 보내왔다.

국내에서 피 흘려 싸운 새 나라에 남들이 이루어놓은 공을 횡취橫取한다는 말을 들으러 가겠느냐, 당분간 귀국을 원치 않으며 펜실베이니아를 떠나 시골로 하기휴가를 떠난다고 하였었다. 그가 어떤 경우로 갑자기 귀국하였는지 필자는 모른다.

또한 장 총리나 정외무鄭外務와 특별한 정실관계가 있다고 알지는 못한다. 아마도 세상은 점차 복잡해지는 모양 같다. 아지노모도 행상인이 대사가 되고 여관 문전에서 금테두리 모자 쓰고 서 있던 사람, 잡채 장사하던 사람들을 총영사를 시키던 이승만보다 대학교수를 대사로 시킨 장면 씨가 더 미운 세상이 되고 만 모양이다. 데모도 하도 많으니 지칠 대로 지치고 남을 욕하고 헐뜯는 것도 하도 많으니 지칠 대로 지친 국민은 필자 한 사람뿐일 것이라고 믿고 싶다.

헌법을 모르는 국회의원은 한 사람도 없고 훌륭한 정치가, 위대한 외교관이 4천여 년의 역사를 가진 우리나라에는 수천만을 헤아릴 수 있는데 임 대사는 무엇 하러 왔다가 욕만 먹고 돌아가 세상을 소란케 하는가? 그대는 후르시초프 운운하였다가 어떤 의원으로부터 국회에서 8년 징역의 구형을 받은 것을 아는가? 임 대사는 하루속히 모든 직책을 국내의 많은 영웅에게 맡기고 자리를 떠나는 것이 그대를 위하여 현명하리라.(가톨릭의대 교수)

〈경향신문, 1960년 9월 21일〉

논단 「병을 고치면 의사다」를 논함

9월 6일 자 경향신문 사설에 "병을 고치면 의사다"라는 논설이 실리었다. 그 논설의 근거는 대한한의사협회가 최고회의 의장을 비롯한 요로에 탄원서를 제출한 내용에 두었다고 하며 이는 '큰 사회문제'라 하였다. 그것이 큰 사회문제가 되는 이유로 "한의사의 법적 지위를 박탈하면 양의 측에서는 수지맞는다고 할지는 모르겠지만 한의 측은 생업을 빼앗기는 일이니" 큰 사회문제라 한다. 이 사설은 현행 의료법이 무엇인지를 모르고 또한 심의 중이라는 개정안이 어떤 것인지 알아보지도 않고 있다.

대신문의 논설이 일개 단체의 탄원서 한 장에 그렇게 경솔히 사설을 펼 수 있는가? 6천 명 한의의 생업은 사회문제가 되고 3천만 국민의 생명과 건강을 취급한 의료법개정심의는 문제가 안 된다고 생각한 까닭인가? 더욱이 알아보지도 않고 양의에게는 수지 맞추는 법안 운운은 경멸받을 논조이다. "또한 배구사조拜歐思潮의 입장에서 본다면 한방이라는 것이 근거 없는 엉터리로 보일는지 모르지만, 인류는 과학 문명 없이 기천 년幾千年을 살아왔는데 운운" 하는데 우리는 되돌아가 과학 문명 없는 기천 년 전의 생활을 영위하자는 말인가? "한의학의 근거는 기천 년 경험의 누적"이라 하였는데 학이라 일컫는 학문이란 경험만으로 학문이 될 수는 없다. 더욱이 현대 우리나라 의학을 양의라 하며 배구사조 때문에 생긴 학문이라 생각하고 있으니 그의 애족심愛族心에는 경탄을 금할 수 없다. "현실적으로 한의를 통하여 병 치료하는 사람이 허다하니 운운" 하는데 시골 벽촌에 가면 무당·판수를 통하여 병 치료하는 사람도 허다하며 박장로朴長老를 통하여 병 치료하는 사람도 허다하니, 이들에게도 의사면허증을 왜 주지 않느냐는 논설을 쓸 용의도 갖고 있는가? "결국 보면 한의를 배제하려는 것은 양의 측의 편협과 독선이 아닌가 생각된다" 하였다.

이 논설자의 편협과 독선은 정도가 지나쳐도 이만저만이 아니다. 도대체 국민의료법 개정안이 왜 논의되고 있는가를 좀더 자세히 보사부에 가서 문의하시고 억측에 의하여 남을 욕하는 일은 아무리 유명한 한국 언론인이라도 삼가주었으면 한다. 또한 제목에서부터 "병을 고치면 의사다"라는 어구를 되풀이하여 용감히 사용하는데 차력사, 박장로, 무당 판수도 다 의사라는 고견에는 아연치 않을 수 없다. "양약이라 하여 모두 원료 없이 화학작용으로써 제조되는 것이 아니요. 식물계와 동물계에는 허다한 약재가 있다"는 신발견을 발표하였는데 화학작용이란 원료 없이 이루어지는 요술이고 양약이란 적어도 일부분은 원료 없이 이루어진다는 화학작용으로 생산되는 줄 알고 있으니 논설자의 정신상태를 의심치 않을 수 없다. 그럼에도 불구하고 이 논자는 침술까지도 조예가 깊으니 말이다.

신문이란 활자의 등사지는 아니요, 수십만 국민이 알고 배우는 교과서라고 필자는 생각한다. 5·16 군사혁명과 같은 비상사태에까지 이 나라 이 백성을 끌어넣은 책임은 과거의 무궤도한 언론인에게도 있다고 생각하는 것은 필자만의 편견일지는 모르겠으나, 우리나라 대신문의 사설이 이렇게까지도 졸렬해진다면 혁명이 백번 일어난들 무슨 효과가 있으랴, 좀더 신념 있는 포부를 피력해 주기를 애독자의 한 사람으로 서글프게 호소한다.

현재 당국에서는 수백 명의 양의를 동원하여 그것도 대학교수진에까지 국민의료법을 적용하여 산간벽지에 배치시키고 있다. 양의는 의과대학을 나온 덕으로 군에 입대하여 3년, 5년, 10년의 근무를 하여야만 하고 전염병이 발생하면 방역에 동원된다. 한의는 양의와 똑같은 법의 테두리 안에서 똑같은 보호를 받고 있고 동양의학대학도 다른 의과대학과 동일하게 병역연기를 받고 있다. 우리나라 문화인들은 한의가 있음에도 불구하고 무의면無醫面이라 하여 양의를 배치하는 당국의 처사에 의아심이 갈 것이 아닌가? 어찌하여 한방군의관을 "몇 천 년의 과학 없이 살아온 현실에 입각한" 우리나라 군대에서는 모셔가지 않는가? "아무리 양약을 써도 낫지 않다가 한약을 쓰면 낫는다" 하는데 전염병 방역에는 왜 한방의를 동원하여 인명을 구하려고 하지 않는가? 양의가 병원을 개설하려면 온갖 시설을 다 구비하여야 한다는 법조문이 있으면서도 한방병원은 남의 집 문간방에서도 마음 놓고 페니실린주사를 놓으며 병원 할 수 있는가? 어찌하여 정부나 국민은 한의들의 요구대로 한방 메디컬센터와 한방도립병원을 지어주지 않는가?

당국의 조속하고도 과감한 좋은 의료법 개정안의 실시는 여상如上한 의미에서도 강력히 요구되는 바라고 생각한다.(가톨릭의대 부학장)

〈경향신문, 1961년 9월 10일〉

3. 『한국 의과학』 창간사

『한국 의과학』[3] 창간사

오랜 세월을 바쳐왔던 학창을 떠나면서 우리들이 느낀 것은 공부는 대학에서만 하는 것이 아니라는 교만한 마음보다는 의학도로서 우리들의 삶을 어떻게 하면 대학에 있을 때보다 더 학구욕을 구현할 수 있을까 하는 고민이다. 발족한 지 6개월이 조금 넘은 일천한 '한국의과학연구소'가 거창한 이름을 띤 법인체이지만 성심병원에서의 우리들의 노력의 대가를 연구소로부터 우리들의 학구욕의 충족을 보수로 받아 보자는 것에 불과한 것이다. 또한 그것이 우리를 아껴주고 우리에게 기대를 걸어주시는 여러 선배님 동문 후배들에게 보답하는 길일 것이라고 마음으로 다짐해 보고 있다.

과학 문명의 발전은 인류사회에 또는 인간의 삶에 대한 기존이념

---

3) 『한국 의과학』은 일송이 가톨릭의과대학을 나와 설립한 사단법인 한국의과학연구소에서 발간한 학술지이다.

을 송두리째 변혁해 버릴 수 있을 만큼 줄달음질치고 있다.

모든 학문에서 그러하듯이 의학은 종전의 제한된 분야만의 학문이 아니라 의학과 관련된 모든 학문은 자연과학 분야 전반에 걸쳐 있고 더 나아가 사회과학 인문과학 분야와도 피할 수 없는 복잡한 관계성을 가지게 되었다. 그만큼 우리는 배워야 할 것이 너무나 많아졌고, 또 그것들은 어느 몇 사람의 독점물이 되어서도 안 될 것이다.

의학의 발전을 추구하는 데 있어서 우리나라에는 해결하여야 할 너무 많은 숙제를 갖고 있다. 각국의 과학 문명을 계획성 없이 받아들였으나, 그 나름대로의 진보는 또한 괄목할 만한 것들도 있다. 그러나 이제는 우리도 우리들의 자세를 갖추어야 할 때가 왔고 우리들의 학문을 정리하고 우리나라대로의 주장을 시도할 때가 왔다. 많은 의견이 있고 많은 토론이 있을 것이며, 더 깊은 연구가 요구될 것이다.

이상과 같은 우리들의 뜻과, 무엇인가 이 나라 이 민족을 위해서 남겨 놓아 보겠다는 조그마한 노력의 발로가 '월간' 『한국 의과학』이라고 말하고 싶다.

학문전파의 매개체가 되고 여러 의학도의 자유로운 토론장을 마련할 수 있는 영광이 이 조그마한 책자에 계속해서 누려지기를 바라 마지 않는다.

우리나라에는 여러 가지 형태의 의학잡지들이 있다. 『한국 의과학』이 좀 색다르다면 첫째 좁은 의학 분야만의 활자판이 되고 싶지 않다는 것이다. 또 많은 기업성을 띤 의학잡지들이 있으나 이것은 비매품이기 때문에 기업성은 갖고 있지 않다. 선전을 목적으로 하는 의학잡지들이 제약회사들에서 나오고 있으나 우리는 선전할 목적도 필요성도 없다. 각 대학이나 학회, 연구기관에서 나오는 논문집이 있으나 『한국 의과학』이 논문이나 원저를 싣기 위한 것은 아니다. 우리 연구소에서 앞으로 나올 연구 논문은 별도로 발표 방법을 갖고 있기 때문이다. 더욱이 무엇보다 먼저 『한국 의과학』은 사단법인 한국의과학연구소의 기관지는 결코 될 수 없다는 것을 명백히 해두고 싶다.

보편적인 지식의 선전문이기에 앞서 보다 차원이 높은 새로운 학식을 널리 우리 의과학도들이 나누어 가질 수 있는 구실을 하고 싶다. 의과학 분야에서 공부하는 모든 학도의 공동소유물이 되기를 바라마지 않으며 앞으로 세월을 쌓아서 많은 활자가 정리되고 종합될 때 무엇인가 우리나라도 우리 나름의 고유문화를 창립할 수 있지는 않을까?

겨우 걸음마를 시작한 한국의과학연구소가 월간 『한국 의과학』을 내놓으면서 언젠가는 가장 빠르고 힘차게 뛸 수도 있을 밝은 앞날을 꿈꾸어 본다.(윤덕선 필동성심병원장)

〈한국 의과학 창간호, 1969년 1월 30일〉

제2부

1970년 이후
기고, 연설, 기타

❶ 1982년 3월 8일 한림대학교 입학식
❷ 1984년 12월 한림대학부속 춘천성심병원
　개원식
❸ 1986년 10월 22일 강동성심병원 개원식
❹ 1990년 1월 17일-평양고보 평이중 동문회
　신년하례

1. 『성심월보』 신년사

창간創刊에 부쳐

만일 이 지구상에서 일순간이라도 공기를 없애버린다면 지구상의 모든 인간은 즉시 사멸하고 말 것이다. 그와 같이 공기는 우리 인간에게 가장 필요하고 귀중한 것이면서도 사람들은 그것이 꼭 필요한지 또 얼마만큼 귀중한 것인지 깨닫지 못하고 있다. 그렇게 인간의 생명에 절대적으로 필요한 공기가 오염되거나 결핍될 때는 사람은 생명력을 유지해 나가는 데, 곤란을 겪게 된다.

건강은 우리 인간 생명에 절대적인 기본이 되는데도 불구하고 많은 사람은 자기가 평상시에 건강을 즐기고 있어서 그 건강을 지키는 것이 얼마나 중요하고 또 건강이 오염되고 병들었을 때 신속히 그것을 정상으로 회복시키는 것이 얼마나 중요한 일인지를 깨닫지 못하고 있는 수가 많다. 건강이 없이는 인간의 모든 행복은 없어지고 만다.

나라에 국력, 정치, 경제, 문화, 종교, 윤리, 도덕 모든 것이 건강한 사람이 있고부터 생각할 수 있는 일이다. 그러나 사람들은 옛날부터 지금까지 또 영원한 미래까지도 건강을 해치는 질병과 싸우면서 살아 나가야 할 운명을 사는 것이다. 병원이란 모든 인간의 건강을 지키고 질병과 싸우는 고도의 전문적인 지식과 기술과 시설을 갖추고 국민의 건강 회복과 질병 예방을 위해서 일하고 있는 곳이며 또 지역사회의 모든 의료 기관의 중심체 역할을 맡고 있다.

병원은 결코 사기업이 될 수도 없고 사유재산이 될 수도 없는 것이며 이 점에서 병원이란 일반 개업의나 개인진료소 등과는 크게 차이가 있다.

고속도로는 국가에서 건설하였고 국민이 편리하게 사용할 수 있도록 또 국력을 증진하기 위해서 막대한 재정을 투입하여 건설하였고 그 모든 재정은 국민의 세금으로 이루어진 것이고 국민의 것인데도 불구하고 모든 고속도로는 도로공사라는 법인체에서 소유하고 또 이를 관리하는 것이다. 고속도로를 국민이 원만하게 항상 사용할 수 있도록 하기 위하여서는 쉬지 않고 이를 보수하고 온갖 시설들을 갖추어 나가야 하기 때문에 도로공사에서는 이 도로를 사용하는 사람들에게 사용료를 부과하고 있으며 국민은 누구나가 현대생활에 필요한 이 도로를 아껴야 한다는 것을 알고 있다.

그런데 이상하게도 사람들은 우리 인간에게 가장 필요한 건강을 돌보고 있는 병원을 너무나 아낄 줄을 모른다. 병원은 어떤 개인이나 단체의 사유물이 아니며 국민의 건강을 돌본다는 구실로 영리를 취득하고 있는 영업체는 더욱이 아니다. 병원에서 근무하고 있는 모든 직원은 특수한 고도의 지식과 기술을 갖추어야 하고 현대적인 모든 과학적 시설들을 쉬지 않고 도입하여 환자들에게 제공해 주지 않으면 안 된다.

　병원이란 환자가 있건 없건 사람과 기계와 시설이 24시간 쉬지 않고 움직이고 불을 켜고 있어야 하며 일반회사나 공장과 같이 일하는 시간과 쉬는 시간이 구별되어 있지 않다. 공장에서 기계가 돌아가다가 쉬듯이 사람의 건강이 쉬기도 하고 일하기도 하는 것은 아닐 것이다. 병원의 경영자는 병원의 모든 직원이며, 어떻게 하면 병원의 기능을 이상적으로 발휘하여 국민건강에 도움이 될 수 있을까 하고 노력하고 있는 관리자이긴 하지만 병원의 소유자는 아닌 것이다. 병원은 모든 국민의 것이며 관리자로 하여금 관리 운영을 책임지게 하고 있다. 병원을 깨끗이 유지하고 이상적인 활동을 할 수 있도록 국민은 항상 받아주고 관리자들이 잘못하는 일이 있으면 서슴지 않고 진실한 마음으로 충고를 하여줌으로써 병원 기능을 활발히 움직여 우리 모든 사람의 건강을 온전히 지킬 수 있도록 해주어야 할 것이다. 성심월보가 창간되면서 우리 모든 직원과 병원을 아껴주는 모든 국민에게 우리가 가진 사명감 일부를 말씀드리는 바이다.

〈성심월보 창간호, 1975년 6월 10일〉

신년사

윤덕선 이사장 신년 휘호 백인(百忍, 온갖 어려움을 참고 이기며 살아감을 뜻함)

힘차게 살자! 그러나 대자연의 조화된 힘으로

금년은 말의 해이다. 말은 힘을 상징한다. 굳센 의지와 용기와 기백을 상징한다.

달리는 말에서 우리는 슬픔을 볼 수가 없다. 어떤 좌절감도 우수도 주저함도 찾아볼 수가 없다. 줄기차게 달리는 말은 그저 호쾌하고 힘차고 용맹스럽기만 하다. 그러면서도 말의 힘은 소나 멧돼지의 힘과는 다르다. 소나 멧돼지는 말보다도 센 무서운 힘을 가졌으나 멋이 없는 힘이다. 말의 힘은 율동이 있다. 리듬이 있고 조화가 있다. 우리는 이러한 힘의 가치를 운동에서 경험한다. 테니스를 칠 때도 볼링 볼을 굴리면서도 역기를 들면서도 힘만 가지고는 안 된다. 힘만 넣고 친 공은 빠르지도 못하고 제대로 가지도 않는다. 스포츠는 힘의 운동이 아니고 리듬과 조화의 예술이라고 한다. 내 몸의 유연성을 살리고 내 체력의 한계점을 알면서 조화된 리듬 있는 힘이 주어질 때 우리는 멋진 공을 칠 수도 있고 가볍게 역기를 들어 올릴 수도 있다.

힘만 믿다가는 욕심이 앞서게 된다. 나에겐 나의 능력의 한계가 있다. 힘은 마구 쓰라고 주어진 것이 아니다. 힘만 믿고 욕심만 내다가는 무엇이든 실패한다.

어리석은 사람은 힘이 주어져도 쓸 줄을 모른다. 한없이 욕심을 부리려고 한다. 주어진 힘을 어디에 어떻게 쓸 수 있는가를 아는 현명함이 있어야 한다. 욕심을 버리고 유연하게, 겸손하게 힘을 쓸 때 율동이 있고 아름다움이 있다.

말의 힘은 조화된 힘이다. 대자연의 섭리와 조화하고 나의 재능과 인간사회의 법칙과 흐름에 조화된 힘은 참된 힘을 보여준다. 대자연의 아름다운 겨울이 오면 겸손하게 나뭇잎을 떨구고 봄이 오면 곱게 싹틔우고 웃으며 꽃피우는 대자연은 조용하면서도 조화된 리듬 속에서 무한한 힘을 가지고 있다.

금년은 말의 해이다. 슬기로운 힘을 다스릴 줄 알고 키워가는 새해가 되도록 하자. 너무 욕심을 내지 말자. 힘이 있다고 교만하지 말고 어려움이 있다고 좌절하거나 비열하지 말자. 따스한 봄바람이 백화를 개화시키는 힘을 간직하면서도 강풍이 꽃잎을 꺾어버리는 힘을 써서는 안 되겠다.

세상은 괴로움과 슬픔과 좌절감과 같이 살고 있다. 그러나 무슨 역경을 만나더라도 굳은 의지와 용맹함과 더불어 봄바람과 같은 유연한 힘을 잃지 않을 때 우리는 슬픔에서 기쁨을, 괴로움에서 보람을, 좌절감에서 희망을 되찾을 수가 있다.

우리는 올해에도 수많은 고통 받는 사람들을 대할 것이고 그들로부터 많은 짜증도 불평도 원망도 들을 것이다. 그러나 그런 속에서도 병자들을 이해하고 그 가족들과 슬픔을 같이 나누고 서로 위로해 주며 따스한 봄바람이 백화를 꽃 피게 하는 힘으로 다스려 보자. 세상은 모두 짜증스러운 것만은 아니다. 세상은 그렇게 악한 것만은 아니다. 누가 나를 만족시켜 주기를 원하고 기다리지 말고, 내가 남을 기쁘게 해줄 수 있는 참된 힘을 가진 한 해가 되도록 하자. 나는 힘차게 산다.

욕심 없는 조화된 힘을 가지고 말이다.

〈성심월보 32, 1978년 1월 17일〉

『가을에 부쳐』 생각해 봅시다

무르익은 곡식들이 바람에 너울거리고 하나둘 떨어지는 소리, 이들과 함께 가을은 가만가만히 다가오고 있다. 하늘은 높아지고 달빛이 유난히 밝기도 하다. 정녕 가을이 왔기에 오곡백과와 산천초목은 추수를 서두르고 있다. 가을의 수확은 조용한 사색의 휴식과 보다 씩씩한 내일을 잉태하기 위한 준비이기도 하다.

9월은 저축의 달로 정부에서도 정하고 국민으로 하여금 한 닢 두 닢 근검절약해서 저축하는 습관을 기르고자 한다.

추석이 다가오는 음력 8월 일 년내 땀 흘려 키우고 거둬들인 곡식을 놓고 조상과 대자연에 감사하는 추석을 맞이하고 있다. 돈도 저축하고 곡식도 추수하는데 우리들의 두뇌에는 얼마만큼의 글을 저축했고 우리들의 마음에는 무엇을 거둬들였는가? 우리의 머리는 비고 마음은 메말라 있으니 우리는 무어라 말할 수 있을까.

오늘도 추수는 대자연과 어른들에 대한 감사하는 마음과 같이 있어야 하고 또 그것이 보다 힘찬 내일을 잉태하는 것이라고 한다면 지금 내 머리에 거둬들인 학문은 또 내 마음에 추수한 아름다운 인간미는 진심으로 감사할 줄 알고 틀림없이 약동하는 내일의 비전을 잉태하는 것이라야 할 것이다.

올해도 우리는 열심히 뛰었지만 많은 시행착오도 있었고 허다한 부끄러운 일도 저질러 왔다. 교만하기도 했고 불친절하기도 했다. 성실치 못하고 태만하기도 했지만, 그 많은 잘못들을 조용히 생각하면서 뉘우쳐 봄도 내가 거둬들일 수확이 될 수 있다. 나를 뉘우치면서 남을 이해해 보자. 이해받기보다는 이해하려고 애쓰고 사랑받기보다는 사랑하는 사람이 되자. 내가 주지는 않고 받기만 하려 하지 않았나를 생각해 보자.

마음을 가라앉힌 조용한 가을의 사색으로 우리 마음을 가을 하늘과 같이 맑게 하면서 보다 즐겁고 희망에 찬 내일을 꿈꾸어 보자.

〈성심월보 40, 1978년 9월 10일〉

신년사
긍정적인 사고로 열심히 살자

어떤 신임 장관이 정직하고 근면한 사람이 인정받고 대우받는 사회가 이룩되도록 하겠다고 하였다. 아마 부정과 교활이 인정받고 무능과 나태가 활개를 치는 세상이 왔기 때문인 것 같다.

엉뚱한 사람이 영웅이 되어 표창을 받고 정직한 사람은 조롱을 받는, 근면하기 때문에 무시당하는 세상의 어두운 곳이 있기 때문인 것 같다.

그러나 세월은 쉬지 않고 흐르고 거기에 모든 사실은 하나도 빼놓지 않고 기록되는 역사의 심판이 있는 것이다.

내가 정직하고 열심히 일할 때 우선 나는 나 자신으로부터 보람과 편안한 만족을 얻는다. 내가 나를 인정해 줄 때 그 이상의 높은 평가가 또 어디 있겠는가?

세상을 너무 어둡고 부정적으로만 보지 말자. 이왕이면 밝게 보고 긍정적으로 살아 보자. 남을 원망하고 나만이 억울한 것 같지만 그렇게만 생각하지 말고 남을 이해하고 자기도 더 열심히 살아야지 하는 용기를 잃지 말자.

어떤 방송국 기자가 경마장에 찾아가서 말의 조련사를 보고 말은 어떤 때에 소리 지르며 우는 것인가 하고 물어보았더니 조련사의 설명은 "말은 울지 않습니다. 그것은 말이 웃는 것입니다." 자기가 좋아하는 경주에 나갈 때, 상을 타고 돌아왔을 때, 반가운 이성을 만났을 때 말은 좋아서 소리 지르는 것이라고 한다.

울 줄은 모르고 웃을 줄만 아는 말의 해가 가고 양의 새해가 왔다. 양은 착하고 청결한 동물이라고 한다. 양은 착함의 상징이라 착하게 산다는 것이 약하게 산다고 오해하는 사람도 있으나 사실 착하게 살 수 있는 사람이 가장 강하게 살 줄 아는 사람이다. 착하게 사는 것이 비겁하게 사는 것으로 생각해서는 안 된다. 착하게 사는 것은 가장 용감한 사람만이 해낼 수 있는 것이다.

양띠라는 새해, 우리는 울음을 잊어버리고 웃음을 찾아 착하게 살 줄 아는 용기와 슬기를 찾아가자.

〈성심월보 44, 1979년 1월 10일〉

신년사
진실한 마음으로 노력합시다

이 새해가 우리 성심 가족 모두에게 그리고 온 누리에 평화와 사랑과 보람을 가져다주는 해가 되기를 빕니다.

이 새해가 무엇인가 뜻이 되는 한 해가 될 것을 바라면서 우리는 모두 건강하고 정직하게 살아가야겠습니다.

지난 세월을 우리는 너무나도 나를 돌보지 않고 마치 고무풍선에 매달려서 날아가는 것과 같은 삶을 지킨 것과 같습니다.

높은 산에 오르기 위해서 층계를 하나하나 밟아가지 않고 엘리베이터를 타고 후다닥 정상에 오르려고도 한 것 같습니다.

가난하면서도 가난할 줄 몰랐고 횡재한 부잣집 애와 같은 삶을 영위한 것도 같습니다. 힘이 없고 아는 것도 없으면서도 교만과 허황한 꿈속에서 부질없는 꿈을 찾고 있었는지도 모르겠습니다.

진실은 가리어졌을 뿐만 아니라, 진실을 말하는 사람은 억압을 당해야 했고, 그래서 우리 세계에는 믿는 마음이 없어져 갔습니다.

그러나 이러한 후회스러운 지난날도 사실은 우리에게 많은 교훈을 남겨 주었습니다.

허위와 불신과 교만을 도리어 70년대 말에 가서 슬프고도 비참한 종말을 짓고야 말았기 때문입니다.

이 새해에 우리 앞에는 많은 정치적 혼란과 엄청난 경제적 시련이 놓여 있습니다. 그러나 이러한 혼란과 시련이 우리에게 낙망을 가져다주는 것은 결코 아니며 오히려 우리는 우리의 가난을 솔직히 알기 때문에 더 잘살 수 있는 내일을 꿈꿀 수 있고 정치적, 경제적으로 많은 혼란과 시련이 있었기 때문에 이러한 어려움을 극복할 수 있는 용기와 처방을 가질 수 있는 것입니다.

다만 이해부터 우리는 진실을 외면하려고 하지 말고 서로 믿고 이해하는 마음을 가집시다.

승강기를 타려고 하지 말고 층계 하나하나를 딛고 올라갑시다.

우리는 진실을 알아야 하고, 그 진실 위에서 우리나라와 우리 사회와 우리 가정과 나 자신을 키워나가야 합니다.

공자는 신信을 가르쳤고 석가모니는 자비를 가르쳤으며 예수그리스도는 사랑을 선포하였는데 소크라테스는 진실을 외쳤습니다.

"너 자신을 알라"(GNOTHI SEAUTON)고 외친 소크라테스는 소박한 시민이었습니다. 대머리에다 크고 둥근 얼굴, 빨간 납작코를 가진 추남 소크라테스는 진실을 알고 있어서 민중의 벗이었고 역사에 남는 철학자가 되었습니다.

1980년 서둘지 말고 항상 나 자신을 알면서 진실한 마음으로 달력 한 장 한 장을 넘겨갑시다.

〈성심월보 56, 1980년 1월 15일〉

신년사
용기와 자신을 가지는 한 해가 되길…….

새로운 공화국의 탄생을 앞둔 우리의 진통은 무척이나 괴로웠습니다. 그 많은 결의와 궐기와 절규가 있었지만, 그것들이 모두 누구의 선동이나 강요에 의한 것이 아니고 참된 우리 민족혼의 쓰라린 진통이었기를 바랍니다.

희망과 기쁨과 용기가 넘쳐흐르는 자신 있는 새해를 맞이합시다. 우리는 다시는 부끄러운 역사를 기록하여서는 안 되겠습니다. 국민 하나하나가 확고한 신념을 가집시다. 나도 잘살 수 있다는 신념과 그것은 누구의 시혜가 아니라 내 힘으로 잘살 수 있어야 한다는 자신감이 앞서야 합니다.

그 많은 외세의 침략과 자아의 상실로 이민족은 엄청난 시련을 겪어온 슬픈 역사를 살아오면서도 오늘의 생존을 지켜온 끈기를 가지고 있습니다.

그러나 우리는 생존에만 그칠 것이 아니라 남에게 뒤지지 않게 도약해야 합니다. 그러기 위해서 우리는 평범한 오늘의 생활에서 진리를 찾고 사랑과 믿음으로 뭉쳐야 합니다. 다시는 이 땅에 억압과 독선과 불신이 머리를 들지 못하게 해야 합니다. 다시는 공포와 불안과 거짓이 없어야 합니다.

그러나 그것은 모두 우리 자신들의 책임입니다.

용기와 자신을 가지는 한 해가 되고 언제나 믿음과 사랑을 잃지 않는 새로운 민족의 얼을 키워 봅시다.

국내외의 모든 어려운 여건은 물론이거니와, 아직도 과감한 구각舊殼으로부터 탈피를 못하는 우리나라 보건의료의 앞날은 절대로 밝지만은 않습니다.

많은 어려움과 부조리는 그대로 남아 있습니다. 그럴 뿐만 아니라 국민의 차가운 눈초리는 우리들의 어떠한 정성도 결점으로만 대하려고 합니다. 이 땅에서 사랑이 자취를 감추고 믿음이 없어졌기 때문입니다. 우리 지역주민들의 건강을 성심을 다해서 지킨다는 데에만 우리 모든 삶을 바쳐 봅시다. 거기서 우리는 긍지를 찾고 부끄러움이 없을 때 우리는 보람을 찾을 것입니다.

겸손히 나의 온갖 정성을 다 바치는 1981년에 모든 환자와 우리 온 성심 가족에게 하느님의 은총이 항상 함께하시기를 바랍니다.

〈성심월보 68, 1981년 1월 10일〉

신년사
앞으로 10년간에 대학·연구소·병원의 장래가 달려 있어

새해에는 우리 모든 성심 가족이 더욱 건강하고, 더욱 보람 있는 한 해가 되기를 경건한 마음으로 기원하며, 여러분들의 가정에도 하느님의 따스하고도 확고한 보호가 있으시기를 기도합니다.

80년대는 우리 민족사에 크게 기록되어야 할 세대라고 하며, 이 세대에 사는 우리 민족의 책임은 엄청나게 크다고 할 수 있습니다. 우리는 80년대의 10년을 얼마만큼 슬기롭게 살 수 있느냐가 우리 민족의 흥망이 달려 있다고 많은 사람이 얘기하고 있습니다.

이와 마찬가지로 82년 새해를 맞이하는 우리 재단은 대학이라는 막중한 사업을 시작하는 해이며, 앞으로 10년간 우리가 어떠한 역사의 장을 여는가에 따라서 우리 대학과 병원과 연구소와 이에 관련된 모든 사람의 장래가 달려 있다고 볼 수 있습니다.

"시작이 반"이라고 하는데, 우리는 이 거대한 사업의 반을 슬기롭게 치러야 할 80년대의 첫해를 맞이하게 된 것입니다.

로마에 있는 베드로 대성전은 미켈란젤로의 위대한 구상으로 400여 년이 걸려서 완공되었기 때문에 그 웅장한 건축미에는 깊은 신앙의 빛이 새겨져 있고, 이러한 많은 유럽 문명의 예술품 등은 수십 년, 수백 년에 걸쳐 다듬고, 키워 왔기 때문에 오랜 역사를 두고 자랑하고 있는 것입니다.

우리는 대학이라는 큰 사업을 시작하면서 서둘지 말고 우리 대학이 앞으로의 긴 역사에 큰 자리를 차지하고 빛나도록 많은 것을 생각해야 하겠습니다. 우리는 겸손한 마음으로 많은 것을 연구해야 합니다.

1982년, 이 새해를 정성이 담긴 한 해로 보냅시다. 이 정성은 나에 대한 정성뿐만 아니라 내 모든 주변과 이 사회와 이 민족과 온 인류를 위한 정성으로 다듬어져야 합니다.

바윗돌과 같은 인내와 침착성을 가지고 많은 것을 생각하는 한 해이면서 우리의 온갖 열과 성을 다하는 진실한 한 해를 살도록 각자 노력합시다.

〈성심월보 80, 1982년 1월 11일〉

신년사
나를 나누어 주는 한 해가 되도록

Share with Others! — "다른 사람에게도 나누어 주리라" — 나는 부유한 사람이 되고 싶습니다. 그래야만 많은 사람에게 내가 가진 것을 나누어 줄 수 있기 때문입니다. '돼지의 해' 그것은 욕심 많은 돼지가 아닙니다. 돼지는 살면서, 거름을 만들어 땅을 일구고, 초목을 키우며 죽어서 우리에게 많은 영양을 줍니다.

나는 가진 것이 없어서 줄 것도 없다고 도피하지 않겠습니다. 예수그리스도는 그렇게도 가난했기에 진복자가 되었고 드디어는 천국을 차지했습니다. 그는 가난했지만 깊은 그 안에 부유한 삶이 있었으며, 그는 얼마나 많은 것을 우리에게 주었습니까? 불타佛陀는 그 화려한 궁정과 권세를 다 버리고 보리수 밑에서 가난한 삶을 완성하여 얼마나 많은 것을 우리 인류에게 주었습니까?

내가 지금, 살고 있고 이렇게 숨 쉬고 건강하게 있습니다. 나는 육체적인 힘이 있고 저 깊은 내 가슴 속에 따스한 사랑이 가득 차 있습니다. 나는 육신으로 일하고 무한히 넘쳐흐르는 나의 깊은 곳의 따스함을 나누어 줍니다. 나는 줌으로써 기쁨이라는 보람을 갖고 싶습니다. 내 온갖 정성을 쏟아서 나를 필요로 하는 이들에게 나누어 줍니다.

이렇게 남에게 줄 수 있는 부유한 나를, 하나님께 감사하고, 나의 줌을 받는 모든 삶들에 고마움을 전합니다. 나의 고독과 비애와 온갖 고통도 내가 이렇게 숨을 쉬며 살고 있다는 기쁨이 모든 것을 이겨 줍니다. 나의 축복 받은 부유한 내 삶을, 삶의 위협을 받는 이들에게, 건강하지 못한 많은 이들에게 나를 나누어 주고 싶습니다.

인생은 여정입니다. 인생은 목적이 아닙니다. 지금 숨 쉬고 사는 내 삶의 여정이 소중한 것입니다. 그것은 바로 지금이지, 먼 훗날이 아닙니다. 나의 오늘의 삶이, 나의 소중한 이 여정이 1983년이라는 흐뭇하고 사랑스러운 한 날 한 날의 역사를 기록하게 했으면 합니다.

나를 필요로 하는 그 많은 사람이 나를 창구에서, 대합실에서, 사무실에서, 진찰실, 수술실, 중환자실, 입원실 그리고 가정에서, 내 이웃에서 찾고 있으며, 나는 그분들에게 나를 나누어 주는 한 해를 갖고 싶습니다.

〈성심월보 92, 1983년 1월 15일〉

축사
직원들이 자유롭게 말할 수 있는 마당이 되었으면……

성심월보가 벌써 100호라고 하니, 우리 월보가 이 세상에 나온 지도 8년이 훨씬 넘는 세월이 흘렀습니다. 이 긴 세월 동안에 우리 재단은 남에게 뒤질세라 자랄 수 있는 데까지 자라도록 노력했고, 이 월보 또한 크게 성장했음을 진심으로 축하하는 바입니다.

우리에게 월보는 여러 가지 재단의 소식을 알리고, 서로 인사를 나누고, 축하하며, 격려하고, 위로하는 역할을 하여 왔습니다. 또 우리 각자가, 또 많은 사람이 하고 싶었던 여러 가지 사연을 글로 다듬어서 많은 것을 말할 수 있는 마당이 되기도 했습니다. 우리는 때때로 중요한 일이면서도 말로 표현하기 힘들거나 또한 말로 표현하기 어색하거나 하는 일들을 글로 다듬어서 표현할 때가 많습니다. 또 우리는 하고 싶었던 많은 말뿐만 아니라 여러 가지 지식을 배우며, 또 우리들의 품성을 향상시키는 교양을 돕는 데도 이 월보는 크게 역할을 다한 것으로 생각됩니다.

우리는 이렇게 해서 월보를 보고, 읽으면서 많은 것을 배우기도 하였고, 더 많은 것을 생각할 기회를 얻게도 되었습니다. 나는 때때로 월보를 들고 모든 직원이 다 퇴근한 뒤에 혼자 읽어 가면서 많은 배울 것들을 메모하기도 하고, 직원들의 바람을 기억해 두기도 합니다.

우리 모든 직원은 월보를 읽으며 깊이 있는 사색을 할 시간을 가졌으면 좋겠고, 또 그렇게 했던 것을 활자화해두는 습관도 지녔으면 합니다.

앞으로 더 많이 지면을 늘려서 더 많은 사람이 자유스럽게 말할 수 있는 마당이 되고 더 많은 사람이 배우고 사색할 수 있는, 우리들의 교양의 전달자가 되어 주기를 바라는 마음이 간절합니다.

그동안 본 월보가 백 호를 이루기까지 이 월보를 이끌어 주신 관계자 여러분들과 귀한 옥고를 써 주신 필자 여러분들에게 진신으로 감사드리며, 앞으로도 더 계속해서 큰 노력이 있어 주기를 간절히 바라마지 않습니다.

〈성심월보 100, 1983년 10월 10일〉

신년사
세계를 보는 폭넓은 시야를 갖는 한 해가 되길……

새해입니다.

악몽은 길조라고 했습니다. 1983년의 악몽은 필연코 1984년의 길조를 잉태하였을 것이며, 우리 모두 힘차게 새 아침의 인사를 나눕시다. 활짝 웃으면서 모두 반겨 새 삶을 꿈꾸고 구가합시다. 새해 아침의 밝은 햇빛을 흠뻑 받으면서 돌이 새가 되고 새가 날아서 구름이 되고 구름이 떠서 태양이 되어 찬란한 빛이 우리들의 이마와 마음속에 비추어 주기를 기도한다는 어떤 시인의 노래를 기억합니다.

높은 하늘에 지저귀는 종달새의 고매한 꿈을 펼치면서도 저 낮은 데서 신음하는 뜸부기의 울음소리를 보살필 줄 아는 사랑을 준비하여야 합니다. 꿈은 높은 데 두었지만 낮고 작은 곳을 잊어버리고 가지 맙시다.

아쉬운 것을 남겨놓는 한 해가 되어서는 안 된다는 말입니다.

이제 우리는 습관화된 시각에서 벗어나 새로운 시계視界를 열어봅시다.

봄이라는 말은 보다는 말에서 그 어원을 찾는다고 합니다. 우리는 새롭게 볼 줄 아는 봄을 맞이하여야 합니다.

똑같은 산과 들도 거꾸로 가랑이 사이로 보면 그렇게도 아름다울 수가 없습니다. 우리는 여태까지 보던 것과 그 시각을 바꾸어 우리들의 삶을 보는 시야를 넓혀야 합니다.

봄은 영어로 Spring이라고 합니다. 뛰어오른다는 뜻이지요. 우리는 조그마한 땅덩어리에서의 고민에서, 국제무대로 뛰어드는 힘을 길러야 합니다. 세계를 보는 눈으로 시계를 넓히고, 세계 속의 나를 찾아야 합니다. 우리는 말을 배워야 하고, 우리의 힘을 길러서 세계의 어느 누구와도 편안하게 만날 수 있는 힘을 키워야 합니다.

튼튼한 체력을 키웁시다. 누구한테도 두 어깨를 딱 벌리면 맞설 수 있는 건강한 체력을 요구합니다.

비실비실한 인생은 이제는 청산합시다.

명쾌하게 뛰고 다듬어서 우리의 힘을 만들어야 합니다. 어디에서나, 누구 앞에서나 하늘을 우러러보거나, 땅을 내려다보거나, 부끄럽지 않고, 자신 있는 인생을 설계해야 합니다. 어느 모로 보나 남한테 뒤지면 될 법이나 한 것입니까! 폭넓은 이해와 용단과 결단과 사랑을 길러서 덕 있는 1984년이 우리 모두에게 다져지기를 기원합니다.

〈성심월보 103, 1984년 1월 31일〉

신년사
자신을 가지되 교만하지 않은 새해가 되기를……

을축년 새해에 직원 여러분들이 모두 건강하시고 또 여러분들 가정에 항상 주님의 은총이 머물러 있기를 기도 중에 잊지 않고 있습니다.

지난해, 우리는 많은 일을 해냈습니다. 우리 중에 누구 한 사람이 한 일이 아니고 우리 한 사람 한 사람이 모두 다 힘을 합쳐서 이런 일들을 성취한 것입니다. 여기서 우리는 자신을 얻었습니다.

앞으로 새해에 우리는 더 많은 일을 하여야겠고 또 많은 일이 우리에게 그것을 기대하고 있습니다. 또 우리는 그것을 예전과 같이 충분히 해낼 수 있을 것입니다.

우리는 그것을 해낼 수 있다는 굳은 신념을 가지고 을축년을 또 살아갈 것이고 결코 불안이나 공포 속에서 헤매지는 않을 것입니다.

내가 계획했던 일은 반드시 이루어질 수 있다는 믿음을 가집시다. 굳게 믿는 자는 구태여 아름답게 꾸미지 않아도 아름다운 인생을 살 수 있는 것입니다.

그러나 이런 팽창에만 박차를 가하면서 살아오는 동안에 많은 것을 잊어버렸고 또 많은 것을 놓고 온 것들이 있습니다. 잃어버린 것들은 골고루 찾아서 지나온 우리들의 삶의 역정을 튼튼하게 보존해야 합니다.

지나친 용기로 나도 모르게 어느새 과신에 빠져 내가 교만 속에 살고 있으리라는 것도 반성해야 합니다. 내가 어떻게 해서 실수를 한두 번 했다고 하여 지나친 자기비하에 빠져 그 늪에서 헤어나지 못하고 무기력한 추한 인생을 살고 있는지도 모릅니다. 금년 을축년, 우리는 지난해에 말과 같이 뛰었지만, 새해에는 소와 같이 틀림없는 한 발짝 한 발짝을 내디뎌 가야 합니다. 자기 힘에 대한 과대평가와 이에 따르는 방만불손放漫不遜한 태도로 나 자신의 삶의 가치관을 잃어버린 채 들판의 야생마와 같이 뛰는 보기 싫은 한 해가 되어서는 안 됩니다. 산업사회에 넘쳐흐르는 소비 풍조에 휩쓸려서 우리 조상들이 우리에게 물려준 아름다운 근검절약 정신과 열심히 일하는 데서 기쁨을 찾는 구수하고 탐스러운 인생을 다 놓고 온 것 같습니다.

우리 주변은 크게 달라지고 있습니다. 대학이나 병원에 대한 사회의 욕구는 과거의 어느 때보다도 더 거세게 우리에게 너무나 많은 것을 요구하고 있는 현실 속에 저 엄청나게 큰 중국대륙이 문을 열기 시작하고 그렇게 굳게 닫혔던 얼어붙은 북한 땅도 조금씩 문을 열 가능성도 있는 것같이 보입니다. 이러한 변화는 결코 우리에게 작은 것이 아닙니다. 을축년 새해에 우리에게 던져진 크나큰 숙제를 우리는 차분히 받아들여서 실수 없이 힘차게 헤쳐나가야 합니다.

항상 자기 능력의 한계를 정확하게 측정해 가면서 보다 높은 것을 향해 더 큰 힘을 기르는 데 모두 힘을 합칩시다. 우리는 미래에 살고 있으며 그 미래로 힘차게 출발할 수 있는 을축년 새해를 다시 맞이하게 된 것입니다.

한림 성심 가족 여러분, 용기를 잃지 말고 떳떳한 을축년이 여러분과 같이 있기를 기원합니다.

〈성심월보 113, 1985년 1월 20일〉

신년사
생각할 줄 아는 인간, 그것은 육안으로 볼 수 없는 것을 볼 수 있는 것을 말한다.

기계문명, 물질문명에 휩쓸리고 있는 현대 사회는 능률주의, 물량주의, 성공 출세주의에 열중되면서 인간은 무엇인가 잃어버리고 있는 것 같다. 과학 문명이 발달하고 문화적 발전을 이룩했다고 하는 인간 사회에서 인간관계가 더 좋아졌다고 또는 더 발전했다고 자신 있게 말하는 사람은 없을 것이다. 사람은 살고 있기는 하지만 진실로 살고 있지는 않은 것 같은 인간이 요즘 인간이라고 보는 사람도 있다.

동물원에 가면 사람이 원숭이를 보는 것이 아니고 원숭이가 사람들을 구경하고 있다는 말이다. 사람이 몽둥이를 휘두르는 것이 아니고 몽둥이가 사람을 휘두른다고 한다. 밥을 먹고 있는 것이 아니고 죽음에 쫓겨서 할 수 없이 밥한테 먹히고 있다고 표현하는 말도 있다. 사람이 생각하는 것을 잊어버렸기 때문이다. 생각할 줄 아는 유일한 동물이라는 인간이 생각을 잊어버렸으니 말이다.

어떤 사람은 새와 가만히 마주 앉아 있으면 새와 더불어 온갖 얘기와 노래를 다 주고받을 수 있다. 그것은 새에 대한 사람의 마음이 사랑으로 꽉 차 있기 때문이다. 베르그송이라는 사람이 말하기를 "사람은 항상 필요라는 베일을 쓰고 있기 때문에 즉 필요 자체가 베일이 되기 때문에 베일로 가려져서 필요 속에 가려진 참됨을 보지 못한다"라고 한다.

책상머리에 꽂힌 꽃 한 송이를 보면서 꽃만을 보지 말고 그 꽃 한

송이를 가져다 놓은 사람의 마음을 보자. '생각하는 사람'이라는 동상 밑에 생각할 줄 모르는 사람이라고 쓴 것을 그림에서 본 적이 있다.

사실 요즘 인간은 진실로 살고 있지 않은지도 모른다. 인간적으로 살고 있지 않고, 인간답게 살고 있지 않다는 말이다. 생각할 줄 아는 인간. 그것은 육안으로 볼 수 없는 것을 볼 수 있는 것을 말하며 마음으로 보고 느끼는 것을 생각하는 것이라고 볼 수 있다. 보고는 있는데 느끼지 못하는 것은 마음이 메말라서 사랑이 없기 때문이다.

사랑은 집착하는 것을 말한다. 사랑은 꿰뚫어 보는 것을 말한다.

새를 아주 좋아하는 따스한 마음을 느낄 줄 알아야 한다. 우리는 86년에도 인간으로서 이것만은 잃지 말고 가지고 있어야 한다고 생각되는 것이 있는데 그것은 인간의 마음이요, 생각하는 것이요, 사랑으로 느끼는 것이라는 것을 말해 두고 싶다.

〈성심월보 124, 1986년 1월 31일〉

2. 월보, 잡지 기고

수상隨想

수술로 한평생 – 오랜 경험과 깊은 학식과 침착한 인간성이
요구된다. 도규계에 거성이자 스승이신 백인제 박사를 사모하
며……

수술이란 의학에서 결코 좋은 치료 방법은 아니다. 병은 걸리지 않도
록 예방하여야 하고 예방이 미흡해서 이병罹病하면 조기에 치료하여
흠집 없이 또 환자에게 고생을 덜 시키고 속히 완쾌토록 하여야 한다.
만일에 수술하여야만 하는 질병에 걸렸고 또 병고가 적시에 치료되지
못하여 수술을 하지 않으면 안 될 때는 수술로 인한 인체에 주는 손상
을 가능한 한 적게 하고 치유가 된다 해도 흠집 없이 깨끗한 치유를 가
져오도록 하여야 한다.

　이러한 이치는 사회의 모든 현상에도 일치한다. 흔히 사회악이나
여러 가지 사회의 부조리에 있어서 대수술을 가해야겠다는 정치가들

의 호언을 듣는 수가 있다. 본인은 그것이 쾌도난마의 일대 결단인 것처럼 얘기할지 모르나 이는 가장 어리석은 자의 말이라 하지 않을 수 없다. 왜 이러한 질병을 수술로 가야만 할 때까지 내버려 두었는가, 왜 수술보다 더 좋은 방법은 연구해 보지 않았던가. 수술이란, 더욱이 대수술이란 아무나 할 수 있는 것이 아니다. 오랜 세월의 경험과 연구와 기술의 연마가 필요한 것이다. 수술한다면 그것으로 인한 상처는 어떻게 할 것인가 정말로 수술을 하여야 할 때인가를 판가름하는 데는 그것이 인명인 경우 더욱 중요한 것이겠지만 사회의 여러 가지 부조리와 사회악에도 똑같이 적용되는 뜻이 된 것이다. 뿐만 아니라 적어도 남의 몸에 칼을 대는 수술을 할 줄 아는 의사는 그만큼 자기 자신부터 자신을 가질 수 있는 인격자가 되어야 한다.

　　10여 년 전의 일이다. 어떤 부인이 위암으로 수술을 받게 되었다. 주치의인 선배이신 장기려 박사와 나는 여러 가지 검사 끝에 개복할 것을 결정하고 그 사실을 환자와 가족에게 알렸다. 개복하고 보니 암은 벌써 복강 내 전부에 전파되어 더 이상 수술을 진행하지 못한 채 배를 닫아버리고 말았다. 이런 경우 모르는 환자 측에서는 흔히 왜 할 수 없는 수술을 했느냐고 따지고 들기가 일쑤다. 그러나 수술이 끝난 뒤 장 박사는 환자와 보호자에게 다음과 같이 말했다. "당신의 병은 사람의 힘으로 고칠 수 없을 정도로 진행되어 앞으로 약 3개월이면 당신의 생명은 끝나리다. 그러나 이러한 사실을 당신이 알게 되었다는 것은 하느님께서 우리에게 수술을 하도록 한 덕분인 줄 알고 하느님께 감사합시다. 당신은 오십 평생을 당신 자신과 당신의 남편과 자식들을 위해서 살면서 하느님의 고마움을 모르고 살아왔오. 이제 앞으로 하느님께서 주신 3개월을 열심히 하느님을 위해서 기도하고 찬양하며 삽시다. 당신은 참으로 이러한 주어진 기회를 가질 수 있었다는 것이 얼마나 행복한 것인지 알아야 하오." 너무나 자연스럽고 진정어린 그의 설화는 놀랍게도 환자에게 기쁨을 주었고 그 가족들 역시 슬픔 속에서도 한 가닥의 한도 없는 표정을 볼 때 나는 감격할 수밖에 없었다. 그 후 나는 유사한 예를 여러 번 겪으면서 장 박사의 설화를 몇 번 흉내내 보았다. 그러나 번번이 실패하였고 환자 가족들로부터 오히려 면박을 받기가 일쑤였다.

사람을 이해시킬 수 있는 설화는 말 자체보다도 그 사람이 갖고 있는 품격과 덕망이 더 중요한 것이다. 외과의가 된 지 30년, 공부깨나 했다고 대학교수도 지냈고 우리나라 외과학회 회장도 지낸 몸이지만 아직도 몸에 그러한 품격을 지닌 적이 없고 사람됨이 미흡한 자신을 부끄러워할 뿐이다. 아마 사회의 경륜도 마찬가지일 것이다. 사회의 부조리를 뿌리 뽑겠다고 툭하면 대수술을 가한다고 호언장담을 하는 위정자들도 풍부한 학식이나 이론에 앞서 지도자가 지녀야 할 몸에 밴 덕망이 있어야 그 수술은 후유 없이 깨끗이 처리할 수 있는 것이다.

수술은 의학이요 의학은 과학이다. 과학은 가장 어려운 학문이면서도 거짓이 있을 수 없는 학문이다. 외과적 수술은 인체에 여러 가지 생리적 변화를 초래하고 이러한 현상을 면밀히 연구 검토하여 현대의학 발전에 이바지한 바 지극히 크다.

그러나 무엇보다 뚜렷한 사실은 수술 전에 이루어진 여러 가지 검사가 칼을 대고 직접 병소를 눈으로 보고 손으로 다룰 때 우리는 주어진 여러 가지 사전 정보의 정확 여부를 그대로 정직하게 알려줌을 알게 된다. 이런 뜻에서 외과학은 가장 정확한 또는 정직한 치료법일 수도 있다. 사람의 지식이란 아무리 발달해도 한도가 있는 것이다. 나는 때때로 이를 카드놀이에 비교해 본다.

사람은 화투장 한 장의 뒷면을 볼 줄 모르기에 거기에 수천 금의 재산을 걸기도 하는 것이다. 인간의 지능이란 그만큼밖에 깊이를 갖지 못하는 것이다. 그러나 사람이 정직하게 화투 한 장을 들여다볼 수 없다는 것은 알고 나는 전연 그 화투장에 무엇이 있는지 모른다면 결코 돈을 걸지는 않을 것이다. 여기에 사람 마음의 간사함이 있다.

과학은 결코 도박은 아니다. 모르는 것은 어디까지나 모르는 것이다.

사람의 배를 쨀 때 그 안에 무엇이 있다고 아무리 면밀한 검사를 하였다 해도 절대적인 장담을 할 수는 없다. 환자는 절대적인 확신을 얻고자 하고 또 때때로 의사들은 절대적인 자신을 갖고 대답하기도 한다. 그러나 그것은 과학이 아니요. 학문이 아니다. 학문이란 아는 것만이 아니고 모른다는 사실을 깨닫는 것이며, 그것이 정직한 과학이 되는 것이다.

여러 해 전 일이다. 어떤 환자가 소화불량으로 진찰을 받고 엑스선 사진을 찍었더니 위에 '폴립'이라는 양성종양이 있다는 진단을 받았고 또 경솔하게도 그 종양은 떼어버리지 않으면 암이 된다는 진단을 받았다. 이 환자는 시내 큰 병원을 다 찾아내어 엑스선 투시만도 다섯 차례나 했으나 똑같은 진단을 받고 수술을 받기 위하여 나를 찾아왔다. 내가 있는 병원에서의 검사도 똑같은 결과가 나왔다. 수술을 하였더니 '폴립'은 찾아볼 수가 없었다. 다만 위의 점막이 약간 비정상적일 뿐 수술을 더는 할 필요가 없었다. 결국 그냥 수술을 끝내고 환자에게는 당신이 걱정하는 '폴립'은 깨끗이 떼어 버렸으니 안심하라고 거짓말을 하였다. 그는 '폴립'이 암으로 변한다는 선고에 심한 노이로제 상태에 있었기 때문이다. 그러나 이러한 거짓이 오히려 더 큰 화근을 남길 줄 몰랐다.

환자는 그 후 검사실에 가서 자기 위에서 척출했다는 폴립이 참으로 양성이고 암이 아닌지를 알기 위하여 찾아보았으나 거기에는 그런 것이 없음을 알고 나에게 추궁할 때 나는 정말로 쥐구멍을 찾고 싶은 기분이었다. 아직도 때때로 그때의 일을 생각하며 나는 외과를 배우는 젊은이들에게 외과 의사는 절대로 거짓이 있어서는 안 된다고 가르친다. 수술이란 눈으로 직접 보고 직접 손으로 만질 수 있기에 속임수가 있을 수 없는 것이다. 그와 마찬가지로 사회 경륜을 다루면서 대수술을 가했더니 이런 결과가 나왔다고 과장된 선전을 하고 민중을 속여서는 안 된다.

있는 것 그대로를 반영하고 미흡함이 있으면 다시 그 대책을 세워야 할 것이다. 자기의 영달이나 명예를 위해서 거짓 보고와 선전을 하였다가는 두고두고 그 부작용은 커갈 것이다. 흔히 일반 사람들의 입에서는 누가 수술을 잘한다는 소위 명성이 떠돌기 쉽다.

그러면 수술을 잘한다는 것은 무엇을 뜻하는 것일까 나는 1942년 경성 의전을 졸업하고 스승인 백인제 박사의 문하에 들어갔다. 그는 당대의 가장 명성 높은 외과의로서 국내뿐만 아니고 일본 만주 등지에서도 많은 환자가 찾아왔다. 그는 수술을 빨리하기로 유명하였다.

나는 선생으로부터 위 수술을 하라는 명령을 받았다. 하도 많은 수술을 스승으로부터 배우고 봐 온 나는 아직 초년병이면서도 그까짓 것 하고 자신을 갖고 덤벼들었으나 뜻밖에 힘든 난관에 부딪혔다. 나의 선생인 박사는 한참 후에 들어와 보고는 네가 어떻게 하나 두고 보자고만 말하고 나가 버렸다. 그 싱싱하던 자신은 깡그리 없어지고 완전히 무너진 상태에서 자신의 무식과 경솔함을 한탄하면서 땀만 흘리고 어쩔 줄을 몰랐다. 한참 후에 선생께서 들어오셔서 가르쳐 주어 요행히 수술은 무사히 끝났으나 나는 아직도 그때의 교훈을 잊지 못한다. 그는 정말로 위대한 외과의였고 훌륭한 스승이었다.

무엇이 위대했던가? 어떠한 일에도 경솔하지 않고 침착할 줄 알고 예기치 않았던 일에도 정확한 판단을 내릴 줄 알아야 한다. 여기에는 오랜 경험과 깊은 학식과 침착한 인간성이 요구되는 것이다.

유명해지는 데는 여러 가지 방법이 있다. 재치 있는 선전과 환자를 끌어들이는 말재간으로 명성이 높아진 외과 의사도 있다. 그러나 나의 스승인 백 박사는 그런 뜻에서는 너무나 거리가 먼 인품을 갖고 있었다. 무엇이든 자신을 가지면서도 결코 장담할 줄 모르고 그가 지닌 실력의 힘이 환자로 하여금 큰 신뢰감을 주게 한다. 과묵하면서도 위엄 있는 나의 스승이 이북 땅에서 온갖 고초를 겪고 계시리라는 것을 생각하며 그래도 외과 의사가 된 자신을 생각할 때마다 스스로 북녘땅을 향하여 머리가 수그러진다. (금곡면金谷面 출신)

〈황룡성黃龍城 창간호, 용강군민회, 1972년 10월 1일〉

서문
『인간과학』 창간사

잡지 『인간과학』을 창간하면서 마치 사람이 아기를 낳아 어른들 앞에 보여 드리는 때와 같은 기쁨과 엄숙한 결의를 느껴 본다.

사람들은 성장하여 성인이 되면 결혼을 하고 애를 낳아 어머니의 따스한 젖을 먹이고 건강하게 키워 교육시키고 사회에 나가 이바지함으로써 인류의 번영을 가져오고 있다.

우리는 그동안 진료 활동에 열심하고 교육과 연구에 정성을 다하면서 웬만큼 성장하여 그래도 어느 정도 면모를 갖춘 연구소와 또 정성 어린 연구 활동을 가지게 되었다.

『인간과학』에 실리는 모든 원고는 어머니의 애정이 어린 젖줄이 되어 이 잡지를 건강하게 키워 나가야 할 것이며 이 잡지를 묶는 편집은 전인간全人間을 성장시키는 데에 폭넓은 안목을 가져야 할 것이다.

우리들의 사색과 연구와 공부들이 활자로 실릴 때 우리는 이 정성 어린 글들이 인간에게 무엇을 갖다 줄 것인가를 엄숙하게 판단하면서 활자 하나하나를 엮어 나가야 한다.

인간과학이란 생명과학이라고 풀이하고 싶다. 생명보다 중요한 것이 있다고 하니 그것은 건강이라고 한다. 사실 건강한 생명이 아니면 생명의 또 인간의 구실을 다하지 못하기 때문이다. 따라서 인간과학은 건강과학이라고도 풀이할 수 있다. 건강이란 육체적 건강만이 아님은 누구나 알고 있다. 튼튼한 육체와 향기 높은 정서, 고매한 지식과 덕을 갖춘 인간이라야 건강한 생명이라 할 수 있다.

따라서 이 잡지에 실릴 글들은 의학 논문들만이 아니다. 인간 생활에 관련되는 철학 사회학 등 모든 인문 사회과학 분야의 글들이 건강인간을 키우는 데 더 큰 비중을 차지하게 될 것을 기대하여 마지않는다. 갓 태어난 어린아이에게는 우선 육체의 건강과 성장에 힘쓰게 될 수도 있지만, 그의 장성과 더불어 폭넓은 교양이 그의 인격을 완성해 주듯이 이 잡지도 세월이 가면서 폭넓은 성장을 이루어 나가기를 바라마지 않는다.

다시 한 번 각오를 새롭게 하자! 허식과 교만도 있어서는 안 되겠고 겸손이 비굴로 되어서도 안 되겠다. 우리는 이 잡지를 창간하는 우리들의 각오를 알고 있다. 그것은 엄숙한 것임을 알고 있고 그것은 무엇이든 인류사회에 이바지하는 보람을 가지고 있어야 할 것을 알고 있다.

〈인간과학 창간호, 1977년 3월〉

북한 칼럼
김일성金日成의 혹

30여 년을 외과 의사로 살아온 필자에게는 그리 크지도 않은 목에 달린 '혹'이 흥밋거리로 느껴지지 않는다. 그러나 김일성의 목에 붙은 '혹'은 꽤 세인의 시선을 끌고 있고, 더욱이 공산국가 신문까지도 그 '혹'이 확대 촬영되어 보도되고 있다는 소식이다. '혹' 자체에 대한 의학적인 흥미보다는 '혹'의 소유주가 김일성이라는 점, 그리고 김일성이 우간다의 이디 아민 대통령과 비교도 안 되리만큼 악명 높은 당대의 무법자라는 점에서 그 '혹'이 혹시 김일성의 생명과 어떤 관계나 있는 것이 아닌지 많은 사람의 흥미를 불러일으키고 있는 것 같다.

신문 지상에 보도된 사진만 가지고 헛된 추측이나 진단을 하고 싶지는 않지만, 다음과 같은 사실들을 짐작해보아도 별로 잘못을 저지를 것 같지는 않다.

첫째, 김일성의 '혹'은, 젊었을 때는 눈에 띄지 않던 것이나 필자가 기억하는 한 김일성이 6·25동란을 일으켜 수백만의 동포들을 무참하게 살육한 전쟁을 치르고 난 40대 후반에서부터 나타나기 시작한 것으로 안다. 확실히 그 '혹'은 해를 거듭할수록 점점 커지고 있으며, 지금은 달걀 또는 골프공만한 크기에 이르렀고 짐작건대 비교적 양성인 지방종이나 섬유종에 속하는 혹으로 짐작된다.

둘째, 적어도 10년 이상 생명의 위험을 주지 않고 조금씩 조금씩 자라고 있는 '혹'이라 한다면 암이나 육종과 같은 악성종양은 아니겠지만 점차 악성으로 변할 가능성은 결코 배제할 수 없는 것이다. 왜냐하면 '혹'이 장년기 후반에 발생했고 또 점점 커지고 있기 때문이다.

셋째로 외과 의사라면 누구나 양성이건 악성이건 '혹'이란 외과적 수술로 제거해야 한다고 주장되는 것이며, 김일성의 '혹'도 측근 의사들로부터 반드시 수술을 받아야 한다고 권고 받았을 것으로 짐작되지만, 겁많은 의사가 만에 하나라도 어떤 위협을 느껴서 수술을 권유하지 못하고 경과를 관찰하자고 얘기하였는지도 모른다. 또 사실 평생을 두고 수많은 사람을 학살하고 민족을 배반한 김일성이 목에 칼을 대자고 할 때 그 자신으로서는 소름이 끼치는 일이었을 것만은 틀림없다.

넷째, 그는 목 뒷부분에 생긴 거추장스러운 '혹' 때문에 결코 반드시 누워서 잠을 잘 수 없을 것이고, 옆으로만 누워 잠잘 수 있다는 것이 그의 육체나 정신에 어떤 영향을 주고 있을지도 모른다. 또 김일성은 이 '혹' 때문에 넥타이를 매는 옷을 입지 못한 채 항상 목 부분의 단추를 열어 놓은 채 입고 살아야 한다.

다섯째로 많은 독재자, 예를 들어 스탈린이 그와 비슷하게 생긴 그의 조카를 가짜 스탈린으로 써먹었듯이 김일성도 위험한 장소에는 그와 비슷한 가짜 김일성을 내보내야 할 일이 많겠지만, 자신과 비슷하게 닮은 사람은 있을지 모르나 목에 '혹'까지 생긴 비슷한 사람이란 거의 구하기 불가능한 일일 게다.

사실 '혹'이란 인체에 발생했으면서도 전연 필요 없는, 또는 해는 줄 수 있을망정 이득이 전혀 없다는 것만은 사실이다. 인체의 세포들은 항상 자기 자신을 통제 규범 짓는 규칙이 있어서 일정한 수의 일정한 종류와 형태를 가진 세포가 일정한 부위에서 규칙적으로 분열 번식과 쇠퇴 노사의 신진대사를 거듭하여 사람의 생명을 유지해 나가고 있다. 그러던 것이 어떤 비뚤어진 계기로 인해 일정한 수 이상의 세포 분열이 일어나고 축적될 때 그것은 '혹'이 된다.

그 세포의 형태나 성품이 정상과 같으나, 그 번식 행동이 규범을 벗어나 과잉 번식될 때 양성종양이 되고 세포의 성품까지 정상이 아닐 때 악성종양이 되는 것이다.

김일성 '혹'은 아직 악성은 아니며 양성이라고 추측되지만, 악성종양인 암이나 육종으로 변하면 종양 세포는 무질서하게 번식하고 뛰쳐나와 인체의 다른 장기까지 침범하여 과잉 번식으로 체력을 소모하고 1~2년 이내에 그를 사망케 할 수도 있는 것이다.

김일성의 '혹'이 마치 정상 규범을 벗어나서 발생한 것처럼, 김일성의 모든 행동거지도 정상 궤도를 이탈한 질서와 평화를 파괴하는 여러 가지 무법자로서의 행동이 상호 연관성이 있는 것같이 느껴지기도 한다. 바라건대 이러한 정상을 이탈한 행동이 세포 자체의 형태나 성품까지 변하게 하는 악성종양이 될 수 있듯이, 그의 행동이 다시 궤도를 이탈하여 이 땅에 더 큰 비극을 가져오지 않게 되기만을 비는 마음 간절하다.

옛이야기에서는 노래 잘하는 나무꾼이 도깨비에게 혹을 간단히 떼어 주어 없애 버렸다고 하지만, 아직 김일성이 노래 잘한다는 얘기를 필자는 들은 바 없다. 결국 외과적 수술로 제거할 수밖에 없는데 원래 독재자나 폭군들이란 남에게는 잔인무도하기 짝이 없지만 본인 스스로는 두드러지게 비겁하고 항상 남을 두려워하고 의심과 불안에 살고 있기 마련이어서 김일성은 죽으면 죽었지, 마취를 걸어놓고 '혹'을 제거하기 위하여 목에 칼을 대어 도려내게 하지는 못할 것으로 생각된다.

결국 그 '혹'은 자꾸 커지면 커졌지, 작아지지는 않을진대 김일성은 일상생활에 더 불편을 느끼게 되고 더 신경질적이 되어 무슨 일을 저지르게 될지도 모를 것으로 짐작될 수 있다. 지금은 그저 한 무법자의 목에 붙은 혹 이야기가 되고 있지만, 이것이 이상과 같은 무서운 위험성을 내포하고 있다면 그야말로 예사로운 혹이 아니고 심각한 화제의 초점이 될 법도 하다.

〈북한, 북한연구소, 1978년 7월호(통권 제79호)〉

특별기고
의학의 길

> 의학이란 "인간의 질병을 치유하는 학문이다"라고 믿고 있는 사람이 많은데 사람의 질병을 의사가 고친다고 생각해서는 안 된다. 병은 환자 자신이, 또 하느님이 또는 어떤 신비한 힘이 고쳐주는 것이고, 의학이나 의사나 여러 가지 약제는 이러한 치유의 신비스러운 힘을 도와줄 뿐이라는 것을 똑똑히 알아야 한다.

칼로 상처를 입어 병원에 가면 수술을 해서 그 상처를 의사가 꿰매준다. 이때 의사 또는 환자는 마치 그 꿰매준 봉합수술이 그 상처를 치료해 주었다고 생각하는 수가 있지만, 사실은 그러한 봉합수술로 상처에서는 상피세포와 각종 조직세포가 자라서 서로 융합되어 치유케 하는 신비스러운 치유과정이 며칠 동안 활발하게 진행되어 그 상처를 아물게 하는 것이다.

이때 이러한 조직 재생활동이 잘되도록 떨어진 상처를 붙여주고 또 조직 재생활동에 방해가 되는 세균이나 나쁜 물질이 안 들어가도록 소독하고 깨끗하게 해주는 소위 의학을 의사가 해준 것뿐이다.

필자는 한방의학에 대해서는 문외한이지만, 사람의 신체를 건강하게 해주는 것이 한방의학의 치료 원리라고 들었다. 즉 사람의 몸은 여러 가지 면에서 균형이 있고 조화된 상태를 가져야 건강한 것이고, 그렇기 위해 기氣와 혈血이 원만하고 순탄하게 순환해야 한다는 것이다. 그렇듯이 기이건 혈이건 간에 사람의 생명 활동에 균형 잡힌 하모니가 이루어져야 한다는 것이다. 다시 말해서, 자연 그대로의 건전한 생명 과정이 건강이며 이러한 하모니가 깨지고 또는 기나 혈의 순환이 막혔거나 터져서 원만한 자연 그대로의 조화가 안 맞을 때 병이 발생한다는 것이다. 따라서 한의학에서는 환자를 이러한 건강 상태로 회복시켜 주는 것을 치료법으로 하고 있지만, 서양의학에서는 질병 그 자체를 없애 주어야 한다는 원칙을 가지고 있다. 인체에 세균이 침입하여 질병을 일으켰으면 그 세균을 모조리 사멸시켜 버리는 것이 서양의학이요, 세균이 침입했어도 인체 내에서 세균이 살아서 병을 일으킬 수 없도록 몸의 건강을 유지해 주는 것이 한방의학의 원리라고 크게 나눌 수 있을 것 같다.

서양사상은 모기에 물리기 싫어서 살충제를 가지고 모기를 모조리 죽여버리지만, 동양사상은 모기에 물리지 않기 위하여 모기장을 치고 잠을 잔다. 심지어 옛날 환공 같은 이는 하도 모기가 모기장 밖에서 앵앵하니까 일부러 발목을 모기장 밖으로 내밀어 놓고 자면서 모기도 먹고 살도록 했다는 해학의 이야기가 있다. 아마 동양사람들의 삶의 철학이 서양 사람들과 뚜렷한 차이인 것도 같다.

우리 몸에는 피부에서부터 입안 위장 내부에까지 헤아릴 수 없으리만큼 많은 세균이 떼를 지어 살면서 우리의 건강을 유지해 주고 있다. 대장균 연쇄상구균 포도상구균 등 가지각색의 세균들이 서로 세력의 균형을 이루어 집단으로 섞여 살면서 음식물의 소화 피부 오염으로부터의 보호를 해주며 건강을 유지하고 있다.

피부에는 적당한 때와 지방산과 적당한 세균들이 있어서 피부를 보호해 주고 있는데 만일 매일 비누 목욕을 하고 때를 미는 수건으로 몸을 닦아내면 당장 심한 피부염을 일으키게 되는 것이다. 또 위장 내 세균 중 연쇄상구균이나 포도상구균 같은 특정한 세균을 없애는 항생제 예를 들면, 소위 무슨 마이신 종류 같은 것을 대량으로 계속 먹으면 위장관에서 사는 연쇄상구균 같은 것만을 몽땅 사멸시키는 반면에 대신 대장균이 왕성하게 번식하면서 평소 각 세균의 세력의 균형을 잡고 살고 있을 때는 병원성이 없던 대장균이 무서운 병원성을 나타내어 격심한 미란성 급성장염을 일으켜 혈변, 고열, 심한 설사로 때로는 생명을 빼앗아 가기도 한다.

이와 같이 인체 내에 사는 세균들의 세력 분포도 균형 있게 유지되어야 하지만, 우리가 사는 지구상에도 여러 나라가 적절한 세력을 유지할 때는 평화를 누리고 있지만, 어떤 한 나라가 세력이 갑자기 커지거나 약해져 각 국가 간의 세력균형이 깨어지면 전쟁이 일어나고 만다. 건강은 조화를 뜻하고 조화는 평화를 가져온다. 오늘날 의학의 눈부신 발전은 많은 질병을 해결하였고 인간의 수명을 크게 연장하면서도 수많은 새로운 질병과 부작용을 낳고 있다.

서양의학이 못하다는 이야기가 아니다. 흐르는 물이 바위를 넘어 폭포수가 되는 것을 보고 즐기는 것이 동양 사람이고, 흐르는 물을 막고 분수를 만들어 즐기는 것이 서양 사람이라고 누군가가 비유했다.

자연을 거스르지 않는 조화된 건강을 찾는 것이 참된 의학의 길인 것 같다. 몸과 마음이 조화되어야 한다. 골은 비었는데 힘만 세어서는 건강치 못한 것이다. 돈을 벌어 차만 타고 다녀서 다리는 가늘어지고 배는 튀어 나왔다면 건강한 것이 못 된다. 머리와 가슴이, 팔과 다리가, 허리와 배가, 다 조화를 이루어야 하되 골은 비어서는 안 되고 따스한 심장의 박동은 사랑을 느낄 줄 알아야 건강한 것이다.

의사가 되고 30여 년, 참된 의학의 길이 무엇인지 어렴풋하게 느끼게 되면서 수많은 지난날이 아쉽기만 하다.

헤밍웨이가 쓴 소설에 그가 어렸을 때 의사였던 그의 아버지가 어린 그를 데리고, 깊은 산간 호수에 낚시를 갔던 이야기가 있다.

사방 몇 10마일 의사라고 없는 곳에 한 나무꾼의 아내가 어린애를 낳기 위해 심한 진통을 겪고 있었다. 남편인 나무꾼은 마침 심하게 다쳐서 꼼짝 못 하고 누워 있었는데, 이웃 사람이 헤밍웨이의 아버지 보고 해산을 도와달라고 간청을 한다. 낚시도구밖에 아무것도 가지고 있지 않아 못한다고 거절했지만, 제왕절개의 수술을 해서 어린애를 끄집어내지 않으면 산모는 죽게 될 형편이었다. 생각다 못한 헤밍웨이의 아버지는 마취도 없이 낚시 칼로 산모의 배를 째고 어린애를 끄집어내고 낚싯줄로 배를 꿰맸다. 수술은 무사히 끝났으나 수술하는 동안에 산모의 고통에 못 견디는 비명과 절규는 상상하기 힘든 정도였다. 그러나 헤밍웨이의 아버지는 외과 기계도 마취도 없이 이런 수술을 성공적으로 치러 보람을 느끼고 있었다. 그때 산모의 남편은 옆방에서 몸을 다쳐 침대에 누운 채 사랑하는 아내의 고통에 못 견디어 울부짖는 비명과 절규에 너무나 가슴이 찢어지듯 괴로워 참다못해 쇼크에 빠져 죽고 말았다고 한다.

이 이야기는 나에게 많은 생각을 던져 주었다. 무자비한 과학의 힘이 그 무서운 고통과 더불어 한 생명을 구했지만, 아내를 위한 사랑에 넘친 한 남편의 생명을 비통하게 앗아간 것이다.

누가 행복을 찾았는가?

살아난 산모인가? 태어난 아기인가? 죽어간 남편이 행복했는가? 아마도 그 무자비함에서 보람의 미소를 짓던 의사만이 행복하였다면 내가 걸어온 의사의 길도 많은 회한을 남기겠구나 싶다.(금곡면金谷面 사람)

〈황룡성 4, 용강군민회, 1978년 10월 1일〉

냉면
과도한 인공조미료가 큰 탈

지난봄에 막내딸이 춘천에 있는 성심여자대학에 입학했다. 학생의 대부분이 서울 출신이라 수업은 금요일에 끝내고 주말에는 학생들을 집으로 보내고 있다. 온 식구가 워낙 냉면을 좋아하는 터라 유명한 춘천 막국수를 올 때마다 사가지고 오게 되니 이제는 금요일이 되면 막내딸과 같이 막국수를 기다리게 된다.

수년 전 식구들과 같이 소양강댐 구경을 갔다가 춘천 시내 어느 골목 막국숫집에 가서 맛있게 점심을 요기한 생각이 난다. 막내딸이 사 오는 막국수는 춘천 고속버스 터미널 옆에 있는 막국숫집 것이라고 하는데 포장이며 선전문 등이 완전히 상품화되어 있다.

강원도는 이북과 비슷하여 산이 많기 때문에 메밀을 많이 심는 탓인지는 몰라도 강원도 막국수 맛은 괜찮은 편이다.

그러나 필자의 아내는 강원도 철원사람인데 시집올 때까지 냉면을 먹어 보지 못했다고 한다. 내 고향으로(평남 용강) 갓 시집와서 집안 어른들과 동네 사람들이 거의 매일같이 반살기(가까운 일가친척집에서 신랑, 신부를 청해다가 음식을 대접하는 것)를 먹으러 오라고 해서 저녁을 먹으러 가면 으레 나중에는 냉면이 나오는 법이다. 갔다 와서 하는 말이 냉면은 먹으면 먹을수록 더 냉면 양이 많아지니 어떻게 된 거냐고 반살기 초대받을 때마다 근심이 태산과 같다. 사실 냉면을 후딱후딱 먹어 치우지 않으면 불어나는 법이다. 냉면을 먹어 본 적도 없는 사람인데다 새색시라고 얌전을 빼면서 오무락거렸으니 냉면 그릇이 자꾸 커질 수밖에 없었으리라. 냉면은 새색시에게는 주는 법이 아닌 것 같다.

그러고 보니 시골, 고향이 생각난다. 겨울 방학 한창 추울 때 밤이 어지간히 깊었을 무렵 윗동네 국숫집에 가서 뜨끈뜨끈한 솔잎으로 불을 땐 온돌방에 앉아서 냉면을 시킨다. 벽은 온통 옛날 신문지로 도배질이 되어 있기 때문에 뜨거운 온돌을 등지고 벽에 붙어 있는 옛날 기삿거리를 읽느라고 시간 가는 줄도 모른다. 주인아주머니가 "얘 큰 학생, 나와서 분 타라"라고 소리치면 두세 놈이 부엌 방문을 열고 국수 분을 타던 생각이 난다. 쩡하는 동치밋국에다가 삶은 돼지고기 몇 점을 얹어서 김장 김치를 썰어 넣고 먹던 겨울밤 냉면은 아득한 향수와 더불어 잊을 수 없는 추억이 아닐 수 없다.

평양고보 다닐 때 상수리 임면옥은 아직도 때때로 꿈에 가보곤 한다. 그때 왜 학교에서는 학생들의 냉면집 출입을 금지했는지 모르겠다. 시골서 아버님이나 오셔야 같이 가서 마음껏 어북쟁반도 먹고 냉면을 먹던 생각이 난다. 평고 4학년이 되었을 때 염전리에 하도 맛좋은 냉면집이 있어서 하숙을 그리로 옮겼던 일이 있다. 이 골목은 학교 선생님들한테 들킬 염려가 없는 안전지대이기 때문이기도 하였다.

서울에 와서 공부하게 되면서 냉면 먹기는 더욱 힘들어졌다. 그 당시(왜정시대이지만) 서울에는 무교동의 우춘관과 화신 건너편 평양면옥 두 집만이 냉면집이었으나 가난한 학생이 일부러 그곳까지 찾기는 힘들었다. 그러나 방학만 되면 고향에 가는 길에 황해도 황주 친구네 집에 들러서 친구 어머니께서 손수 말아 주시는 닭고기 양념의 냉면은 아직도 그 맛을 잊지 않고 있을 정도이다. 황해도 황주 국수는 참으로 맛이 있다. 아무래도 물이 좋은 곳이기 때문이라 생각된다. 그래서 황해도 황주에는 사과가 잘된다. 사과가 잘되는 것은 진남포 역시 그렇다. 고향 집에 가려면 평양서 진남포까지 기차를 타고 진남포에서는 자동차(버스)를 타고 간다. 마침 진남포에는 필자의 매형이 살고 있었는데 이분의 냉면에 대한 기호는 지금도 여전히 어느 누구의 추종도 불허한다. 냉면을 먹기 위해서 진남포에서 하루를 묵게 되니 저녁이면 으레 매형과 함께 용정리 국숫집 골목을 찾는다. 당시 20전짜리 냉면을 한 집에서 두 그릇씩 세 집을 먹고 나야 시원한 트림이 나온다. 사과가 유명한 진남포 냉면은 또한 독특한 일미가 있다. 결국 한 사람이 여섯 그릇의 냉면을 먹어야만 만족하니 냉면 들어가는 배는 따로 있다는 말이 거짓이라고 하지는 못하겠다.

냉면은 메밀이어야 한다. 국수를 질기게 하려면 녹말가루를 많이 섞지만 메밀국수는 반죽을 오래 하면 할수록 쫄깃쫄깃한 특유의 탄력성을 가지게 된다. 시원한 동치밋국과 소 뒷다리를 푹 고운 육수국 반반씩을 섞어서 냉면을 말아야 한다. 동치미는 큰 독에다가 크고 작은 무를 반가량 채워 넣고 소금물을 독 가득히 부어서 밀봉하여 두면 염분은 무 속으로 들어가고 무 수분이 밖으로 나와 쩡한 맛이 도는 동치밋국이 된다. 흔히 냉면에 제육을 빼서 먹는 사람들이 있지만 돼지고기는 국숫발을 매끄럽게 해줄 뿐 아니라 냉면 맛에 독특한 풍미를 더해준다. 냉면 김치는 이북의 싱거운 김치라야만 하며 이남에서 많이 먹는 짠 김치는 냉면 김치가 될 수 없다.

메밀국수는 90%가 당분 즉 탄수화물이다. 육체의 에너지원으로 근육과 간장에 당원 형태로 탄수화물은 저장되어 있다. '선주후면'이라는 말이 있는데 술을 먼저 먹으면 나중에 국수를 먹으라는 뜻이다. 사실 술을 많이 마신 다음 날 속이 메슥메슥하다가도 점심에 시원한 냉면 한 그릇을 먹으면 술이 깨끗하게 깨는 것 같다. 간장 세포에는 에너지원인 탄수화물의 당원이 항상 저장되어 있는데 술을 먹으면 간이 알코올을 해독시키느라고 저장되었던 당원을 다 써버리기 때문에 간은 허탈한 상태에 빠지게 된다. 이런 때 냉면으로 탄수화물의 당원인 당분을 공급해주어 허탈한 간의 원기를 회복해 준다는 것은 '선주후면'이라는 옛날 어른들의 말씀을 설명하는 것이다. 냉면을 배불리 먹은 후에는 따끈한 국수 국물을 마셔야만 소화가 잘된다. 냉면을 먹어서 체하는 일은 아주 드물지만, 필자의 어머니는 항상 "냉면은 겨울에는 절대로 더 먹어서는 안 된다"고 주의해 주시던 말씀이 생각난다.

냉면은 역시 먹는 법이 있는 것 같다.

3·8선이 막히고 나서 월남한 이북 사람들이 냉면을 먹기란 한동안 꽤 힘들었다. 겨우 냉면집들이 문을 열기 시작할 때 6·25동란은 모든 것을 쓸어버렸다. 전란의 굶주림에서 조금씩 회복되면서 냉면집이 생기기 시작했다. 전라도 지방에 가면 냉면이 무엇인지 아는 사람이 드물 정도였지만 이제는 전국 어느 곳을 가나 냉면집이 없는 곳이 없다. 더욱이 그것이 평양식 냉면이라고 써 붙여야만 권위가 서게 마련이다. 이남에서 냉면을 맛있게 먹은 곳을 찾아본다면 필자의 경험으로서는 백령도의 황해도 냉면이다. 백령도에는 황해도 사람들이 많이 와서 사는데 논이 거의 없는 섬이라 메밀을 많이 심게 된다. 황해도 재령 사람이 와서 용강 면옥이라는 국숫집을 하고 있다. 쇠고기는 귀한 곳이라 동치밋국에 돼지고기 양념을 고명으로 만 국수는 천하 일미이다. 언젠가 대전에 가서 묶게 되어 그곳 사람들에게 냉면 잘하는 곳을 물으니 차를 타고 한 시간쯤 가라고 한다. 대덕군 연구 단지를 지나서 쑥거리 장터라는 곳에 찌그러져 가는 조그마한 양철 간판이 바람에 나부끼는 초가집 한 채가 있었다. 평안남도 순안에서 왔다는 사람인데 메밀냉면을 아주 맛있게 만다. 안방에서 국수로 배를 채우고 뜨거운 국수 국물을 마시면서 방 한구석에 앉아 있는 그 집 아들인 총각에게 말을 건넸다. "너의 고향이 어디인지 아느냐?"고 물었더니 아버지 고향이 순안이라고는 하지만 어디인지는 모른다고 느릿느릿한 충청도 사투리로 대답한다. 고향은 찾지 못했지만 냉면 맛은 잃지 않고 있구나 하며 가슴이 뿌듯하였다.

서울에는 많은 냉면집이 있다. 광희동의 D면옥, 여러 군데 있는 K면옥, 영등포에 있는 P면옥과 K당, 구파발의 M면옥, 다 맛있는 국숫집들이지만 과도한 인공 조미료로 고향에서 익힌 냉면 입맛을 잃어버릴까 아쉬워해 본다.

〈대동강 창간호, 1980년〉

도시영세민 종합복지사업 연구 보고서를 내면서……

세계보건기구 WHO는 '서기 2000년까지 전세계 인구의 건강확보'를 슬로건으로 하여 보건의료 혜택의 확대를 위해 노력하고 있습니다.

우리나라에서는 지난 1977년부터 시작된 제4차 경제개발 5개년 계획부터 사회개발의 중요성이 대두되어 계속 이 분야의 투자가 증대되고 있고, 특히 보건의료 분야에서는 투자의 확대는 물론 효율적인 제도개선을 위해 꾸준히 노력하고 있습니다.

농어촌 지역의 의료혜택을 확대하고 USAID의 차관으로 설립된 한국보건개발연구원, KHDI, 현 한국인구보건연구원을 비롯하여 각 대학이 주축이 되어 보건의료 시범사업을 벌여 지역주민의 의료혜택에 크게 이바지해 왔음은 물론 새로운 농촌형 의료체계의 개발에 어느 정도 성공하고 있습니다. 그러나 농촌에 대한 정부나 각 대학의 관심에도 불구하고 도시영세민의 복지 문제는 그동안 이들 공공기관의 관심에서 소외됐습니다. 더구나 우리나라 도시 인구가 전국민의 53%를 차지하고 인구의 도시화 추세에 따라 2000년대에는 70% 이상 이를 것이 예상되는바 도시영세민에 대한 의료 및 복지 문제가 얼마나 절실한 당면과제인지 충분히 대변해 준다고 하겠습니다.

　도시영세민의 보건의료 문제는 최근에 와서 세계보건기구 등 국제기관의 중대한 관심사로 등장했을 뿐 아니라, 특히 의료경제학자들은 인구 밀도가 적은 농어촌의 의료보다 밀집된 도시영세민의 의료문제는 투입자원에 대한 혜택의 효율성이 높아서 더욱 타당성이 높다고 말하고 있습니다.

　그러나 이러한 국제적 관심에도 불구하고 우리나라는 물론 세계적으로 도시영세민의 의료 및 복지사업을 위한 체계적인 접근이 아직 이루어지지 못하고 있으며, 이 분야의 연구 자료도 빈곤한 실정입니다.

　본 재단에서는 1975년 2월에 개원된 성심자선병원聖心慈善病院의 운영을 통해 무료진찰사업을 벌여 왔으나 보다 체계적인 접근을 통해 의료사업에 한정하지 않고 도시 영세민의 종합복지사업을 전개, 새로운 '모델'을 정립해 보자는 의도에서 사업실시에 앞서 서울대학교 보건대학원 정경균鄭慶均 교수, 서울대학교 사회과학대학 남세진南世鎭 교수, 서울대학교 보건대학원 홍재웅洪在雄 교수 세 분께 의뢰해서 서울시 관악구 신림7동 인구 1만 963명 가구 2,294명, 인천시 만수2동 인구 9,918명 가구 2,094 등 총인구 2만 881명 가구 4,388을 대상으로 정밀 '센서스'를 실시, 이번에 그 보건서를 내게 되었습니다.

　본 재단은 향후 '센서스' 자료에 의하여 의료를 포함한 도시영세민 종합복지사업을 시행함으로써 ①도시영세민의 의료 및 사회복지 측면에서의 혜택 및 이들의 자립 능력 향상 ②새로운 도시영세민 종합복지 사업의 모델 개발로 장차 정부 및 국제적 사업의 방향 제시 ③사업실시 과정에서 발생하는 각종 자료 및 연구 사업으로 이 분야의 연구

업적 축적 ④새로운 도시형 의료체제의 개발 등을 기대합니다.

　　마지막으로 본 조사보고서가 나오기까지 6개월여에 걸쳐 기초조사를 하고 사업계획을 포함한 보고서를 작성한 세 분 교수께 심심한 감사를 표하며 앞으로 이번 기초조사 자료에 따라 보다 자세한 분석을 시도함으로써 학문적으로 접근할 기회를 다시 한 번 얻기를 기대하는 바입니다.(성심중앙유지재단 이사장 윤덕선)

〈성심월보 77, 1981년 10월 10일〉

병원발전을 생각하며(1)

근래에, 과거에는 문제되지 않던 의료과실도 커다랗게 취급되면서 의사 또는 병원은 의료과실에 대한 막대한 비용을 치르지 않을 수 없으며 이는 당연히 의료비의 앙등에 박차를 가하는 결과를 가져오게 되는 것이다.

•

병원경영에 대한 관심은 운영자나 경영책임자만이 갖는 것이 아니라 모든 직원이 가져야 한다. 병원은 법인으로 되어 있고 법인은 하나에서 백까지 법인이지 옛날과 같이 법인과 개인이 혼동될 수는 없는 실정이다.

•

우리나라에 병원이라는 의료제도가 도입된 지 100여 년이 되는 지금 병원경영에 대한 관계자들의 인식은 좀더 현대화할 때가 온 것 같다. 이러한 생각은 병원의 운영 주체인 경영자나 의사를 비롯하여 모든 직원이 병원경영에 대한 인식을 새로이 가질 필요가 있다.

근래에 의료계에 특히 병원 가에는 서서히 큰 변화가 일어나고 있다. 병원을 찾는 외래환자는 급격히 감소하고 있으며 입원환자도 상당히 줄어들어서 병상이 비어 있는 곳이 많을 뿐 아니라 중소 병원 중에는 경영이 잘되지 않아서 문을 닫는 곳이 여기저기 일어나고 있다. 그렇다고 해서 반드시 과거에 많던 환자들이 줄거나 또는 개업의한테 몰리는 현상이 있는 것도 아니다.

여기에는 특히 근래 우리나라 전반에 걸쳐서 휩쓰는 경제적인 불황 또는 계절적인 영향도 상당히 있는 것으로 생각되지만 이러한 문제들을 통틀어서 우리나라 의료계의 제반 비정상적 현상들을 제시해 보면서 앞으로 병원 발전을 위한 경영 강구책을 세워 보기로 한다.

종합병원은 시설이 좋고 우수한 전문의들이 배치되어 있으면서 경영상에도 신빙성이 높다고 환자들이 일반적으로 생각하고 있다. 반면에 종합병원에는 진료비가 비싸고 의사나 간호사나 행정직원들이 불친절하며 진료를 받는 데 여러 가지 수속이 복잡하고 또 기다리는 시간이 많다는 일반적인 불평을 사고 있는 실정이다.

의료계가 당면하고 있는 문제들은 여러 가지 있는데

첫째, 의료보험제도가 실시되면서 의료수가가 극히 저렴하기 때문에 또는 많은 예에 있어서 원가에도 미달하기 때문에 병원경영에 큰 영향을 줄 뿐 아니라 개업의나 중소병원 심지어 큰 종합병원에서까지도 부당 진료를 하지 않으면 경영을 유지해 나갈 수 없는 모순을 정부 당국에서도 잘 알고 있으면서 저렴한 의료수가를 방치해 둘 수밖에 없는 이유로 보험료를 더 이상 높게 징수할 수는 없다는 난점 때문에 이러한 모순된 제도를 그대로 유지하고 있다.

둘째, 우리나라 보험제도는 공무원, 교원 등과 기업체에 종사하는 직원들만을 상대로 하는 소위 일종보험—種保險만을 하고 있기 때문에 수많은 농어민과 영세 상인들과 같은 실제로 보험 혜택을 받아야 할 계층에는 국가재정이 없으므로 의료보험제도를 실시하지 못하고 있는 형편이다. 이러한 계층이 전국민의 50%를 넘고 있는데 거기에 대해서는 속수무책일 뿐 아니라 영세민 구호 대상자들에 대한 불가피한 진료는 그 진료비용의 대부분을 병원이 부담하게끔 정부에서 강요하고 있는 형편인데도 의료계는 항상 취약한 조직체밖에는 가지지 못하고 있는 실정이기 때문에 이러한 막중한 국가 빈곤의 책임까지도 아무 말 못 하고 받아들이게 된다. 그럼에도 불구하고 국민으로부터는 인정과 도덕도 모르는 계층인 것처럼 인식되고 있다.

이러한 정책이나 사회적인 현상은 앞으로도 상당 기간 동안 계속될 것으로 예상되며 이에 대해 의료계의 불황 타개책을 세워야 할 것이다.

셋째, 정부는 의료보험제도를 1988년 내지 1990년도까지는 전국민에게 시행하겠다고 계획을 세웠으나 전반적인 경제 침체와 국가 재정의 빈곤으로 급작스럽게 의료보험 피보험자의 증가가 중단되면서 환자는 더 늘지 않는 현상이다.

넷째, 반면에 전국민에 대한 의료보험 확대를 전제로 의과대학 증설을 계속해서 하였기 때문에 의사의 증가는 급속도로 늘어서 1977년에 의사 일인당 인구 2,000명 이상이던 것이 1985년 현재 1,800명이며 1990년도에는 인구 900명당 의사 일인이라는 현상이 예측되면 의사의 과잉 공급이 이루어지고 있는 형편이다. 또한 정부의 보건 의료정책이 거의 존재하지 않는다는 지적을 받으리만큼 계획성 없게 또는 무질서하게 병원이 난립하면서 병상이 급격히 증가하였다는 사실은 의료보험 대상자 증가가 중단 상태에 있는 형편에서 큰 문제를 나타내고 있다. 즉 의사와 병원 병상이 과잉 공급되고 있어서 의료보험 대상자 증가 추세가 급격히 중단되는 것과 때를 맞추어서 의료계의 심한 불황으로 발전의 저해를 불가피하게 하였다고 볼 수 있다.

다섯째, 보건 의료계의 전반에 걸쳐서 우선 의료인이 인식해야 할 것은 노령인구의 급속한 증가와 산아제한으로 인한 소아과 환자들에 대한 건강 관심도의 증가이며, 성인병의 급격한 대두와 더불어 각종 질병 발생빈도의 양상이 달라지고 있다는 것도 우리 의료계의 중대한 배경의 하나임을 알아야 하겠다.

여섯째, 미국 같은 나라에서 의료비 앙등의 큰 부분을 차지하고 있는 의료과실에 대한 보상 문제이다. 근래에, 과거에는 문제가 되지 않던 의료과실도 커다랗게 취급되면서 의사 또는 병원은 의료과실에 대한 막대한 비용을 치르지 않을 수 없으며 이는 당연히 의료비의 앙등에 박차를 가하는 결과를 가져오게 되는 것이다.

상기한 여러 가지 문제들에 대한 타개책을 열거해 본다.

우리나라에 병원이라는 의료제도가 도입된 지 100년이 되는 지금 병원경영에 대한 관계자들의 인식은 좀더 현대화할 때가 온 것 같다. 이러한 생각은 병원의 운영 주체인 경영자나 의사를 비롯한 모든 직원이 병원경영에 대한 인식을 새로이 가질 필요가 있다. 오랜 역사 동안 우리는 병원을 경영해서 돈을 번다는 것은 부끄러운 일인 것처럼 생각해 왔다. 또 의사의 대부분은 환자만 보면 됐지 돈을 버는 것을 목적으로 해서는 안 된다고 주장했던 때도 있었다. 그러나 일하는 의사나 직원들은 항상 타당한 봉급 또는 더 많은 봉급을 요구하면서도 이러한 주장은 서슴지 않고 하는 경우가 있었다. 병원경영이 어떤 다른 수익사업을 해서 그 이익으로 경영하는 것도 아니고 법으로도 그렇거니와 사회의 어느 일각에서라도 기부금을 거두어 운영하는 것도 아니고 다른 나라에서는 병원경영의 국가 보조를 정부에서 주는 수가 있지만, 우리나라에서는 국가 보조는커녕 법인세라는 세금을 부과해서 돈을 뺏아가는 형편이다. 결국 병원이 스스로 번 돈으로 운영되어야 하고 운영된다는 것은 집값을 치르고 약값을 내고 의사나 직원들의 봉급을 주고 시설비를 마련해야 한다는 것이다. 그런데 돈을 버는 것에 관해 의사들은 관심을 가져서는 안 된다고 생각하면서 자신은 돈을 더 받아야겠다고 생각한다는 것은 모순된 전근대적인 생각이라고 할 수밖에 없다. 병원경영에 대한 관심은 운영주나 경영 책임자만이 하는 것이 아니라 모든 직원이 가져야 한다. 우리나라에서 국민 상호간의 불신 풍조가 극에 달하고 있어 이런 말을 쓴다고 해서 얼마나 곧이들을는지는 모르겠지만 병원의 대부분은 법인화되어 있다. 많은 사람이 과거의 식대로 착각해서 법인화된 병원이 마치 설립자의 개인 재산인 것처럼 생각하고, 그러한 전제하에 내가 열심히 일하면 그 덕은 법인이 본다고 생각하지 않고 설립자인 어떤 개인이 본다는 그릇된 생각에서 벗어나지 못하는 사람도 있다. 병원은 법인으로 되어 있고 법인은 하나에서 백까지 법인이지 옛날과 같이 법인과 개인이 혼동될 수는 절대로 없는 실정이다.

병원에 근무하는 의사들은 환자에 대한 성실성을 반드시 가져야 한다. 어떤 기업을 하는 사람이 어떻게 해서 병원을 경영하게 된 일이 있는데 세상에 의사같이 다루기 힘든 사람은 처음 봤다는 원망스러운 얘기를 하는 것을 들은 일이 있다. 조금만 비위가 틀리거나 조금만 봉급을 덜 주면 환자를 안 본다고 청진기를 집어던지고 나가버리는 의사들의 비위를 맞추기 위해서 어떤 정신 나간 사람이 병원을 경영하겠냐고 하는 말을 들었다. 참으로 세상에 파렴치한 사람들이 많다고 해도 이보다 더 파렴치한 사람이 어디 있겠는가. 의사가 이렇게까지 타락해서는 의사가 아니다. 의사는 환자를 보아야지 찾아온 환자를 놔두고 나가버리는 의사가 있다면 의사 전체의 이름으로 완전히 매장해야 할 것이다. 사회에는 이러한 몰지각한 몇 사람의 의사들 때문에 전체 의료계가 말할 수 없는 곤욕을 치르고 있다. 내가 의사라는 직업을 가지고 있는 한 나를 찾는 고통 받는 환자는 내 희생을 무릅쓰고서라도 봐야 한다는 고상한 사명감을 잊어서는 안 된다. 젊었을 때부터 숙직하면 간호사가 자기를 찾아올까 봐 수화기를 내려놓는 배우지 못한 젊은이들이 눈에 띈다. 내가 의사를 그만두면 그만두었지, 의사라는 직업을 가지고 있는 한, 인간 생명에 대한 또 고통받는 환자를 위한 내 책임을 절대로 회피할 수는 없는 것이다.

환자 진료는 어디까지나 인간이 갖추어야 할 양심에 근거해서 이루어져야 한다. 의과대 학생들이 임상 실습을 나가 교수들이 하는 것을 보고 돌아온 후 좌담회를 열어 다음과 같은 불평을 하였다고 한다. 의사는 사람의 생명을 치료해야 하는데 우리를 가르치는 교수라는 사람들이 돈 있는 환자들은 더 친절히 더 열심히 봐주고 돈이나 권력이 없는 사람들에게는 반말하면서 오만불손한 태도를 보이는 것을 보았을 때 당장 대학교수 자리를 물러나라고 외치고 싶은 심정을 억지로 참았다는 얘기가 있다. 돈을 결코 무시해서는 안 되지만 돈과 권력의 노예라는 불쌍한 감투를 써선 안 된다.

〈성심월보 122, 1985년 11월 30일〉

병원발전을 생각하며(2)

정부에서는 법령으로 환자가 원하는 경우 특진료特診料를 지불해서 특진을 받을 수 있다는 편법을 만들었다. 우리는 환자에게 특진할 것을 권유하기도 하고 또 환자도 스스로가 특진을 받을 것을 바라기도 한다. 그러나 특진은 외래이건 입원이건 간에 좀더 나은 의사한테 보이고 싶고 좀더 특별한 대우를 받고 싶고, 보다 양호한 진찰과 설명을 듣고 싶어서 하는 것이다.

제약회사에서 몇 푼의 돈을 받았다고 필요 없는 약을 또는 보다 비싼 약을 함부로 처방하는 부끄럽고 손가락질받는 의사가 되어서는 안 된다. 왜 앓는 생명이 의사의 부도덕으로 엉뚱한 손해를 입어야 한단 말인가. 고통받는 환자는 병이 있어서 항상 자기 병에 대해서 상식 이상의 근심을 하게 된다. 병을 모르기 때문이다. 알고자 하는 사람들에게 충분한 설명을 해주지 않고 교만한 태도로 반말이나 하는 전근대적인 의사는 이 땅에서 없어져야 한다. 이러한 것을 전제로 의료계의 문제점들을 다루어 보도록 한다.

1. 외래

근래 종합병원에는 전반적으로 외래환자가 급격히 감소하고 있다. 그 이유는 종합병원에 찾아가면 개인 개업의보다 진료비의 몇십 %를 더 본인 부담으로 지불해야 한다는 이유와 종합병원에 가 봤자 대단치 않은 병은 일반 개업의와 별 차이가 없음에도 불구하고 불친절과 많은 시간을 기다리게끔 하는 등의 불편한 점이 있어서 많은 환자가 대단치 않은 병 같으면 일반 개업의를 찾으려 한다.

　　정부가 이러한 본인 부담률에 대한 차등제도를 만들어서 의료 전달 체계를 정착시켜 가야겠다는 정책은 매우 바람직하다. 설령 진료비 본인 부담액에 차등을 둔다는 등 졸렬한 방법을 쓰고 있다 하더라도 결과적으로 대단치 않은 질환이 있는 환자들이 일반 개업의를 찾아가게끔 유도됐다는 점에 대해서는 의료 정책상 좋은 결과들을 가져오고 있다고 볼 수가 있다. 그러나 기대할 수 있는 부작용은 간단한 감기나 배탈 정도가 아니고 많은 검사를 해봐야 하는 또 시간을 다투는 환자를 일반 개업의가 시설과 각종 검사가 불충분한데도 붙들고 있다가 환자의 생명을 위태롭게 한다면 큰 문제가 되지 않을 수 없다. 이러한 점을 생각해서 종합병원에서 외래환자를 취급하는 데 의사들은 새로운 각오를 해야 하겠다.

먼저, 외래환자를 볼 때 감기나 배앓이와 같은 간단한 병인 것이 확실하면 그 환자는 일정한 양식의 소견서를 써서 반드시 개업의에게 돌려보내 주어야 하며 가능하면 그 환자의 거주지 가까운 곳에 있는 개업의, 또 더 바람직한 것은 의과대학의 외래교수 명단을 각 외래에 비치해 두었다가 외래 교직원에게 진료의뢰refer를 해 줘야 한다. 이렇게 해서 종합병원이 솔선해서 의료전달체계의 발전에 앞장서야 할 것이다.

또한 동시에 우리가 확실히 해둘 것은 종합병원에 찾아오는 환자는 하나도 놓치지 말고 성실하고 열심히 진찰을 해줌으로써 조그마한 질병도 놓치지 말아야 하며 복잡한 투약보다는 필요하다면, 정밀한 검사를 철저히 해서 병의 경중을 확실히 해야 하는 의무를 지고 있다. 흔히 비방을 듣듯이 환자가 병원을 찾아와서 3시간 기다려서 3분간 진찰을 받게 되는 진찰은 절대로 없어야 할 것이며 근간 외래가 많이 줄었다는 것을 계기로 찾아오는 환자들을 더 자상하고, 종합병원에 찾아온 가치를 느낄 수 있도록 진료를 해주어야 한다. 그래서 그 환자들이 병원과 의사를 믿고 반드시 다시 찾아올 수 있도록 성실한 진료를 하도록 결심해야 한다. 이러기 위해서는 환자에게 자상한 설명을 해주고 외래 진찰실 환경도 깨끗하고 아름답게 꾸며 놓고 여러 가지 진찰 도구도 최신식의 것을 갖추어서 환자들로부터 신뢰감을 얻도록 하여야 한다. 외래에 찾아오는 환자뿐만 아니라 모든 환자는 항상 자기의 병력病歷을 자세하게 들어주는 의사를 바라고 있고, 자기 병에 대해 자세한 설명을 해주고 주의사항을 주는 의사를 바라고 있다. 이 것은 아픈 사람으로서는 누구나가 원하는 것이기 때문에 이러한 상세한 설명을 해준다는 것은 과학적 지식이 얼마나 풍부한가보다도 더 중요하다는 것을 알아야 한다. 외래환자의 진찰 대기시간을 줄이는 방법으로서 예약시스템appoint system이 가장 바람직하며, 조직적으로 이러한 제도를 시행함으로써 환자나 의사가 모두 편리한 것은 두말할 나위도 없다.

2. 입원환자

환자나 의사들로부터 병원에 입원할 것을 권고받을 때는 심한 불안감에 싸인 채 병원에 들어오게 된다. 이러한 정신 상태에 있는 사람들이 편안한 마음으로 자기 집에 아랫목과 같은 기분으로 병원에 누워 있을 수 있도록 하여야 하며 그러기 위해서는 깨끗하고 편안한 침상과 주변 도구들을 아름답게 꾸며줄 필요가 있다. 의사나 간호사는 먼저 환자에게 정신적 평온을 찾을 수 있도록 좋은 이야기를 해줘야 하며 입원하고 있는 동안 간호사나 의사가 자주 방문해 주는 것을 환자들은 절실히 바라고 있다. 조금만 노력을 기울인다면 환자가 그렇게 좋아하는데도 불구하고 그것을 못해 준다는 것은 의사나 간호사의 도리가 아니라고 본다. 의사는 입원한 환자에 대해서 온갖 과학적인 기계와 검사 방법 등을 통해서 자세한 검사를 양심껏 함으로써 조그마한 병소도 절대로 놓쳐서는 안 된다. 그때그때 자세히 설명해 주고 심한 고통을 받는 환자는 어떻게 해서든지 고통을 덜거나 나누어 줄 수 있는 마음가짐과 방법을 찾아야 한다. 될 수 있는 대로 입원 날짜는 단축해야 하고 환자 가족들에게도 환자에 대한 용태를 수시로 소상하게 설명해 줄 필요가 있다. 미국이나 독일 같은 데 우리나라 간호사들이 많이 가 있다. 실제로 본인이 미국에서 의사로 있을 때도 그렇거니와 독일의 각 병원에 근무하는 한국 간호사들을 방문했을 때도 직접 눈으로 본 일이지만 항상 환자들의 손톱과 발톱을 깎아 주고 목욕을 깨끗이 시켜 주는 친절한 간호사들의 모습을 보면서 왜 저 사람들이 우리나라에 와서 우리 민족에게는 친절한 간호를 해주지 않는가에 대해 가슴 아프게 생각한 일이 한두 번이 아니다. 적어도 환자가 병원에 와서 안정을 느끼고 의사나 간호사에게 정을 두고 나갈 수 있도록 우리는 최대의 노력을 해야 한다. 공연히 환자나 보호자에게 반말하거나 말대답을 잘 안 하거나 거만한 태도를 부려서 내가 마치 잘난 사람이나 된 것같이 착각하는 어리석은 노릇은 이제 하지 말아야겠다.

환자가 퇴원할 때는 반드시 입원하고 있는 동안의 경과와 그 결과와 앞으로의 주의사항 등을 자세하게 적어서 입원 요약서를 만들어서 하나는 진료지chart에 붙여 놓고 하나는 환자에게 주어야 한다. 다시 이야기하지만, 환자가 퇴원할 때는 그가 부담하여야 할 진료비 지불이 항상 환자에게는 불안을 준다. 가능한 한 고가약을 피하고 절대로 무리한 부담이 가지 않도록 모든 직원이 신경을 써야 한다. 같은 성분의 A와 B의 약이 있다면 B보다 비싼 A라는 약을 써선 안 될 것이다.

3. 특진제도

저렴한 의료보험수가 제도로서 병원경영이 불가능하다는 것을 우리는 익히 알고 있다. 그래서 정부에서는 법령으로 환자가 원하는 경우 특진료를 지불해서 특진을 받을 수 있다는 편법을 만들었다. 우리는 환자에게 특진할 것을 권유하기도 하고 또 환자도 스스로가 특진 받을 것을 바라기도 한다. 그러나 특진은 외래이건 입원이건 간에 좀더 나은 의사한테 보이고 싶고 좀더 특별한 대우를 받고 싶고, 보다 양호한 진찰과 설명을 듣고 싶어서 하는 것이다. 이런 점에서 특진환자를 취급하는 의사는 경험과 학식이 풍부한 사람이 특진하여야 함은 물론이고 더 성실하고 자상한 설명도 해줘야 하지만 더 자세한 검사를 해준다는 데에 신경을 써야 한다. 특진환자가 입원할 때는 입원실은 같은 시설이지만 아름다운 꽃 한 송이라도 꽂아 놓아야 하고 시트 한 장이라도 자주 갈아 줘야 하며 무엇보다도 중요한 것은 의사나 간호사가 더 많이 찾아가 보아야 한다는 것이다. 가능하면 레지던트들이 담당하고 있는 환자는 보통 환자 한 사람 앞에 열 명이 담당한다면 특진환자를 담당하는 레지던트는 다섯 명쯤으로 줄여서 항상 환자에게 더 많은 회진과 방문을 통한 특별한 대우를 해줘야 할 것이다. 이상과 같은 방법으로 특진환자와 특진환자 취급에 대해 연구를 시켜서 뜻있는 특진을 실시하도록 의사와 직원들은 관심을 기울여야 한다.

정부에서도 저렴한 의료 보험수가를 커버하는 방법은 그것밖에 없다고 생각했기에 법제화하였고 또 병원도 지금과 같은 저렴한 의료보험수가 제도 아래에서는 특진제도밖엔 병원이 살아날 길이 없는 것을 우리는 알아야 한다. 의사 중에는 특진제도를 안 하겠다, 뭘 그런 것을 자꾸 하냐는 식의 말을 하면서도 일면 "나는 더 많은 봉급을 받아야겠고 더 좋은 대우를 받아야겠다"고 요구하는 모순된 사람도 있다. 병원경영에 특진제도가 미치는 영향은 그만큼 크기 때문에 병원에서 이를 권장할 수밖에 없는 것이다. 만일에 어떤 사람이 특진제도를 피하거나 반대하면서 병원경영을 하여 더 많은 봉급을 자기한테 줄 방법이 있다면 그것을 제시하여야 한다. 그렇지 못하는 한 우리는 특진다운 특진을 할 수 있도록 연구해서 이 제도를 활성화할 필요가 있다고 생각한다.

4. 특수 Clinic

종합병원은 적어도 개업의의 집합소가 될 수는 없다. 진료 내용이 개업의보다는 확실히 수준 높은 전문적인 진료이어야 하며 일반 개업의들이 할 수 있는 분야는 극히 제한된 범위 내에서 일반외과, 일반내과, 일반소아과 등의 명칭 하에 진료를 담당할 수 있지만, 임상 각 과가 일반 개업의들이 환자를 취급하듯이 통틀어서 환자를 보는 경향에서는 기필코 탈피하여야 한다. 또 종합병원은 근무하는 의사들을 적어도 일반의가 되는 것보다는 임상 각 분야의 Sub-specialty를 완전히 자기 것으로 해서 권위 있는 어떤 분야의 전문가가 되도록 양성시켜야 하고 또 의사들도 그런 각오를 하여야 한다.

현재로서는 여러 가지 난점이 있지만, 일반 개업의가 취급하여야 할 환자들이 병원에 찾아와서 어떻게 하여야 할지 모를 때 병원에서는 가정의학과를 두어서 가정의학과 외래에서 일단 환자들을 특히, 내과, 소아과 환자들을 Screening해서 일반 개업의에게 보낼 환자는 보내고 병원의 전문분야에 의뢰할 환자는 자세한 설명과 더불어 특수 Clinic으로 보내는 것이 타당한 것이다. 종합병원에서는 이러한 전문 분야에 걸친 수준 높은 진료를 함으로써 신빙성을 더 받게 되고 의사에 대한 신뢰감도 심어지게 되는 것이다. 근래에 서울 시내의 각 종합병원의 외래, 입원환자가 현격히 감소하고 있지만, 서울대학, 연세대학에서는 그러한 경향이 없는 것은 그만큼 Sub-specialty를 찾아서 신빙성 있고 권위가 있는 진료를 해서 환자들이 그러한 곳을 찾는다고 판단된다. 기존 병원에서 크게 문제가 되는 것은 Sub-special field에 익숙하지 못한 Senior-staff들이 Sub-specialty를 만들어서 특수 clinic을 추진하는 것을 자꾸 기피하고 있다는 것이다.

〈성심월보 123, 1985년 12월 30일〉

내 혼에 새긴 말씀
영원을 깨닫는 진실된 마음으로

파스칼이 말했다. "사람은 나약한 갈대와 같다. 그러나 사람은 생각하는 갈대이다." 사람은 생각할 줄 알기 때문에 만물을 다스릴 수 있다. 그러나 무엇을 생각하여야 하는가? 성경에 "회개하라. 그리고 나를 따르라"라고 하였다. 회개할 줄 알아야 나의 잘못을 거듭 후회하지 않고 더 높은 곳으로 올라갈 수가 있다.

먹고 자고 일하고 행동함을 나는 내 마음의 거울에 비추어 보아야 한다. 그러면서 삶의 뜻을 생각하여야 한다. 무엇을 얻기 위하여 노력하고 있고 그 얻고자 하는 것이 나의 삶에 있어 어떠한 뜻이 있는 것인지를 내 마음의 거울에 비추어 보며 살아가야 한다.

고린토 첫째 편지에 "여러분 자신이 하느님의 성전이며 성령께서 여러분 속에 살아 계시다는 것을 모르십니까? 만일 누구든지 하느님의 성전을 파괴하면 하느님께서도 그 사람을 멸망시킬 것입니다. 그것은 하느님의 성전이 거룩하기 때문입니다. 그리고 여러분 자신이 바로 그 성전입니다"라고 쓰여 있다.

내가 하는 일, 내 입에서 나오는 말 한 마디 한 마디는 과연 진실을 위해서인가. 가식인가를 내 마음속에 숨 쉬고 계시는 성령께 물어보아야 한다. 나는 착하지도 않으면서 착한 척하는 위선자는 아닌가? 진심으로 사랑을, 그리스도의 사랑을 항상 간직하며 살고 있는가? 마음속에 숨 쉬고 있는 그리스도의 사랑이 얼마나 힘차게 고동치고 있는지 그 소리를 들을 수 있는가? 미움과 시기와 질투의 추악함이 내 마음속의 성전을 파괴하고 있지는 않은가? 교만과 허영이 나뿐만 아니라 나와 관계되는 모든 이들에게 죄를 범하게끔 하지는 않았는가? 나는 내 마음속의 성전 안에서 기쁨과 만족으로 떳떳하고 당당하게 살고 있는가? 가만히 묵상하여 참된 생명의 소리를 듣고 싶다. 생각하고 회개하고 내 마음의 평온을 가지고 살며 그 속에 숨 쉬고 계시는 성령께 물어보며 살아야겠다.

사람은 항상 불완전하고 미흡하기 때문에 실패를 거듭하기 쉽다. "기업은 성공했는데 삶은 실패했다면 그 무슨 뜻이 있는 것인가?" 하고 스스로 생각하는 일이 한두 번이 아니다. 그래서 내가 사는 세월, 내가 하는 일은 항상 내 마음속의 성령께 물어보며 계획하고 결단하여야 한다. 성전 앞에 꿇어앉아 오랜 묵상의 시간을 가지도록 하자. 순간의 즐거움에 눈이 멀어서 영원을 모르는 때가 많다. 순간적인 쾌락이나 찰나적 명예, 허영에 도취해서 나의 순간적인 잘못이 남에게 기쁨과 사랑을 주지 못하고 슬픔과 괴로움을 주고 있지는 않은가를 알아야 한다.

물질문명과 배금주의에 휩쓸려 참된 인간의 아름다움을 보는 눈을 잃어버렸다면 그 얼마나 슬픈 삶이겠는가. 진실과 영원의 웅장한 음악 소리를 듣는 귀가 먹었다면 그 얼마나 답답한 인생일 것인가.

"하늘을 나는 새도 먹을 것과 쉴 곳이 있는데 하물며 너희 인간들에게 주께서 먹을 것과 쉴 곳을 주지 않겠느냐"고 하신 그리스도 말씀을 항상 들으면서도 더 잘 먹을 것과 더 편히 쉴 곳을 찾는 처절한 인간의 모습이 안타깝기만 하다. 나의 모든 것을 버리고 주님을 따르도록 하라고 마음속의 성령은 강력히 권하고 있는데 그를 따르지 못하는 안타까움을 어떻게 하여야 할 것인가. 그래도 매일매일 열심히 노력하면서 오늘보다 나은 내일을 살도록 하여야 할 것이다.

생각하는 갈대는 나약해서는 안 되며 깊은 묵상을 통하여 마음속의 성전에서 성령과의 대화를 나누어 순간보다 영원을 깨닫는 진실된 마음이 있기를 빌어 마지않는다. 그것은 결코, 쉬운 일이 아니며 내 마음 또 한 구석에 자리잡고 있는 다른 또 하나의 나와의 힘든 싸움을 이겨 나가야 한다. 그 고난을 헤쳐 나갈 때 그리스도 교훈의 참뜻이 무엇인가를 비로소 깨달을 수 있을 것이다.

〈경향잡지, 1987년 2월〉

권두언卷頭言
"동문회관 기금조성 동참에 감사"
– 우리는 해낼 수 있음을 확인했습니다.

태고로부터 허다한 인물들을 부침시키면서 이 나라 역사를 엮으며 용용히 흐르는 대동강은 오늘도 내일도 그리고 먼 훗날까지도 쉬지 않고 흘러갈 것입니다.

그 젖줄을 먹고 자란 우리 동문은 관서 지방의 명문답게 숱한 인재들의 예지로 한국의 근대사를 수놓아 왔으며 모교를 떠난 지 40여 년 동안 우리는 이 자랑스러운 평고平高, 평2중平二中의 맥이 대동강의 물줄기와 더불어 단절될 수 없음을 확인하면서 우리가 또다시 내놓은 대동강지 10호의 출간을 자축하고자 합니다.

그것은 그냥 긁적거려 본 낙서가 결코 아니며 실향민의 한 많은 넋두리는 더더욱 아닙니다. 그것은 평고인의 넋이요, 의지요, 이 나라를 걱정하는 슬기임을 자랑스럽게 생각합니다.

여기서 우리는 희망을 찾아봅니다. 우정과 젊음의 힘과 용기를 만날 수 있을 것이며 더욱이 중요한 것은 그리웠던 친구들을 만나게 되는 것입니다.

글 속의 글을 읽고 많은 것을 깊이 찾아 듣고 생각하며 겸허하게 우리의 간절한 소망들을 정리해 볼 수 있지 않을까요. 이 겸허한 그리고 소망의 만남은 이 나라를 걱정하는 지성으로 같이 나라를 생각하고 통일에의 국가적 숙제를 지향하는 우리의 뜻이 될 것을 바랍니다.

그래서 이 대동강지는 통일로 가는 길목마다 이 민족의 발걸음을 이끌어 주는 귀중한 이정표가 될 것임을 우리는 압니다.

1989년 회기 중 전국 방방곡곡에 흩어져 있는 우리 모든 동문과 미국에서 일본에서 그리고 멀리 있는 여러 곳에서 소식을 들은 동문이 온갖 정성을 다하여 우리의 동문회관 건립을 위한 기금조성에 적극적으로 동참해 주신 데 대해서 무엇이라 감사의 말씀을 전해야 할지 모르겠습니다.

이 모아진 정성을 기초로 해서 앞으로 우리 남북에 흩어져 있는 모든 동문이 우리들의 끊어질 수 없는 평고, 평2중의 맥을 이어나가서 이 나라에 슬기가 깃들어 있는 훌륭한 회관이 되어 줄 것을 믿어 마지않습니다.

이제 우리는 해낼 수 있음을 확인했습니다. 비록 미력한 존재이지만 동문을 위해 무엇을 할 수 있는가를 생각할 수 있게 되었다는 것에 더 큰 긍지를 찾은 것 같군요.

"내일 이 지구가 멸망한다고 해도 나는 오늘 한 그루의 사과나무를 심으리."라는 스피노자의 말이 기억납니다.

동문 여러분! 고달프고 어두웠던 40여 년의 긴 세월이 지나고 이제 통일의 아침이 동트고 있습니다.

이제 우리는 무엇을 할 수 있을까를 찾아서 서로 한 그루의 나무들을 심었으면 하는군요.

한 권의 책을 엮는 데 쏟아지는 정성과 노력이 얼마나 힘들다는 것을 우리는 알고 있습니다.

정치, 경제, 학술, 교육, 문화 예술 모든 분야에서 활동하고 있는 우리 동문의 힘이 모여서 『대동강』지가 출간됩니다.

거기에 담긴 우리들의 강력한 의지와 슬기와 지성과 철학이 우리의 뜻하는 바가 무엇인가를 말해 주고 있습니다.

원고를 써주신 모든 동문에게 깊이 감사드리며 이러한 글들을 엮는 데 희생적으로 봉사해 주신 편집위원 여러분에게 진심으로 감사하여 마지않습니다.

또한 이 대동강지 10호를 출간하는 데 물심양면으로 후원해주신 여러 동문에게도 감사의 말씀을 드립니다.

〈대동강 10, 1989년〉

북방정책과 통일문제토론회 중 개회사
국민적 합의도출에 도움 되기를

오늘 여러분과 같이 평양고보·평2중 동문회가 이북5도 도민회의 협찬과 조선일보사의 후원으로 이 모임을 하게 된 것을 큰 보람으로 생각하며, 이 자리를 격려해 주시기 위해 바쁘신데도 불구하고 참석해 주신 이홍구李洪九 통일위원장과 학계의 전문가이신 양호민 선생님을 비롯해서 강인덕, 이상우, 한규환 선생님 및 오늘 이 모임을 이끌어 나가실 한림대학교 총장 현승종 동문과 토론회에 나오신 여러분들에게 진심으로 감사의 말씀을 드리는 바입니다.

저희가 이 모임을 가질 수 있고 또 가져야만 한다는 이 사실은 아마도 어딘가 아득한 곳에 있는 조국 통일이라는 6천만 민족의 염원을 향해서 띄워야 할 항로를 준비해도 된다는 뜻이 담겨 있기 때문이라고 생각됩니다.

지금으로부터 44년 전 외세에 의해서 우리나라는 강요된 분단 상태로 그동안 서로 다른 사회 정치체제로 살아오면서 국민적, 국제적 차원에서의 분단 상황이 세월이 갈수록 심화하여 오늘에 이르렀습니다.

그러나 분단이 어떻게 이루어졌든 간에 통일은 이제 우리 민족 내부의 문제이고 스스로의 힘으로 성취되어야 할 명제이며 어떤 외세의 간여가 있어서도 안 되며, 있을 수 있는 일도 아닙니다.

일찍이 한국 사회에서 남·북한 관계가 지금처럼 세인의 관심을 크게 집중시킬 때가 없었습니다. 정부의 개방 정책은 국내·외의 급격한 정세변화에 따른 필연적인 역사적 전환점에서 결과한 것으로 볼 수 있겠으나 동시에 국제관계, 남·북 관계, 국내 정치·경제 등에 여러 가지 새로운 문제들을 제기하고 있습니다.

이러한 문제들은 새로운 시각에서 다시 점검되고 새로운 방향에서 해결해 나가야 할 시기에 도달했습니다.

그것은 우리가 살아온 40여 년의 분단 역사에 대한 일대 반성도 되어야 하고 새로 전개되는 시대 상황의 변화에 따르는 의식 전환도 있어야 할 것으로 압니다.

북방정책에 따르는 이념적 위상이 하루속히 정립되어야 합니다. 북방정책 수행과정에서 일어날 수 있는 모든 일에 대한 법적, 제도적 보완 조치도 시급히 서둘러야 할 때입니다. 북한은 스스로 대화의 창구를 철저히 통제하고 있으면서 통일문제에 관한 한국 내의 여론은 이를 되도록 분열시키려고 하고 있습니다. 남·북의 공식 대화 통로는 쳐다보지도 않고 4당 대표와 문익환 씨 등을 평양에 초청하여 정치협상을 하자고 하는 현실이 이러한 사실을 말해 주고 있는 것입니다.

어떻든 간에 이제 제기된 우리의 숙원인 통일문제를 다루는 데 복잡하고 어려운 문제들이 수없이 제기될 것입니다.

남·북이 각각 안고 있는 내부의 갈등, 서로 극에서 극으로 치닫는 다른 국가체제, 한반도를 둘러싼 미묘한 국제환경도 무시할 수는 없습니다.

또한 민족상잔인 6·25의 쓰라린 기억을 떨쳐버리지 못하고 있는 상태에서 서로의 안보 위기의식도 아직은 눈감아 둘 수 없음을 우리는 솔직히 시인하여야 합니다.

남·북 대화는 앞으로도 계속해서 재개와 중단이 반복될 것으로 보이며, 우리가 가야 할 통일을 향한 항로에는 깊은 안개가 앞을 가리게 될 때도 있을 것이고 험난한 폭풍우도 밀어닥칠 것을 모두 각오하여야 할 줄 압니다.

오늘 이 모임이 통일정책에 대한 국민적 합의를 도출하고 그 실천적 의지를 굳건히 하는 데 도움이 되기를 진심으로 바라 마지않습니다.

다시 한 번 연사 여러분께 감사드리며 이것으로 개회사에 대합니다. 감사합니다.

〈대동강 10, 1989년〉

책머리에 부치는 말씀
'남북 단일 동창회' 결합을 간구함
– 통일 앞당기는 선봉에 나갈 것이 바로 동문의 임무 –

우리 동문회의 자랑스러운 표징表徵인 『대동강』 제11호를 내놓게 된데 대해서 기쁜 마음을 금할 수 없습니다.

많은 동문이 높은 뜻과 우리 모교의 얼이 담긴 귀한 옥고들을 보내 주어 여기에 그것을 세상에 남겨놓는 귀한 유산으로 생각하고 여러 편집위원이 엮어 내보였습니다.

사실 동문의 귀한 글들을 활자화하고 편집해서 한 권의 책이 될 때까지는 박연두朴淵斗 편집위원장을 비롯한 여러 편집실무위원들이 그 무더위 속에서 땀 흘리며 애쓴 보람의 덕분이라고 생각하면서 깊이 감사의 말씀을 드리는 바입니다.

이제 우리 동문회는 어엿한 사무실과 아담한 회의실을 갖춘, 어디에 내놓아도 부끄럽지 않은 회관을 가지게 되었으며, 이것은 여러 동문의 정성이 뭉쳐서 여기에 우리 동문회의 뿌리를 심게 되었다는 것을 여러분들과 같이 감사하며 또 자랑스럽게 생각합니다.

학교가 없어졌는데 동창회가 이러한 회관을 마련해봤자 누구의 소유가 되며, 어떻게 관리될 것인가를 근심할 수도 있겠지만 우리는 그저 우리가 지닌 정성과 얼을 한곳에 모아본 것만으로도 그냥 자랑스럽기만 합니다.

이제 『대동강』 11호를 내놓으면서 이북에 계신 많은 동문의 소식을 담지 못하는 것을 가슴 아프게 생각하며 머지않아 남북이 합쳐서 선후배 옛 학우들을 만나서 그리운 우정을 나눌 수 있는 남북 단일 총동창회를 해야겠다는 우리의 간절한 뜻을 한 번 펴보고 싶습니다.

그렇게 해서 행방불명된 우리의 모교를 되찾을 수 있을 것이고 실종되려고 하는 우리 모교의 자랑스러운 전통과 정신이 다시 그 모습을 되찾을 수 있도록 우리 동문의 정성이 또 한 번 모였으면 합니다.

남의 나라들이 우리의 조국 땅을 함부로 갈라놓는 슬픔을 우리는 힘이 없어서 당해왔지만, 이제 우리의 힘을 결집할 수 있는 능력을 알고 있기에 반드시 이 조국의 통일을 앞당기는 데 선봉에 나서는 것이 바로 우리 동문의 자랑스러운 임무라는 것을 새삼스럽게 느끼면서, 이 나라의 통일을 앞당기고 우리 동문의 총력을 하나로 모아서 우리들의 모교를 되찾을 수 있도록 우리 모두의 힘을 주력할 것을 제청하며 『대동강』 11호의 출간이 이러한 우리들의 큰 뜻이 가는 길에 이정표가 될 수 있음을 자랑스럽게 생각합니다.

〈대동강 11, 1990년〉

논단論壇
통일을 생각해 본다.
－ 남·북이 거듭나서 세계사적 사명에 눈을 돌려야! －

얄타Yalta에서 몰타의 시대는 새로운 역사의 장이 열리더니 그렇게 튼튼하던 동서독의 철의 장벽도 28년 만에 맥없이 무너졌다. 이제 가로막힌 38선이라는 45년의 세월은 우리 삼천리 강토만을 영원한 우주

宇宙로 남겨 두지는 않을 것을 우리는 알고 있다.

38선은 아무도 뚫을 수 없는 장벽 같지만 어느 날 갑자기 또는 서서히 맥없이 무너질 것을 우리는 믿는다.

남북은 한 핏줄이라는 동질성을 가지고 있기 때문에 전혀 타의에 의한 강요된 분단이 결코 오래갈 수 없으며 반드시 합쳐질 운명에 놓여 있다.

1945년 미소 양대 세력이 강제로 갈라놓은 38선의 분단은 남북 7천만 민족이 아무도 원치 않는 경계선이요, 7천만의 소망은 오로지 통일뿐이며 힘에 의한 분단은 허물어뜨려야만 한다는 열망이 이 땅에 가득 차 있기 때문이다.

우리는 이 비극의 국토분단이 왜 생겼고 왜 통일은 이루어져야 하는지 그 역사적 의미를 먼저 따져볼 필요가 있다.

제2차 세계대전은 강대국들이 얄타에 모여서 마무리지었지만, 그들은 제2차 세계대전 대신에 새로운 동서의 냉전 대립을 조성해 놓으면서 비극은 시작되었다.

제2차 세계대전의 처참한 전쟁은 독일과 일본을 패망시켰고 전승 국가들은 얄타에 모여서 독일이 다시 전쟁을 일으키지 않도록 하고 그 나라를 동서독으로 갈라놓았지만, 그들은 그렇게 해서 세계의 평화를 설득하는 듯하면서 다시 근대사의 냉전 체제를 시작하여 그것이 한반도 남북을 마음대로 분단시켜 놓음으로써 이 땅에 가장 첨예한 대결 형태로 표출시켰다. 여기서 우리 민족은 별수 없이 전시 체제에 휩쓸려 들고 말았고 제국주의의 대립 속에서 민족을 구출하기보다 도리어 그러한 대립 속에서 충성스럽게 봉사하려고 기를 써 오면서 민족상잔 6·25까지 범하고 말지 않았던가?

한반도의 분단이란 남북을 적대관계에 놓았다는 것이고 통일이란 그것을 극복하는 것이다.

통일이란 분단의 경계선을 철폐하여야만 가능한 것이지만 이러한 물리적인 것 이전에 정신적인 것부터 정리해 나가야만 우리는 통일을 바라볼 수 있는 것이며 지금 우리는 먼저 남북의 정신적 화합에 더 깊은 노력을 하여야 할 때라고 생각한다.

독일은 당분간 통일을 안 하겠다는 정책이 주효해서 오늘날 자랑할 만한 국토통일을 선택한 것이 아니고 먼저 독일과 유럽의 참다운 화해와 평화를 선택하였음을 우리는 알아야 한다.

오늘의 남북 분단은 무너지고 민족통일이 이루어져야 한다는 대전제에는 먼저 그어진 장벽의 질을 바꾸어 놔야 한다.

그러기 위해서는 먼저 남북은 서로 현상은 인정하고 평화를 정착시키는 데서 시작되어야 할 것이다.

이렇게 해서 서로 바라다볼 수 없는 장벽을 만나 볼 수 있는 경계선으로 분단상황을 바꾸어 놓는 작은 걸음부터 시작하여야 한다.

통일이란 서로 오가는 것이며 거기서 우리는 너무나 오랜 세월 헤어져 살면서 서로가 소원했을 뿐 아니라 그동안 서로가 너무나 몰라보게 변했음을 확인하고 서로를 다시 알고 서로의 불완전한 것은 보충하며 공존공영을 하는 것이 중요한 것이다.

남북이 왕래부터 하다가 왕래가 거주 이전의 자유까지 이르게 되면 그것이 통일이 되는 것이다.

독일은 처음에 60세 이상, 어린이, 병약자부터 왕래를 시작하면서 닫혔던 문을 열기 시작하였다. 이것이 독일의 전 수상 브란트의 두뇌 역할을 해온 애버마이아의 '접촉을 통한 변화의 정책'이며 그것이 곧 오늘의 성공 기초가 되었음을 우리는 배워야 한다.

유럽 34개국은 지난 1990년 유럽 안보 및 협력회의(CSCE) Paris 헌장에 서명하였다. 그들은 대결과 분열의 시대를 끝내고 상호존중과 협력에 바탕을 둔 국가를 건설할 것을 선언하면서 과거 냉전의 유산으로부터 스스로를 해방했으며 민주주의의 평화와 통일의 새 시대를 열었다. 인권과 기본적인 자유는 불가침의 것임을 확인하고 대의성代議性과 다원성의 민주주의는 법의 지배의 정의에 기초함을 논의하면서 기본적인 인간의 가치를 존중하는 사회를 유지하고 발전시키기 위한 공동노력을 약속하였다.

지금 우리는 이러한 세계 속에 살고 있다. 이제 우리의 한반도도 우주의 방황하는 미아에서 벗어나고 냉전의 대결에서 탈출하여야 하며 이미 지구상에서 사라져버린 미·소 두 강대국의 대결의 시녀 노릇을 그만두고 부끄러웠던 행진에서 벗어나서 불신과 욕심에 빠져 가장 추하고 슬픈 존재로 남아 있을 수 없음을 인식해야 한다.

한국은 오랜 역사 속에 유교 정신에 바탕을 가진 권위주의적 가치관과 정치적 합목적성을 강제당한 사회에서 몇 번의 역사적 시도는 있었다고 하지만 국민은 스스로의 살길을 찾는 체제개혁은 기대해 보지도 못했다.

지존층指尊層의 정권욕에 대한 집착은 개혁을 싫어했고 해방 후 일본제국주의의(이미 일본에서도 자취를 감추어버린) 잔재를 그대로 이어받은 경찰국가 체제는 국민에게 무조건의 복종을 강요했고 흑백논리에 사로잡혀 헤어나지 못하면서 온갖 범죄와 부정을 저지른 추한 역사를 살아왔음을 우리는 엄숙하게 성찰해야 할 것이다.

선발 제국주의 국가들은 국내에서는 민주주의 정치를 유지하면서 민주주의의 근간인 자유와 평등이라는 원칙적 평등은 다른 나라에 대해서는 아무런 의미도 없고 전혀 실현성이 없는 것으로 변질시키고 있는 사실을 우리는 묵과해서는 안 된다.

민족주의는 침략에 대해 지켜야 하고 그러다가 세력이 커지면 후발 제국주의 국가로 변신하여 침략하는 쪽으로 가담하기 일쑤였음을 우리는 알고 있다.

그러나 이러한 가장假裝한 민주주의나 민족주의 또는 정권욕에 가득한 쇼비니즘Chauvinism들도 국민에게 언제까지나 전쟁의 위협 속에서 공포 불안에만 떨고 살 수밖에 없다는 침략 논리를 지속할 수는 없다는 사실을 깨달아야 한다. 모든 것은 전쟁과 침략을 막기 위한 일시적 희생이니 참아야 한다면서 국민에게 더 이상 강요할 수는 없는 시대에서 우리는 하루속히 권위적 체제를 지양하여 새로운 방향을 과감하게 설정하지 않으면 안 될 것이다.

서독에서는 어떤 정치세력도 없고 어떤 사상의 통제도 없고 고문도 없고 위선에 찬 민주주의도 없고 위험한 나치주의자도 없다는 것을 동독인을 보았다.

남한의 집권 정당들의 집권욕은 그로 인해 온갖 정치적 사회적 불안을 초래하고 있고 남한은 보수정당 일색이면서도 여당은 야당의 존립을 완전히 봉쇄하거나 약화하기 위해 온갖 힘을 기울이고 있다. 이렇게 해서 남한에서는 민주주의는 완전히 죽고 말았다. 언필칭言必

稱 자유민주주의를 표방하는 남한에서는 독특한 자본주의 체제가 도입되면서 시일이 흐름에 따라 천민주의 경제체제로 변신하여 추악한 자본주의로 타락하게 되었고 이것이 장래 남북통일에 큰 장애가 될 수도 있을 것이기 때문에 하루속히 그 해독에서 벗어나야 한다.

이러한 순탄치 못한 정치 경제 환경에서 싹터 온 우리나라 노동운동은 근로자의 복지향상은 뒷전에 두고 추악한 폭력 국가로 변신하면서 폭력 파괴 농성 증오 선동 등을 주된 활동으로 삼으며 금세 레닌의 공산주의 혁명론 같은 폭력혁명이 성공된 것처럼 잘못된 길을 걸어왔다. 왜 당당히 파업권을 행사하지 못하고 궁상맞게 머리에 붉은 띠를 두르고 험악하고 궁한 모습만을 가져야 하는지 모르겠다. 근로자들의 당당한 모습으로 합리적인 파업권 행사로 진정 그들의 복리를 위해 씩씩하게 행동함으로써 우리들의 앞서가는 모습을 북한 근로자들에게도 보여줘야 할 것이 아니겠는가?

돈을 번 서독 사람들은 동독 국민에게 선물 주기 운동을 하면서 일면 동독에 대한 경제원조를 할 때는 그때마다 그 대가로 동독의 정치범들을 찾아오기도 하였다.

내실과 질서에 확립

이제 남한의 자본주의는 그 근본에서부터 철저한 구조적 개혁을 통해 새로운 모습으로 재창출되어야 하며 이러기 위해서는 정치는 물론 돈이 있는 사람들은 국민 대다수의 건강하고 행복한 삶을 위한 자유와 평등에 입각한 새 경제사회를 창건하도록 뼈를 깎는 노력을 기울여 모든 공산주의자를 포함한 북한 동포들이 남한을 부러워하게끔 우리 자신의 거듭남이 시급히 요망된다.

오늘날과 같은 정치적 미숙, 기형적 경제발전, 세계 신조류에 휩쓸리고 있는 신문명으로 가치관이 표류하고 있을 때 선진 문화민족으로 발전하기 위해서는 교육이 올바른 궤도를 타야 한다는 것은 너무나 자명한 일이다. 미흡한 의무교육정책을 확충하고, 돈이 있는 사람에게만 교육 기회를 주는 제도는 시정되어야 하며 교과서 위주 교육에서 벗어나 교육이 오로지 출세의 수단으로서만 필요한 교육의 도구주의에서도 탈피해야 하고 과도한 경쟁의식만 부추기는 경쟁주의 학습이라는 왜곡된 제도에 대개혁을 가하여 국가백년대계를 위한 넓은 시야로 점진적인 교육정책 쇄신에 착수하여 통일의 앞날에 튼튼한 준비를 하여야 할 때이다.

급격한 물질문명의 엄습, 왜곡된 교육제도라는 환경 속에서 자라난 우리나라 젊은이들의 학생운동은 그 방향과 방법을 찾지 못하고 무절제한 혁명운동에 뛰어드는 우를 범하고 있기도 하다. 오늘날과 같은 한국사회의 특수성을 고려할 때 한국의 학생운동이 사회발전의 전기轉機가 될 수 있다는 것도 안다. 또한 시위는 합법적인 의사표시의 한 수단이라는 사실을 부인하고자 하는 것도 아니다. 그러나 오늘날 우리나라의 젊은이들은 장래 국토통일이라는 대과업을 치러 나갈 아주 귀중한 일꾼들이라는 사명감을 잊지 말아 주기 바란다. 혁명이론도 공부하고 통일정책도 연구하며 내일을 대비하여야 할 뿐더러 세계는 지금 뛰고 있는데 나의 신앙은 어디에 있는가도 차분하게 성찰하며 21세기를 준비하여야 할 때이다. 그들이 혁명이론을 공부하기 위해 혁명가가 되기는 아직 이르다. 더욱이 아직 어린 젊은 학도들을 선동하고 국민의 동의를 얻지 못하는 시대에 뒤떨어진 폭력 행동은 민주주의에 역행하는 것임을 부인하려 하지 말고 우리 젊은 학도들이 지금 하여야 할 일이 무엇이고 우리의 힘은 어디서부터 나올 수 있는지를 깊이 깨달아야 한다.

남한과 똑같은 맥락에서 소련의 위성국가로 수립된 북한은 이른바 항일유격대 정신을 주장하면서 김일성 유일사상으로 무장한 전횡 독재체제를 절대 고수하고 있는 완전 폐쇄사회를 이상하게도 50년 가까운 세월 유지해 왔다. 레닌과 스탈린이라는 이미 역사에서 자취를 감춘 공산주의 창시자들에 의한 소위 국제사회주의의 명분으로 침략을 당위시하는 그들은 소련의 절대적인 지원으로 6·25의 참변을 저질렀고 지금 수십 년의 세월이 흘렀다고 6·25는 남한이 북침한 것이라는 엉뚱한 거짓을 태연하게 떠들어대고 있다. 이렇게 해서 팀스피릿이 어쩌니 미군의 남한주둔이 어쩌니 하면서 금방 남한이 전쟁이나 일으키려는 것처럼 국민에게 공포심과 불안을 재생산시키면서 철저한 독재와 쇼비니즘의 또 다른 횡포를 서슴지 않고 있다.

공산주의의 실패는 이제 증명되고 있는데도 철저하게 허위로 분장된 김일성 일당의 절대 지배욕을 버리지 못하고 국민의 눈을 가리고 귀를 막아 오직 김일성 신격화를 맹신할 것을 강요하면서 전인민의 피와 땀을 얼마나 낭비하였던가. 인민들은 아직도 빈곤에서 허덕이는데 그 수많은 인민의 노동력을 동원해서 이룩한 경제력 대부분을 김일성 우상 작업에 탕진하고 있음은 실로 처참하기 짝이 없는 일이다. 8·15해방은 김일성이 가져온 것이라느니 김의 아버지 김형직金亨

稷은 미국의 제너럴셔먼호를 대동강에서 격침한 영웅이라느니 도대체 어린이 공상 이야깃거리도 안 될 거짓을 인민들에게 반복 주입시키는 허위성을 그들은 정말로 얼마나 오래 지속시킬 수 있을 것이라고 보는가.

개인의 자유란 조금도 인정되지 못하고 있는 낡아빠진 무산계급 독재의 철저한 지배하에 관료집단 체제의 정당 원리는 인민 생활의 발전을 기대할 수 없음을 그들도 충분히 인식하고 있으면서도 그들의 허황한 유일사상과 김일성 신격권위의 붕괴가 두려워 아직도 전시체제를 고수하며 인민들에게 공포감을 심어주고 있다.

남북회담을 이용해서 상호불가침조약을 주장하면서 남한의 미군을 철수시켜 다시 남침해 보겠다는 엉큼한 생각으로 남북회담이 아니라 보채는 아이의 억지 주장만을 되풀이하고 있음이 한반도통일에 커다란 걸림돌임을 우리는 안다. 무엇보다도 중요한 것은 북한은 하루빨리 거짓에서 벗어나야 한다. 민족을 생각하면서 자기가 다시 살아나 역사의 부끄러운 죄인이 되기를 면하려면 이제 허위에서 벗어나야 한다. 독재 권력을 유지하기 위한 수단으로 그러한 거짓이 필요했으리라는 것도 이해할 수 있다. 그러나 더 이상 인민을 기만해서는 안 된다. 인민은 하늘이며 하늘을 속이면 엄청난 죗값을 받아야 한다. 집단적 가치를 강조하면서 개인 특성은 완전히 무시되는 강요된 주입식 교육에서 벗어나고 김일성, 김정일에 대한 우상 교육으로 기대할 것 없는 국력의 낭비는 이제 포기해야 한다. 이데올로기적 해석과 편견에 치중한 주장, 자라나는 어린이들에게 가해지는 당의 비교육적 통제에서 과감한 탈출이 있어야 한다.

신뢰를 바탕으로 인도주의 접근

국토분단은 왜 생겼고 통일의 역사적 의미가 무엇인가를 새로 인식하여 오늘의 역사는 변화하는 것이 아닌 듯 생각하는 반역사적인 자세에서 탈출하지 않으면 안 된다. 통일은 7천만의 소망이다. 김일성 소수 일당의 전유물이 결코 아님을 알아야 한다.

이러기 위해서는 남과 북은 피나는 아픔을 겪으면서도 새로 태어남이 있어야 할 것이다. 서로 적으로 삼는 쇼비니즘은 죽어야 하고 극단주의의 전시체제는 죽음을 목표로 하는 체제라는 것을 알아야 한다. 이제 삶을 목표로 하는 체제가 소생되어야 한다. 이데올로기 몰입에서 민족이 우선으로 복귀하여야 한다. 남북의 탈전시체제에 더 적극적일 수 있는 쪽이 민족통일의 주도권을 가질 것이다.

민족의 국민성을 되찾고 유지하기 위해 있는 것을 다 해보자. 동서독은 인도주의적 접근을 먼저 시도하였다. 한반도에서의 분할은 근현대의 전시체제가 낳은 것이지만 동서독은 양 체제의 정치적 대립에는 관심을 두지 않고 국민과 국민의 인도주의적 접근을 꾸준히 힘써왔음을 우리는 배워야 한다.

이제 세계사의 흐름은 바뀌고 있다. 몰타 시대로 바뀌면서 미·소는 화해하고 있고 남북한의 비호자는 그 우산을 거두었는데 우리는 어떻게 변하여야 하겠는가.

남북이 거듭나서 세계사적 사명에 눈을 떠야 할 때이다.

고루한 대립에서 과감하게 벗어나서 제3의 길을 찾아야 한다. 전시체제에서 상실했던 인권, 자유, 정의가 회복되면 그것이 유럽에서

처럼 통일로 가는 것이다.

동서독의 통일은 그들의 문화적 배경으로 축적된 민족역량이라고 평가되고 있다. 고전적 그리스, 로마 문화와 기독교 문화, 유럽의 휴머니즘과 19세기 체험을 통한 사회주의 감각이 오늘의 통일독일을 이룩한 것이다. 독일에서와 같이 남북공동으로 통일 연구소를 설립하여 21세기를 살아갈 5천 년의 역사를 바탕으로 새로운 비전을 가진 민족사관의 확립을 뒷받침해 주어야 하고 통일국가의 국민사회 국가관과 삶의 가치관이 확립되어야 한다. 그러면서 인간의 존엄성을 절대적 우위로 하는 가치관을 찾아야 한다.

삶의 질이 보장되는 나라, 5천 년 역사를 잃어버리지 않고 한민족의 긍지를 잊지 말고 우리 것을 지키며 남의 것을 존중하는 역사의 문화민족으로 자신을 가지도록 7천만 국민을 이끌어가는 국가관이 확립되어야 한다.

인류 공동의 바람직한 정치체제로 참다운 시민교육, 질서유지, 준법정신, 공익 우선, 협동 정신의 나라가 통일한국의 모습이 되어야 한다.

민주적 법률과 시민의 자유가 보장되는 다원적이고 민주적인 사회주의 모델이 추구되어야 하지 않을까?

인간은 인간답게 살 수 있게 하는 조건을 만드는 질서의 틀로서의 경제체제로 뒷받침되는 시장경제와 사회복지정책이 지켜지는 나라가 세워져야 한다.

남북의 신망을 받는 지도자가 나와 최소한의 정부와 법치가 지배하는 진정한 통일국가가 머지않은 앞날에 반드시 이루어질 수 있도록 전국민은 힘을 기울여야 할 것이다.

〈대동강 12, 1991년〉

한림과학원 수요세미나
총서叢書 발간에 즈음하여

21세기의 새로운 문명이 바야흐로 동터 오르고 있다.

이에 대비하여 우리 인류의 미래를 재조명하고 그 대처 능력을 개발·육성하기 위한 학술연구를 목적으로 우리 '한림과학원翰林科學院'은 1990년 1월 1일 문을 열었다.

우리 인류의 역사는 20세기의 마지막 10년대로 접어들면서 '이데올로기의 종언', '제3의 물결', '복지국가주의' 등이 이미 예고했듯이 종전과는 그 양상이 현저히 다른 새로운 가치, 새로운 질서, 새로운 사조로 그 문명의 방향을 전환해 나가고 있다.

지금 우리는 체제 간의 대결이나 냉전의 시대도 가고, 부질없는 이념투쟁이나 계급혁명의 열기도 식고, 용공도 반공도 그 의의를 상실한 시점에서 가치관의 혼란과 구각을 벗는 고통을 겪으면서 21세기 미지의 새 문명 세계를 맞이하고 있다.

이와 같은 문명의 전환기에는 반드시 새 시대에 걸맞은 새로운 생활 규범과 윤리와 도덕과 철학과 종교가 태어나야 한다.

여기 우리 인류의 앞날에 빛이 되어 갈 길을 밝혀 주고 길잡이가 될 수 있는 것은 오직 학문뿐이다. 학문은 이제 한 차원 높은 새로운 탈바꿈으로 인류의 미래를 창조하는 데 원동력으로서의 제구실을 다하여야 할 때를 맞이하고 있다.

바로 여기에 우리 한림과학원 발족의 의의가 있으며 우리는 우리에게 주어진 책무가 너무도 막중하고 엄숙함을 잘 알고 있다.

이와 같은 시대적 소명과 자각의 바탕 위에서 우리 원院의 연구 사업에 동참하는 학내외의 모든 학자에게 무제한의 연구비를 지원하겠다는 각오로 일에 착수한 지 1년 반의 시간이 흘렀다.

초창기 우리 원의 제1단계 연구사업은 다음 두 가지로 나누어 연구에 착수하였다.

그 하나는 우리 원 자체의 원내 연구사업으로서

첫째, 21세기의 새 문명을 맞아 우리 인간이 인간 본연의 존엄성을 되찾아 바르게 살아갈 새로운 가치관 확립의 문제,

둘째, 종래의 식민사관이나 체제 옹호 사관에서 벗어나 세계 속의 한민족으로서 떳떳하고 의연하게 살아갈 새로운 사관 정립의 문제,

셋째, 국가 백년대계를 위한 이 나라 교육정책 개발의 문제,

넷째, 개인의 행복과 사회 구성원 모두의 복지증진을 위한 빈곤대책 등 사회보장의 문제,

다섯째, 우리 한민족의 최대의 염원인 동시에 지상의 당면과제인 남북통일의 문제 등을 제1차 연도의 연구과제로 선정하고 그 결과를 <총서>로 발간하는 일이다.

그 두번째 사업으로는 학외 단기 연구과제에 대한 연구비 지원사

업으로서 이는 학내외의 대학 교수나 학자들을 대상으로 연구계획서를 공모하여 연구비를 지급하고 그 연구 결과를 매년 <한림과학원연보>로 발간하는 일이다. 1991년도에는 우리 한림대학교의 학내 교수 4명, 타 대학교수 10명 등 계 14명에 대하여 연구비를 지원하고 있다.

그 밖에도 우리 원은 매주 또는 격주 수요일마다 '수요세미나'를 갖고 학내외의 여러 학자를 초빙하여 중식을 함께 나누면서 자유스러운 분위기 속에서 주제발표와 진지한 토론을 거듭해 오고 있다.

이제 우리 한림과학원의 제1차 연도 연구사업이 종료 단계에 들어가 속속 활자화되어 이 논총을 출간하게 되었다. 이제 본인은 이 연구결과에 큰 보람을 느끼며 그동안 연구에 몰두하여 심혈을 기울여 주신 우리 원 연구위원 여러분에게 진심으로 감사를 드린다.

우리들의 이러한 결실들이 앞으로 계속 축적되어 내 나라 내 민족의 발전뿐만 아니라 나아가 우리 인류 모두의 평화와 번영에까지 크게 이바지할 것을 확신하면서 아울러 우리 한림과학원의 위상 높은 발전을 빌고, 또 모든 연구자에게도 더 큰 연구성과가 이룩되기를 빈다.

이 논총이 나오기까지 직접 많은 수고를 해 주신 이두호李斗護 교수와 그를 도와 뒷바라지에 열성을 다해주신 연구조정실의 여러분들에게도 특별히 감사를 드린다.(1991년 6월 한림대학교 한림과학원 운영위원장 윤덕선)

〈지성의 현장 창간호, 1992년〉

한림과학원 수요세미나
통일국가를 위한 과업과 우리의 각오[4]

근 50년 지속되어 온 미·소 양 세력의 대립 구도라는 구질서는 완전히 무너졌다.

이제 우리나라도 앞으로 전개될 새 질서에 적응하는 국가적 자세가 필요하게 되었다.

전쟁은 이제 당분간은 회피할 수 있게 된 것 같다. 모든 외세의 침략은 집단안보에 의해 해결할 수 있는 범국가적 흐름을 타고 있다.

지구촌 시대가 왔다. 나라와 나라 사이의 국경이 희미해지면서 많은 나라들이 블록형태로 통합을 찾고 있다.

선민주의, 패권사상에 빠지기 쉬운 민족주의도 퇴색해 가고 있는 이때에 우리도 세계 속의 한국을 재발견할 때이다. 우리만의 한국은 이제 국제사회에서 용납되지 않는다.

반세기 동안 타의에 의해 분단의 고통이 강요되었던 남북국토의 통일시기가 눈앞에 다가왔다. 연방제이니 국가연합 따위의 몇몇 빛바랜 정치 야심가들의 장난에 놀아날 때가 아니고 진정 한 민족 한 핏줄이 한덩어리로 뭉쳐서 통일된 독립국가가 건설될 날이 다가왔는데 우리는 범국민적인 열의와 국가적 금도襟度를 가지고 진솔하게 통일국

---

4) 이 글은 한림과학원의 설립자로서 현재 그 운영위원장으로 계시는 윤덕선 박사가 이 연구원이 매주 또는 격주마다 개최하는 '수요세미나'에 계속 참석하여 남북 통일문제, 정치·경제문제 등 그간 30여 회에 걸쳐 다루어졌던 각종 주제에 대하여 간헐적으로 논급했던 내용들을 간추려 최근에 하나의 문장으로 집필하였기에 이 책자가 발간되는 기회에 여기에 함께 싣는다.

가를 설계할 때가 왔다. 이제 국내의 모서리에서 정권 다툼이나 하고 있을 때가 결코 아니다.

해방 후 분단국가의 약점을 타고 자리 잡았던 군벌의 목소리는 이제 들어가고 다시는 군벌 독재가 이 땅에 발붙이지 못하게 될 것이다.

우리는 동북아시아의 정치, 경제, 문화에 협력 또는 조절거점으로서 국제적 사명감을 가지고 국제사회에 중요한 책임을 과감히 짊어져야 한다.

완전히 반대되는 정치이념과 반세기 동안 차단된 채로 살아온 남북이 통일되는 데 따른 우리들의 대과업을 성급히 할 수는 없겠지만 7천만 국민이 모두 보람된 통일국가를 목표로 일대 혁명적 과업과 전 국민의 대 각오가 있어야 함을 마음에 새겨두어야 한다.

통일국가의 이념은 자유민주주의이어야 하며 개인의 권리가 보호받는 시장경제 제도를 가지게 되겠지만, 모든 국토는 국유화되어야 하되 개인의 재산권을 보호하기 위한 단계적 개혁을 통해 소유주에 대한 장기 임대(50~100년)와 해당연도의 세액에 해당하는 임대료 징수, 기타 사항을 설정할 수 있으며 개별적 토지 전매는 일절 억제됨으로써 부동산 투기를 근절할 뿐 아니라 기업 설립을 진흥시켜야 한다.

대기업은 어느 재벌의 소유물일 수 없고 국가에 예속되어야 하며, 세제의 대개혁으로 상한선 이상의 수익은 사회에 기여토록 하고 저수입 계층을 과감히 보호해야 한다.

인권이 완전히 보호되고 대개혁을 해야 하는 건전한 민족언론은 새로 정립되어야 할 것이다.

금융실명제의 실시와 동시에 금리 자율화를 통해서 지하경제의 발호를 척결하여야 한다. 지방자치제의 확고한 기반과 육성이 정치의 시발이 되어야 한다.

환경파괴가 없고 자연의 질서를 유지하는 경제발전이 경제개혁의 근간이 되어야 한다.

고령화 시대에 대비한 복지정책은 물론 국가통일에 의하여 발생한 계층 간의 위화감이 없도록 초국가적 균등 복지정책이 시행되어야 한다. 또한 국가공무원의 질적 향상을 위해 충분한 보수가 보장되어야 하고 능력 위주의 질적 향상을 도모하여야 한다.

이제 우리나라는 경제적으로 양적 팽창에 열을 올릴 때가 아니다. 역대 정권이 오로지 성장만을 목표로 하여 자기 정권을 유지하려고 무리를 거듭해 오며, 기간산업 발전은 그대로 두고 경제성장만을 강행함으로써 엄청난 부작용이 산적되었다. 이제 양적 팽창을 목표로 하지 말고 차분히 뒤돌아보며 질적 내실을 기하는 데 노력하되, 그동안 엄청나게 커진 온갖 열악한 부산물을 과감하게 정리하면서 우리가 맞이해야 할 통일국가의 새로운 경제목표를 정립하는 데 일대 혁신을 하여야 한다는 대각오를 가져야 할 때이다.

참된 민주주의의 원칙은 굳건히 유지하면서 주권재민의 대원칙을 모든 정치인은 그의 주장의 절대 근간으로 삼아야 한다.

극에 달한 이 사회의 병폐는 과감히 수술을 단행하여 시정하되 거기에 따르는 모든 고통은 전국민이 당분간 힘들어도 참아내야 한다.

상실된 가치관을 다시 찾아서 통일국가의 미래에 대비한 새로운 삶의 목표를 모든 국민에게 제시하여야 한다.

자유민주주의 표방을 빙자한 집단이기주의는 발본색원되어야 하며 이 나라의 경제를 망쳐 놓는 단계에까지 이른 고임금 제도는 시정되어야 하고 빈부의 격차를 과감하게 해소시켜 이 나라 경제가 제자리를 찾을 때까지 국민은 인내심을 가지고 통일국가의 발전을 기하는 데 동참하여야 한다.

이념투쟁에서 탈피하지 못한 소수의 불행하고 낙오된 무리를 범국민적 도량으로 대폭 수용하여 그들에게도 빛을 찾아서 통일국가를 위한 전국가적 대혁명에 동참하도록 해주어야 한다.

정치인들은 완전히 저버렸던 애국심을 되찾아 다시 태어나야 하며 구태의연하게 국가의 이익보다 당리당략에만 빠져들어 나라의 앞날을 버리고 만 존경받지 못하는 위험한 구태에서 용기를 가지고 뛰쳐나와야 한다.

정치이념은 똑같으면서 한두 사람 개인의 집권야욕에 예속되어 정치 싸움만을 일삼는 타기할 행태에서 하루속히 벗어나야 한다.

모든 정치인은 현재의 정치부패가 국민이 얼마나 증오하고 경멸하며 이러한 정치형태가 통일국가로 지향하는 우리 대과업에 얼마나 큰 장애물인가를 알아야 하며 적어도 애국하는 마음을 한순간이라도 되찾기를 바란다.

이러한 뜻에서 때 묻지 않고 구습의 탁류에 젖지 않은 참신한 인재들은 과감하게 구국정신으로 나서야 할 때이다.

그 필요성의 절박함은 알면서 냉소주의에 빠지거나 내가 무슨 정치를 하겠느냐는 식의 퇴영적인 생각에서 뛰쳐나와, 이 중요한 통일국가 대과업을 짊어질 전 국민의 중대한 책임을 절감해서 우리들의 민족적 대과업에 동참해 줄 것을 요청한다.

뜻있는 기성세대들은 참신한 젊은이들에게 용기를 심어주고 그들을 육성 격려하는 데 힘을 모아야 할 때가 왔다.

남과 북이 통일되는 날이 머지않은 것 같다. 서로 완전히 다른 체제하에 두 개의 나라가 합친다는 것은 결코 쉬운 일이 아니다.

남과 북이 각기 독립을 해서 근 반세기 동안을 살아왔다. 그동안 우리는 서로 어떤 면에서 큰 성공을 거두었고 또 어떤 면에서는 큰 실패를 거듭하고 있다.

이제 남북 통일국가라는 새로운 국가를 건설하는 데 있어서 우리는 모두 일대 혁명을 한다는 각오로 먼 훗날 후손들에게 물려줄 국가 건립에 심혈을 기울여야 한다. 남한은 나름대로 경제발전을 이루었다고 하지만, 여러 가지 문제들을 남겨두고 있는데 통일을 지향하는 태도에서 심각하게 다루어야 할 것은 다음 세 가지다.

첫째 토지공개념의 도입,

둘째 지하경제도 금융실명제에 참여토록 함,

셋째 재벌들이 더는 고개를 들지 못하도록 하는 부의 독점문제 해결.

이러한 일들은 첫째 북한과 한국이 통일할 때 통일 정부 수립을 위한 정책 수립에서 필요한 것들이며 전문적인 여러 학자가 머리를 짜서 제시할 일들이지만 나의 의견을 제시해 본다.

· 토지공개념

북한은 모든 토지가 국유화되어 있고 한국에서는 국민이 능력만 있으면 사유화할 수 있는 제도하에 있다.

한국이 토지를 사유화함에 따르는 부작용으로는 여러 가지가 있는데 그 중요한 것은 토지투기로 말미암아 졸부라는 계층들이 생겨서 국민 간의 위화감과 갈등을 조성하였을 뿐만 아니라, 온갖 범죄의 원천이 되었고 이로 인한 토지 가격의 급등은 물가 인상을 크게 자극하였을 뿐 아니라, 산업발전에 지장을 주고 부지확보에 어려움을 가져오게 하였다. 또한 만일에 현재 전부 국유화되어 있는 북한 땅을 새로운 통일 정부가 관리하면서 현재 한국에서 실시되고 있는 토지정책이 그대로 적용된다면 엄청난 부작용이 재생산될 뿐만 아니라, 과거에 북한 땅의 토지를 소유하고 있던 지주들의 소유권 문제들이 새로운 갈등의 불씨로 대두될 것이다.

따라서 본인 소견으로는 우선 한국에서 모든 토지는 모월 모일을 기해서 일제히 매매가 금지되어야 하며 토지의 소유권 이전 등기업무가 중단되어야 한다.

현재 토지의 모든 소유권은 국가로 이관하되 현재의 소유주는 앞으로 상당 기간(최장 90년) 정부로부터 대여받는 우선권을 가지고 있고 국가로부터 임차된 토지에 대한 임차료는 현재 소유 토지분에 대한 세금 액수에 해당하도록 부과한다.

금융기관에 근저당 되었던 토지들은 앞으로 상당 기간 동안 거기에 해당하는 이자를 지불하여야 하며 일정 기간 동안 상환하지 않는 경우, 그 토지는 금융기관 소유가 되고 금융기관에서는 원래 소유주가 원하는 경우, 일정 기간 동안 재대여하고 희망하지 않는 경우는 공고해서 일반인에게 대여한다.

이처럼 토지가 국유화되는 작업이 상당 기간 동안 지속되어 완성되는 경우를 보아서 국가는 장기 국토개발을 계획해서 토지 활용에 이바지하도록 한다.

·금융실명제

지하경제의 발본색원은 국가경제 수립에 큰 활력소가 될 수 있다. 모든 지하 금융은 모월 모일을 기해서 공공 금융기관에 예치하여야 하며 그때까지 드러난 일체 재산은 그 출처를 추궁하지 않을 것이고 예탁받은 금융기관은 금리 자율화를 철저히 실시해서 지하 금융을 손쉽게 노출시키는 데 참여해야 한다.

·재벌개혁

끝으로 우리나라 통일국가 경제발전은 더는 재벌 육성의 폐단을 없애고 몇몇 개인이 나랏돈을 마음대로 움직이는 폐단은 사회의 불안과 갈등, 경제 흐름의 기형적 형성 등 여러 가지 부작용을 주기 때문에 이러한 재벌의 형성이 일어나지 못하도록 하며 어떤 개인이 부를 과다하게 축적하는 경우, 그 과다하게 축적되는 부는 자연히 사회에 환원할 수 있도록 법으로 책정하여야 한다.

이상과 같은 문제들은 본인이 생각해 본 것임에 불과하며 이러한 골격 밑에 전문학자들의 심도 있는 연구, 검토가 이루어지는 것이 남북통일을 앞둔 현시점에서 지극히 필요한 것으로 생각된다.

〈지성의 현장 창간호, 1992년 7월〉

논단
역사관

나이를 들어가면서 역사를 살고 있다는 느낌을 가질 때가 많다. 나는 학교 공부를 일제 치하에서 마쳤고 세계 역사상 어느 민족도 겪어 보기 힘든 해방과 독립이라는 엄청난 감동도 경험했다. 6·25동란이라는 민족상잔의 전쟁도 겪었고, 4·19의 독재에 반항하는 학생운동도 주도했고 5·16, 유신, 5·17, 6·10 그리고 지금의 문민정부 출현도 겪는 역사를 살아왔다.

　과연 역사란 무엇인가? 인간의 활동, 및 사회생활의 모든 구현 Manifestation이 어떤 공간과 시간에서 전개되는 것이 시간을 지나면서 재구성되는 것을 말한다. 또 이러한 인간의 활동을 기록하는 것을 역사가라고 부른다. 역사가는 보편성 있는 상식으로 정직하게 기록하는 것을 사명으로 하고 있다.

　그러면 상식이란 무엇인가? 상식이란 인간 생활에 필요한 요소 즉 지식, 사고 분별력, 이해력, 판단력 등 오감五感 기타 감각으로 감각되는 공통감각 ― 그것들이 가지와 잎으로 무성하고 그 무성한 감각들이 다시 유기적으로 결합한 것을 상식이라고 한다. 모든 진리는 결국 상식을 명확하게 한 것이라는 격언도 있듯이 상식은 모든 판단의 기본이 되는 것이며 누구나 공감하는 보편성을 가지고 있어야 한다.

역사는 인간 생활의 뿌리이다. 역사가 없는 민족이나 국가는 뿌리가 없는 나무와 같아서 허약하고 오래가지 못한다. 또 역사는 거짓일 수도 없고 올바르게 기록되고 보존되어야 한다.

옛날 중국의 한무제漢武帝 때(80~140) 사마천司馬遷이라는 사가史家가 한 장군의 전공을 임금의 뜻과는 달리 사실대로 기록하기를 고집하다가 궁형宮刑이라는 극형까지 받았다는 사실史實을 우리는 알고 있듯이 역사의 기록은 중요한 것이다. 하얀 설경을 노란 색깔의 유리창을 통해서 보면 온통 설경이 노란색으로만 보이게 된다. 그래서 올바른 역사의 기록, 역사교육, 역사관이란 인간 생활의 기본이 되는 것이다.

필자는 결코 반일 감정이나 배일사상을 가지고 있지 않다. 다만 사실史實은 사실事實대로 알고 있어야 하겠기에 이 붓을 들었다.

20세기 초 일본은 우리나라를 병탄했다. 우리 민족이 그 주권까지 빼앗겼던 일은 오천년 역사에 처음 있는 일이었다. 일본이 한반도를 병탄하면서 몇 가지 원칙을 세웠다. 이러한 원칙은 일본이 한국을 병탄하면서 앞으로의 대한 정책을 입안했을 때 기록되어 있는 내용이다.

첫째, 조선사람들은 가난하게 만들어야 한다. 그들은 우리나라에 와서 모든 부富의 원천을 전부 일본인들에게 차지하게 했다. 소위 척식정책으로 규모가 큰 농장은 그들의 것이 되었고 거기서 일하는 조선사람들은 겨우 입에 풀칠할 정도밖에 주지 않았다. 광산개발도 그랬고, 몇 개 공장도 마찬가지다. 그들이 근래에 와서 철도를 부설해 준 것은 조선사람들에게 잘해 주었던 일이라고 강변하고 있지만, 그들이 철도를 부설한 것은 일본이 중국(만주)을 침공하기 위한 시설이었지 결코 조선사람들을 위한 것이 아니었음을 우리는 다 알고 있다.

둘째, 일본사람들은 조선사람들에 대한 교육제도를 폐쇄했다. 우리나라는 이조 말엽에 전국에 걸쳐 향교를 비롯한 많은 교육시설에 열을 올렸다. 그러나 일인들은 교육시설 미비라는 핑계로 모두 폐쇄하고 한 군에 수 개, 한 도에 몇 개의 보통학교나 중고등학교(고등보통학교)밖에 안 세웠다. 나라에서 세운 중고등학교란 한 도에 한두 개 정도였다. 교육을 받을 기회를 안 준 이 제도는 해방 후 우후죽순 격으로 일어난 각 급 학교의 팽창 현상을 보아도 짐작하고도 남는다.

셋째, 아주 중요한 것은 그들은 조선민족에게 조선 역사를 가르쳐 주지 못하게 했다. 그렇게 해서 조선사람은 역사가 없는 민족이고, 뿌리가 없는 민족으로 만들려고 했다. 필자가 학교 다닐 때를 보면 일본 역사는 알고 따로 외우도록 역대 일본 왕의 이름까지 외웠지만, 세종대왕도, 이순신 장군도 알지 못했다.

넷째, 그들은 조선민족 고유의 문화를 말살하려고 했다. 이름도 일본식 이름으로 바꾸면서 족보도 없애려고 했고 언어도 말살해서 말기에는 조선말을 사용하면 학교에서 퇴학시키는 규칙까지 만들었다.

이 글의 본래 취지와는 다른 이야기지만 태평양전쟁 말기 그들은 지원병이다, 학도병이다, 근로보국대 등의 이름으로 수많은 한국 청장년들을 전쟁터로 잡아가고 전쟁에 패하니까 너희는 일본사람이 아니라며 온갖 수모와 처벌을 다 했다는 사실도 덧붙이며 그들의 식민정책이 치졸하고 얼마나 가혹하였던가는 일일이 열거할 수가 없을 정도이다.

이렇게 해서 세워진 일본 정부 정책의 근간이 소위 일본의 식민지 사관에 있었다. 이로 인해 조선민족에게는 수없이 되풀이해서 심어 준 것이, 조선사람은 열등 민족이다, 너희는 미개하고, 가난하고, 나태하고, 더러운 민족이다, 거짓말 잘하고, 서로 헐뜯어 화목할 줄도 모른다. 머리는 몹시 나쁘고, 비열한 민족이라는 교육을 철저하게 주입했다.

이렇게 해서 일본인들이 우리 조선민족에게 씨 뿌려 심어준 식민사관에 젖어 있는 사상으로 후대를 가르쳐 왔기 때문에 그 후손들도 이러한 식민사관에 영향을 받고 오늘에 이르기까지 조선인(한국인)들은 아직도 자긍심, 자신감을 가지지 못하고 정정당당하지 못하고 있지 않나 생각된다.

역사적으로 우리나라는 그 지정학적 위치 때문에 외세의 침략을 수없이 받을 수밖에 없는 나라였다. 삼국시대 이전에 더욱이 우리나라가 만주에 자리를 잡고 있을 때는 그 사료가 충분치 못하다고 하지만 삼국시대에 이민족으로부터 받은 침략은 대륙에서 110회, 해양에서 33회, 모두 143회였다. 고려시대에는 대륙에서 125회, 해양에서 292회, 합 417회 한 해에 평균 한 번씩 되는 침공을 받았다. 조선시대에는 대륙에서 192회, 해양에서 168회 합계 360회 평균 1년 반에 한 번씩 이민족의 침공을 받으면서도 조선 민족은 굳건히 싸웠고 건국

이래 수천 년 동안 한 번도 주권을 상실하고 국가가 멸망한 일은 없었으며 20세기 초 일본에 의한 강제 병합으로 36년간 수모를 겪은 일밖에 없다. 그러나 대륙으로부터 중국의 침공은 엄청난 피해를 주었지만 전쟁으로 인한 문화의 유입과 발전은 또 어떤 면에서는 우리나라에 크게 기여도 하였다.

중국에서는 진秦나라가 6국을 통일했고 한漢이 위씨조선을 정복했고, 수隨가 남북조를 통일하여 고구려를 침공했고 중국의 황금시대를 이룩했던 당唐이 국력을 키우려 여러 차례 침공했고 거란契丹, 원元, 청淸 등의 침공이 있었으나 중국 역대 왕조 중 진晉, 송宋, 명明만이 우리를 침공하지 않았다. 해양 방면으로는 미국과 프랑스의 침입도 있었지만 주로 일본의 침략이었고, 일본은 3백 년간의 내전을 끝내고 처음으로 나라 모습을 찾아 통일한 도요토미 히데요시豐臣秀吉가 대륙 진출 야망으로 임진 7년 전쟁을 시도했지만 처음 1년의 노도와 같은 침공이 그 후는 보급로가 차단되면서 패퇴 철수해 버렸다. 수隨는 우리나라를 침공하다가 패하고 나라까지 망했고, 당唐도 6회에 걸쳐 우리나라를 침공했지만, 신라와 같이 나당연합군으로 백제와 고구려를 멸망시킨 후 돌아가지 않고 신라를 제외한 국토를 탐식하려다가 신라의 7년여에 걸친 공략으로 청천강 이북으로 패주하고 말았다. 고려가 원(몽골)의 침략에 대항한 40년간의 항전은 세계사에 기록된 기적이기도 하다.

그런데 19세기 말부터 20세기에 걸쳐 세계는 제국주의 식민지 약탈의 시대였다. 아프리카, 남북아메리카, 호주, 동남아 일대의 대륙을 비롯한 조그마한 섬나라까지도 식민지로 되지 않은 곳이 없었다.

한반도는 대륙으로 진출하기 위해서나, 대양으로 활개를 펴기 위해서는 동북아시아의 요지이다. 누구나 한반도를 점령하면 바로 그곳이 동양의 사령탑이 될 수가 있는 곳이다. 당시 세계 최강국의 하나인 러시아는 그 막강한 힘을 가지고도 세계 어느 곳이든 섬 하나도 식민지를 가지고 있지 못했다. 러시아는 그 넓은 국토에 부동항不凍港 하나가 없었다. 한반도는 그들의 좋은 먹이였다. 필리핀을 기지로 한 미국, 인도, 호주의 식민지를 가지고 있는 영국, 인도차이나반도를 점유하고 있는 프랑스들은 똑같이 러시아가 한반도를 점유해서 대양으로 진출하는 것을 막아야만 했다. 그때 일본은 조선보다 50~70년 앞서 서구라파의 기계문명을 흡수해서 급성장하고 있었고 그들은 한반도를 병탄해서 대륙으로 진출하려던 참이다. 19세기 말부터 미국은 떠오르는 별이었고 자유의 천지이며, 민주주의의 상징이었다. 우리나라는 1882년 미국과 한미수호통상조약을 체결함으로써 한반도를 둘러싼 열강의 힘을 억제하려 하였으나 미국은 몰래 일본의 가쓰라桂太郎 수상과 협상해서 1905년 7월 29일 가쓰라-Taft 협약을 맺음으로써 일본의 한반도 점유와 만주 진출을 눈감아 주고 대신 미국의 필리핀 점령을 용인케 함으로써 한반도는 일본의 식민지가 되고 일본은 대륙 진출의 야망을 실현케 되었다.

이제 1945년 우리 민족이 국권을 다시 찾을 때까지 민족이 겪어온 역사를 살펴보았다. 세계사에 조선민족과 같이 강인한 민족은 없다. 인조가 남한산성에서 청나라 태종에게 항복하는 굴욕을 겪었던 것이 그리 수치가 되지만 그 광대한 국토를 270년 동안 통치한 대국과 싸웠던 이 민족의 자랑스러움도 기억할 필요가 있다.

일본인들은 조선민족은 사대주의에 젖어 있는 민족이라고 얕보고 살아왔다. 그러나 미국 컬럼비아Columbia대학의 레이아드 교수는 "한국에서 사대주의라는 외교정책은 있어도 자주정신을 내버린 사대사상은 없었다"고 하였다. 열강의 틈바구니에서 오천년을 지켜온 민족이라는 자랑을 잊어서는 안 된다. 그러면서 우리는 자유롭게 각국의 문화를 도입했고 왕성한 무역으로 국권을 다져왔다. 대원군은 말하기를 "만일에 우리나라를 해롭게 한다면 공자가 다시 살아온다 해도 단호히 쳐부수겠다"고 한 우리 민족의 자주정신을 한 번도 잃어버린 일이 없다.

영국의 넬슨Nelson 제독이 덴마크를 침공하며 그 수도 코펜하겐까지 완전히 불태웠을 때 그룬트비히Grundtvig는 덴마크 민족에게 패배의 슬픔보다는 재기의 강인한 민족혼을 불러일으켜 오늘의 덴마크를 만들었다. 이스라엘 백성들이 로마군의 침략으로 마사다 성에 갇혔던 마지막 한 명의 목숨까지 바치면서 항전해 낸 그 민족의 강인함이 오늘의 이스라엘을 만들었다.

오늘날 선진국이란 높은 사회윤리와 국민의 협동 정신이 성장시킨 것이다. 우리 역사를 보면 우리의 농촌같이 철저한 협동 정신으로 이루어진 사회는 드물다. 같이 품앗이하고, 같이 잔치하며, 서로 부둥켜안고, 울고 웃고, 춤추는 역사를 살아왔다. 수많은 이민족과의 전쟁으로 그 저항정신은 자랄 대로 자랐고 전쟁에서 살아남기 위한 인간이 가질 수 있는 모든 슬기를 다하여 새로운 문화의 창조와 발달에 쉬지 않고 힘써 왔다. 남의 문화를 슬기롭게 흡수·소화하면서 스스로 자랑스러운 한국문화를 이룩하였다. 삼국시대의 미술, 원효의 종교

개혁, 고려의 금속활자와 청자, 세종의 한글과 과학, 화담과 퇴계 율곡의 성리학 정립 등 자랑스러운 역사를 알아야 한다. 미국의 James Michner교수는 "한국인에게 영원한 종교가 있다면 그것은 국토에 대한 뜨거운 사랑이다"라고 했다.

우리는 이제 오랜 식민지사관에서 벗어나야 한다. 조선민족은 가장 우수한 민족이다. 그 강인하면서도 서로 사랑하고 슬기롭게 부지런히 애국 애족하는 민족임을 우리는 우리의 역사를 올바르게 읽으면서 배웠다.

지금 한국은 남북분단의 괴로움을 겪고 있다. 그러나 이 땅의 역사는 결코 내버려 두지 않을 것이며 세계는 이러한 부자연함을 용납하지도 않을 것이다.

역사를 올바르게 읽고 배워서 우리 후손들에게 전해 주어야 한다.

〈대동강 14, 1993년〉

3. 축사, 기념사

축사

한림대학 소개 치사致辭

"겸손해서 내 마음을 비워 놓아야만 나한테 그 슬기와 용기가 들어오는 것입니다"

오늘 이 자리를 영광되게 해주신 교육감님 시장님 학장님 그리고 교육계 내빈 여러분께 진심으로 감사 말씀드립니다.

저희 대학에 신입생으로 입학하게 된 학생 여러분께도 진심으로 축하 말씀 전하며 또 진심으로 환영합니다.

지금 제 가슴에 꽂힌 꽃 한 송이는 여러분 가슴에 하나하나 꽂혀야 하는데 엉뚱하게 제가 꽂았습니다. 저희 대학은 1월 8일 문교부로부터 인가를 받았습니다. 그전에 문교부에서의 통지는 정식인가 받을 때까지는 대학으로는 어떤 일도 해선 안 된다고 해서 선전도 하나 못하고 똑똑히 일도 추진하지 못했습니다. 1월 8일 지나서야 학교를 인수하고 개학을 서둘렀습니다. 현재까지도 실습실, 시청각 교육시설, 운동장, 도서실 등등 미비한 점이 한두 가지 아닙니다. 그러나 1~2개월 후에 여러분이 올해 1년 공부할 모든 시설은 갖춰질 것으로 생각됩니다.

저희 대학은 역사도 없고 전통도 없고 아직 그 미래도 아무도 점치지 못합니다. 이런데도 불구하고 자녀를 우리 대학에 보내 주신 것에 진심으로 감사의 뜻을 표하며 또 여러분들이 저희에게 무엇을 기대하는지도 잘 알고 있고 그렇기 때문에 우리 책임감이 얼마나 크다는 것도 알고 있습니다. 역사도 없고 전통도 없고 미래도 희미한 것 같지만 우리 대학은 무한한 가능성을 가질 수 있다고 볼 수 있습니다. 미국에서 각 도시 교외로 나가면 이런 문구가 눈에 띕니다. "We buy junk, We sell antiques 우린 헌 물건을 삽니다. 그리고 골동품을 팝니다." 골동품 장사들이 써 붙인 광고입니다. 우리 대학은 헌 물건 사다가 분칠하고 손질해서 파는 골동품을 파는 대학은 아닙니다. 우리 대학은 새로 생긴 대학입니다. 우린 새로 생겼기 때문에 무한한 힘을 가지고 있습니다. 우리는 새로 생겼기 때문에 과거의 티가 없습니다. 여러분도 그동안 중·고등학교 시절에 또 대학입시를 준비하는 시절에 많은 즐거운 추억을 갖고 있습니다.

반면 험한 세월을 보내고 많은 시행착오도 했을 겁니다. 그러나 여러분은 이 자리에 새로운 역사를 창조하고 확고한 전통을 세우고 한림의 얼을 심으려고 여기에 서 있습니다. 과거에 어두웠던 기억은 싹 잊어버립시다. 우린 새로 태어났습니다. 새로 태어났기 때문에 용솟음치는 용기가 있고 한없이 큰 가능성을 갖고 있습니다. 성경 말씀에 "나를 믿으라. 너희는 새사람이 되리라" 이런 구절이 있습니다. 이런 문구가 있습니다. 하나님을 믿으려면 새사람이 되어야만 믿을 수 있지, 속세에 물든 사람은 믿을 수 없다는 얘기입니다.

여러분들은 이 대학에 들어와서 과거에 집착하지 맙시다. 여러분들은 한림의 새사람이 되었습니다. 여러분들은 새롭게 살아야 합니다. 우리는 새로운 역사를 기록하기 시작했습니다. 여러분들은 그러기 위해서 나는 새사람이라는 자신감과 보람에 넘쳐흘러야 합니다. 나는 오늘도 새롭고 내일도 새롭게 살아야 합니다. 순간순간을 새롭게 산다는 것은 개척정신이라고 합니다. 여러분들은 개척하기 시작했습니다.

불모의 땅을 개척하는 것이 아니라 광활한 대지에 한림의 얼을 심기 시작했습니다. 자신 있게 행동합시다. 우리는 부끄러운 것이 없습니다. 우린 떳떳해야 합니다. 여러분들이 자신을 가지고 힘찬 행동의 걸음을 내딛으면서 우린 알아야 합니다.

안다는 것은 예지라고도 하고 슬기라고도 합니다. 우리는 많이 알면 그만큼 행동해야 합니다. 알기만 하고 행동하지 못하면 창백한 지식 청년이라고 합니다. 그리스어에 'Sophia kai Argon'이란 말이 있는데 '예지와 실천'이란 말로 'Wisdom and Practice'입니다. 우리는 우리들의 개척정신을 우리가 새로 태어난 인생을 힘차게 살아가기 위해서 많은 것을 배워야 합니다. 많은 것을 배우고 많은 것을 행동해야 합니다. 지난 2000년 동안 발달한 것만큼의 인류문화가 1950년부터 1970년 사이 20년 동안에 이룩되었다고 합니다. 또 1970년부터 1980년까지 10년 사이 2배가 되는 인류문화가 발전했다고 합니다.

세상은 무섭게 발전되고 있습니다.

정보 홍수는 우리 주위에 엄청나게 쏟아지고 있습니다. 우리는 지금 앨빈 토플러의 제3의 물결을 타고 살고 있습니다. 여러분은 그 사람이 쓴 책을 다 읽었을 줄 압니다. 새로운 세대가 도달했습니다. 이때 우리 대학은 일대 혁신을 가져오지 않으면 안 될 시기에 도달했습니다. 무엇인가 새로운 방향을 찾아야 합니다. 대학은 과거와 같이 교수들이 자기가 가진 지식을, 강의를 통해 학생들에게 주입하는 그런 시기는 지나갔습니다.

여러분들은 대학 생활을 통해 여러분 스스로가 이 엄청난 양의 문화 정보 홍수를 받아들여야 하고 흡수하여야 하고 소화해야 하고 자기 것으로 받아들여야 합니다. 교수들은 여러분의 대학 생활의 길 잡이가 될 분입니다.

학교 당국은 여러분들이 어떻게 하면 힘 안 들이고 쉽게 공부할 수 있을지 온갖 시설을 갖춰야 하고 모든 제도도 확립해야 합니다. 여러분들도 스스로의 힘으로 공부할 때가 왔습니다. 중·고등학교 때와 같이 선생님들이 가르치시는 지식을 무조건 두뇌에 주입하려고 애를 써봤자 대학에서 있어야 할 여러분들이 찾아야 할 터득해야 할 슬기 Sophia Wisdom는 다 받아들일 수 없습니다.

내 스스로 공부할 때 절대 움츠러들어서는 안 됩니다. 우리 민족은 오랜 역사 동안 많은 외세의 압박을 받아 왔기 때문에 어깨를 펴고 살아오지 못했습니다. 항상 누구한테서 뒷걸음치려 하고 외국 사람한테 기가 죽습니다. 여러분은 그렇게 살지 마십시오. 내 시대는 그렇게 살아왔지만, 여러분만큼은 어깨를 펴고 떳떳하게 자신 있게 살아가

시길 부탁합니다. 모르는 것을 선생님께 질문하는 것을 부끄럽게 생각지 말아 주십시오. 여러분들은 솔선해서 질문하고 솔선해서 토론하고 솔선해서 공부하려는 진취성을 가져야 합니다. 그러나 우리는 일면 한없이 겸손해야 합니다. 알고자 하는 자는 겸손해야만 알 수 있습니다. 겸손해서 내 마음을 비워 놓아야만 나한테 그 슬기와 용기가 들어오는 것입니다. 겸손한 마음은 우리가 평생 찾아야 할 일입니다. 우린 뜻을 좀더 높은 데 둡시다. 우리는 비록 강원도 산골 춘천이라는 과히 크지 않은 도회지에 자리를 잡았다 하지만 우리의 뜻을 저 사회에 펼쳐 보아야 하고 우리의 이상은 온 인류에게 모범이 될 만한 각오를 두고 살아야 하겠습니다. 조그마한 세계에서 아웅다웅하는 불쌍한 민족이 되지 맙시다. 세계를 이끌어 나가는 영웅호걸이 되어 봅시다. 여러분들은 그만한 각오를 갖춰야 하고 또 여러분은 그만한 자격이 있습니다. 아까 말한 것처럼 여러분은 무한한 가능성을 가지고 있습니다. 우리는 높고 넓은 데 뜻을 두고 살아가면서 우리가 살아가는 데 조그마한 일들에 아등바등하지 맙시다. 넓은 도량을 가지고 바닷물을 통째로 마실 만한 거대한 마음을 가져야 합니다. 아량을 가지지 못한 대학생은 대학생의 자격이 없습니다. 우리는 한 사람의 낙오자도 있어서는 안 되겠습니다. 정부에서 졸업정원제와 입학정원제를 정해 주었습니다. 30%는 졸업할 때까지는 떨구어야 한다고 합니다. 여러분 한 명도 30%의 낙오자가 되어서는 안 되겠습니다.

한 명도 낙오자가 되지 않도록 무슨 수를 써서라도 학생 모두가 졸업할 수 있도록 노력하겠습니다. 여러분 중에 내 친구가 낙오되려고 할 때 도와줄 줄 알아야 합니다. 내 친구는 낙오가 되어도 나만 살아남아야겠다는 학생은 이 식이 끝나면 교문을 나가 주십시오. 여기는 공부를 하는 곳이지만 우정을 기르는 곳이기도 합니다. 우리의 정과 사랑은 우리 대학 생활에 지극히 중요한 것입니다. 대학 생활을 통해서 여러분들은 진정한 친구를 사귀어야 합니다. 이 친구라는 것은 일생을 두고 내가 슬플 때 함께 울고 내가 기쁠 때 같이 웃는 그런 친구입니다. 내가 쓰러질 때 나를 붙들어 주고 내가 외로울 때 나를 위로해 주는 친구가 되어야 합니다. 이런 친구는 우리가 일생을 살아나가는 데 두고두고 필요합니다. 우정은 사랑 없이 생길 수 없습니다. 우리는 사랑의 정신을 이 대학에서 키워야 합니다.

사람을 사랑할 줄 알아야 합니다. 사람의 생명을 사랑할 줄 알아야 합니다. 사람의 생명을 귀히 여길 줄 알아야 합니다. 나는 내 친구를 사랑하고 내 형제를 사랑하고 나를 오늘날까지 키워준 부모님의 은덕을 생각할 줄 아는 사람이 되어야 합니다. 대학 생활을 해 나갈 때 중간에 차질이 생길 수도 곤란이 생길 수도 있고 넘어져서 아픈 상처를 받을 때도 있습니다. 누가 이 아픈 상처와 어려움을 고쳐 주겠습니까?

여러분들의 사랑과 우정이 여러분들이 입은 상처를 말끔히 씻어 줄 겁니다. 새로이 시작되는 여러분의 학창 시절이 보람 있기를 바랍니다.

〈성심월보 82, 1982년 3월 10일〉

환영사[5]

보건 의료계 원로 선배님 여러분, 또 서울대학교 권이혁 총장님, 보건 사회부 차관님, 기타 내외 귀빈 여러분, 오늘 저희가 주재하는 세미나를 이 바쁜 시간에 오셔서 영광되게 해주신 데 대해 무어라 감사의 말씀을 드려야 될지 모르겠습니다. 또한 앞으로 이틀에 걸쳐서 이 세미나를 이끌어주실 연사, 토의자 여러분, 더욱이 멀리 미국, 호주, 영국, 일본 등지에서 본 세미나에 참석하신 연사 여러분께 진심으로 감사의 말씀 드리는 바입니다.

저희가 지금 살고 있는 20세기 후반은 많은 사람이 부르길 전자시대, 우주시대 또는 컴퓨터 시대라고 칭하고 있습니다.

우리가 다 알다시피 앨빈 토플러는 지금 제3의 문화혁명이 이뤄지고 있고 우리는 그 지금 제3의 물결이라는 격랑을 타고 있다 합니다. 너무도 엄청나게 발달하는 과학 문명으로 어떤 사람은 이 지구상에서 진리가 없어졌다고 합니다. 또 어떤 사람은 말하길 선악의 기준이 흐트러졌다고 합니다.

과학 물질문명의 극대화는 우리 스스로 판단기준을 흐리게 하는 것도 같습니다.

옛날 2000년의 문화 역사를 현대 우리는 단 10년에 알아버린다고 합니다. 이러한 엄청난 속도로 발전하는 물질문명은 우리에게 비인간화라는 엄청나고 무서운 과제를 남기고 있습니다. 또한 의학은

---

5) 한림대학 개교를 기념하여 열린 『의료기술의 발전과 의료정책의 방향』 국제세미나의 환영사이다.

과학이며 기술이라는 해석으로 말미암아 현대는 스스로 그 자신이 선악에 대한 판단도 없이 무제한의 가능성을 추구하고 있는 실정이라고 볼 수 있습니다.

우리나라는 또한 머지않은 1980년대 말에 전국민의 개보험이라는 막중한 임무가 주어진 현실입니다. 여기에 참여하여야 할 우리 의료보건인들의 책임은 엄청나게 큽니다. 과연 현대의학이, 절도 있는 이 눈부신 의료기술 개발이 우리 인류에 얼마만큼 행복을 가져오고 있나를 깊이 생각하여야 할 때가 온 것 같습니다.

또 이러한 엄청난 의료기술 개발이 우리나라에 도입돼서 장차 우리나라 국민 개보험의료정책에 어떠한 영향을 끼칠지도 깊이 생각할 때가 온 것 같습니다.

지금 과학의 발달은 우리의 성장을 넘고 있습니다. 이러한 때에 대학의 문을 열고 진리를 탐구하겠다고 선언한 한림대학은 우선 그 목적, 진로 결정에서부터 많은 고민을 겪고 있습니다.

오늘 세미나에 참석하신 연사 및 토의자 여러분 및 이 세미나를 청취하실 여러분들께서 이틀간의 이 세미나를 통해서 현대 우리 인간이 가진 고민을 파헤쳐 보고 우리 의료기술을 개발하는 데 있어 우리들의 모순이 무엇이며 우리 의료는 어디로 가야 할 것인가의 방향을 설정하는 데 용감한 노력을 해주시길 간절히 부탁드립니다.

다시 한 번 이 자리를 빛내 주신 여러분께 감사드리고 이 세미나를 이끌어 주실 여러분들 이틀 동안 많이 수고하시면서 좋은 성과 얻으시길 바랍니다. 감사합니다.

〈성심월보 86, 1982년 7월 10일〉

치사

한림대학 입학식

세계를 바라다보는 꿈을 가지고 순간순간 새롭게 시작해 대학은
올바른 양식과 지식의 전당이며 신뢰와 우정 충만해야!

다시 한 번 재단 이사님 학장님 여러 교수님과 같이 우리 대학에 새로
입학하게 된 신입생 여러분들에게 진심으로 환영의 뜻을 표합니다.

　아직 개교 1년밖에 되지 않은 역사도 없고 전통도 세우지 못한 또
아무도 그 미래를 점칠 수 없는 이 대학에 귀한 자녀들을 보내 주신 학
부모들께 진심으로 감사의 뜻을 표하며 여러분들이 무엇을 기대하고
있고 또 우리는 어떤 책임을 느껴야 하는지를 잘 알고 있습니다.

　신입생 여러분은 그동안 중 고등학교 시절 또 대학입시 준비 시
절을 통해 여러 가지 아름다운 추억을 간직하고 있을 것입니다. 또한
여러분들은 시행착오를 했을 것이고 험난한 많은 세월도 보냈을 것입
니다. 그러나 지금 추억만을 간직하고 여기서 지금 한림의 역사를 기
록하려고 하고 확고한 전통을 세우려고 하고 있고 한림의 얼을 이 땅
에 심어 보려고 이 자리에 지금 앉아 있습니다.

　성경 말씀에 "나를 믿으라. 너희는 새로워지리라" 하는 구절이 있
습니다. 하느님을 믿으려면 새로운 사람이 되어야만 믿을 수 있다는
얘기인 줄 압니다.

　여러분 지금, 이 순간에 한림인으로 새로 태어났습니다. 여러분
들은 새로 태어났기 때문에 용솟음치는 용기가 있고 무한한 가능성을
가지고 있습니다.

이 대학은 찬란한 역사도 전통도 없다고 하지만 반면에 부끄러운 과거도 가지고 있지 않습니다.

여러분은 지금 한림의 새로운 역사를 기록하고 있습니다. 여러분은 지금 새로 태어났고 그만큼 여러분들은 자랑스럽고 자신이 있고 희망에 넘쳐 있습니다.

여러분은 새로운 한림인으로 태어났기 때문에 앞으로 할 일이 너무 많습니다.

그러나 여러분은 새로운 대학에 들어와서 새로운 대학 생활을 해서 오늘도 새롭게 살고 내일도 새롭게 살고 모레도 새롭게 살아야 합니다.

순간순간을 새롭게 산다는 것을 개척정신이라 합니다. 불모의 땅을 개척하라는 것이 아니고 광활한 대지에 한림의 얼을 심어 보라는 것입니다. 여러분은 지금 한림의 역사를 심고 있습니다. 자랑스럽게 생각합시다. 자신을 가집시다. 떳떳하게 살아 나갑시다. 우리한테 부끄러움이 없습니다.

자신 있게 삽시다. 이 대학에 몸담은 것이 부끄럽다고 생각하는 사람은 부끄러운 단 한 순간도 가질 필요가 없습니다. 자랑스러운 한림인이 되도록 항상 나 자신을 채찍질하고 항상 각오를 새롭게 하여야 합니다. 학장님께서 여러 가지 고마우신 부탁 말씀하셨지만, 노파심에서 몇 가지 첨가해 보겠습니다.

여러분들은 대학 생활을 통해서 건강한 사람이 되어야 합니다. 여러분들이 건강하다는 것은 병을 앓지 않는 건강한 사람이란 뜻이 아니고 대학 생활을 통해서 어떤 체육이건 특기를 마스터해 달라는 것입니다. 튼튼한 육체를 가진다는 것은 올바른 정신을 깃들게 하고 여러분들의 용기를 북돋아 주고 꿈을 실천시키는 원동력을 기를 수 있는 원천이 되는 것입니다.

근래 과학 물질문명은 엄청난 속도로 발달해 나가고 있습니다. 과거 인류문화가 2000년 동안 이뤄졌던 것을 20년 동안에 다 해치우고도 남는다고 합니다.

산업혁명의 문명은 사라지고 있고 소위 제3의 물결이 파도치고 있습니다. 이러한 과학 물질문명은 자칫 우리들의 도덕과 철학도 대신해 가려 합니다.

대학교육은 기술인을 양성시키는 것으로 타락해 버리려 하고 인격의 도야와 품성의 함양은 자꾸자꾸 뒷전으로 물러나고 있습니다. 여러분들은 대학인다운 대학인이 되어야 합니다. 적어도 대학생은 대학생으로 지켜야 할 최소한의 규범이 있습니다. 어떤 사람이건 여러분들이 하는 말 한마디 행동하는 걸 보고 무슨 대학생이 저러냐고 하는 행동을 하지 맙시다.

대학생이 지켜야 할 행동규범이 반드시 있는 것입니다. 여러분들은 급우들로부터 사회인들로부터 여러분의 동생들로부터 존경받는 사람이 되어야 합니다.

남한테 존경을 받으려면 남을 존경해야 합니다. 남한테 천대받는 사람이 되지 말고 존경받는 사람이 됩시다. 나는 한림인이 남한테 존경 못 받는 것이 죽기보다 싫습니다. 여러분들은 필요한 사람이 됩시다. 교실에서 필요하고 집에서 필요하고 사회에서 필요하고 국가에서 필요한 사람이 되어야 합니다. 다시 말해서 무용지물이 되어서는 안 됩니다. 나는 지금 필요한 삶을 영위하고 있는지 나는 지금 필요한 시간을 보내고 있는지 항상 스스로 반성하면서 살아봅시다. 여러분들은 지금 강원도 조그만 도시에 자리잡은 한림대학에서 꿈을 심고 있습니다. 그러나 여러분들의 가지고 있는 꿈은 세계를 바라다보는 꿈이어야 합니다. 세계인으로서의 인격 혁명을 게을리 하지 말고 높은 기상으로 세계적인 안목을 키워야 합니다. 우리는 좀더 크게 삽시다.

조그만 속에서 아웅다웅하면서 국제무대에서 뒤떨어진 민족이되어서는 안 됩니다. 국제 사회에서 여러분이 선두자가 되어야 합니다. 반면에 우리는 우리 동포들의 우리 지역사회 주민들의 아픔을 아는 대학사회를 이룩하여야 하겠습니다. 대학이란 것은 귀족문화의 전당이 결코 아닙니다. 약하고 가난한 국민의 편에 서는 대학이 돼야 합니다.

근래 우리나라 교육제도는 여러 가지 문제점을 안고 있습니다. 그러나 한 가지 여러분들한테 이 자리를 빌려서 확실히 해두어야 할 것이 있습니다. 대학이라는 곳은 젊은 사람들을 수용해서 어떤 틀에 박아 넣고 찍어 내는 곳이 절대 아닙니다. 선생님이 흑판에 나무를 그려놓고 이것이 나무라고 가르쳤다고 해서 똑같은 나무만 그릴 줄 아는 그런 지성인이 되어선 절대로 안 됩니다. 여러분들은 비판적인 정신과 창조적인 정신을 길러야 하는 대학에 있습니다.

어떤 때라도 어떤 힘으로도 이 대학의 연구와 교수의 수행이 방해되거나 중단되어서는 안 됩니다. 대학은 올바른 양식과 지식의 전당이 되어야 하며 신뢰와 우정이 충만한 곳이라야 합니다.

Education이라 하는데 사전 찾아보면 Cultivation이라 쓰여 있습니다. 계발이라는 말입니다. 독일어로는 Eriehung, draw up or pull out 끄집어낸다는 말입니다. 무엇을 계발하고 무엇을 끄집어내느냐 하면 교육은 여러분들이 가지고 있는 능력을 끄집어낸다는 것입니다. 앨빈 토플러가 얘기하듯이 learn, how to learn 하면 됩니다. 어떤 사람이 얘기했습니다. 장래의 문맹은 글을 모르는 문맹이 아니고 어떻게 배우는지를 모르는 것이라고 했습니다.

여러분들은 대학에서 선생님들의 강의를 주입받는 것이 아니고 선생님들로부터 여러분들의 능력을 어떻게 계발하는지를 배우는 것입니다.

앞으로 4년 또는 6년의 대학 생활은 여러분의 일생에 어마어마한 영향을 주는 기간입니다.

여러분들은 지금 이 자리에 또 이 대학에 들어오면서 졸업장을 타기 위해 들어온 것이 절대 아닙니다. 인생은 목표가 아닙니다. 레어버스 카글리아의 *living loving and learning* 이란 책을 여러분도 읽어 보셨겠지만, 인생은 여정입니다. 오늘을 산다는 것이 그렇게도 중요합니다. 오늘의 대학 생활, 대학인으로 오늘을 산다는 것이 그렇게도 중요한 것이지 여러분들이 4년이나 6년 후에 이 대학의 졸업장을 가진다는 것이 중요한 것이 결코 아닙니다.

여러분, 대학은 자유롭게 살아야 합니다. 누구의 억제 때문에 사는 것이 아니고 누구의 억제 때문에 배우는 것이 아닙니다. 나는 하도 많은 억제를 받으면서 살아 왔기에 여러분만은 그렇게 살지 마시길 바랍니다.

울고 싶을 때 울지도 못했고 웃고 싶을 때 웃지도 못하면서 살아온 내 과거가 그렇게도 원망스럽습니다.

여러분들은 울고 싶을 때 울고 웃고 싶을 때 웃는 자유를 가지는 대학 생활을 해야 합니다. 그런 중에서도 여러분들이 스스로 지켜야 할 자율정신이 있고 거기에서 참다운 학생문화를 개척할 수 있을 것입니다.

대학 생활은 고민하는 계절이라고 합니다. 정 고민거리가 없으면 만들어서라도 고민하여야만 직성이 풀리는 것이 대학 생활입니다. 여러분 실컷 고민하십시오. 여러분 실컷 사색하고 많은 것을 고민하여야 합니다. 여러분은 절대로 좌절해서는 안 됩니다.

여러분들은 대학이라는 사회에서 공동생활을 영위합니다. 과거에 한 번도 보지 못했던 친구들과 4년 또는 6년을 보내야 합니다. 여기서 여러분은 공동선을 찾을 것이고 평생 충고자가 되고 반려자가 될 친구를 사귀는 것입니다. 대학 생활의 가장 중요한 목적의 하나가 친구를 사귀는 것입니다. 신뢰와 우정이 넘치는 친구를 사귄다는 것이 그렇게 중요합니다. 나무에서 꺾여 나간 가지는 벌써 나무가 아닙니다. 여러분들은 나무에서 꺾여 나간 가지가 되지 말고 그 나무에 붙어 있는 가지가 되고 꽃이 되고 잎이 되고 열매가 되도록 공동생활의 공동선을 추구하면서 살아갑시다.

여러분들이 앞으로 대학 생활을 겪는 동안에 또 대학을 졸업하고 인생을 살아가는 동안에 많은 상처를 입을 때가 있겠지만 그 상처를 보호해 주고 쓰다듬어 주는 친구를 사귀어야 합니다. 여러분은 대학 생활을 통해 사랑과 우정을 나눕시다. 진심으로 우정이 무엇인지 배우는 대학 생활을 해주시길 부탁합니다.

앞으로 보람된 한림인으로서 여러분들이 후회 없는 대학 생활을 해주시길 부탁드립니다.

〈성심월보 94, 1983년 3월 15일〉

축사

한림학보의 출범을 진심으로 축하하며 우리 모든 한림인이 있는 정성을 다하여 키워 나갑시다.

그것은 교수와 학생의 지적인 만남의 자리이어야 합니다. 강단에서 못다한 교수들의 가르침이 여기에 담겨질 것이고 학생들의 그 수많은 질문과 알고 싶은 욕망이 쏟아져 나오고 다 같이 생각하고 해답하는 만남의 자리가 되어야 합니다. 이 만남은 뜻이 있어야 하고 깊은 통찰과 사색을 도와주는 것이어야만 합니다.

이 학보는 우리들 한림인들의 정과 사랑과 믿음이 꽃피는 자리가 되었으면 합니다. 훈훈한 정감이 흐르고 따스한 사랑을 말하고 듣고 느끼는 글이 실려 있어야 합니다. 거기에는 젊음이 가질 수 있는 삶의 유머가 있고 영원토록 간직하여야 할 의리와 신뢰의 우정이 뿌리내리는 곳이어야 합니다.

대학은 학문의 자유를 누릴 수 있는 뜻깊은 곳임을 잊어서는 안 됩니다. 이 학보를 통해서 우리는 못다한 말을 하여야 합니다. 듣지 못했던 것을 들을 수 있고 볼 수 없었던 것을 볼 수 있는 학보여야 합니다.

비굴과 아첨과 회피는 있을 수 없는 자리이어야 하며 용기와 신념과 긍지가 자리 잡아야 합니다. 실의와 좌절에서 일으켜주고 자신감과 깨달음의 활력소를 불어넣어주는 힘이 있어야 합니다. 물이 산골짜기 바위틈에서 흘러 계곡의 시냇물이 되고, 강물이 되어 파도치는 바다가 되듯이 흐르는 물과 같이 자라납시다. 많은 고난도, 험준한 바위틈을 만나더라도 소리 없이 흐르는 시냇물을 보듯이 깊은 자아통찰과 조용한 반성도 게을리 하지 맙시다. 뼈대 있는 한마디 말도 목에 힘주지 말고 가만가만히 속삭이는 점잖음을 잊지 맙시다.

이것이 자랑스러운 대학인의 자세인 줄 우리는 알고 있기 때문입니다. 여기서 우리는 우리 이웃의 아픔을 같이 느끼는 자리를 마련합시다. 약하고, 억울하고, 고통 받는 이들과 같이 있는 학보가 됩시다. 대학은 귀족문화의 전당이 되어서는 결코 안 되며 고통 받고 가난한 국민들과 함께 숨쉬는 대학이어야 합니다. 거기서 우리는 우리의 갈 길을 찾아야 하고, 거기서 우리는 참된 인간의 만남을 가져야 합니다. 어려움과 고통을 같이 나누며 그들과 더불어 국가와 사회에 봉사하는 것을 배웁시다. 우리 학보는 지금 '제3의 물결'을 타고 출범합니다. 세계 속의 한림인임을 알아야 합니다. 지역사회와 호흡을 같이하면서도 세계적인 안목을 키워야 합니다. 여기서 잉태된 우리 젊은이들은 앞으로 세계를 향하여 뛰쳐나가야 합니다. 어떠한 고민도 좌절도 모두 딛고 일어서서 웅비할 수 있는 용기와 힘을 키웁시다. 서로 잘났다고 서로 헐뜯고 승강이하는 속된 삶의 탈을 벗어 버립시다. 세계의 거센 파도는 그런 모습의 우리들을 기다리지 않는다는 사실을 알아야 합니다.

우리는 학보를 통해서 우리의 전통문화를 지킵시다. 우리는 우리를 먼저 알아야 하고 그러기 위해서 우리는 우리 문화에 대한 역사의식을 굳게 다져야 합니다. 거기서 우리는 자랑스러운 한국인의 모습을 찾아야 하고 그리하여 우리의 자랑스러운 문화를 세계에 보여주어야 합니다.

이렇게 해서 자라날 우리 한림학보는 먼 훗날 우리 민족문화의 길잡이가 되어야 합니다. 그것은 한림의 학생문화가 창조되고 한림의 얼이 심어져 자랑스러운 한림의 전통이 세워짐으로써 시작될 것입니다.

한림학보의 뜻있는 창간을 다시 한 번 축하하면서 그 자랑스러운 성장을 즐거운 마음으로 지켜볼 것을 약속합니다.

〈한림학보 창간호, 1983년 5월 14일〉

한림대학교 입학식 치사

오늘 한림대 학생으로서 여러분을 맞이하게 된 것을 대견하게 생각합니다. 여러분들은 지금 학장에게 손을 들고 학칙을 준수하고 앞으로 한림대학인으로서 명예를 지킬 것을 선서하였습니다. 이 선서는 학장에게 한 것과 동시에 또한 여러분 자신에게 다짐하였다는 것을 마음속 깊이 간직할 것을 부탁합니다.

여러분들은 그동안 입학시험을 앞두고 온갖 스트레스와 불안 속에서 기나긴 세월을 보내 왔습니다. 고등학교 생활의 엄격한 규제와 가정에서의 권위 있는 부모님으로부터의 상당한 속박, 극장, 음식점 등 출입 금지 구역이 많아서 친구들과 한 번 자유스럽게 어울리기도 힘들었던 시절을 살아왔습니다. 이러한 여러분들 개인의 지난 과거를 되새겨 보면서 여러분들이 사는 이 땅의 역사를 한 번 뒤돌아봅시다.

우리나라와 암담했던 근세사는 8·15 해방~6·25 동란 등을 통한 엄청난 혼란 속에 우리 민족의 가치관을 올바르게 정착하지 못한 채 70년대의 급격한 경제발전을 가져오게 되었습니다. 쏟아져 들어오는 외래 문명은 우리에게 근검, 절약의 자립정신보다는 사치풍조에 휩쓸리게 하였고 섹스와 폭력이 난무하고 황금만능시대에 현혹된 인간성 상실 내지는 물질의 노예화를 가져오고 있는 것 같습니다.

이러한 많은 비리와 혼란, 자아의 착란을 초래하는 때에 여러분은 대학의 문을 들어선 것입니다. 대학은 진리와 자유가 숨 쉬는 곳이며 여러분들은 젊은이답게 자기의 꿈과 희망을 위하여 온갖 정열을 바칠 수 있는 흥분된 출발을 하기 위해서 여기 서 있습니다.

그러나 현재와 같은 우리나라 교육제도에 따르는 탈락의 공포, 고등학교 때 이상의 치열한 점수 따기 경쟁과 성적에 대한 불안, 대학생답게 생활하고 싶었는데 대학에 들어가면 그렇게도 하고 싶었던 그 많은 일들, 독서, 동아리활동, 친구와의 만남 등 펼쳐져야 할 여러분의 꿈은 숨을 죽여야 하고 대학 주변에 많이 생긴 술집과 전자오락실에서 여러분은 울분과 스트레스를 털어놓아야 하는 비감에 젖을 때도 없지 않을 것을 알아야 합니다.

이처럼 우리의 과거와 현재는 불안한 상태에 있다 하더라도 예나 지금이나 대학은 어디까지나 올바른 양식과 이성이 우선되고 신뢰와 우정의 분위기가 충만해야 하는 곳입니다. 자랑할 수 있는 대학문화를 창출해서 먼 미래를 약속하는 젊은 세대의 문화를 부각하는 곳이어야 합니다. 그러기 위하여 여러분들은 오늘부터 고등학교 시절의 때를 벗고 의젓하고 어엿한 대학인이 되어야 한다는 것을 확실히 깨달아야 합니다. 내가 서 있는 현주소를 확인하고 자신을 위한 자기 자신의 실현 "To be himself, for himself"에 힘을 써야 합니다.

첫째, 높은 인격의 품성 함양을 하면서 여러분 자신의 삶에 대한 가치관을 확립해야 하고

둘째, 깊은 학문에 흥미의 눈을 떠서 스스로 공부할 줄 아는 대학인이 되어야 합니다. 교수들은 여러분에게 "Learn how to learn"을 가르침으로써 여러분에게 학문의 길잡이가 되기는 할지언정, 고등학교 시절과 같이 억지로 주입하는 교육은 없을 것입니다. 도서관을 이용할 줄 아는 습관을 길러야 하고 스스로 공부한다는 자각이 앞서야 합니다. "나는 아무것도 모른다"라는 것을 깨닫는 겸손을 가지고 폭넓은 학문의 수련을 게을리 하지 말아야 합니다.

셋째, 폭넓고 여유가 있는 정서 감각과 능력을 터득하여 인성을 긍정적으로 살 줄 아는 슬기를 익혀야 합니다.

때마침 대학의 자율이 논의되기 시작하였습니다. 자율이란 대학 자체가 자율 의지를 가져야 하고 자율의 능력을 갖춰야 하고 그 결과에 따른 책임을 질 수 있을 때 성립될 수 있는 것입니다. 이러기 위하여 여러분들은 옳고 그른 것을 판단할 줄 아는 정사正邪 판단능력을 길러야

할 것이며 남들이 "우~"하는 부화뇌동의 자아 상실이 또다시 학원이 모처럼 찾으려던 자율을 무산시켜 버리도록 해서는 안 될 것입니다.

교수들과 빈번한 만남의 자리는 여러분의 인격도야의 훌륭한 토양이 될 것이고 물어보고, 배우고 토론하면서 스승과 학생과, 학생과 학생 사이에 뜨거운 정을 키워 나아가야 합니다.

여러분은 젊음을 마음껏 키워야 하는 꽃다운 고교 시절에 입학시험 준비로 시들어 가는 생활을 했는지도 모릅니다.

여러분의 삶의 활력을 되찾읍시다. 그러기 위해서 여러분은 여러분의 젊은 체력을 키워야 합니다. 누구 앞에서도 떳떳하고 자랑할 수 있는 건강을 준비해야 합니다. 컴컴한 다방을 찾아다니며 고약한 담배 연기 속에 창백한 얼굴을 하고 신음하지 말고 밝은 태양 아래서 젊은 체력을 단련해 주기를 바랍니다. 근래 잘못된 교육제도는 여러분을 어떤 틀에 넣어서 찍어 내는 식의 잘못된 방향으로 이끌어 나가려는 위태로운 경향이 있습니다.

선생님이 나무는 이렇게 그려야 한다고 그려준 그대로의 나무만이 아니고 그렇게 생기지 않은 나무는 나무가 아닌 것으로 아는 대학인이 되어서는 안 됩니다. 나무를 그리는 것을 배운 대학인은 여러 종류의 나무를 그려서 숲을 만들고 산을 키우는 슬기를 길러야 하며 이것이 대학이 가지고 있는 학문의 자유이며 여러분이 지키고 닦아야 하는 학원의 길입니다.

우리는 울고 싶을 때 울지도 못하였고 웃고 싶을 때 마음대로 웃지도 못하는 자유를 빼앗긴 채 살아왔습니다. 여러분은 대학 생활 동안에 많은 고민과 고독을 맛보게 될 것입니다. 울고 싶을 때 실컷 울어 봅시다. 웃고 싶을 때 허리 잡고 웃어 봅시다. 고독과 고민이 없으면 만들어서라도 고민해 봅시다. 이것이 여러분이 반드시 겪어야 할 대학 생활입니다. 꿋꿋한 신념과 정의로운 결단을 대학인만이 끝까지 지켜야 할 준엄한 명령입니다.

사회의 불의에 대한 과감한 비판과 부정부패와는 절대로 타협할 수 없는 의지는 대학인의 긍지여야 하지만 남을 비판할 때는 나 자신이 그 비판대상자보다 낮거나, 동등해야 하며 강경한 비판으로 오히려 사회의 빈축을 사서는 안 될 것입니다.

내가 가지고 있지 못한 것을 여러분이 가지고 있으며, 내가 가장 부러워하는 것을 여러분은 가지고 있는데 그것은 바로 여러분의 젊음입니다. 여러분의 그 젊음 때문에 무한한 가능성을 가지고 있다는 긍지를 잊어서는 안 됩니다. 이제부터 여러분의 인생의 꽃을 피워야 합니다. 이제부터 여러분의 미래를 찾아야 합니다.

수많은 생물이 있지만, 미래를 찾는 생물은 오직 인간뿐이라고 합니다.

미래를 향한 오늘의 노력에서 의미를 찾아야 하며 뜻 없는 삶은 차라리 없는 편이 낫습니다.

뜻있고, 재미있고, 멋있는 대학 생활을 통해서 여러분들은 한림인의 긍지를 갖고 자기 자신의 일대 혁신을 각오하고 매일매일 쉬지 않는 노력으로 훌륭한 미래의 기초를 닦읍시다. 신설대학에 들어온 여러분들이 이 대학을 졸업할 때 나는 한림인이라는 것을 만천하에 자랑할 수 있는 대학이 될 수 있도록 여러분의 노력을 기대합니다.

길이 있어서 가는 것이 아니고 가는데 길이 나타납니다. 앞으로의 대학 생활이 여러분 인생의 훌륭한 밑거름이 될 것을 믿으며 나는 언제나 지켜보고 있겠습니다.

〈성심월보 104, 1984년 3월 20일〉

치사[6)]
환자의 고통과 아픔을 내 아픔으로 하는 병원을 ……

오늘 이 자리에 권이혁 문교부장관, 김주호 강원도지사, 강원대학 총장, 3군단 군단장 및 장성 여러분, 교육감님, 병원장, 검사장, 춘천시장과 유지 여러분 및 만장하신 도민 여러분을 모시고 한림대학 부속 춘천성심병원의 준공식 및 개원식을 하게 된 것을 무한한 영광으로 생각합니다.

이 자리를 빌려서 온갖 성원을 보내 주신 도민 여러분과 건축 및 개원에 지도와 성원을 아끼지 않으신 행정당국에 진심으로 감사의 말씀을 전합니다. 또한 이 건물의 설계와 시공을 맡아서 처음부터 끝까지 온갖 노고를 다 해주신 서울건축과 대우개발의 노고에 대하여 깊이 사의를 표해 마지않습니다.

본 병원은 대학병원으로서 손색없는 규모와 현대적 장비를 갖추어 지금, 그 문을 열게 되었습니다만 사실은 이제 겨우 저 높은 산정을 정복하기 위하여 디딤돌 하나를 마련한 데 불과합니다.

---

6) 한림대학교 춘천성심병원 개원식의 치사이다.

국민의 건강은 헌법의 기본 권리로 보장되어 있다고 하지만 국민 스스로가 건강을 지킨다는 굳은 의지가 없이는 국민의 건강이 얻어지지 않는 것입니다. 마찬가지로 이제 이 병원은 이 지역주민들에게 봉헌되었고, 이 지역주민들이 이 병원을 어떻게 키워 나가는가에 따라서 그가 맡은 일을 얼마만큼 수행할 수 있는가를 가름하게 될 것입니다.

이 기관은 어느 재단의 것도 아니고, 어느 개인의 것도 아니며, 강원도 도민과 이 지역주민 여러분의 것임을 우리 모두 깊이 깨닫고 서로 힘을 합쳐서 국민건강이라는 높은 목표를 향하여 이제부터 하나하나 계단을 밟아 올라가야 할 것으로 생각합니다.

본 병원 직원들은 직원들 나름대로 온갖 성의와 열을 다할 것이지만 이 지역의 국민 보건을 책임지고 계신 각급 의료기관 여러분들의 적극적인 지도와 협조 또한 저희에게는 없어서는 안 될 가장 큰 힘이 될 것입니다.

이 병원은 또한 한림대학 의과대학 학생들의 교육장이 될 뿐 아니라 최신의학의 학문적 연구에 선두주자 노릇을 하여야 할 무거운 책임을 지고 있습니다.

땀띠에 복숭아 잎이 특효라고 해서 복숭아 잎과 같은 민간약을 국민에게 제공만 하는 곳이 아니고, 약의 효능과 부작용을 설명하고 약리학과 생리학에 대한 깊은 이해를 학문하고 배우는 장이 되어야 합니다.

왜? 왜?라는 물음을 쉴 새 없이 던지고, 모든 생명현상을 밝히고, 우리 기존 지식을 살릴 뿐더러 그것을 넘어서서 인간 생명의 행복을 위한 새로운 학문을 개척하여야 할 책임을 지겠다는 서약이기도 합니다.

우리는 신기한 세상에 살고 있습니다. 인간이 달에 가고, 우주에서 헤엄을 치고, 컴퓨터와 로봇이 시간과 공간을 엄청나게 단축하면서 어마어마한 일을 재빠르게 그리고 정교하게 처리하는 시대에 있습니다. 모든 것이 걷잡을 수 없이 움직이고, 달라지고 요동하면서 우리들의 불안을 가중하는 오늘날의 세상에 사는 우리 인간은 과연 무엇이 될 것인가?

병든 심장을 떼내어 플라스틱 심장으로 갈아 끼우는 세상이 자칫 잘못하면 인간 자신이 스스로 만들어낸 것 때문에 스스로 파멸에 빠지지나 않을까 염려하지 않을 수 없는 세상에 살고 있습니다. 물질적 풍요로움이 또 기술의 개발이 인간의 참된 번영과 행복을 준다고 아무도 약속하지는 않습니다.

이 병원이 인간 생명을 학문으로 다룬다고 해서 생명의 기계화 또는 물질화의 오류를 범해서는 안 될 것입니다.

환자의 고통과 아픔을 내 아픔과 고통으로 느낄 수 있고 환자의 괴로움과 슬픔을 내 슬픔으로 깊이 슬퍼하는 사랑이 넘치고, 정이 흐르는 곳이어야 한다는 것을 우리는 깊이 각오하고 있습니다.

이 병원이 이러한 복잡한 시대에 태어나면서 이 맑고 깨끗한 강원도 지역에 순박한 모든 도민과 더불어 고통과 즐거움을 같이하는 우리가 모두 더불어 잘살아 보자는 사회를 만드는 데 일익을 담당할 것을 여러분 앞에 맹세합니다.

다시 한 번 도민 여러분의 적극적인 참여와 성원을 기대하면서 오늘 이 자리를 빛내주신 여러분께 다시 한 번 감사의 말씀을 표합니다.

감사합니다.

〈성심월보 112, 1984년 12월 20일〉

한림대학교 입학식 치사

아무리 우리 주변 상황이 험악하다 하더라도 대학은 어디까지나 올바른 양식과 이성이 우선되고 신뢰와 우정의 분위기가 충만해야!

오늘 우리 대학에 입학하게 된 신입생 여러분에게 진심으로 환영의 뜻을 전합니다. 여러분이 지금 서 있는 이 자리는 어렵게 선택하여 여러분 일생에 절대적인 영향을 주는 자리인 것을 깨달아야 합니다. 여러분이 들어선 오늘의 대학, 또는 젊은 세대의 상황은 결코 순탄하거나 쉬운 자리가 아닌 것을 우리는 알아야 합니다.

여러분들은 그동안 고교 시절에 또 입시 준비 시절에 젊음을 마음껏 펴보지 못한 채 온갖 스트레스와 불안 속에서, 많은 그늘진 시절을 보내고 생활에서의 엄격한 규제, 가정에서의 부모님의 속박, 가서는 안 될 그 많은 출입 금지 구역 때문에 친구들과 한 번 자유스럽게 어울리기조차 힘들었던 시절을 지내왔습니다.

지금 또 고등학교를 졸업하고 대학에 들어선 여러분의 주변과 우리가 다 같이 살아온 이 사회는 우리에게 많은 근심거리를 안겨주고 있음을 우리는 진지하게 생각하지 않으면 안 됩니다. 현대 과학 물질 문명의 뒷전에 처져 보릿고개의 만족에 살던 이 땅은 1970년대 급격한 경제성장으로 풍요의 물결 속에서 우리 민족의식과 삶의 가치관을 정립하지 못한 채 자기 상실 또는 혼미에 휩쓸려서 사회는 터무니없는 사치풍조와 섹스와 폭력이 난무하고 황금만능시대에 현혹된 인간성 상실 내지는 황금의 노예화를 가져오고 있는 것 같습니다.

대학가에서 계속되는 학생들의 데모와 절규와 아우성 속에서 정부는 불안과 공포의 대상이 되어 곤봉과 최루탄에 수많은 전투경찰을 실은 철갑차들이 거리를 누벼야 하는가 하면 이를 바라다보는 국민은 미래의 이 나라를 위해 깊은 한숨만 내쉬는 어려운 지난 1년을 지내고 지금 여러분은 대학의 문을 들어선 것입니다.

그러나 일면 나는 서울 중심의 광화문 교보문고나 종로서적 같은 큰 서점가를 꽉 채운 젊은 학생들의 진지한 모습과 각 대학 도서관에서 공부하기 위해 새벽 5시부터 줄을 서 있는 수많은 젊은 학생들을 볼 때 이 나라의 밝고 힘찬 미래를 체감하면서 행복에 젖기도 합니다.

정치가 타락하고 경제가 타락하고 종교마저 타락해 가는 이 사회에 대학만은 굳건히 이 민족과 이 국가를 비추는 빛나는 빛이 되어야 합니다. 아무리 우리 주변 상황이 험악하다 하더라도 대학은 어디까지나 올바른 양식과 이성이 우선되고 신뢰와 우정의 분위기가 충만해야 하는 곳입니다. 자랑할 수 있는 대학생 문화를 창출해서 먼 미래를 약속하는 젊은 세대의 문화를 부각하는 곳이 한림대학이 될 것을 나는 여러분 앞에 요구합니다. 그러기 위해서 여러분들은 고등학교 시절의 때를 벗고 의젓하고 어엿한 대학인이 되어야 한다는 것을 확실히 깨달아야 합니다.

내가 하는 말 하나, 거취 하나하나가 나는 대학인이라는 긍지와 자신을 가지고 취해져야 하며 내가 서 있는 현주소를 확인하고 자신을 위한 자기 자신의 실현을 즉 "to be himself, for himself"에 힘써야 합니다.

높은 인격의 품성 함양을 게을리 하지 말고 자기 삶의 가치관을 확립해야 합니다. 고등학교까지의 교육은 각자의 가치관은 개입시킬 여지가 없이 하나뿐인 답을 찾아내는 교육이었지만 대학은 학문의 정답을 찾는 데 있는 것이 아니고 오직 계속되는 탐구와 가능성에 관해 탐구하는 것을 알아야 합니다.

여러분들은 이제 고교 시절과 같이 선생님이 교단에서 가르치는 것을 무조건 암송만 하는 학습이 아니고 교수들의 강의를 통해서 여러분 자신의 학문하는 능력을 스스로가 키워야 할 것입니다.

때마침 대학의 자율이 논의되고 있습니다. 자율이란 대학 자체가 자율 의지를 가져야 하고 자율의 능력을 갖춰야 하며 그 결과에 따른 책임을 질 수 있을 때 성립될 수 있는 것입니다.

이러기 위해 여러분들은 옳고 그른 것을 판단할 줄 아는 정사 판단 능력을 길러야 할 것이며 남이 "우" 한다고 나도 멋없이 쫓아가며 "우" 하는 부화뇌동의 자아 상실이 또다시 학원이 모처럼 찾으려던 자율을 무산시켜 버리도록 해서는 안 될 것입니다. 사회의 불의에 대한 과감한 비판과 부정부패와는 절대 타협할 수 없는 것이 대학인의 긍지여야 하지만 남을 비판할 때는 자신이 그 비판 대상자보다 낫거나 동등해야 하며 경망한 비판으로 오히려 사회의 빈축을 사서는 안 될 것입니다.

대학은 소란해야 합니다. 열띤 토론이 쉴 사이 없이 물결쳐야 하는 곳이 대학입니다. 이론과 실제가 밀고 당기는 소리가 드높아야 하는 곳이 대학입니다. 그러나 참다운 비판자는 먼저 자신을 스스로 비판의 대상에 올려놓을 줄 알아야 합니다. 내가 누구인지 모르고 무조건 쫓아다니는 자아 상실은 적어도 여러분에게 있어서는 결코 안 됩니다. 대학 생활을 통해서 여러분들은 생각하는 것을 배워야 합니다.

생각할 줄 모르는 바보 같은 속물이 되어서 조금만 누가 와서 튕겨도 깜짝깜짝 놀라는 예민한 반응을 보이는 감각체가 되어서는 안 됩니다. 나 자신을 생각하고 이 사회와 국가와 이 세계 전인류를 생각하는 폭넓은 상념을 배워야 합니다.

여러분들은 그동안 입학시험과 규제 많은 고교 시절에서 젊음이 시들은 시절을 보냈을지 모르나 여기 대학에서 여러분의 참다운 젊음을 꽃피울 수 없다면 다시는 여러분들은 그러한 시절을 가질 수 없을지 모릅니다. 컴컴한 다방에서 고약한 담배에 얼굴을 창백하게 만들지 말고 높은 창공 밑에서 밝은 태양 빛을 활짝 받으며 튼튼한 건강을 되찾기를 바랍니다.

뜻있고 재미있고 멋있는 대학 생활을 통해서 여러분들은 한림인의 긍지를 갖고 자신의 일대혁신을 각오하고 매일매일 쉬지 않는 노력으로 뜻있고 영원히 추억에 남을 대학 생활을 가지도록 하여 주십시오.

지금 여러분들은 신설된 역사가 얇은 우리 대학에 들어왔지만, 여러분이 이 대학을 나갈 때에는 만천하에 이름을 떨치는 자랑스러운 한림인이 되어서 이 교문을 나설 것을 여러분에게 기대합니다.

앞으로 이 대학에서의 여러분들의 생활이 여러분 일생의 중요한 밑거름이 되도록, 뜻을 가진 생활이 되도록 나는 여러분들 뒤에서 항상 지켜볼 것입니다.

〈성심월보 115, 1985년 3월 30일〉

한림대학교 입학식 치사

학문을 한다는 것은 깨닫는 것이고 이 깨달음은 깊은 사색을 통해서 자기의 잘못을 발견하는 것입니다.

여러분이 지금 서 있는 자리는 어렵게 선택된 자리요, 여러분들의 일생에 절대적인 영향을 가져올 자리에 서 있음을 명심해야 합니다. 우리 대학은 개교한 지 5년을 맞는 짧은 대학이요, 지방에 자리 잡은 대학이요, 규모가 작은 대학이지만 그만큼 우리는 더 멀고도 폭 넓은 미래를 가지고 있는 대학이요, 지방에 있는 대학이지만 중앙에 있는 대학보다 조금도 뒤지지 않으려고 애를 쓰고 있는 대학이요, 규모는 작지만 알찬 교수와 여러분들과 같이 싱싱한 젊은 학생들을 가진 대학임을 자신이 있게 말할 수 있는 것을 기쁘게 생각합니다.

여러분들은 그동안 혹심한 입학시험 스트레스, 고등학교 학생들에 대한 사회적인 여러 가지 규제, 부모님들로부터 속박, 학교 선생님들로부터의 감시, 이러한 제약 속에서 친구들과 마음대로 어울려 놀지도 못하면서 어떻게 보면 남의 선의에 의한 또는 타율에 의한 생활을 해 왔을 것입니다.

그러나 여러분 이제 이 대학에 발을 들여놓은 이상 여러분들은 이러한 타율에서 벗어나서 스스로 자기를 조율할 줄 아는 자율의 생활을 시작하게 될 것입니다.

자율이라는 것은 절대로 방만과 무질서를 의미하는 것이 아니며 이러한 자율의 대학 생활을 통해서 나 자신을 발견해 내는 것입니다. 다른 사람의 선의에 의해서 삶을 살아왔던 여러분들은 스스로 자신의 알을 깨고 뛰쳐나와 나를 발견하고 나를 소중히 여기는 것을 배우게 될 것입니다. 나의 발견은 그리 쉬운 것이 아니며, 대학 생활을 통해서 많은 아픔을 겪고 고독과 고뇌와 슬픔을 이겨 나가면서 깊은 바다를 건너고 높은 산을 넘는 만큼의 힘든 역정을 겪어야만 자기 자신을 발견할 수 있으며 거기서 스스로 자기를 붙잡고 일어설 수 있는 것입니다.

여러분은 미래의 주인공입니다.

여러분들은 대학에서 교육을 받아 이 험준한 현대사회에 적응할 수 있도록 능력을 키우게 될 것입니다.

이 폭넓은 학문의 요람인 대학에서 학문을 하여야 하며 학문을 한다는 것은 깨닫는 것이고 이 깨달음은 깊은 사색을 통해서 자기의 잘못을 발견해 내는 것입니다.

교육계 요체는 지식의 전달에 있는 것이 아니고 지혜의 개발에 있다고 합니다. 이러한 깨달음은 여러분이 터득한 지혜로써 얻어질 수 있는 것입니다.

대학에서 여러분은 정의를 배웁니다. 정의는 이론적 학문이 아니고 곧 덕행이요, 인간 정신과 인간주의 그리고 인간의 마음의 수용 능력입니다. 권력과 부의 특권에서 해방된 인간이 곧 정의로운 인간입니다.

대학생은 대학생다워야 합니다. 여러분들은 이미 고등학교 학생이 아닙니다. 대학은 사회의 심장이요 두뇌라고 합니다. 심장과 두뇌가 죽으면 사람이 죽는 것과 마찬가지로 대학이 죽으면 그 나라 그 사회가 죽습니다.

대학은 사회의 심장이기 때문에 강한 심장으로 힘차게 삶을 박동시켜야 하고 대학은 사회의 두뇌이기 때문에 올바르게 사회를 인식하고 판단할 줄 아는 능력을 갖춰야 합니다.

대학은 지성의 전당이요, 국가의 기상입니다.

대학은 결코 사회에 뛰쳐 들어서 문제를 해결하는 해결사는 아닙니다. 우리는 해결사 노릇보다는 더 차원 높은 지성의 세계에서 그나마 그 사회의 갈 길을 제시해 주고 소리 높이 외칠 수 있는 것으로 우리의 사명을 자랑스럽게 생각하면 됩니다.

오늘 대학에 들어온 여러분들에게 몇 가지 부탁을 하겠습니다.

첫째, 우리는 너무 성급하게 굴지 맙시다. 우리가 올바르다고 생각하면서 소리 높여 외쳤던 일은 일단 기회를 주어 두고 본 후에 비판하는 것이 승부의 정신입니다.

둘째, 현실의 냉혹함을 알아야 합니다. 자아를 상실한 흥분으로 죽기 아니면 살기식의 흑백논리는 이제 이 땅에서 자취를 감춰야 합니다. 적어도 대학가에서는 원색적인 증오에 가득 찬 젊은이들 상호 간에 아귀다툼은 없어져야 합니다.

셋째, 자기만이 선하다는 터무니없는 고정관념에서 빨리 뛰쳐나와야 합니다.

이 잘못된 생각은 스스로 자아를 패배가 앞에 뵈는 투쟁에 몸을 던지게 합니다.

끝으로 여러분들은 내가 선택한 이 대학을 사랑합시다. 창백한 얼굴로 담배 연기 가득한 침울한 다방에서 나와 밝은 태양 빛이 활활 타오르는 높은 하늘과 들과 바다를 내다보면서 우리들의 체력을 키우고 눈을 크게 떠서 세계를 바라봅시다.

대학 4년 동안 알맹이 없는 껍데기 생활을 하지 말고 4년 후에 빈 속물이 되지 말고 한림의 얼이 꽉 찬 이 나라의 지성인이 되어주기를 부탁합니다.

〈성심월보 125, 1986년 2월 28일〉

한림대학교 제1회 졸업식 치사

새로운 세계에 살아남으려면 책임감이 투철하고 인내성이 강하며 남의 잘못을 관용하는 기본 덕성을 갖춘 인간이라야만 생존할 수 있고 이상적 사회의 창조에 초석이 될 수 있다고 주장되고 있습니다. 모든 사실은 사실로서 받아들이는 공신력의 시대가 도래되어야 합니다.

오늘 이 자리를 빛내 주시는 여러분께 먼저 감사의 말씀을 드리는 바입니다.

나는 여기 계신 학장님과 교수 여러분 졸업생 여러분들과 같이 지금부터 4년 전 이 자리에 한림대학의 문을 열었던 것입니다.

여러분들이나 여러분들의 학부모께서는 처음 출발하는 우리 대학에 축복을 해주셨고 또 큰 기대를 가졌을 것이라고 알고 있습니다만 여러분은 그동안 변변치 못한 교사에서, 신접살림을 차린 듯한 교실에서, 많이 고생했고 또 그만큼 학부모님들이나 여러분의 기대에 부응하리만큼 모든 여건을 갖추어 주지 못한 데에 대해서 사과의 말씀을 드릴 수밖에 없습니다.

졸업생 여러분, 여러분들은 이러한 우리 학내의 여러 가지 모자라는 여건 속에서 배움의 터전을 쌓아 왔지만, 여러분들이 살아온 이 땅의 대학은 우리가 기대하는 것과 같이 이상과 기대와 희망의 터전이 아니었고 어떤 면에서 국민은 대학에 걸었던 이상이 실망으로 변했고 기대가 좌절로 전락하고 말았으며 희망보다는 실망이 가득 찬 또 어떤 면에서는 음모나 폭력의 집단인 것같이 추잡한 모습으로 국민을 실망하게 하는 여건에서 어려운 학업을 수행하지 않으면 안 될 환경에서 살았습니다.

이러한 터전에서 여러분이 창조하려던 학생문화는 뿌리내리지 못하였고 온통 세상은 죽기 아니면 살기식의 단세포적인 반응이 팽만하고 흑백논리의 양극화로 모든 국민은 실망과 불안 속에 젖어 있는 길을 우리는 살아왔습니다.

나 아니면 너는 없다는 식의 획일화로 틀에 맞추는 교육을 받지 않으면 안 되었으며 학문의 멋과 깊이를 찾는 데 무척이나 힘들었던 4년간의 대학 생활이라고 반성을 해봅니다.

요새 어떤 사람은 대학이 난립해서 대학의 존재가치조차 의심하는 언론이 나오기도 하지만 우리나라 국민이 기본적 의식주를 희생하면서까지 교육에 열을 올렸기에 오늘날에 현대화의 기초를 이룩할 수 있었다는 것을 우리는 자랑스럽게 생각하지 않으면 안 되며 대학은 어디까지나 이 나라와 국민의 번영을 위해서 반드시 크고 높게 육성되어야 한다는 것을 주장하여 마지않습니다.

졸업생 여러분, 여러분은 내가 살아볼 수 없는 2000년대라는 새로운 문명 세계의 주역이 될 것입니다. 나는 과거를 먹고 사는 사람이지만 여러분은 미래를 먹고 소화하며 살아야 할 사람입니다.

이러한 새로운 세계에 살아남으려면 책임감이 투철하고 인내성이 강하며 남의 잘못을 관용하는 기본 덕성을 갖춘 인간이라야만 생존할 수 있고 이상적 사회의 창조에 초석이 될 수 있다고 주장되고 있습니다.

모든 사실은 사실로서 받아들이는 공신력의 시대가 도래되어야 합니다. 현재의 우리의 처지를 정확하게 이해하고 과거의 잘못은 반복하지 않으면서 현실의 문제를 긍정적이고 건설적으로 해결하면서 미래를 설계하기 위해 과거를 올바르게 인식할 줄 아는 역사의식을 가져야 합니다.

인간 능력이 비약적으로 증대하고 정보혁명, 기계공학, 생명과학 등이 새로운 모습으로 나타나고 있습니다.

인간은 재발견되어야 하고 인간의 가치와 윤리, 도덕, 철학, 종교들은 재정립되어야 한다고 주장되고 있습니다.

오늘 불신의 벽은 완전히 허물어져야 하고 조건반사적이고 원색적인 증오는 극복되어야 합니다. 오늘의 잠긴 마음을 여는 부딪침을 겪어야 하며 불화와 증오의 한가운데서 화해와 평화를 찾아야 합니다.

오늘 대학의 문을 나오는 여러분들은 아직도 미숙합니다. 이 거친 세파에 여러분들은 불안과 좌절에 빠질 수 있을지도 모릅니다.

끈질긴 노력과 사랑과 열정은 우리의 삶에 빛을 가져다줄 것입니다. 어떠한 어두움도 빛을 이길 수 없습니다. 우리는 성실함을, 근검과 사랑과 너그러움을 배웠습니다. 목마른 자가 아니더라도 목마른 자를 위해서 샘을 팔 줄 아는 인간으로서의 아량을 놓치지 맙시다. 사랑이란 자신의 아름다움을 아는 것이 아니라 상대를 아름답게 하는 것이라는 성경 말씀이 있습니다.

여러분이 대학 4년 동안 터득한 지식과 슬기는 여러분이 돛대를 달고 항해할 바다에서 풍향을 가름할 줄 알 겁니다.

황토를 움켜쥐고 서 있는 한 그루의 소나무는 바람에 시달리고 쌓아온 아픈 흔적으로 인해 사방으로 뒤틀려 있지만 끝없는 겨울의 숱한 추위 속에서도 푸른 잎을 지키는 자랑스러움을 가지고 있습니다.

앞으로 여러분의 삶이 어떠한 아픔과 쓰라림을 겪더라도 이 나라 이 사회에 이상을 뿌리내릴 수 있게 한림의 얼을 지켜주길 부탁드립니다.

오늘의 한림대학이 이름 없는 조그마한 대학일지언정 어느 멀지 않은 날 한림대학의 졸업생이라는 것을 떳떳하게 외칠 수 있는 날이 되도록 우리 모두 노력하고 주님께 기도합시다. 여러분들 장래에 영광과 보람이 있고 하느님의 가호가 항상 떠나지 않기를 기구 중에 잊지 않고 기억할 것입니다.

〈성심월보 125, 1986년 2월 28일〉

식사 式辭
강동성심병원은 지역주민에게 봉헌됩니다.

오늘 내빈 여러분을 모시고 개원식을 하게 된 것을 무척 영광으로 생각합니다. 그동안 여기 이 웅장한 건물을 설계하고 시공하여 주신 한일개발 사장님 이하 모든 직원 여러분에게 깊은 감사의 말씀을 드립니다.

이 대형 종합병원은 몇 가지 어려운 여건 속에서 탄생했습니다. 1990년도 이전에 전국민 의료보험을 실시하겠다는 정부의 강력한 의지는 국민건강을 책임지고 있는 의료계에 엄청난 부담을 주고 있습니다. 의료기관의 수효는 지금보다 배 이상 증가하게 될 것이고 현재 전국 의료기관의 85%를 사립기관이 차지하고 있는 현실에 비추어 볼 때 이러한 사립의료기관은 앞으로 많이 세워져야만 급증할 의료수요를 충족하여 나갈 수 있을 것입니다. 그런 뜻에서 이 강동성심병원은 이 지역이 필요로 해서 세워진 기관입니다. 이 지역에 사시는 분은 누구나 다 이해하고 있을 것입니다. 중요한 문제점은 있습니다.

1977년에 시작된 의료보험제도는 원가에 월등히 못 미치는 저렴한 의료보험수가로 의료기관의 영세화를 초래하여 왔습니다. 그래서 이 병원이 들어설 때 이 병원의 개원은 이 지역에 개업하고 계신 동지 여러분들에게 그 영세화를 더욱 촉구하게 될 것이라고 많은 반대에 접하였습니다. 매일같이 인신공격과 온갖 힐난과 증오가 쏟아져 들어 왔습니다.

나는 70이 가까운 나이까지 살아오면서 이처럼 구설에 올라 본 일은 없습니다. 깊이 후회도 했고 정말 내가 못 할 짓을 하는지 많은 생각을 해보았습니다. 그러나 이 병원이 이 지역에 개업하고 있는 동지 여러분의 영세화를 촉구하면서까지 세워져서도 안 될 것이고 그렇게 운영되어서도 안 될 것입니다.

본인은 지난 평생 여러 군데 병원을 지었습니다. 그때마다 그 지역의 의료기관들로부터 크고 작은 반발을 받아 왔지만, 오늘날까지 나는 내가 개원한 병원 때문에 그 지역 의료기관의 영세화를 초래한 일은 기억하지 못합니다.

이 병원이 결코 이 지역의 의료기관을 희생시키면서까지 운영되어서는 안 되며, 오히려 모든 의료기관이 다 같이 국민 보건을 위해서 더 많은 일을 할 수 있게끔 협력하여 주시기를 부탁드려 마지않습니다. 종합병원이나 개업의나 힘을 합쳐서 올바른 일을 수행할 때 반드시 그 보답은 있을 것으로 확신합니다.

그리고 많은 사람이 나에게 이러한 질문을 자주 던집니다.

"의료보험수가가 저렴해서 병원경영이 안 된다면서 어떻게 대형 종합병원을 건설하느냐" 심지어는 정부의 고위 관리까지도 "저것 보시오, 대형 종합병원이나 개인병원이 자꾸 생기는 것을 보면 치료비는 결코 낮은 것이 아니지 않습니까? 의료보험 수가가 낮아서 병원경영이 안 된다면 왜 개업하고 큰 병원을 짓겠습니까?"라는 논리를 자신 있게 펴는 사람도 있습니다.

우리 모두가 나무만 보고 숲을 보지 못하는 개구리가 되지 말고 좀더 큰 것을 바라다보는 슬기를 가져야 할 때가 왔습니다. 현재 저렴한 의료수가는 합리적인 것이 아닙니다. 그러나 본인은 이 세상의 불합리하고 불의한 일은 절대로 영속되지는 않는다는 것을 확실히 믿습니다. 머지않아서 반드시 언젠가 불합리한 것은 합리로 바뀔 것이고 불의는 정의로 바뀌고 만다는 것이 세상사라고 생각합니다.

나는 오늘날까지 많은 병원을 짓고 대학을 경영했지만 계산기를 두드려서 일을 이루어 본 적은 없습니다. 이 사회가 이 국가가 필요로 하는 일이면 시작을 하였고 거기에 온 정열을 쏟았으며 온 정열을 쏟았으면 반드시 거기에는 보답이 있다는 것을 내 평생의 신념으로 삼고 있습니다.

우리 모든 의료계는 오늘날과 같은 어려운 때에 절대로 실망하지 맙시다. 별의별 사람들이 다 별의별 중상모략을 한다고 하지만 우리 의료인들끼리만은 그러한 삶을 살지 말았으면 합니다. 이처럼 어려운 시기에 태어난 강동성심병원이 오늘 이 지역주민들에게 봉헌됩니다. 이 지역주민들이 이 기관을 키워야 합니다. 또 이 기관은 반드시 이 지역주민들을 위해서 크게 일하고 그 기대에 어긋나지 않을 것을 다짐합니다.

사람이 살아나가면서 역경을 헤치고 그것을 이겨 나갈 때 보람을 느끼게 됩니다. 쉽고 편안한 일이라면 택하지 않았을 겁니다. 힘들고 어려운 일이기 때문에 이것을 뚫고 나감으로써 보람을 찾을까 하고 오늘 여기 문을 열게 되었습니다. 여러분들의 끊임없는 지원을 부탁해 마지않으며 하느님께서 항상 이 집을 지켜주실 것을 확신하면서 이만 인사를 마칩니다.

감사합니다.

〈성심월보 132, 1986년 10월 31일〉

축사
개성 있는 사람

무던히도 대견스러운 한림행원의 창간을 진심으로 축하합니다.

사람은 누구나 살아가면서 여백을 남겨놓고 그 여백이 남은 것을 기억하면서 살아야 한다고 배웠습니다. 학생들이 무거운 학업에 열중하면서도 여백을 얻어 가지고 이러한 글의 모음을 가졌다는 것은 결코 쉬운 일은 아닙니다. 글을 모아 책을 엮은 학생들에게 높은 치하의 말을 하지 않을 수 없으며 또 귀한 글을 쓴 사람들에게 경의를 표해 마지않습니다. 이 책에 담긴 글들이 먼 훗날에도 많은 후배가 또 동창들이 두고두고 읽고 또 읽어서 한림의 얼을 만날 수 있도록 하여 주기 바랍니다. 여기에 실린 글들은 글 속의 글까지 읽으면서 거기서 자기를 발견해 내는 거울이 돼야 합니다.

학생은 많아도 제자는 없고 교수는 있어도 스승이 없다는 말이 있습니다. 여기서 우리는 학생들이 존경하고 학생들을 끌고 가는 참다운 제자를 가질 수 있는 스승을 찾아내고 개성이 뚜렷한 억센 성격의 소유자인 제자를 발견합시다.

의학을 공부하는 사람은 사람의 생명을 존중하고 사람을 존경하면서 진심으로 사람을 좋아하는 마음을 배워야 합니다. 이 글 속에 비추어 보이는 그렇게 존귀한 사람의 생명을 찾아내야 하고 그 모든 사람의 생명은 그들 자신의 변신이기 때문에 그렇게도 사랑스러운 사람이 될 수 있다는 것을 알아야 합니다. 거기서 발견되는 사람은 그렇게 사랑스러워서 우리는 어떤 사람이건 좋아할 줄 아는 의학도로서의 기초적인 슬기를 배워야 합니다.

여기서 찾아내는 나는 개성이 뚜렷하고 누구나 한 번 다시 기억하고 싶은 '나'라야 합니다. 세상이 아무리 혼란하고 험악해도 시비의 올바른 판단을 할 수 있는 능력을 찾아 가져야 합니다. 콘크리트 바닥을 달리는 자동차 소리가 아무리 요란해도 우리 캠퍼스에 심어진 소나무에서 들리는 송금 소리를 들을 줄 아는 귀를 가져야 합니다.

자기가 조금 잘한다고 교만에 빠지는 부끄러움을 가지지 말고 황소같이 겸손하고 부지런함을 배워야 합니다. 아픔을 당할 때, 슬픔을 겪을 때, 불안에 싸였을 때도 즐거운 생명의 노래를 부를 줄 아는 것을 배웁시다. 흥분할 때, 기쁠 때도 말 없는 바위의 묵상을 배워야 합니다.

이 한림행원에 실린 글자 한 구절 한 구절이 우리 모두에게 항상 한림의 일을 기억할 수 있는 좌우명이 되고 기념탑이 되어줄 것을 확신하면서 다시 한 번 그 창간을 축하합니다.

〈한림행원 창간호, 한림대학 의학부 학생회, 1986년〉

4. 강연

한림대 특강 요지(1)

다음 내용은 윤덕선 이사장이 지난 8월 30일 춘천 한림대 학생들을 대상으로 실시한 특강의 요지이다. 윤 이사장은 특강에서 한림대학의 설립 배경과 교육관에 대해 자상하게 강연했다. - 편집자주

많은 사람이 이런 말을 합니다. 대학경영 하는 것을 이윤 추구하는 사기업 운영하듯 해서 대학이 돈을 많이 번다고 합니다. 사실 그런 시대가 있었습니다. 또 그런 오해를 받는 시기도 있었습니다. 그러나 이제 그것은 대학을 운영해 보지 못한 사람들 얘기입니다.

내가 알기로는 치부해서 자기 개인 영리를 위해 대학을 하는 사람은 없습니다. 혹시 대학 경영해서 돈을 벌었다 해도 그 돈으로 대학을 더 크게 늘리고 확장했으면 했지, 개인의 향락을 위해서 쓴 사람은 없는 줄 압니다. 돈을 버는 것은 가장 필요한 것인데도 많은 사람이 돈 버는 것에 욕을 합니다.

이제는 그런 오해 받을 시기는 아닙니다. 대학을 경영해서 돈을 버는 시기는 지나갔습니다.

예전에 학교에서 돈을 버는 방법은 예를 들어 100명이 모집정원이면 500명 뽑아 교육하고, 입학시험을 보고 뽑는데 뒷구멍으로 입학시험 떨어진 학생을 기부금 받고 입학시켜 대학에서 돈 벌었다고 욕먹은 사람 많습니다.

그러나 우리나라와 같이 사립대학이 외부의 지원이 전혀 없이 운영하려면 이런 일 하지 않고 대학을 확장해 나가는 것이 아주 힘들던 시대였을 것으로 생각합니다.

그런 일이 없었다면 오늘날과 같이 큰 대학들이 이루어지지도 못했을 겁니다.

여러분 외국엔 큰 대학 많은데 이런 큰 대학은 모두 정부, 사회단체에서 큰 도움을 줍니다. 우리나라는 아직 대학이나 기타 정책적인 일에 정부가 도와줄 만큼 크지 못했습니다. 한푼의 외부 원조 없이 대학을 키워 나가려면 할 수 없이 그런 일도 할 수 있었을 겁니다.

좌우간 나라는 사람은 대학을 그런 시대가 지나간 뒤에 어떻게 보면 부정이라고 얘기할 수 있는 그런 수단으로 투자해서 대학을 키워 나가는 시대가 지나서 이제는 한 명의 정원 외 학생도 뽑을 수 없고 동전 한 닢도 기부 받아서 뽑을 수 없는 시대에 대학을 시작했습니다.

그래서 많은 사람이 '저 친구 왜 대학을 시작했나' 물어오는 사람도 많습니다. 나는 옛날에 가톨릭의과대학을 시작하고 키웠습니다. 그 대학을 시작할 때 저는 아직 40대 미만의 청년이었습니다.

미국 가서 공부하고 나와서 대학에 몸을 두게 되었는데 2학년

1학기에 들어갔습니다. 그 대학은 학생 정원이 45명이었어요. 예과 2학년이니까 90명이 학생 정원인데 학생 수가 287명이었어요. 현재 명동성당 안에 학교가 있었는데 전임교원도 없고 교무과장 한 사람과 수위 한 사람이 있었어요. 첫날 조회하는 날 등록 마감일이 1개월 정도 지나 있었는데 등록률이 20%밖에 안 돼요. 그래서 등록하지 않으면 제명처분할 테니 빨리 등록하라고 했더니 어떤 학생이 등록 안 하면 학교 못 다닌다는 말이냐고 물어요. 무슨 소린가 했더니 돈 없으면 공부 못한다는 사상을 가진 분은 우리 대학에 교수로 모실 수 없습니다라고 소릴 질러요. 참 큰일났습니다. 나중에 알아보니 학생회 간부, 가톨릭학생회 간부 전부는 등록하지 않도록 돼 있어요. 그리고 학생 수의 상당수가 명동에 있는 깡패예요. 경찰에 붙잡힐 일 있으면 전부 학교로 와서 교실에 앉으니 45명이 정원인데 학생 수가 100명이 넘어 강의실이 꽉 차요.

공부 안 하고 하도 떠들어서 강의를 할 수가 없어요. 그래서 첫 학기에 70명을 내쫓고 1년 뒤 176명 내쫓아 학생 수가 100명 이하로 떨어졌어요. 그러니 쫓겨나간 학생들이 가만있을 리가 없죠. 떼지어 다니면서 야단이었고 문교부에 투서해서 조사까지 나왔어요. 그런 일을 겪으면서 학교 만들었습니다. 가톨릭대학 2~3회 졸업생치고 나한테 얻어맞지 않은 학생이 없었을 정도예요. 때리지 않으면 안 될 정도로 학생이 학생답지 못했어요. 어느 학생은 얻어맞아 보름 동안 학교에 못 나왔을 정도였죠. 그렇게까지 해서 사람 만들었어요.

그때 가톨릭대 졸업생들이 지금은 머리가 허옇고 아들 딸 대학 보내게 되었어요. 그 사람들을 내 손으로 키웠어요. 이 사람들이 사회에 나가 좋은 일 하는 제자 많지만, 그중 몇몇 졸업생은 참으로 내가 저 사람을 가르쳤다는 것이 부끄러운 사람도 있습니다. 사람 키우는 것이 이렇게 힘들다는 것을 알았습니다. 나는 다시는 교단에 서지 못하겠다. 교단에 설 사람은 따로 있지, 나 같은 놈이 교단에서 학생들을 가르치니 저 모양 저 꼴이 되는구나 하고 다시는 교육계에 손대지 않으려고 했습니다.

현재 나는 병원 몇 개를 가지고 있고 의료계 종사하면서도 대학을 할 생각은 없었어요. 내 꿈은 큰 연구소와 의학도서관을 하려고 했습니다. 동양에서 제일 큰 의학계의 중심 되는 의학도서관을 가지려고 외국에도 많이 다녔고 거기에 대한 자료도 많이 수집했습니다.

솔직히 말해서 교육에는 손댈 자격이 없는 놈이라고 나 자신 생각했는데 그만 이렇게 되고 말았습니다.

여러분 이사장이란 사람은 교육하기 위해 교단에 설 자격이 없는 사람이란 것은 알았습니다. 그러나 대학을 뒤에서 뒷받침해 줄 수는 있습니다. 이제 맡은 책임이라면 대학은 대학다워야 하지 남들이 하니까 나도 한다는 대학은 안 합니다. 능력이 없어서 시시한 이류, 삼류 대학을 만들려면 차라리 대학을 문 닫고 말겠습니다. 이것은 확실합니다.

대학은 대학을 운영하는 경영자가 있어야겠으나 아주 중요한 것은 학생과 교수들입니다. 아무리 애써도 훌륭한 교수와 학생을 키워 나가지 못한다면 그 대학은 문 닫아야 합니다. 대학은 사람을 기르는 것이지 사람을 망치는 곳은 아닙니다. 대학을 잘못 다니면 여러분을 망칩니다. 여러분이 정신 차려야 합니다.

대학이 시시하면 다니지 마십시오. 시시한 대학은 절대 다니지 마십시오. 그건 여러분 일생에 해를 주면 줬지 도움을 주진 못합니다.

그러나 지금 이 대학은 그야말로 꿈을 안고 있는 대학입니다.

나는 이 책 저 책 읽는 중에 이런 책을 읽었습니다.

맹자의 인생삼락론人生三樂論이 있습니다. 인생에서 3가지 즐거운 일이 있는데 그 첫째는 부모님 살아 계시고 형제들 건강하고 둘째는 하늘을 우러러 서나 땅을 내려다보아도 부끄러움이 없이 떳떳하게 살 수 있는 것이 즐거움이요. 셋째는 천하 영재를 모아 가르치는 것입니다. 나는 책 읽으며 나도 그런 즐거움을 가져 볼까 하는 생각을 해봤습니다.

내 개인의 사사로운 얘기라 우습지만 나는 이북에서 8·15광복 후에 부모님을 모셔 왔습니다. 내가 7남매인데 부모님과 7남매가 다 내려와 오늘날까지 건강하게 살다가 3년 전 88세로 아버님이 돌아가시고 현재 92세인 어머님이 생존해 계십니다. 7남매 모두 생존하고 7남매의 자식 모두 생존하고 부모님도 살아계셨고 현재 건강하고 온 집안이 화목하게 지내고 있습니다.

참 즐거워요.

지금까지 육십 평생 살아왔지만 남한테 부끄러운 일 안 했어요. 어디 나가 숨으려고 하지도 않습니다.

맹자가 얘기한 인생 3락 중 한 가지를 못 했어요. 하다가 실패했어요. 그러나 여생 또 한 번 천하 영재 모아 가르치는 것이 그렇게 즐거운 것이라면 어디 한 번 해볼 만한 일이겠구나 하는 생각이 맹자 책 읽으며 들었어요.

또 중국의 관자라는 사람이 말하길 일 년 계획에 으뜸가는 것은 곡식을 심는 것이요 ― 일 년이면 곡식 추수가 되니까 ― 10년 계획에 으뜸가는 것은 나무를 심는 것이고 종신 계획에 으뜸가는 것은 사람을 기르는 것이다. 종신 계획이 그렇게 으뜸가는 것입니다.

참사람 기르는 것이 즐거운 일이지만 어마어마하게 힘드는 일입니다. 가톨릭대 경영할 때는 밤잠도 자지 못했습니다. 나는 숙소가 없어 가톨릭대학 지하실 시체 탱크 옆에 가족과 같이 살았습니다.

존 F. 케네디는 국가 발전이 교육 발전을 우선할 수 없다고 했습니다. 그 나라가 잘되려면 국가를 발전시키기 전에 교육을 발전시켜야 한다고 했습니다.

지금은 그만두었지만, 서독 브란트 수상은 국력의 바로미터는 군사력도, 생산력도 아니고 교육력이라 했습니다. 그만큼 교육은 중요합니다.

여러분 생각해 봅시다. 우리나라가 지금 어떻게 사는지 아십니까. 어떻게 해서 경제발전이 되었는지 여러분 잘 알 겁니다. 우리나라의 경제가 발전된 가장 가까운 동기는 월남전에 참전한 것입니다. 국제 사회에서 많은 욕을 먹습니다. 그러나 우리는 젊은이의 피를 팔았어요. 월남이란 땅에 우리 젊은이들의 피를 팔아 경제가 일어나기 시작했어요. 그 다음에 우리나라의 경제가 일어나기 시작한 것이 중동입니다. 지금 중동지방에 약 10만 명의 우리나라 사람이 있습니다. 여러분 지금 해외 나가는 근로자라고 어떤 사람은 멸시할지 모릅니다. 그러나 그 사람들은 우리나라 어떤 장관보다 국위선양하고 있습니다. 섭씨 50C 더위랍니다. 상상해 보십시오. 도저히 중동사람도 밖에 못

나가는데 유독 한국 사람은 그 더위에 나가서 불도저를 굴리고 있습니다.

우리나라가 할 수 있는 것은 무엇이나 사람입니다. 사람밖에 없습니다. 우리나라에 무엇이 있습니까. 우리는 인력을 키워야 합니다. 인력을 키워야 이 나라가 일어서지 인력을 키우지 않으면 일어서지 못합니다. 그러나 그 인력은 과거에는 질이 높지 못한 노동력을 팔았지만 이젠 고급 인력을 팔아야 합니다. 고급 인력을 가지고 세계에 나가야 합니다.

조금 전에 여기 성당 축성식을 하느라고 박도마 주교를 만났는데 그분은 아일랜드인입니다. 아일랜드는 인구가 300만인데 미국에 거주하는 사람이 800만이라고 합니다. 거기서 존 F. 케네디가 나왔죠. 하여간 우리나라에서 개발할 것은 사람밖에 없습니다.

좌우간 고급 인력을 양성한다는 것은 국가적인 차원에서 지극히 필요한 것이고 여러분이 그 국가의 중심이 될 사람입니다.

한림대 특강 요지(2)

여러분 대학에 와서 무엇을 하려는지 생각해 봅시다. 길가는 사람 붙잡고 어디 가십니까 하고 묻는데 나 지금 어디 가는지 모르겠다고 하면 그 사람을 어떻게 보겠습니까. 여러분은 지금 이 대학에서 어디로 가고 있습니까. 나 자신 어디로 가려고 이 대학에 와 있습니까. 한 번 깊이 생각해 봅시다. 정말 어디로 가려고 서 있습니까. 길 가는 사람에게 어디로 가는지 모르겠다고 하면 정신이상이라고 생각하는 것과 마찬가지로 여러분이 이 책상에 앉아 있는 것이 어디로 가나 무엇 때문에 앉아 있는가? 내가 무엇 때문에 앉아 있는지 모르겠다고 하면 어떻게 되겠습니까.

우리는 확실히 무언가 어디로 가겠다는 목적을 가져야 하겠습니다.

여러분은 여러분이 가진 능력을 계발하려고 이 대학에 와 있습니다.

창조주는 인간을 만들 때 인간 하나하나에게 십인십색, 백인백색의 천부 재능을 주었습니다. 하나님은 인간을 한꺼번에 만든 것이 아니라 하나하나 정성 들여 만들었습니다. 그래서 사람마다 다른 재능을 주었습니다. 인간은 기성품이 아니고 인간은 무한한 능력을 갖춘 잠재적 능력을 스스로 얼마나 계발하는가에 인생의 성패가 달려 있습니다.

여러분은 여러분의 인생을 사는 것이지 다른 사람이 여러분 인생을 살아주지 않습니다. 많은 사람이 내 인생을 다른 사람이 살아주는 것으로 착각하고 있습니다. 나 한 사람, 나 하나하나 감탄스러울 내가 어디로 가는지 모르고 서 있다면 곤란합니다.

자기의 주체성을 찾아내자 그런 얘기입니다.

모든 세포에 핵이 있는 것과 마찬가지로 여러분에게도 핵이 있습니다. 그 핵을 찾아내야 합니다. 그것을 찾는 것은 누가 찾느냐 여러분 자신이 찾아내야 합니다.

이런 얘기가 있습니다. 위대한 사람이 된다고 하는 것은 저 위대한 사람이 되는 것이 아니라 바로 자기 자신을 찾는 것입니다. 자기 자신을 찾는 것 그것이 중요합니다. 요즘 사람은 기성세대가 이래서, 정부가 이래서, 누가 이래서 하곤 합니다.

내 인생 살아가는 데 기성세대가 무슨 관계입니까. 핑계되는 습관은 없애야 합니다.

왜 그렇게 기성세대 욕 많이 합니까. 기성세대는 젊은 세대 안 살아 본 것같이 얘기합니다. 난 여러분 욕하려는 것은 아닙니다. 그러니 나를 욕하지 말아 주세요. 여러분은 여러분 인생을 살아야지 내가 여러분 대신해 절대로 살아주지 않습니다.

나 자신 찾아내서 내가 필요한 사람, 영어로 need people이 되어야지 needy people이 되어선 안 됩니다.

우린 남한테 필요한 사람이 되어야 합니다. 나한테 필요하고 내 가정에서 필요하고 사회와 국가에서 필요한 사람이 되어야겠습니다. 만약 나한테도 가정에서도 사회 국가에서도 필요 없다면 그것은 무용지물이라고 합니다. 무용지물이 되면 되겠습니까. 나 자신을 찾는 데 힘든 일이 많습니다. 항상 내 안에는 2가지의 내가 있습니다. 아주 게으른 내가 있고 아주 부지런한 내가 있고 아주 나약한 내가 있는가 하면 아주 용기 있는 내가 있습니다. 아주 지혜로운 내가 있는가 하면 아주 어리석은 내가 있습니다. 이것은 내가 컨트롤하고 계발해야겠습니다. 플라톤은 인간의 처세순위를 자기가 자기를 이기는 것, 극기가 으뜸이라고 했습니다. 한자에서의 남男은 전田에 나가 힘 가지고 노력해야 합니다.

발명가 에디슨은 천재는 99%의 땀과 1%의 영감이라고 했습니다. 노력해야 합니다. 왜 내가 능력이 없습니까. 학문이나 예술에는 왕도가 없습니다. 특별한 지름길이나 특별한 수가 없습니다.

여러분 노력하고 있습니까. 스스로 반성해 보세요. 반성은 항상 해야 합니다.

내가 옛날에 고등학교 다닐 때 일제 강점기 일본인 공민 선생이 있었는데 학생들에게 반성록 써 오라 해서 갖다 바쳐야 했는데 참 차원 낮은 사람이라고 욕했어요. 학교 공부하고 운동하고 집에 왔다 갔다 하는데 무슨 반성을 하라는 것이냐고 비판했습니다. 그러나 이제 나이 들어보니 그때 그 가르침이 훌륭했구나 하는 생각이 듭니다. 방법이 나빴는지 모르나 하여간 학생들에게 반성하는 습관을 지니게 하는 것은 좋습니다.

나는 가톨릭 신자인데 『오늘도 새롭게 하소서』란 책이 있습니다. 하루하루 날짜가 있는데 하루 3분간 묵상하며 성경 암송이나 명언을 접할 수 있어 남에게도 곧잘 권하고 선물도 합니다. 항상 스스로 반성하고 게을러지는 날 용기내서 부지런하게 만들고 나약해지는 날 용감하게 만들고 이런 것을 할 수 있도록 스스로 매일 반성해야 합니다. 여러분, 마치 윤리 선생 같은 얘기지만 이것은 사실입니다.

어떤 사람이 현대인이 저지를 수 있는 정신적 범죄 3가지 중 첫째 모르면서 배우지 않는 것, 성실하지 못하다는 것입니다. 내가 알지 못하는 것을 배우지 않아요.

둘째로 알면서 가르치지 않은 것. 아주 이기적이에요. 우리는 배우는 데 겸손해야 합니다. 겸손하지 못하면 배우지 못합니다. 그런데 자칫 잘못하면 사람들이 겸손하지 않고 교만해집니다.

나라마다 중한 죄가 다른데 우리나라 경우에는 살인죄가 제일 크다고 하는데 그리스에는 교만한 죄가 커서 사형시킵니다.

우리는 겸손해야 합니다. 특히 배우려는 자는 겸손해야 합니다. 여러분 중에도 내가 너보다 낫다고 교만 피우고 오만한 사람이 있습니다. 그 사람은 제일 못난 사람입니다. 또 가장 못날 수 있는 사람입니다.

그리고 우리는 배우려면 항상 진보해야 합니다. 무언가 매일 매일 얻는 것이 있어야 합니다. 어제도 오늘같이 지나면 안 되고 오늘도 어제같이 그냥 지내면 안 됩니다. 오늘은 어제보다 무언가 나아져야 합니다. 여러분 일상생활에서 반드시 나아져야 합니다. 글자 하나라도 어제 몰랐던 것 오늘 알아야 합니다. 그것이 중요합니다. 돈 냈으면 낸 것 이상의 수확이 있어야 합니다. 항상 얻어야 합니다.

또 젊은 사람은 자꾸 활동해야 합니다. 배우는 것을 반드시 생각하여야 합니다. 사람은 생각하는 갈대라고 합니다. 우리는 자꾸 생각하여야 합니다. 대학교육은 스스로 능력 계발하는 것이지 주입식 교육하는 게 아닙니다. 강의 시간에 학생 모아놓고 선생이 주입식 교육하던 때는 지났습니다. 왜냐하면 여러분 아시다시피 이 많은 문명정보를 어떻게 교수 입을 통해서만 여러분 두뇌에 전달할 수 있겠습니까. 도저히 할 수 없습니다. 어느 교수가 그런 생각하고 있다면 그것은 모자라는 사람입니다. 어느 학생이 교수에게서 터득한 것으로만 대학생활을 완전하게 하겠다고 생각한다면 그것도 모자란 생각입니다.

여러분 스스로가 자율적으로 학습하는 습관을 지녀야 합니다. 스스로 무언가 하겠다는 생각이 여러분 능력을 자꾸 계발하게 됩니다.

1930년에 스탠퍼드 대학 어느 교수가 학생에게 수학 시험을 치르게 했는데 수학 문제 5문제하고 옆에 2문제를 내놓고 이런 문제도 있으니 한 번 풀어보라고 했습니다. 한 학생이 늦게 와서 시험을 보는데 열심히 5문제 풀고 옆에 2문제를 가지고 애쓰다가 시험지를 내면서 교수에게 3일만 시간 주면 해보겠다고 하자 교수가 빙그레 웃으며 그러라고 했습니다. 3일 뒤 2문제 중에서 1문제를 풀어서 왔어요. 교수가 학생에게 넌 늦게 와서 5문제는 시험문제이고 나머지 2개는 이런 문제도 있다는 것을 알려준 것인데 시험 보기 전에 내 얘길 못 들어서 아직 세계적으로 숙제로 남아있는 이 문제를 풀었다고 했어요. 그후 학생은 교단에 서게 되었어요. 사람의 능력은 하고자 하면 하는 것입니다. 스스로 자기 능력 계발하려는 의욕이 없어서 못 하는 것입니다. 만일 그 학생이 제시간에 들어와서 그 2문제가 수학계에서 풀지 못하는 문제라고 참고하라는 얘기 들었다면 수학 문제 못 풀었을 것입니다. 그러나 이 학생은 그것이 시험문제로 알고 죽자 하고 풀어서 위대한 수학자가 되었습니다.

대학은 지식을 전달하되 상상력을 풍부하게 하여 지성과 창조력을 양성하는 곳이지 주입된 지식을 암기하는 곳이 아닙니다.

앨빈 토플러는 고도 산업사회대학에서는 어떻게 배울 것인가 How to learn 어떻게 공부할 것인가가 중요하다고 했습니다. 문맹은 글 모르는 것이 아니고 어떻게 배울 것인가를 모르는 것이 문맹이라고 했습니다.

우리가 사는 현대의 문명은 얼마나 빨리 변화하는지 모릅니다. 우리는 지금 컴퓨터 시대에 살고 있는데 어마어마한 정보가 하루에도 수없이 쏟아져 나옵니다. 그것을 어떻게 주입식 교육으로 이 조그마한 두뇌에 암기할 수 있겠어요. 그래서 빠른 속도로 변하는 사회의 변화에 대처하는 능력을 기르는 것이 교육입니다. 미국의 대학은 커리큘럼이 교수 강의가 40시간으로 짜인다면 20시간 못 되는 16시간이 모두 학생 자율시간입니다.

학생들은 강의실보다 도서실이나 시청각실에 혼자 앉아서 공부합니다.

내 슬픈 얘기 하나 할게요.

이 대학 문 열 때 학장, 부학장이 대학 도서관 지을 자리가 너무 좁아 도저히 안 된다고 하는 걸 내가 이뤄놨습니다.

난 춘천에 오면 제일 먼저 도서관부터 옵니다. 학생이 10명 이상 앉아 있는 걸 못 봤어요. 여러분 어떻게 하려 그럽니까. 다른 대학 보세요. 서울대 도서관은 아침 5시 전에 가야 자리를 차지한다고 합니다. 저는 실망했어요. 여러분 중에 "꼭 도서관에서만 공부하나 기숙사에 들어가서 하는 데 괜히 그래" 그렇게 말할 사람이 있는지 모릅니다. 제발 그렇게 해주십시오. 진심으로 바랍니다.

내가 이 대학 만들 때 중점 둔 것이 도서관과 시청각실, 체육장입니다. 테니스코트가 몇 개입니까? 부학장이 운동 좋아합니다. 몇 개 더 만들어야지 이것으로 되겠느냐고 그러면서 비싼 돈 들여서 해놨는데 몇 사람이나 이용합니까. 빈들빈들 잔디밭에서 뒹굴뒹굴하니 이것 어떡합니까. 만들었는데 왜 여러분 체력양성에 활용 못 합니까. 몸이 튼튼하지 못하고 사회에 나가 성공 절대로 못합니다. 확실히 우리가 생존경쟁에서 이기려면 체력이 튼튼해야 합니다. 체력이 튼튼하다는 것은 체력단련을 해야 튼튼해집니다. 하고많은 날 잔디밭에서 뒹굴뒹굴해서야 체력단련이 되겠어요.

축구장을 만들어 놨는데 잡초만 무성해 있어요. 이거 야단났습니다. 내년엔 체육선생 더 데려다 때려서라도 운동시키려 합니다. 여러분 전문지식 배우기 전에 체력을 길러야 합니다.

한림대 특강 요지(3)

여러분이 커서 국제무대에 나가려면 체력을 튼튼하게 해야 배짱 생기고 떳떳하게 나갈 수 있습니다. 그렇지 못하면 외국 사람 앞에 나가 코만 빼고 비실거리게 되고 체면 서지 않습니다.

운동하십시오. 기숙사에 있는 학생들 아침 6시에 깨우는 건 신선한 공기 마시며 뛰어서 체력 양성하라고 그러는 겁니다.

현대 대학은 그전 대학과는 아주 달라지고 있습니다. 대학은 심오한 사상이나 영원한 진리 탐구하는 상아탑이라고 했던 시대는 지나가고 급변하는 산업사회에 적응하는 사회에서 필요한 기술이나 직업에 필요한 기능 익히기는 기술학교나 전수학교로 자꾸 떨어져 갑니다.

대학은 그런 곳이 아닙니다. 대학은 여러분을 직업인으로 키우는 곳은 절대 아닙니다. 물론 졸업하고 직업 택하겠으나 대학은 무한한 가능성을 가지고 여러분이 어떤 직업도 택할 수 있는 능력을 키우는 곳이 대학입니다. 대학이 자꾸 실용적인 지식만 취하므로 대학이 기술학교로 낙후되고 있습니다. 과학 문명이 자꾸 발달하니까 과학이 도덕을 대신합니다.

도덕·윤리가 무시되고 대학교수도 연구하는 것보다 교수하는 것으로 겨우 직업을 감당하는 시대가 되었습니다. 이렇게 해서 결과적으로 젊은 사람들에 대한 인격교육 인간교육 또 삶에 대한 내면의 가치관도 터득하지 못한 채 대학 문을 나서게 됩니다. 급변하는 현대 산업화 시대에는 기술의 극대화와 도덕 극대화의 조화가 이루어지지 않습니다. 그 조화를 이루려는 것이 대학의 노력이며 기술학교로 전락하지 않도록 대처 능력 길러 주면서 지적 인격적 교육 심어 주는 것이 대학의 사명입니다. 이런 것은 교수들과 학생들의 소위 지적인 만남을 통해서 이루어집니다. 거기서 진지하게 인생의 행복이 무엇인지 알아야 합니다. 기술학교 다닌다고 생각해서는 안 됩니다.

미래사회는 어떤 사회가 올 것인가? 앞으로는 고등교육이 폭넓게 보급되는 시대, 고등교육을 받지 않고는 사회에 대처해 나가지 못하는 시대가 됩니다. 이런 고등교육이 폭넓게 보편화되는 시대가 되면서 우린 소위 먹는 것으로부터의 빈곤에서는 해방되었습니다.

여러분의 부모까지는 보릿고개라는 서글픈 시대를 거치면서 살았습니다.

굶주림 없는 시대가 되면 우린 정신적 문화를 찾게 됩니다. 물질적 생물학적 욕구가 채워지면 우린 문화를 찾게 됩니다. 또 빈곤에서 해방되면서 자아실현, 스스로를 찾으려고 노력합니다.

우린 기계문명이 하도 발달해서 기계의 노예화가 되는 시대에 살고 있습니다.

기능사회가 극심해져 극심한 경쟁사회가 닥쳐옵니다. 나를 찾는다는 얘기에 붙여 부언해 보면 10년 전 일본에는 일본이란 무엇이냐라는 운동이 한창이었습니다. 일본이 무엇이냐. 나는 무엇이냐. 일본이 경제에 어느 정도 풍요해지니까 그런 운동이 생겼어요. 우리나라도 현재 일본 교과서 왜곡 문제로 떠들썩하고 한국이 무엇이냐 하는 한국학이 각광 받는데 스스로를 찾겠다는 것이 일본 교과서 왜곡 때문이 아니라 궁핍에서 벗어난 역사적 흐름입니다.

앞으로 우리를 찾으려는 시대가 옵니다.

앞으로는 고속도로 시대입니다. 고속도로는 추월을 할 수 있게끔 길을 닦아 놓았습니다.

우린 저 사람을 추월해야 하는 시대에 살고 있습니다.

지미 카터가 대통령 되기 전에 책을 펴냈는데 거기에 보면 첫째 미국 정부는 정직할 수 있는가? 둘째 미국 정부는 유능할 수 있는가라는 것이었습니다.

고속화된 산업사회에 들어가 이 두 가지가 잘못되어 정직하면 무능하다. 유능하면 부정부패 범하는 시대가 되었습니다. 우리는 정직하면서 유능하게 살고 유능하면서도 부정부패에 타협하지 않고 정직할 수 있는 시대를 만들어야 합니다.

우리는 아주 빨리빨리 변화해 가는 시대에 대처해 정직을 잃지 맙시다.

빨리빨리 살아야 합니다. 잔디밭에 누워 있지 말고 일어나 앉으세요. 일어나 앉지 말고 서세요. 서지 말고 걸으세요. 걷지 말고 뛰세요. 뛰지 말고 나세요. 그런 시대가 왔습니다. 음악으로 말하면 안단테가 아니라 알레그로 비바체입니다.

생활도 1일 생활화입니다. 그야말로 국제시대에 살고 있습니다. 10만 명 넘는 중동의 근로자들을 외국에서 눈을 도사리고 보고 있습니다. 다 우수합니다.

섭씨 50도에 불도저 몰고 있습니다. 무서운 민족입니다. 의사 수 1만 8천 명인데 4천 명이 미국에 나가 있습니다. 우리 민족이 웅비하는 시대입니다. 잔디밭에 앉아있을 시대 아닙니다. 국제 사회에 나올 때가 왔습니다. 자꾸 조그마한 속에서 아웅다웅하지 맙시다. 교가에도 있지요. 우리들의 높은 기상 오대양 육대주에 우리들의 기상 펼칠 때입니다.

우린 그렇게 하기 위해서 매일 노력하는 습관을 길러야 합니다.

중국 하나라의 탕왕은 폭군인 걸왕을 내쫓고 왕이 되었는데 세숫대야에다 "일신 우일신日新 又日新(매일 매일 새롭고 더욱 새롭다)"라고 써놓고 세수할 때마다 보고 각오 새롭게 하여 명군이 되었다고 합니다. 매일매일 새롭게 하는 습관 가지고 좀더 큰 것에 눈을 두고 세계인이 됩시다.

여러분 중에 고등학교 때 과히 성적이 좋지 않아 이 학교에 온 학생도 있을 겁니다. 입학식 때 얘기했듯이 과거를 잊고 새롭게 살아 봅시다. 난 과거에도 공부 못했고 과거에도 능력 없었는데 나한테 무슨 능력이 있어 개발할 것인가라는 생각을 하는 사람이 있을지 모릅니다.

프랭클린 루스벨트는 39세에 소아마비에 걸렸습니다. 가족과 요트 휴가를 즐기던 중 심한 두통과 열로 소아마비가 되었어요.

51세 때 대통령 되어 미국에서는 첫 번째로 4선 대통령이 되었습니다. 그 사람은 몸의 불구를 조금도 느껴보지 못하고 몸의 핸디캡을, 하반신 마비된 것을 능력 없다고 생각해 본 적이 없는 사람입니다. 소아마비로 10년 동안 글 쓰며 나는 클 수 있다는 자신감 속에 생활하다

4선 대통령까지 했습니다.

영국 처칠 수상은 정치가, 저널리스트, 회화가, 노벨문학상 수상 등 유명한 사람입니다.

그분은 일생은 온갖 득의와 실의, 행운과 불행 등이 엇갈렸습니다. 공작의 아들로 태어나 육군 사관학교에 들어가 20세 때 아프리카에 참전해 포로로 생활하다 탈출했습니다. 온갖 실의에 굴하지 않고 총선거 패배로 수상직 내놓고도 백전불굴 정신 가지고 다시 수상이 되기도 했습니다.

나 자신 능력 없다고 좌절 말고 과거에는 없었지만, 오늘은 새롭게 각오하는 자신을 가져야 합니다.

우리나라 망한 것 일본사람 때문에 망한 것 아닙니다. 나 자신을 키워야 합니다. 일본사람을 자꾸 욕합니다. 그러나 내가 못나서 수모 당하지 내가 잘나면 어림도 없어요. 나 자신의 잘못은 뒷전에 둡니다. 원통하고 분하면 성공하세요. 극일克日이란 말 많이 합니다. 일본 이기자 아닙니다. 우린 극일을 할 것이 아니라 서양 사람도 이겨야 합니다.

일본사람이 한국 식민지 3가지 정책이 한국사람으로 하여금 나는 못났다. 나는 못났다 하는 생각으로 한국인 스스로가 업신여기는 정책이었습니다.

문화 없애기 위해 역사 가르치지 않고 말 못 하게 했습니다. 한국사람을 일본사람으로 만들려고 했습니다.

식민정책 영향 받은 우리 같은 사람은 열등의식 속에서 평생 보냈지만, 여러분은 어깨 펴고 가며 일어 안 쓰고 영어 씁니다. 나처럼 옹졸한 인간 되지 말고 떳떳하고 자신 있는 사람이 됩시다.

더 이상 긴 얘기 하지 않겠습니다. 좌우간 우리는 용기를 가지고 열심히 열심히 노력해 봅시다. 감사합니다.

〈성심월보 89, 1982년 10월 15일〉

대학발전을 위한 제언
물적 자원에 대하여

본인은 정기적으로 이루어지는 교수연찬회에 참석하여 여러분들과 대화를 나누고 본인이 가지고 있는 꿈을 여러분들에게 펼쳐주고 그것을 비판받고 토론하고 합심하는 계기를 마련하는 것을 큰 보람으로 생각하고 있습니다. 대학을 건설하는 데는 충분한 물적 자원과 훌륭한 아이디어와 참신하고 활력 넘치는 인력이라는 3가지 요소를 갖추어야 한다고 합니다.

　　요즈음 대학 건물 건축이 불가피한 사정으로 약간 지연되고 있어서 혹 어떤 교수들은 재단의 재정난 때문이 아니냐고 근심하는 사람도 있는 줄 알지만, 대학 개교 3년도 못 돼서 재정난 같은 문제가 있다고 한다면 애초에 대학을 시작하지 않았을 것입니다. 이런 물적 자원에 대해서 우리는 크게 근심할 것은 없지만 쉽게 생각하듯이 조급하게 모든 일이 이루어질 수는 없습니다. 더욱이 백 년 앞을 내다보아야 할 대학의 건물과 시설은 경박하게 또는 성급하게 외양만 갖추려고 노력하지 말고 하나하나 서두르지 말고 차분한 계획과 실수 없는 진행으로 오랜 세월을 두고 하나하나 다듬어 나가야 할 일입니다. 또 여기에는 금전만 가지고 해결하지 못할 많은 문제가 뒤따르고 있습니다. 돈만 있으면 학교 건물이 금방 세워질 것 같지만 결코 그런 것은 아닙니다. 하여간 재정적인 뒷받침에 대해서는 이 대학은 조금도 우려하지 말고 우리의 꿈을 키워 나갑시다.

아이디어에 관하여

어떻게 하면 훌륭한 대학, 어떻게 하면 모든 젊은 학도들이 동경하는 그런 대학이 이루어지고 그 대학이 내놓는 성과는 이 국가의 앞날에 길잡이가 될 수 있으며 고도의 학문적 권위를 자랑할 수 있는 연구를 세상에 내놓는 그러한 대학이 되게끔 할 것인가? 우리는 오늘 그것을 연구하기 위해서 이 자리에 모인 것입니다. 우리 교수들은 한 사람도 빠지지 말고 이 대학을 어떻게 하면 훌륭한 대학으로 만들 수 있을 것인지에 관한 연구를 게을리 하지 맙시다. 우리 대학을 이끌어 나갈 기본적인 길잡이인 이념은 확립되어 있고 목표는 세워져 있다고 하지만, 그러한 이념을 달성하기 위한 우리들의 노력은, 부단한 연구와 풍부한 의견교환을 통해서 많은 견식을 넓혀 가면서 이 어려운 작업이 이루어질 수 있는 것입니다.

인력에 대하여

인력은 크게 나누어 교수 인력과 학생 인력이 주도적 역할을 하겠지만 그에 못지않게 그를 뒷받침해주는 행정인력 또한 무시할 수 없습니다.

1) 교수 인력에 대하여

본인이 여러분들에게 교수나 학생에 대해 본인의 의견을 피력할 자격이 충분히 있지는 못합니다. 그러나 본인의 소망과 평소의 신념이 여러분들의 교수 생활에 도움이 될 수 있을까 해서 몇 가지 얘기를 추려봅니다.

첫째, 우리 대학에 부임한 교수들은 우리 대학의 이념과 교육목표를 충분히 이해하고 있는가를 묻고 싶습니다. 풍부한 인간성과 창조적 지성을 지닌 인재를 양성하기 위해서 폭넓은 문화적 시야를 길러 주고 고도의 윤리적 판단력, 활력 넘치는 육체적 건강을 배양하는 것을 이념으로 한다는 우리 대학의 건학이념은 간판을 걸기 위한 우리 대학의 장식물이 결코 아닙니다. 모든 교수는 내가 몸담은 이 대학은 무슨 꿈을 품고 있어서 그런 꿈을 키워나가는 물결을 타고 있다는 확실한 확인이 절대로 필요합니다. 이러한 이념이라는 배를 타고 우리는 수시로 학생들에게 우리의 이념을 인식시키고 그들의 동참을 강력히 요구해야 합니다. 우리는 언제나 우리의 건학이념을 되풀이하여 반성해 볼 필요가 있습니다.

둘째, 대학교수는 자칫 잘못해서 보수적이고 현실에 만족하여 안주하려고 해서는 안 됩니다. 과거지향적이고 폐쇄적인 자세에서 과감하게 탈피하여야 한다는 것을 항상 결심하고, 새로운 안목으로 발전하는 미래사회를 바라보며, 우리 대학의 건학이념을 바탕으로 교육목표를 설정해서 힘찬 전진을 하여야 할 것입니다.

셋째, 우리 대학의 각 학과는 학과 나름대로 그 학과의 이념과 목표를 확고히 설정하여야 합니다. 이러한 목표를 설정하였기 때문에 거기에 도달하는 교육과정을 연구 설정하여야 합니다. 이 학과는 왜 존재하며 여기서 나는 무엇을 연구하고, 가르쳐야 하고, 여기서 키워 낸 학생들은 앞으로 어떤 목표를 달성할 어떤 인간이 될 것인가를 확실히 알아야 합니다.

내가 속해 있는 학과가, 이 대학이 종합대학으로서 또는 여러 학과가 갖추어 있기 때문에 구색을 갖추기 위해서 있는 학과가 되어서는 결코 안 됩니다. 내 학과는 왜 있는지, 그 존재가치를 확인하여야 하며 확고한 신념을 가지고 내 학문을 닦아 주기를 바랍니다. 다시 말해서 내가 속해 있는 학과를 통해서 이 대학에서 생활하고 있는 내 삶의 의미를 찾아내야 한다는 뜻입니다.

넷째, 모든 학과 또는 학문 분야는 옹졸한 벽을 쌓아 소위 일컫는 '전문 바보'가 되어서는 안 됩니다. 내가 쌓고 있는 벽을 헐어버리고 나는 어떤 학과를 가르치는 선생이 아니고 학생을 가르치는 선생이라는 것을 알아야 합니다. 나는 역사나 영어 교수가 아니고 나는 이 대학에서 학생을 가르치는 교수입니다. 그 학생을 가르치는데 역사나 영어라는 학습 과정을 통해서 가르칠 뿐입니다. 자기 학문 분야의 벽을 쌓고 다른 학문 분야와의 넓은 세계를 바라다볼 줄 모르는 소위 말하는 '전문 바보'는 이제는 대학에 몸담을 수 없는 시대가 왔습니다.

다섯째, 대학에서는 학생들에게 지식과 정보를 주입해 주는 것이 아니고 그를 통해서 학생들의 지혜를 창출시키도록 하는 것이라고 합니다.

우리는 과연 학생들에게 지식과 정보의 주입보다 그들의 슬기를 창출해 주는 데 얼마나 연구하고 노력하였는가 반성해 봅시다.

어떤 사람은 나에게 충고하기를 능력이 없거나 자질이 모자라는 교수들은 차라리 그 대학에 없는 것만 못하며 애당초 이런 교수들을 채용해서는 안 된다는 충고를 해줍니다. 능력이 없거나 자질이 모자라는 한두 명의 교수들이 그 대학의 전체의 물을 흐려놓을 수도 있다는 것입니다. 그들은 자기 자신의 계발과 대학발전의 꿈을 키우는 것보다 부족함을 가리기 위해서 항상 건설적인 건의보다는 쓸데없는 불만과 나태의 기풍을 학교에 전파하기 때문이라고 합니다. 내가 혹시 이러한 교수가 아닐까 우리는 부단히 반성해야 하겠습니다.

교수의 기능은 우리가 다 알다시피 연구와 교육 두 가지로 나눌 수 있습니다. 학술연구는 교수의 생명선입니다.

학문적인 삶을 참되게 살아나가는 사람은 학술연구를 통해서 내면적인 기풍과 삶의 의미를 찾을 수 있습니다. 우리는 부단한 학술연구를 통해서 내 생명을 키워나가고 그러한 연구업적이 인류의 행복에 이바지할 수 있도록 합시다. 나의 부단한 연구 활동은 나를 바라다보고 있는 수많은 젊은 학도들에게 존경과 꿈을 안겨 줍니다. 나는 과연 이 연구 활동을 통해서 얼마만큼 노력했고, 또 연구 활동을 통해서 학생들에게 무엇을 주어 왔는가를 우리 모두 반성합시다.

긴 방학 동안에 우리는 얼마나 학술연구에 관심을 기울여 왔고,

몇 장의 책을 읽었는지 깊이 자신을 돌아보아야 합니다.

만일에 내가 이 긴 방학 동안에 한 권의 책도 읽지 않았고 내 학문에 관한 관심조차 기울여 보지 않았다고 한다면 나는 용감하게 이 대학을 물러나야 합니다.

우리 대학 당국은 학술연구를 지원하는 데 전혀 인색하지 않았고 또 앞으로도 인색하지 않을 것입니다.

교수의 기능은 연구와 동시에 교육에 있습니다.

교육의 기능은 우리를 얼마나 발전시켰습니까!

소위 말하는 instructional development에 얼마나 내 시간을 경주했습니까!

대학의 교육 방법은 교수는 문답을 통해서 지식을 전달하고, 학생은 그것을 받아서 여러 지식과 경험을 합쳐 동화시키는 것이라고 합니다. 이것을 문답catechization과 동화assimilation라고 합니다.

학생들의 능력을 계발해주고 교수들이 계발해준 그 능력으로 학생들이 새로운 학문 분야를 개척하게끔 해야 합니다. 이것을 개발education과 개척discovery이라고 합니다. 교수는 말하는 책이 되어서는 안 됩니다. 현재 우리가 안고 있는 모순덩어리인 입시제도와 졸업정원제는 우리 교수들이 어떻게 하면 이러한 모순 속에서 학생들을 올바르게 교육할 수 있는가를 다른 나라 어느 교수보다 더 깊은 관심을 두고 진지하게 연구해야 합니다. 여러 가지 모순된 교육제도는 교수와 학생 간의 양극화를 초래하고, 학생들 상호 간의 소원화를 결과하고 말았습니다. 교수와 학생의 접촉이 학술 전당이라는 한 공동체 속에서의 관계가 아니고 주종관계로 타락해 버리거나 사무적인 관계만을 유지하는 인간성 상실을 태연히 자행시키고 있는 학원이 되어서는 안 됩니다. 대학이라는 것이 몇 번이라는 번호 붙인 학과과정을 몇 점이라는 학점을 따서 어디까지 쌓아 올라가면 무슨 학위라는 결과만을 목표로 하는 대학교육이 되어서는 결코 안 됩니다. 대학의 교육 학습 과정이 그 결과보다도 더 중요하다는 것을 우리는 인식해야 합니다.

우리는 대학생의 일반적인 속성을 충분히 이해하면서 개개인의 학생들을 자상하게 파악하여야 합니다. 학생들은 젊음과 높은 이상과 순수한 정의감에 불타고 있습니다. 그래서 우리는 이 일반적인 속성을 결코 훼손해서는 안 됩니다.

우리가 가지고 있는 철학과 사상을 그들에게 강요만 하지 말고 그 학생들 속에 우리가 들어가서 그들을 올바르게 지도해 주어야 합니다.

결코 우리가 가지고 있는 지식과 경험이 그들에게 강요되어서는 안 되며 교수나 학생들의 관계가 주종관계로 생각되어서는 안 됩니다.

어린애가 보챌 때, 우리는 그 어린애가 머리가 비어 있는지, 마음이 아픈지 또는 배가 고픈지 알아야 합니다.

머리가 비어서 보채는 아이에게는 그림을 보여주어야 한다고 합니다. 이런 어린애에게 젖을 먹여서는 안 됩니다. 마음이 아픈 어린애에게는 따스한 사랑으로 꼭 껴안아 주어야 하는데 젖병이나마 물린다고 보채는 것이 멎지는 않습니다.

우리는 학생들 하나하나를 자세히 파악하여 그 학생들의 모자라는 것을 보충해 주어야 합니다.

기초교양과목에 대하여

본인이 잘못 전해 들었는지는 모르겠지만 의과대학 기초교양과목을 강의하는데 이러이러한 기초교양과목을 가르쳐 달라고 의과대학에서 요청하는 것을 거절하겠다는 얘기를 들었습니다.

의과대학 의예과 과정에서 무엇이 필요하건 우리는 각자 우리가 가르치고 싶은 것만 가르친다는 것입니다.

이것을 가르쳐 달라 저것을 가르쳐 달라고 하는 것은 자기 과목에 대한 영역 침범이라는 옹졸하고 터무니없는 얘기를 들은 적이 있습니다.

학문적으로 많이 논란되고 있지만, 예를 들어 순수수학 과목은 순수수학을 배우는 학생에게 가르치는 기초수학 내용과 공과대학에서 전기나 기계과 학생들에게 가르치는 기초수학과는 전혀 다릅니다. 또한 화공과 학생들이 알아야 할 수학이 따로 있고 의예과 학생이 알아야 할 기초수학이 따로 있어야 한다는 것은 상식입니다. 만약에 의과대학 의학과에서 공부하겠다는 학생들에게 순수수학을 공부하는 학생들이 배우는 기초과학을 강의한다면 어떠한 결과를 초래하겠습니까!

의과대학이라는 곳은 임상의사를 양성해 내는 데 그 목적을 두고 있습니다. 임상의사를 양성하기 위해서는 이러이러한 학과에 이러이러한 내용을 어떻게 조직해서 가르쳐야 한다는 것이 폭넓게 모든 학과의 교수들이 협조하여 연구 검토되어 학과와 그 내용이 결정됩니다. 가령 순수수학을 하는 분들에게 의과대학 학생들에게는 이러이러한 통계수학이나 무엇무엇을 가르쳐 달라는 요청을 받았을 때 그것은 내 학문분야에 대한 침범이라고 생각된다면 이러한 교수는 지금부터 50년 전에는 있었지만, 이제는 없다는 것을 확실히 알아야 합니다. 화학이나 생물, 수학과에서도 국어는 배워야 합니다.

국문학을 전문으로 연구하는 국문학과 학생들이 배워야 할 국어를 생물이나 화학 또는 수학을 이수하는 학생들에게 가르치건 말건 그것은 국문학 교수 마음대로라는 옹졸하고 전근대적인 관념에서 탈피해야 합니다. 이러한 말이 정말 공공연한 자리에서 논의가 되었다고 한다면 참으로 부끄럽기 짝이 없습니다. 사하로프는 유명한 물리학자인데 그분이 정치적인 투쟁을 하고 있다는 것을 압시다. 훌륭한 물리학자는 훌륭한 사상가입니다. 훌륭한 물리학자가 되기 위해서는 문학과 예술·정치·경제와 모든 것을 알아야 합니다. 좀더 우리는 자기 학문분에야 대한 긍지와 자신을 가집시다. 옹졸하게 벽을 쌓고 소위 말하는 '전문 바보'가 되어 낙오 인생을 살지 말고 모든 학문분야에서 나를 배우고 내가 모든 학문분야에 깊은 관심을 기울이는 참다운 학문하는 사람이 되어 봅시다.

학생문제에 대하여

문제가 되는 학생들은 다음과 같이 분류될 수 있다고 봅니다.

1. 성적 불량 학생

이 학생들에게는 3가지 유형이 있을 것입니다.

가) 기본적인 기초실력이 부족해서 학습에 대해 정신집중을 할 수 없는 학생.

나) 모순된 입시제도 때문에 자기 적성에 맞지 않는 과에 잘못 배정 misplace된 학생.

다) 학문에 대한 취미가 없는 학생들입니다.

기초실력이 모자라서 도저히 수업을 감당할 수 없는 학생은 아예 이들을 뽑지 말아야 합니다. 내년도 입학전형에는 이런 학생을 배제하는 방법을 세워야 할 것입니다.

모순된 입시제도 때문에 적성에 맞지 않은 과에 배정된 학생이라든가 기타 자기 적성에 맞는 과를 선택하고 싶은 학생들에 대해서는 그 학생의 능력을 참작해서 학내 학과 간에 전과를 유연성 있게 할 수 있도록 폭을 넓혀 주어야 할 것입니다. 학문에 대한 취미가 없는 학생은 어떻게 해서든지 학문에 취미를 가질 수 있도록 교수들의 각별한 지도와 관심이 있어야 할 것입니다.

2. 교양이 부족한 학생들이 많습니다.

가정환경이 좋지 못하든가 또는 교양 독서를 많이 하지 못해서 또는 고등학교 때에 충분한 교양 지도를 받지 못해서 대학생으로서의 품위를 훼손하는 학생들이 있습니다. 교양교육을 통한 진지한 학생 지도와 더불어 교수들의 학문에 대한 교양을 보여줌으로써 높은 품격 향상에 진실한 노력이 있어야 하겠습니다.

3. 집단행동을 일삼는 학생들이 있습니다.

이들이 자행하는 집단활동은 학내의 지적 분위기를 파괴해 버림으로써 대학 전체에 커다란 영향을 줍니다. 이런 학생들을 선동하는 외부세력의 침입은 부단히 계속되고 있을 것입니다. 학생들의 불평불만의 원인이 무엇인지를 교수들 스스로가 적극적으로 이해하고 이러한 불평불만에 대한 충분한 이해심을 가지고 학생들을 지도함으로써 잘못된 결과를 초래하지 않도록 노력하되, 무조건 학생들의 외침이 잘못된 것으로만 보고 질타할 것이 아니고 그들이 부각시키는 문제점들을 우리 전체의 문제점인 줄 알고 이것을 시정해 나가는 방향을 교수들이 적극적으로 제시해 주어야 할 것입니다. 즉 문제에 대한 해답을 교수들이 자신 있게 가지고 있어야 한다는 것입니다. 불의에 대한 저항감을 가지고 있는 젊은 기백을 꺾어서는 안 되지만 그들이 집단행동을 취하게끔 선동된 결과가 더 나쁜 많은 부작용을 일으키지 않도록 서로 토론하고 이해하며 학생 개개인을 설득하고 파악하여 문제해결에 집중적인 노력을 하여야 합니다.

4. 경제력이 빈약한 학생들이 있습니다.

본인은 기숙사를 건립하면서도 항상 마음에 걸리는 것이 있습니다. 돈이 없어서 기숙사에 들어오지 못하는 학생들입니다. 이들이 교외에서 어떤 생활을 하고 있는지 우리는 깊은 관심을 두고 그들의 생활을 자상하게 파악하여야 합니다.

근로장학금, 기타 그들이 할 수 있는 아르바이트 또는 모든 방법을 통해서라도 능력이 있는 학생들이 돈이 없어서 공부할 수 없는 일이 있어서는 안 됩니다. 돈이 없다는 사실만으로 젊은 학생들의 마음이 일그러지지 않도록 전력을 기울여 봅시다.

5. 체력이 약한 학생들이 있습니다.

인생을 살아가는 데 가장 기본적인 문제가 체력입니다. 훌륭한 체력 없이 말로만 무슨 난관을 돌파하라, 무리한 학업을 완수하라고 강요할 수 없습니다. 체력이 허약함으로써 나태해지기 쉽고, 체력이 허약함으로써 비뚤어진 마음가짐에서 벗어나지 못하기 쉽습니다. 이러한 학생들은 특별지도를 통해서 체력을 향상하는 데 힘써야 합니다.

6. 모든 면에서 희망이 없는 학생들이 있습니다.

적성에 맞지 않는 학과에서 전과할 수도 없고 흥미 없는 공부를 더는 지도해보았자 이루어지지 못하는 학생, 대학생으로서의 품위를 도저히 회복할 수 없는 학생들, 교수들이 학생 개개인에 대해서 문제 있는 학생은 철저한 특별지도를 통해서 학습지도 또는 인격 지도에 노력해 보지만 도저히 희망이 없다고 하는 학생은 과감하게 제적하여야 합니다.

학생들로부터 인기를 얻어 보려고 무더기로 A학점, B학점을 주는 소신이 없는 교수가 있어서는 안 되며 이러한 교수의 태도는 학생들을, 더욱이 젊은 학생들의 앞날을 완전히 망쳐버리는 죄악스러운 태도로밖에 볼 수 없습니다. 과감하게 이들을 제적시켜 그들의 인생의 방향을 다시 잡도록 기회를 주어야 합니다.

7. 앞으로 1년 반이면 우리 대학도 졸업생이 나옵니다.

우리 대학을 모범이 되게 하기 위해 우리의 후계자가 될 사람을 길러야 합니다. 또 그런 학생 중에 가능성이 있으면 외국 유학을 시키고, 취직을 해야 할 학생은 일자리를 알선해 줄 책임을 우리는 가지고 있습니다. 이러한 학생들 개개인을 충분히 파악하여 졸업 후의 학생들에 대한 깊은 관심을 두기를 바랍니다.

도서관 육성에 관하여

본인은 의학도서관에 대해 어느 정도 상식을 가지고 있어서 훌륭한 의학도서관을 만들기 위해서는 무슨 책을 얼마만큼 사야 한다는 윤곽은 가지고 있습니다. 그러나 다른 학과에 대해서는 전혀 아는 바가 없습니다. 많은 교수가 도서를 갖추는 데 예산의 제한을 얘기합니다. 도서 구매에는 결코 예산을 두지 않습니다. 그렇다고 무제한의 도서구입을 할 수는 없습니다. 재단의 재정이 허락하는 한에는 각종 도서 구매에는 절대로 인색할 생각이 없습니다.

도서관은 그 대학의 생명이기 때문입니다. 도서가 없이 학문 지식과 홍수같이 밀려오는 각종 과학정보를 우리가 어떻게 터득할 수 있겠습니까?

학생들에게 전달할 학문연구에 도움이 될 수 있는 도서구입에 절대로 인색하지 않을 것입니다. 모든 책정된 예산에는 구애받지 않고 분야별로 적어도 이 분야에서는 또는 대학으로서 갖추어야 할 도서는 반드시 사도록 하며 풍부한 학술잡지 등이 있어야만 국내에서 학술연구와 지식정보습득에 도움이 되겠다는 것입니다. 과감하게 도서구입에 힘써 주기 바랍니다.

외국어 교육에 관하여

기회 있을 때마다 외국어 교육을 권장하고 여러모로 그 활성화를 위하여 외국으로부터 외국어 교육을 담당할 교수를 초빙하기 위해 거기에 대해 충분히 준비하고 있으며 외국어 교육을 위한 온갖 시설을 다 할 생각입니다.

이제는 지구촌이라는 시대가 왔습니다. 세계로 나가야 할 때입니다. 세계무대에 서기 위해 우리는 국제어를 터득해야 합니다. 교수들뿐 아니라 학생들에게도 폭넓은 외국어 교육을 가질 수 있는 기회가 이 대학에서는 충분히 있다는 것을 우리 모두 인식합시다.

학교 행정에 대하여

불합리한 제도가 여러 가지 있습니다. 불합리한 제도 때문에 대학 운영에 차질을 빚게 된다면 이것은 대학의 무능이라고밖에 생각할 수 없습니다. 불합리한 제도를 과감하게 제거하는 데 교수 여러분들의 솔직한 건의를 기대하고 있습니다. 관료주의를 철저히 타파합시다. 행정이라는 것은 대학의 교수나 학생들을 지원하는 것입니다. 규정에 얽매여서는 안 됩니다. 견제하는 태도가 행정일 수는 없습니다. 관료주의는 그래서 항상 멸시받고 있습니다. 더욱이 신설된 ― 항상 쉬지 않고 약동하는 — 우리 대학과 같은 데서는 규정이나 제도에 얽매여 서는 안 됩니다. 대학의 행정은 교수나 학생들을 지원하는 부서이며, 그들의 의욕을 북돋워 주는 기구입니다. 이것이 견제하는 기구로 전락한다면 그 대학은 이미 발전할 희망이 없는 대학입니다.

훌륭한 교수를 초빙하여야겠는데 박사학위가 없어서 그 교수를 초빙할 수 없다고 한다든가, 교육을 제대로 할 줄 모르는 교수라도 연구논문만 있으면 승진을 할 수 있는 이러한 문서 행정만 가지고 사람을 판단하는 관료주의 체제를 과감하게 배격해야 합니다.

우리 대학은 훌륭한 대학을 만들려는 목표가 있습니다. 무슨 규정 또는 제도만을 지키는 것이 대학의 목표는 결코 아닙니다. 문교부에서 일률적으로 각 학과에 이러이러한 것을 가르치라고 어떤 옹졸한 문교 관리가 작성하여 문교부가 지시한 교과과정을 지키는 것만이 대학의 실태인 줄 아는, 스스로 자율을 쟁취하려 하지 않고 타율에 만족하려는 노예근성이 대학에 만연되어서는 안 됩니다. 지금 모처럼 대학이 자율을 찾으려는 희망이 보일 때입니다. 문교부가 걱정하는 것보다 더 많은 관심을 가지고 우리나라의 국가 동량을 진심으로 길러낼 수 있는 훌륭한 대학을 만드는 데 모든 정성을 기울여야 할 때입니다.

교수들의 각종 연구 또는 학생들의 실습 기자재 기타 각종 물품 청구에 있어서 엉뚱한 오해를 하는 사람들이 있습니다. 대학교수들이 신청하는 여러 가지 기자재, 학생들에게 필요한 실습 기자재 청구 등이 재단으로 올라올 때 재단에서 그 내용을 변경하거나 거절하는 일이 결코 없습니다. 모르는 사람들이 교수들이 A라는 물건을 신청하였는데 재단에서 B라는 물건을 대신 주어 쓰지도 못 하게 하고 있다는 근거도 없는 얘기를 유포시켜 학내를 교란하는 일들이 있습니다.

A라는 물건을 신청했는데 재단에서 이를 잘 모르면서 B라는 물건을 사줄 수는 없습니다. 이런 말을 유포시키는 사람은 고의로 이 대학을 파괴하려는 태도로밖에 볼 수 없습니다. 또다시 이러한 말이 나와서는 안 될 것입니다. 혹 이러한 일은 있을 수 있다고 봅니다. 대학에서 청구한 것이 지금 당장은 필요하지 않고 이 다음에 필요한 것이라 지금은 구매할 필요가 없다고 생각될 때 그것을 대학에 문의할 수는 있습니다. 그러나 아직은 한 번도 거절한 일은 없습니다.

서울대학교 자연계 대학에서 제일 문젯거리가 되는 것은 무질서한 기자재 도입입니다. 수십, 수백 만 달러의 기자재를 마구 사다가 창고에 5~6년씩 포장도 풀지 않은 채 쌓아 놓고 자꾸 기계만 사들이는 터무니없는 일이 자행되고 있습니다. 우리 대학에서는 이러한 우를 허용할 수는 없습니다.

다음과 같은 점을 이해해 주시기 바랍니다.

대학에서 구매 신청된 것이 재단에서 신속하게 교수들 손에 들어가지 못하는 경우가 있을 것입니다.

재단에서는 이러한 구매 담당 부서에 강력한 책임 추궁을 하고 있습니다. 사람이 하는 일이라 실수가 더러 있을 것입니다. 학교 당국에서도 수시로 독려하여 구매 지연이 없도록 서로 힘을 합칩시다.(完)

〈성심월보 90, 1982년 11월 10일〉

보람된 인생을 살아갑시다.[7]

들어오면서 '교양 교육장'이라고 써 붙인 것을 보았습니다. 사람이 사람을 교육한다는 것은 상당히 힘든 것입니다. 사람은 하느님이 만든 피조물인데 하느님의 창조물인 사람이 어떻게 교육을 할 수 있느냐 하는 반론이 많이 일어나고 있습니다.

여러분들은 며칠 동안 훌륭한 선생님들로부터 아주 좋은 말씀을 많이 들어서 내가 하는 얘기는 그간 많은 분이 하신 얘기 중에 중복되는 것도 있고, 또 여러분들에게 그렇게 뜻이 없는 얘기가 되는 것도 있을 줄 압니다. 내가 여러분들을 교육한다는 생각으로 듣지 말고 그보다 앞서 나와 여러분들이 오늘 이 자리에서 만날 수 있었다는 것이 그렇게 중요한 것임을 아시기를 바랍니다.

사람과 사람이 만난다는 것은 아마 우리가 살아가면서 평생 제일 중요한 것으로 생각합니다. 지금 나를 소개한 차 실장이 직원들에게 뭐라고 얘길 좀 해달라고 해서 갑자기 무슨 얘길 하겠느냐 했더니, 이 사장님 얼굴도 잘 모르는 것 같으니까 그저 얼굴이나 봬 주는 게 어떻겠느냐 하는 얘기가 있었는데, 실제 잘나지도 못한 얼굴을 여러분에게 보여주고 이렇게 여러분들을 만난다는 것이 나로서는 큰 뜻이 있고, 여러분들에게 또 뜻이 있을지 모릅니다.

옛날에 비극작가(시나리오 라이터)가 되겠다고 결심했던 플라톤이 소크라테스를 만나서 인생의 진리를 탐구하게 되었습니다. 또한

---

7) 한림대학교 춘천성심병원 개원에 즈음하여 직원들에게 행한 특별교양강좌이다.

아리스토텔레스가 플라톤을 만났고 베드로가 예수그리스도를 만났습니다. 이러한 귀중한 만남이 오늘날 인류 역사를 통해 지금까지도 우리에게 많은 진리를 가르쳐 주는 것과 같이 오늘 내가 여러분들과 만나는 것도 여러분들의 일생을 살아가는 데 조그마한 도움이 되어 줬으면 합니다.

언젠가 간호사 교육할 때도 얘기했지만, 여러분들은 가 있을 데가 얼마든지 있는데 왜 하필 이 자리에 있습니까? 여러분들은 지금 집에서 드러누워 낮잠을 잘 수도 있고, 친구들과 다방에 갈 수도 있고, 어디 다른 곳에 놀러 갈 수도 있는데, 왜 하필 이 시간, 여기에서 나를 만나려고 와 있습니까? 그만큼 여러분들은 귀중한 만남을 가지고 있다는 것을 깨달아야 합니다. 나와 여러분들이 만난다는 것이 귀중한 것이 아니고 여러분들과 여러분들이 만나는 것이 그렇게 귀중하다는 것을 우리는 항상 알고 있어야 합니다.

이런 강연이라는 것은 짧으면 짧을수록 좋다고 합니다. 그런데 시간을 정해 주고 그 시간 동안에 얘기하라고 하니까 길어질 것 같습니다. 말이라는 것은 내가 해서 나한테 도움이 되고 듣는 여러분들한테 도움이 되고, 또 그 사람이 무슨 말을 했다 하는 것을 전해들은 제삼자들한테도 도움이 되는 그런 말이어야 해서 매우 힘이 드는 것입니다. 어떤 말이 제일 좋은 말인가 하면, 우리가 늘 책에서 많이 보지만, 기구할 때 하는 말이 제일 좋다고 합니다. 하느님 앞에 경건하게 꿇어앉아서 말소릴 내지 않고 혼자서 경건한 마음으로 기도하는 말, 그것만큼 훌륭한 말이 없다고 얘길 하는데 그런 말을 못 하고 여기에서 그것도 모자라 스피커까지 대고 말한다는 것이 얼마나 어리석다는 것을 잘 알고 있습니다.

여하간 여러분들은 지금 이 춘천 땅에 새로 문을 열어 우리 병원의 자랑스러운 직원으로서 일을 시작하려 하고 있습니다. 그동안 여러분들한테서 많은 이야기를 들었을 줄로 알고 있습니다만 이 병원은 이 지역에 새로운 문화의 혁명을 일으키는 기관으로 자처하고 있고, 그만큼 이 지역주민들의 우리에 대한 기대가 크다는 것을 알아야 합니다. 우리는 스스로 자기희생 없이는 절대로 이러한 기대에 부응할 수 없다는 것을 알아야 합니다. 우리는 이 지역에 사는 주민들의 아픔을 같이 아파하고, 슬픔을 같이 슬퍼하려고 하는 사람들입니다. 고층 건물에 들어앉아 있다고 해서 이 지역에 사는 강원도 도민들에게 군림하는 자세를 가져서는 절대로 안 됩니다. 강원도는 비교적 벽지이고, 또 비교적 잘살지 못하는 농민들이 대부분 인구를 형성하고 있습니다. 그렇지 않아도 남보다 못살아서 억울한데 여기에 있는 직원들이 거만을 떤다고 하면 그같이 기가 막힐 일이 어디 있겠습니까! 나 자신을 희생해서 이 지역주민들에게 진심으로 뭔가 봉사하겠다는 깊은 각오로 일을 시작합시다.

여러분들은 지금 이 자리에 오면서 이 병원과 여러 가지 약속을 하고 왔습니다. 돌이켜보면 우리가 살아가고 있는 인간세계는 모두 다 약속으로서 이루어집니다. 약속 없는 일이 하나도 없습니다. 우리가 지켜야 할 법률이나 법칙, 윤리, 도덕이 그렇게 또 우리가 결혼하거나 취직을 할 때도 약속을 하고, 직원과 직원 사이에도 약속하고 삽니다. 그 약속을 틀림없이 지키는 것보다 아름다운 것은 없습니다. 우리는 때때로 우리들의 어린 동생들이나 조카들과 고사리 같은 손을 마주 잡고 약속을 할 때가 있는가 하면, 사랑하는 애인과 약속을 할 때도 있습니다. 그러나 가장 중요한 약속은 나하고 약속하는 것입니다. 이 세상에서 나 이상 중요한 것이 없습니다. 이 세상에서 나보다 더 높은 것이 없고, 이 세상에서 나보다 더 귀한 것이 없는데 그 나하고의 약속을 우리는 때때로 어기길 잘합니다. 우리는 새로운 직장을 갖게 되고, 우리가 새해를 맞게 되고, 또 어떤 새로운 계기를 마련할 때 스스로 나는 '어떻게 해보겠다'라는 약속을 하게 되는데 그 귀한 나하고의 약속을 쉽사리 어기길 잘합니다. 약속을 어기지 않는 사람이 됩시다. 약속을 어기지 않는 사람은 아름다운 삶을 살아가는 사람들입니다.

지금 우리는 엄청난 과학 문명의 세계에서 살고 있습니다. 여러분들도 요즘 신문에서 자주 보고 있겠지만 미국의 켄터키 루이빌이라는 데서 '윌리엄 슈뢰더'라는 사람이 인공심장으로 살고 있습니다. 사람의 몸에서 가장 중요한 심장을 플라스틱으로 만든 인공심장으로 갈아 끼워서 그 사람의 생명이 지금 뛰고 있다는 것을 한 번 침착하게 생각해 봅시다. 엄청난 사실입니다. 이러한 과학 문명의 발달은 앞으로 인간 문명이 어디로 갈 것인지 방향을 짐작도 못 하게 합니다. 지금 두 번째 인공심장 수술을 했지만, 지난번에는 유타대학에서 '바니 클라크'라는 치과의사는 플라스틱으로 만든 인공심장으로 갈아 끼워서 112일 동안 살았습니다. 앞으로 우리 사람들이 전부 인공심장뿐만 아니라 인공 폐장, 인공 위장 등 플라스틱으로 만들어진 사람이 우리 사람과 똑같이 다니는 세상이 오지 말라는 법은 없습니다.

내년 봄이면 CT Scanner라는 기계가 우리 병원에 들어옵니다.

그것은 X선으로 수없이 인체를 자르고 컴퓨터가 그 그림을 전부 '캐치'하고 분석해서 우리 인체 내에 어떤 물리적인 변화를 하고 있느냐 하는 것을 보여주는 기계입니다. X-레이도 벌써 옛날 기계가 되고 말았습니다. 요즘 미국에서는 N.M.R이라는 기계가 사용되고 있습니다. 이것은 우리 인체 내에 어떤 물리적 장애가 있는가를 알아보는 것이 아니고, 지금 우리 인체에 어떤 대사 과정, 어떤 화학반응이 일어나고 있는가를 정확하게 판단해서 우리에게 보고해 주는 기계입니다.

약 2000년 전에 인류사회에 농경문화가 일대 혁명을 일으켰습니다. 아직도 저 아마존 강변에는 원시시대로 농사가 뭔지를 모르고 밀림지대에서 과실을 따 먹고 사는 사람들이 있긴 합니다만, 하여간 이 땅에 농경문화를 일으켜서 인류에 새로운 문화를 제시해 줬는가 하면, 지금부터 200년 전에 증기기관차가 발명되면서 산업혁명이 일어났습니다. 그것이 불과 200년 전인데 지금 우리는 컴퓨터와 '일렉트로닉스'와 온갖 과학 기계를 다 발달시켜서 우주 표면에서 산책하는가 하면 사람이 우주 공간에서 헤엄치며 놀고 있습니다. 이렇게 자꾸 물질문명이 발달해 가고 기계문명이 발달해 가면서 우리 사람들은 인간성을 계속 잃어버리고 있습니다.

산업화 시대가 되었다고 합니다. 조국 근대화를 부르짖으면서도 이 땅은 돈밖에 모르는 세상이 되고 있습니다. 자꾸 물건을 팔아야 하고 자꾸 물건을 사야만 합니다. TV에서는 매일같이 이 물건을 사라, 저 물건을 사라며 선전을 해댑니다. 온갖 유혹을 다 우리에게 주면서 자꾸 소비하게끔 만들고 자꾸 소비해야만 생산이 되고 생산이 자꾸 되어야만 경제가 발전한다는 소위 '케인스'의 경제이론이 지금 판을 치고 있습니다. 그래서 우리는 우리 눈을 현혹하는 이러한 주변의 '소비성 타락'에 빠지고 있습니다. 아무리 돈을 많이 벌어도 우리들의 만족을 채울 수는 없습니다. 매일 TV에서는 새로운 상품이 선전되고 있기 때문입니다.

여러분들은 보릿고개가 무엇인지를 모르고 사는 사람들일 것입니다. 여러분들은 눈물 젖은 빵을 먹어 보지 못하고 살아온 사람들입니다. 소위 풍요의 시대에 여러분들은 살고 있습니다. 과연 이런 것이 우리 인간세계에 무엇을 줄 수 있는가 깊이 한 번 생각해 봅시다. 우리는 집에서 김치를 썰어서 돼지고기를 넣고 고추장을 풀어서 만든 김치찌개를 먹으려고 하질 않고 슈퍼마켓에서 김치찌개 포장된 것을 사다가 데워서 먹으려고 합니다. 무엇이든지 다 인스턴트로 되어가고 있습니다. 내가 어떻게 감히 요리를 할 수 있을 것이고, 내가 어떻게 감히 이것저것을 만들 수 있을 것인가 하는 세상이 되어가고 있습니다.

이것이 우리가 살아가는 데 얼마나 좋은 일인가를 깊이 반성해 봅시다. 그러한 것은 세상을 쉽게 살게끔 만드는 것 같지만 사실은 그것이 아니고 우리는 돈에 눈이 어두워진 것입니다. 돈을 벌어야만 소비를 할 수 있고 나라에서는 경제발전을 하려니까 국민에게 소비를 시켜야 합니다. 매일같이 춤추고, 노래하고 마시고 있습니다. 지금 우리는 외국 빚을 무려 420억 달러나 지고 있는데 매일 마시고 먹고 있습니다. 매일 노래를 부르고, 춤추고 마시고 해서 자꾸 소비해야만 공장에서는 새로운 물건을 만들고, 새로운 물건을 자꾸 만들어 놓아야 GNP가 올라가고, 그래야 우리나라가 경제부흥이 된다고 생각해서는 안 됩니다. 그동안에 우리는 전부 골 빈 사람이 되고 말았습니다. 골

빈 속물이라는 말은 적어도 내가 여러분 나이 때는 없던 말입니다. 그런데 이렇게 물질문명이 자꾸 발달하다 보니까 이런 골 빈 속물이란 말이 나오고 있습니다.

사고능력이 자꾸 빈곤해지고 공부를 하지 않는 사람들이 되어가고 있습니다. 그러나 좋은 대학을 졸업한 사람과 좋지 못한 대학을 졸업한 사람 또는 대학을 졸업한 사람과 고등학교를 졸업한 사람이 무슨 차이가 있는가? 그것은 어느 대학을 나왔다는 것이나, 어느 고등학교를 나왔다는 것에 차이를 두는 것이 아니고 졸업하고 나서 얼마만큼 공부하느냐에 차이를 두고 있습니다. 요즘 사람들은 공부는 안 하고 돈만 벌려고 합니다. 집 한 칸도 없고 죽을 겨우 끓여 먹던 사람들이 이제는 집도 마련하고 컬러 TV도 들여놓고 재미있게 사는데 나이 60이 넘은 아버지가 아들보고 "야, 이만하면 우리도 잘살게 됐지?" 했더니 그 아들이 하는 말이 "아버지, 이것보다 더 못살 수 있어?" 이런 얘기를 했다고 합니다.

'지족상락知足常樂'이라는 말이 있습니다. 우리는 우리의 삶을 스스로 만족할 수 있을 줄 알아야 합니다. 이렇게 끝없는 물질의 욕망에 빠져서 골이 비어서 살면 뭐 합니까. '지식은 힘'이라는 얘기를 영국의 철학자 베이컨이 말했습니다. 우리는 공부를 하며 삽시다. 나는 때때로 이런 얘기를 잘합니다. 여자들이 학교 다닐 때는 공부를 그렇게 잘하는데 졸업하고 시집가서 어린애를 한 두엇 낳으면 이제는 다 떼놓은 당상이라 죽어라 하고 공부를 안 합니다. 여자들뿐만이 아닙니다. 남자들도 어떤 직장에 취직을 한 번 하면 '난 취직을 했으니까' 하고 책을 안 봅니다. 공부하지 않습니다. 그러면서도 돈은 자꾸 더 벌고 싶습니다. 그렇게 해서는 돈을 벌지 못합니다. 우리는 항상 공부하는, 책 한 자라도 들여다보는, 뭔가 배우겠다는 자세를 지녀야 합니다. 우리는 지식의 힘을 키워야 합니다.

여러분들 중에는 아마 새로이 우리 직장에 들어온 사람도 상당히 많이 있을 줄로 압니다. 그러나 여러분들이 기대하는 것같이 이 병원에서의 생활이 여러분들을 만족시켜주지는 않을 것입니다. 미리부터 너무 무지개와 같은 꿈을 안고 이 직장에 나오지 마십시오. 우린 가다가 좌절도 하고, 돌부리에 걸려서 넘어지기도 하고, 가다가 아픈 때도 있으리라는 것을 알아야 합니다.

목마른 자는 행복합니다. 성경에서 보면 예수그리스도가 목마른 자는 행복하다, 가난한 자에게 복이 있다고 했습니다. 가난해야 행복할 수 있고, 목이 말라야 행복할 수 있습니다. 목이 말라야 물맛이 나기 때문에 행복한 것입니다. 별은 어두운 밤에야 빛날 수 있습니다. 어두운 밤에 별이 비쳐야 별처럼 보이지 대낮에 별을 봐야 별처럼 보이지 않습니다.

우리는 살아나가면서 또 병원 직장생활 하면서 많은 고통을 겪을 것입니다. 이런 고통과 쓰라림과 난관을 겪어 나가면서 우리는 인생을 공부하고 남을 이해하게 되고, 거기서 우리는 사랑을 배우고 남에게 사랑을 줄 줄 아는 슬기를 깨닫는 생활을 하기를 여러분께 부탁합니다.

세상을 자꾸 비뚤게 보지 맙시다. 이 세상은 그렇게 비뚤게만 되어 있는 것은 아닙니다. 나는 늘 이런 얘길 잘합니다마는, "'네거티브'한 인생을 살지 말고 '포지티브'한 인생을 살자"는 말입니다. 자꾸 밝은 데를 보면서 살아야 합니다. 어두운 데를 보고 자꾸 비관해서 살지 맙시다. 어두운 것이 있으면 어떻게 해서든지 그것을 비춰서 빛을 주도록 노력해야 합니다.

그리고 우리가 살아가는 데 항상 만족하고 항상 일등으로 산다고 생각하지 맙시다. 어떤 사람이 이런 얘기를 했습니다. 우리 인생을 항상 일류로 살지 말고 이류로 살라고 했습니다.

옛날 일본에서 오다 노부가나나 도요토미 히데요시 같은 사람이 정권을 잡으려고 그렇게 애를 쓸 때, 온갖 사람을 죽이고 혁명을 일으키고 온갖 짓을 다 할 때, 도쿠가와 이에야스라는 사람은 이류로 살았습니다. 힘이 없어서 그런 것이 아니고, 이 사람은 먼 훗날을 기약하고 있었기 때문에 꾹 참고 오다 노부가나나 도요토미 히데요시 밑에서 이류로 살다가 나중에 4백 년을 누리는 소위 도쿠가와막부德川幕府 시대를 개척하게 된 것입니다.

보통 사람으로 삽시다. 내가 무슨 특별한 인간이라고 생각해서는 안 됩니다. 우리 사회는 보통 사람으로 이루어져 있습니다. 옛날에는 가나다라를 모르는 사람이 상당히 많았습니다. 그러나 이제는 시골 동네 아주머니가 면서기보다도 더 많이 알고 있습니다. 이제는 보통 사람들이 우리 사회의 주축을 이루는 때입니다. 공연히 이런 높은 집에 들어와서 근무한다고 해서 특권의식을 가지고 남을 깔보는 오만불손한 태도를 보여서 남한테 멸시를 받지 않도록 해야 합니다.

우리는 쉬지 않고 일을 해야 합니다. 일거리란 것은 인생을 살아가는 데 삶의 소재라고 합니다. 상당수의 직원이 앞의 복도에서는 자정이 넘도록 눈코 뜰 새 없이 뛰어다니는데 창구에 우두커니 종일 앉아 있는 직원들을 볼 수가 있습니다. 우리는 이러한 시간을 가져서는 안 됩니다. 남이 볼 때 웃습니다. 무엇인가 해야 합니다. 하지 않고 그냥 빈들빈들 노는 삶을 가져서는 안 됩니다. 한 부서의 책임자 되는 사람들은 항상 아랫사람들한테 쉬지 않고 일할 기회를 만들어 줘야 합니다. 어떤 직원은 지금 복도에서 무거운 짐을 낑낑거리며, 땀을 뻘뻘 흘리며 온종일 뛰고 있는데 바로 저기 유리창 하나 넘어서 어떤 직원들은 앉아서 온종일 희희낙락하고 웃고만 있다면 이것이 올바른 길인가를 한 번 생각해 봅시다. 그것이 삶의 올바른 하루를 보내고 있는 것인지 생각해 봐야 합니다.

두서없이 얘기하겠습니다.

우리나라에서는 지금 민주주의를 하라고 합니다. 또 정치인들은 민주주의를 한다고 얘기하고 있습니다. 그러나 민주주의를 한다고 얘기하는 정치인들도 거짓말이고 민주주의를 하라고 외치는 사람들도 다 거짓말입니다. 민주주의를 하려면 민주주의를 할 수 있는 민중이 되어야 합니다. 민주주의를 할 수 있는 민중은 거기에 맞는 최소한도의 마음가짐을 가져야 합니다.

첫째, 정사감각正邪感覺이 뚜렷해야 합니다. 옳고 그른 것을 판단할 줄 아는 능력을 갖춰야 합니다. 이것이 옳고 저것이 옳지 않다는 것을 알 수 있는 능력을 갖춰야만 민주주의를 할 수 있습니다. 이 정사감각이 옳지 못하고는 민주주의를 할 수 없습니다.

둘째, 시민의식을 가지되 부화뇌동하여서는 안 됩니다. 누가 '와!'

한다고 쫓아나가서 '와!' 하는 그런 민중은 백 년이 가더라도 안 됩니다. 미국에 가면 스트라이크를 많이 합니다. 그 스트라이크를 여기서 데모하듯이 하는 줄 압니까? 큰 회사의 몇 만 명의 노동자를 대표해서 두 명 가량이 피켓을 들고 거리를 왔다 갔다 합니다. 그것이 몇 만 명을 대표한 의사입니다. 자기의 의사를 표출하기 위해서 어떻게 수만 명이 한꺼번에 그 귀중한 에너지를 소모할 수 있습니까? 아주 영리한 백성들입니다. 우리의 의사를 관철하기 위해서 우리의 대표 한두 사람한테 피켓 들고 길거리에 다니라고 합니다. 그것으로써 몇 만 명의 스트라이크가 이루어질 수 있습니다. 그런데 우리나라에서는 그것이 아니고 한 사람이 "우~" 하고 데모를 하면 많은 사람이 전부 일어나야만 데모가 되는 줄 알고 있고 또 그래야만 비로소 정부에서도 뭘 하는가 보다 하고 있습니다. 그렇기 때문에 시민의식이 모자라면 민주주의를 할 수 없다고 합니다.

우리는 우리의 권리가 무엇이고 우리의 의무가 무엇인지를 알아야 합니다. 나는 간호사로서, 원무과 직원으로서 혹은 식당에 근무하는 직원으로서 내가 가져야 할 권리는 무엇이고 내가 해야 할 의무는 무엇인지를 알아야 합니다. 권리와 의무를 똑똑히 모르는 사람들이 어떻게 민주주의를 할 수가 있겠습니까? 민주주의를 하는 데 가장 중요한 것은 조그마한 일에 관심을 가지는 것입니다. 조그마한 일이라고 해서 대수롭지 않게 생각해서는 안 됩니다. 작은 것을 중히 여길 줄 아는 사람이 민주주의를 할 수 있습니다.

이러한 네댓 가지의 '시민의식'의 기초적인 생각들을 가지고 우리의 일상생활을 해 나갑시다.

오늘은 어제의 연속이 아니고, 또 내일은 오늘의 연속이 아니며, 오늘은 바로 오늘이라는 것을 항상 생각하라는 얘기가 있습니다. 새롭게 살자는 말입니다. 새롭게 산다는 것을 항상 생각하고 이 새로움이 순간순간 계속될 때 내 삶은 정말 보람 있을 줄 압니다. 그만큼 열심히 살아야 합니다. 열심히 산다는 것은 내 정신을 허투루 써서는 안 된다는 뜻입니다. 더구나 병원과 같이 사람의 생명을 취급하는 데서 우리는 잠시도 정신을 허투루 다른 데 써서는 안 됩니다. 적어도 근무 시간에 나의 모든 삶을 내던져서 온갖 집중력을 다 바쳐야 합니다. 병원에 근무하는 직원들의 태도는 마치 큰 승부를 거는 도박사나 마찬가지입니다. 한순간의 실수가 큰 실수를 범하고 마는 것입니다.

일본에 조치훈이라는 유명한 한국인 기사가 있습니다. 이 사람은 바둑돌 하나를 잘못 두면 그것으로 그 국이 패하고 맙니다. 그래서 그는 돌 하나를 놓기 위해서 네 시간, 다섯 시간씩 바둑판을 들여다봅니다. 그만큼 전 힘을 다해서 집중하여야만 바둑에도 이깁니다. 이 사람이 바둑에서는 어떻게 하면 이기고 어떻게 하면 지느냐는 물음에 대해 "건강이 좋지 않아서 졌다"라고 했습니다. 건강이 좋지 않으면 자기의 정신을 집중할 수 없습니다. 네 시간, 다섯 시간씩 돌 하나를 놓기 위해 온 정력을 거기다 다 쏟아놓은 힘을 낼 수가 없습니다. 잡념이 많아서도 안 됩니다. 쓸데없는 생각이 자꾸 비집고 들어오게 되면 집중을 못 합니다.

일본에 왕정치라는 유명한 야구선수가 있습니다. 홈런왕입니다. 그 홈런왕 왕정치는 "홈런 때릴 때 1초의 백 분의 일이 되는 순간에 집중하라. 그 순간에 집중할 것 같으면 홈런은 언제든지 맞는다"라고 했습니다. 이런 집중력은 살아가면서 굉장히 중요하다는 것을 여러분들이 알아야 합니다.

이 병원에서 여러분들은 이렇게 고귀한 사명을 띠고 근무를 하는 데 대해 긍지를 가집시다. 이 병원의 직원이라는 것을 누구한테고 떳떳하게 내세울 수 있는 자랑거리의 직책을 가지고 있다는 긍지를 가집시다. 그리고 그런 긍지를 가진 품격 높은 사람이라는 자각을 항상 가지고 살아야 합니다. 그러려면 마음가짐이 우선 단정해야 하지만 마음가짐이 단정하려면 옷이 역시 단정해야 합니다. 의복을 단정하게 입읍시다. 머리를 단정하게 빗읍시다. 옛날 이야기입니다만, 간호사가 멋을 한참 부리느라고 머리카락으로 한눈을 가리고 다니고 있었습니다. '야! 두 눈으로도 못 보겠는데 한 눈으로도 용케 본다. 어떻게 그렇게 한 눈을 가리고 다니느냐'고 생각했습니다. 이런 단정치 못한 머리는 간호사들이 하지 못하게 되어 있을 것입니다. 머리카락 하나라도 함부로 떨어지지 못하게 하려면 캡을 쓰고 머리를 단정하게 빗으라고 합니다.

간호사 얘기만 자꾸 해서 안 됐습니다만, 우리 누구나가 다 단정한 옷을 입어야 합니다. 단정하게 옷을 입어야만 환자들이 우리를 볼 때 존경해 줍니다. 옷도 제대로 입을 줄 모르는 사람, 옷을 잘못 입어서 품위가 깎이는 그런 사람이 되지 맙시다.

여러분들도 교육을 많이 받았겠지만, 우리 한 번 인사성 밝은 사람들이 됩시다. 나는 이 대학을 맡고 얼마 안 지나서 우리 대학의 학장과 교수 몇 분과 같이 일본에 가서 일본의 대학 몇 군데를 다녔습니다.

일본의 오카야마에 가와자키 의과대학이 있습니다. 그 대학엘 갔더니 학생이나 직원이나 할 것 없이 지나가면 전부 인사를 합디다. 얼마나 기분이 좋던지. 이 모퉁이에서 만난 학생인데 저 모퉁이에서 만나면 또다시 깍듯하게 인사를 합니다. 그런데 그 사람이 하는 인사에는 밑천이 안 듭니다. 그다지 노력도 들이지 않고 그렇게 좋은 인상을 줍니다. 그런데 어느 곳엘 가면 전혀 인사를 안 하는 사람도 있습니다. 직원 중에서 어떤 사람은 "인사를 해야 받지도 않는데." "금방 만났던 사람인데 뭐 하러 또 인사를 해"라고 합니다. 그러나 절대 그것이 아닙니다. 인사를 백 번 해도 나한테 밑지는 것은 없습니다. 그런데 그것을 그렇게 아낍니다. 우리 인사하고 지냅시다. 항상 인사하는 습관을 지녀야 합니다. 인사한다는 것은 그렇게 좋을 수가 없습니다.

해방 후 내가 어느 병원에서 일할 때 경험입니다만, 그 병원의 간호사 중에서 한 사람은 내가 만나서 통성명한 적도 없는데 만날 때마다 인사를 합니다. "저 여자가 나한테 마음이 있나, 왜 자꾸 인사를 하나?"고 생각했습니다. 그러나 그 여자가 나 같은 사람한테 마음이 있을 리 하나도 없지요. 이북에서 와서 외로운 사람한테 그 여자가 지나가면서 반가운 웃음 한 번 웃어준 것이 나한테는 그렇게도 커다란 도움을 주었습니다. 그 여자는 하등 보답을 받기 위해서 인사한 것도 아니고 어떤 밑천을 들여서 인사한 것도 아닙니다. 나중에 내가 병원에서 의사로서 활동하게 되면서 그 간호사는 내가 특별히 잘 봐주었습니다. 우리 인사를 아끼지 않는 그런 습관을 지닙시다. 여자는 여자다워야 하고 남자는 남자다워야 합니다.

어떤 직원이 그만두겠다고 사표를 내면 "당신이 그만두면 안 됩니다. 꼭 있어야 합니다." 할 수 있는 사람이 됩시다. "그래? 다른 데로

가나?” 하면서 쉽게 내보낼 수 있는 사람이 되지 말고 이 병원에서 붙잡는 사람이 됩시다. 이 병원에서 붙잡는 사람만 되지 말고, 우리 주변의 모든 사람에게 필요한 사람이 되도록 노력해야 합니다.

아까 얘기를 했습니다만, 자꾸 물질문명이 발달해 가니까 우리는 직업을 돈 벌기 위해서 갖는 것으로 생각을 합니다. 그러나 병원이라는 것은 돈을 벌기 위해서 있는 것이 아닙니다. 우린 돈을 벌기 이전에 사람의 생명을 지켜야 한다는 사명감에 근무하고 있다는 것을 알아야 합니다. 돈을 벌지 말라는 것은 아닙니다.

돈 버는 얘기 한 번 하죠. 돈이라는 것은 앞에 놓고 좇아가면 절대 안 잡힙니다. 내가 돈을 벌겠다고 아무리 애를 써봐도 절대 못 법니다. 좋은 예를 들어 보지요. 도박사는 돈을 벌려고 도박을 합니다. 그 도박사가 돈을 벌어서 거부가 되었다는 얘기 들어 본 적이 있습니까? 한 사람도 없습니다. 돈을 자꾸 벌려는 사람은 절대로 돈을 못 법니다. 그럼 어떤 사람이 돈을 버는가? 자꾸 일하면 돈이 뒤에서 좇아오는 것이지, 돈은 앞에 놓고 좇아다니는 게 아닙니다. 내가 돈을 벌기 위해서 이 병원에 근무한다고 하면 돈은 벌리지 않습니다. 내가 일을 열심히 하면 그 대가로 돈이 저절로 생기는 것이지, 돈을 앞에다 놓고 일해선 안 됩니다.

물질문명, 과학 문명이 발달하니까 우린 사람이 되어가지 않고 자꾸 기계가 되어 갑니다.

중환자실에서 환자 1명이 죽어갑니다. 여러분들 한 번 생각해 보세요. 여러분의 부모나 형제가 지금 중환자실에서 1시간이나 2시간 이내에 죽을 것 같은 고통을 받으면서 신음하고 있다고 말입니다. 그런 것을 내 눈앞에서 보고 있는데, 그런 사람들이 수없이 이 병원을 찾아오는데 우리는 그 사람들을 어떻게 대하고 있습니까? 어떤 귀중한 생명 하나가 죽었다고 해서 눈물 한 방울 흘려본 일이 있습니까? 눈에 눈물이 조금이라도 어른어른한 일이라도 있습니까? "죽었다. 빨리 솜 틀어막아" 이런 식으로 처치하는 세상이 되어서는 안 됩니다. 적어도 남의 죽음을, 남의 아픔을, 남의 고통을 내 죽음과 내 아픔과 내 고통으로 생각해 주는 따스한 마음을 가져야 합니다. 병원에 근무하는 직원들은 어두운 곳의 빛이 되는 사람이 되라고 합니다. 이 병원을 찾아오는 고통 받는 환자들한테 따스한 말은 못 해줄망정 거만한 태도, 불친절한 태도를 보이게 된다면 그 죄는 두고두고 벌을 받을 것입니다. 진심으로 사람의 생명을 사랑할 줄 아는 마음을 가집시다. 무엇을 다 버리고라도 고통받는 사람을 진심으로 생각해 주는 마음, 따스한 마음, 그것이 필요합니다.

여러분들, 지금 산에 가면 물이 흐르고 있는데 얼음이 얼어 있습니다. 그 옆에 가만히 앉아 있어 보세요. 그 얼음 밑에서 물이 돌돌 흘러가는 소리가 들립니다. 그 차디찬 얼음 밑에 흘러가는 물소리와 같은 인생을 살아가야 합니다. 그만큼 따스한 마음가짐을 우리는 다른 무엇보다 요구하고 있습니다.

여러분들은 이제 이 직장생활을 하면서 한 공동체 안에서 살고 있습니다. 나는 나 혼자만 살겠다는 세상이 아니고 우리가 다 같이 힘을 합쳐서 손을 마주 잡고 살아야 합니다. 여러분께 즐겁게 직장생활을 해 달라고 부탁하고 싶습니다. 그러나 되는 대로 살지는 맙시다. 여러분들이 직장생활을 하는 태도에 따라서 이 직장생활은 즐거울 수도 있고, 아주 괴로운 직장생활이 될 수도 있습니다. "난 직장에 나가려도 누구누구 보기 싫어서 못 견디겠어. 아주 난 그 사람 보기 싫어." 그러나 누구 보기 싫다고 하기 전에 내가 보기 싫은 사람이 되어서는 안 됩니다. 우선 내가 남한테 보기 싫은 사람이 되지 않도록 항상 힘쓰며 살아야 합니다.

내가 병원에서, 직장에서 때때로 느끼는 일이지만 어떤 직원들은 환자들한테 아주 친절합니다. 그런데 우리 직원들끼리는 그렇게 친절하지 못합니다. 왜 친절하지 못한가 하면, 환자들한테는 잘 모르는 사람이니까 인사를 잘하는데, '잘 아는 사이에 무슨 밤낮 인사를 해?' 이렇게 생각하고 있습니다. 그러나 잘 아는 사이일수록 웃음 띤 얼굴로 인사를 나눌 줄 아는 용기를 가집시다. 이건 용기가 필요합니다. 서로 웃고 지나고 서로 남을 즐겁게 해주는 말 한마디라도 해주면서 직장생활을 한다는 것, 이건 굉장히 힘든 일이지만 그만큼 용기를 가지면 해낼 수 있습니다. 이렇게 해서 여러분들은 우리의 공동생활을 즐겁게 해낼 수 있습니다. 공동체 생활을 하려면 반드시 어떤 공동성이 있습니다. 이 공동성을 위해서 노력을 해야 하고, 그러려면 자기희생을 하여야 합니다.

종합병원에서는 툭하면 환자들한테서 불친절하다는 말을 듣습니다. 어떤 사람이 나가면서 불평을 하는데 "열흘간 입원해 있는 동안에 의사가 한 번도 와주지 않았어." 합니다. 열흘 동안 한 번도 안 갔리 있습니까? 매일 2, 3회 회진합니다. "간호사도 한 번도 오지 않았다"라고 합니다. 한 번도 안 가는데 어떻게 주사는 맞고 약을 먹었습니까? 그런데 사람들은 나갈 때 꼭 그런 불평을 합니다. 또 어떤 사람은 "난 이 병원에 열흘 동안 입원했는데 아주 건강한 몸으로 왔다가 이렇게 병들어 나간다"라고 합니다. 건강한 사람이 왜 입원합니까. 이런 불평을 수없이 늘어놓습니다. 그러나 이런 불평을 우리는 들어줘야 합니다. 환자들이 왜 저런 불평을 하는가를 우리는 이해해줄 줄 아는 마음을 가져야 합니다. "내가 한 번도 안 갔어요? 그렇다면 주사는 누구한테 맞았어요?" 이렇게 싸움해서는 안 됩니다. 환자가 그렇게 얘기하면 "나는 하루에 세 번 봐줬지만, 환자는 하루에 다섯 번 봐주는 걸 원했는가 보다. 내가 그걸 못했구나" 하는 생각을 가져야 합니다. 창구에서 지금 숨넘어갈 듯 위독한 어린애를 안은 어머니가 헐레벌떡 뛰어 들어와서 "나 진찰받게 진찰권 하나 주시오" 했을 때 "시간 지났어요" 하고 문을 탁 닫는다고 합니다. 그렇게 하면서 내가 굉장히 잘난 사람인 줄 알고 있습니다. 만일에 이 여자가 다음에 시집가서 자기 어린애를 안고 병원에 갔는데 "시간 지났어요" 하며 문을 탁 닫는다면 어떻게 되겠습니까. 이런 철없는 짓들을 하지 맙시다. 그러나 이런 일들이 자꾸 주변에서 생기고 있습니다.

끝으로 여러분들한테 믿음을 갖자는 얘기를 해보겠습니다. 종교를 믿으라는 겁니다. 나는 가톨릭 신자입니다만, 나는 여러분들한테 가톨릭을 믿으라고 말하는 것이 아닙니다. 사람이 종교를 믿어야만 살아나가는 보람이 있습니다. 폴란드의 자유노조 지도자 바웬사가 "사람은 살아가면서 무엇이든지 믿어야 한다. 정 믿을 것이 없으면 내가 하는 일을 믿어야 한다. 그 일을 믿어서라도 믿음을 가져야 한다. 믿음을 갖지 못한 인생만큼 불행한 인생은 없다"라고 했습니다.

그런데 종교 얘기를 하게 되면 사람들은 자꾸 따집니다. "죽어서

천당 가? 누가 가봤냐?” “예수그리스도가 처녀 몸에서 났어? 어떻게 처녀 몸에서 사람이 나? 도대체 말도 안 되는 소리 말라”고 말합니다. 그러나 예수그리스도가 ‘너희들이 어린애와 같이 되지 못하면 천국에 들어가지 못하리라“ 했습니다. 어린애는 따질 줄을 모릅니다. 어린애는 그냥 믿습니다. 그렇게 믿는 어린애같이 되어야만 천국에 갈 수 있다고 했습니다. 불교에 ‘입차문내 하면 막존지해入此門內 莫存知解라’ 했습니다. “이 문 안에 들어오려고 하면 아무것도 아는 것 없이 다 버려라”라는 뜻입니다. 이는 내가 가지고 있던 지식을 다 버리고 이 문 안에 들어와야 진리를 찾을 수 있다는 것입니다. 그것은 석가모니가 얘기한 것입니다. 여러분들이 혹시 “저것이 종교를 믿는 사람의 소리인가?” 할지도 모르겠으나, 만일 내가 종교를 믿지 않았다면 더 나쁜 사람이 되었을지도 모르지요. 그러나 종교를 믿음으로써 우리는 하루에 몇 시간씩 하느님 앞에 경건하게 기도합니다. 그 경건하게 기도할 때 나를 위해서 기도하지는 않습니다. 환자들을 위해서, 내 주변의 직원들을 위해서, 이 국가를 위해서, 또 세계 인류의 평화를 위해서 진심으로 기도합니다. 누구보고 봐달라고 해서 하는 기도가 아니고 하느님과 나 단둘이서 기도합니다. 종교를 안 믿는 사람은 이러한 경건한 시간을 가질 수 없습니다.

또 하나는 이러한 종교적인 믿음을 가지고 진심으로 기도하는 마음을 가질 때 반드시 이루어집니다. 무엇인가가 이루어집니다. 여러분들이 직장생활을 하면서 좀더 보람이 있는 생활을 하고 싶고 이 환자의 생명을 어떻게 해서든지 살리고 싶은 욕망이 있어서 여러분들이 진심으로 하나님께 기도해 보십시오. 반드시 그 생명은 살아납니다.

나는 이런 얘길 잘합니다. "춘천에 인구가 얼마 안 되는데 병원을 이렇게 크게 지어서 어떻게 하느냐" "이 큰 병원에 환자가 들어찰까?" 하고 있습니다만, 그러나 기구하면 됩니다. 안 되는 일이 없습니다. 기구를 통해서 우리는 불가능한 것을 가능하게 할 수 있습니다. 어리석은 얘기 같지만 언젠가 여러분들이 종교의 문 안에 들어오면 그것이 거짓말이 아니라는 것을 알 수 있을 것입니다.

믿음을 가집시다. 우리는 어린애같이 살아 봅시다. 그런 단순한 생각을 가지고 종교를 믿는 생활을 함으로써 우리 생활이 좀더 보람 있게 될 것으로 생각합니다.

감사합니다.

〈친절과 봉사, 1985년 1월〉

특별강연
병원경영의 전략적 접근 방향 — 대한병원협회 정기총회 특별강연 중에서 — (1)

금세기 전세계에 물결치는 공업화의 거센 뒷받침을 받는 경제발전으로 많은 나라의 국민 생활이 전반적으로 향상되면서 높은 수준의 의료에 대한 요구가 급속도로 증가하고 있습니다.

국민건강이 국력의 근간이라는 점에서나 행복한 삶의 권리를 찾는 데서나 얼마나 중요한 것이며 이러한 귀중한 목표를 정부나 의료인 모두고 확실히 인식하여야 한다.

정부적 측면에서 생각해 볼 때 막대한 적자예산을 감수하면서 유지해가는 시·도립병원의 존재가치는 냉혹하게 비판되어야 하며, 공단 또는 의료취약지역에 병원을 50여 군데나 설립해서 부실운영으로 폐쇄되었거나 또는 폐쇄될 운명에 놓여 있는 이 기관들에 대한 막대한 외채와 내자에 대한 책임은 누가 져야 하며 계획성 없는 병원설립으로 국고의 낭비가 얼마나 있었던가를 엄숙히 반성해 보아야 할 것입니다.

1940년대를 기폭점으로 해서 20세기 과학 기술문명은 엄청난 발전을 가져와 인류문화사에 일대 혁명을 일으키고 있으며 이러한 신문명의 파도는 의학 및 의학기술에도 큰 변화를 가져와 의료장비의 과학화, 의료기술의 고도화와 더불어 학문의 심오한 발전으로 모든 의료인은 여기에 대한 대비와 적응할 수 있는 막중한 부담을 안고 있습니다.

또한 금세기 전세계에 물결치는 공업화의 거센 뒷받침을 받는 경제발전으로 많은 나라의 국민 생활이 전반적으로 향상되면서 높은 수준의 의료에 대한 요구가 급속도로 증가하고, 자유·평등의 이념이 정착되어 가면서 건강에 대한 사회적 가치가 커져 의료수요의 양적 증대는 과히 폭발적이라 할 만큼 커지고 있습니다.

우리나라에 서양의학 도입의 효시가 된 최초의 민간의료기관인 광혜원 개원 백 주년을 맞이한 우리 의료계는 그동안 그 나름대로 국민 보건 향상에 이바지한 바가 적지 않았으며 많은 국민에게서 의료는 존경의 대상이 되었던 역사도 가지고 있습니다. 1970년대의 급속한 경제발전에 따라 국민 생활 수준이 향상되면서 삶의 질과 기회에 대한 기대증대의 혁명 현상revolution of rising expectation이 일어나고 있으며, 1977년도 1인 평균 연 0.7회의 병원 이용률이 1984년도에는 연

3회의 병원 이용 현상을 나타내고 있습니다. 이러한 격동하는 혁명적 사회 여건의 변화 속에서 우리나라 보건 의료는 어디에 서 있는지 반성해 보고자 합니다.

무엇보다 먼저 지적하고 싶은 것은 정부나, 의료인이나, 국민이나 모두가 국민건강은 국력 배양에 갖추어야 할 가장 기본적 필수 불가결의 조건이면서도 또한 배양된 국력 밑에 행복한 삶을 추구하는 데에도 일차적인 요구 조건으로 되어 있는 것을 전제로 한, 보건의료 정책의 굳건한 방향 설정이 세워지지 못하고 있고 따라서 세워진 확실한 목적을 향한 단합된 의지의 표현이 찾아보기 힘들다는 데 커다란 문제가 있다고 하지 않을 수 없습니다. 다시 말해서 국민건강이 국력의 근간이라는 점에서 행복한 삶의 권리를 찾는 데서나 얼마나 중요한 것이며 이러한 귀중한 목표를 정부나 의료인 우리가 모두 확실히 인식하고, 그것을 지키고 키워 나갈 보건의료기관은 모두가 힘을 합쳐서 소중하게 키워 나가야 한다는 것입니다.

의료 공급이 국가건설에 가장 필요한 일차적 투자대상이 되어야 하는데도 불구하고 정부는 대기업은 물론 중소기업 육성자금 지원 등에는 적극적인 자세를 보이면서 보건의료부문의 예산이 지금과 같이 무시당하는 일은 더 이상 계속되어서는 안 될 것입니다.

병원경영 면에서의 문제점만을 찾아내기란 타당치 않은 것이며 자연히 우리나라 보건의료 전반에 걸친 문제들을 솔직하게 표출시켜 보고 그것을 해결하면서 병원경영에 도움이 되는 방안을 연사 나름대로 몇 가지 생각하기로 하겠습니다.

우리나라 보건 의료는 80% 이상을 민간의료기관에 의존하고 있습니다. 이 민간의료기관은 이상과 같은 급격한 변동에 대처해 가면서 무슨 문제를 안고 있는가를 생각해 봅니다.

1. 이미 말씀드린 바와 같이 최신 과학 문명의 발달과 의학 학술 및 과학 기술의 급속한 변동에 대처하기 위하여 최신 의료 지식과 기술의 끊임없는 도입과 이의 수렴은 병원이 담당해야 할 최우선의 과제입니다.

2. 의료보장제도가 실시됨으로써 제삼자의 간섭이 제도화되고 의료전문성과 임의성에 심한 손상을 입고 있으며 관료적 제도에 의해서 만들어진 수가 통제를 감수하지 않으면 안 되는 모순된 현실에 봉착하고 있습니다.

3. 의료계의 보수적 체질과 엘리트 의식, 권위 의식에서 탈피하지 못한 우리는 외부의 시대적 상황 변화를 적극적으로 수렴하지 못하고 국민에게서 경원 받는 위치에 처해 있습니다.

4. 무계획한 투자로 무분별한 병원 상호 간의 경쟁을 가져오고 있고 이는 의료인의 저력을 상호 잠식하는 모순에 빠져들고 있습니다.

5. 아직도 외국과 같이 고도의 정보화시대에 진입하지 못하고 있는 형편에서 합리적 경영보다 방만한 투자와 계획 없는 행정으로 현상 유지를 하는 데 급급한 상태에서 벗어나지 못하고 있습니다.

6. 전문의를 비롯한 고급인력은 구하기 힘들고 이들에 대한 막중한 인건비 지출은 병원경영에 커다란 압박을 주고 있습니다.

7. 병원 수입의 절대적 비중을 차지하고 있는 의료보험을 비롯한 각종 진료수가는 터무니없는 저렴 수가임을 잘 알면서도 정부는 이를 민간의료기관에 강요하고 있을 뿐만 아니라 이 저렴한 진료비조차 제

대로 지불하지 않음으로써 병원경영은 나날이 어려워만 가고 있는 형편입니다.

사회적 측면을 생각해 볼 때

　　1. 아직도 병원 수익이 좋은 기업이라고 간주하고 있는가 하면

　　2. 경영 수준이 매우 낙후된 기관으로 평가되고 있고

　　3. 고압적이고 불친절한 태도에서 벗어나지 못하며

　　4. 단합된 의지로 집약할 줄 모르는 약체의 기관들이라는 여러 가지 불미스러운 사회적 이미지는 병원에 대한 각종 세제 개정에 불리한 그림자를 던지고 이러한 사회환경 속에서 민간 의료 기관이 생존해낼 수 있으려면 비상한 각오를 해야 할 형편에 처해 있습니다.

정부적 측면에서 생각해 볼 때

　　1. 의료보험에 가입한 인구는 전체인구의 45%인데 정작 의료보장이 있어야 하는 농·어촌과 영세상인들 50% 이상의 인구는 의료보험의 혜택을 받지 못하고 있어 가장 의료보험제도가 있어야 하는 이 계층에 대해 보건의료 면에서 진지하게 검토해야 합니다. 실제로 본인 농촌 지역에서 종합병원을 개원하고 있는 사람이지만 농촌 벽지에서 종합병원에 입원하려면 그의 온 가족의 생계유지에 필요한 전재산인 그들의 농토를 팔아 버려야만 입원할 수 있다는 간과할 수 없는 사실을 우리는 진지하게 생각해 보아야 합니다.

2. 막대한 적자예산을 감수하면서 유지해 가는 시·도립병원의 존재가치는 냉혹하게 비판되어야 하며, 공단 또는 의료취약지역에 병원을 50여 군데나 설립해서 부실 운영으로 폐쇄되었거나 폐쇄될 운명에 놓여 있는 이 기관들에 대한 막대한 외채와 내자에 대한 책임은 누가 져야 하며 계획성 없는 병원 설립으로 국고의 낭비가 얼마나 있었는가를 엄숙히 반성해 보아야 할 것입니다.

3. 이종 보험 또는 직종 보험 등 누적되는 위험 부담을 안고 있는 이 보험제도로 모든 부담을 민간의료기관에만 전가해 놓고 무조건 의료보험을 확대하겠다는 정책은 반드시 비판받아야 할 것입니다.

4. 원가 이하의 진료수가를 강요하면서도 거기에 각종 세금까지 부담시켜야 하는 모순은 어떻게 해결하여야 하겠습니까?(다음 호에 계속)

〈성심월보 117, 1985년 6월 10일〉

특별강연
병원경영의 전략적 접근 방향 – 대한병원협회 정기총회 특별강연 중에서 – ⑵

5. 병원은 의원과 달라서 반드시 개설하려면 당국의 허가를 받아야 하는데 무조건 병원개설을 마구 해주다가 지역별 병원 난립으로 많은 병원이 도산 위기에 빠지게 된 것은 국가재산의 낭비가 아니겠습니까? 또 병원개설 허가는 무엇을 기준으로 지금까지 허가해 주어 왔는

지 알 수가 없습니다. 1983년에 정부의 계획이 연간 4000병상을 증설하려고 하였는데 11000병상이나 늘어났다고 합니다. 현재까지 정부에서 지역별 병원 개설 권장지역·제한지역·금지지역 등으로 구분한다고 해 놓았는데 왜 연차적인 전국 지역별 단계적 병상 증가 계획은 수립하지 못합니까?

6. 충분한 도식 연습도 거치지 않고 광범위한 공청회도 거치지 않고 의료 전달체계를 마구잡이로 실시했다가 일어날지도 모르는 그 많은 부작용을 어떻게 해결할 생각입니까?

7. 그때그때 발생하는 현상적 대처방안으로 미봉책을 생각하지 말고 진정 튼튼한 국력 배양을 향한 국가 백년대계를 설계하여 의료인은 누구나 우리가 갈 길을 확실히 내다보며 지금은 어려워도 먼 훗날 달성할 수 있는 희망을 품게 하도록 해주기를 바라마지 않습니다.

지금까지 말씀드린 것을 축소해서 병원경영에 직접적으로 관계가 되는 부분만을 간추려 보겠습니다. 우리가 흔히 적정진료라는 말을 많이 쓰지만, 적정진료는 양질의 진료를 모든 사람에게 가장 염가로 제공하는 것을 말합니다. 병원경영에서 가장 중요한 것은 수입과 지출입니다. 수입은 어떻게 해서든지 증가하여야 하고 지출은 어떻게 해서든지 줄여야 합니다.

본인이 생각해 본 것 중의 몇 가지만을 추려서 참고로 제시해 보겠습니다. 다만 이것은 여러분들이 병원경영 하시는 데 조그마한 또 웃어넘길 수도 있는 참고에 지나지 않음을 먼저 전제하겠습니다.

1. 수입 증가 면을 생각하면서 먼저 의료수가가 비싸다 싸다 하는 데 대한 세평을 분석해 봅시다.

아직도 우리나라에서는 진정한 의료원가의 산출작업이 이루어지지 못하고 있습니다. 그동안 정부에서 몇몇 기존 병원의 진료업무 실적을 분석평가해서 원가 운운하였지만 몇몇 병원의 업무 내용이 반드시 적정한 업무 활동이라고 단정할 수는 없을 것입니다.

① 몇백 병상의 병원은 몇 명의 입원환자와 몇 명의 외래환자를

<표 1> 의료기관수(1984년 보사부 통계 연보)

구분 연도	종합병원		병원		의원	
77	52	100.	187	100.	6,008	100.6
78	61	117.3	218	116.6	6,044	100.6
79	70	134.6	233	124.6	6,110	101.7
80	82	157.7	240	128.3	6,344	105.6
81	89	171.2	256	136.9	6,604	109.9
82	111	213.5	263	140.6	6,824	113.6
83	156	300.0	282	150.8	7,252	120.7

※ 77년에 비해 종합병원 수는 3배, 병원은 1.5배, 의원은 1.2배가 늘어났다.

<표 2> 의료 기관별 병상 수(1984년 보사부 통계 연보)

구분 연도	종합병원		병원		의원	
1979	14,377	100.	17,180	100.	25,501	100.
80	20,386	141.8	17,269	100.5	24,876	97.5
81	23,139	160.9	16,596	96.6	23,549	92.3
82	27,286	189.8	17,219	100.2	21,694	85.1
83	37,604	261.6	20,956	122.0	22,616	88.7

※ 79년에 비해 종합병원 병상은 2.6배, 병원은 1.2배 증가했다.

② 또 그 진료 활동의 내용은 어떤 것이 되어야 하는가를 규정짓고 ③ 의사 1인당 1일 업무 능력은 얼마이어야 하며 ④ 간호사 또는 행정 직원이 분담할 수 있는 업무 능력이 얼마인가를 측정해서 ⑤ 정확한 인력의 분석을 바탕으로 해서 그 병원 또는 진료행위별 원가가 산출 되고 이러한 작업으로 인해서(다음 호에 계속)

〈성심월보 118, 1985년 7월 10일〉

특별강연
병원경영의 전략적 접근 방향 – 대한병원협회 정기총회 특별강연 중에서 – (3)

병원경영에 대한 높은 안목을 키우고 경영 능력을 향상해야 하며 병원행정의 전문화를 과감하고 성실하게 추진해서 병원경영의 합리화에 적극적으로 노력해야겠다는 것은 우리가 다 알고 있는 사실입니다.

미국·일본 등에는 임상검사만을 담당하는 전문회사가 성행하여 고도의 정밀기술이 있어야 하거나 많은 시간이 소요되는 중요한 검사물은 지역의료구에 한두 군데 정밀검사소를 설치하여 모든 의료기관이 공동 사용하도록 공동 운영하고 있는데 이렇게 해서 방만한 과다 투자를 억제할 수 있을 것입니다.

⑥ 의료원가의 기준이 되는 각종 model 병원이 그려짐으로써 의료원가는 정확하게 계산이 될 것입니다. 이러한 방법에 따른 산출 원가보다 낮으면 의료 원가는 저렴해 병원경영을 할 수 없고 이렇게 산출된 원가보다 높으면 비싼 의료비라고 손가락질을 받아 마땅합니다.

정부는 왜 이러한 타당성 있는 원가 산출작업을 기피하고 있는가 하면 이러한 원가로 의료비를 지급할 때 의료보험은 파탄에 빠질까 걱정해서일 것입니다. 그러나 확실히 의료보험 수가는 원가에 미치지 못하고 있는 것인지 의료원가에 적합한 것인지는 명확히 밝혀두고, 어느날 장래에는 언제까지 의료원가를 회복시켜야겠다는 의지가 담겨야 할 것입니다. 이러한 산출작업은 큰 힘을 기울이지 않고 또 그렇게 오랜 시간이 걸리지 않더라도 병원 또는 민간 학자들과 긴밀한 협조만 하면 충분히 이루어질 수 있는 것입니다.

의료수가는 얼마여야 하는데 지금 형편상 그렇게 할 수 없다면 연차적으로 그렇게 하여야겠다는 계획이 세워져 있고 그동안 민간의료기관이 겪어야 할 적자에 대한 보충은 현재 테두리 안에서 허용되고 있는 특진제를 활용하여 소위 일본에서와같이 차액 진료비를 징수케 함으로써 부족한 의료원가를 충당시킬 수 있는 것입니다. 혹시나 병원에서 부당한 특진비 또는 차액 진료비를 징수할 위험이 있다고 생각하면 상술한 바와 같은 의료원가의 수준에서 일정 금액의 특진비 또는 차액 진료비를 징수할 수 있도록 규제한다는 것은 지극히 타당한 일이라고 생각합니다. 현재와 같이 일반 의료수가는 비싸고 보험 수가는 싸다는 등의 모순된 논리는 없어져야 하는 것으로 생각합니다.

의료원가의 적정 산정과 이의 실현은 단시일 내에 달성할 수는 없는 것을 우리는 다 이해합니다. 어린 생명이 태어나는데도 열 달 동안이나 태중에서 자라야 하는 것과 같이 상당한 시간을 두고 의료원가에 관한 진지한 연구와 그 실시 방법 등을 모두 힘을 합쳐서 연구하여야 할 것입니다.

2. 병원 지출에 가장 큰 영향을 주는 것이 인건비입니다. 거의 모든 병원의 인건비가 전체 지출의 40~60%를 차지하고 있습니다. 더욱이 고급인력은 엄청난 인건비를 내야 합니다. 이미 잠깐 말씀드렸지만 한 사람의 전문의가 하루 무슨 내용의 일을 얼마만큼 처리할 수 있는가에 관한 내용이 담긴 인력배치가 이루어져야 하고 한 사람의 간호사·행정직원·청소부는 하루에 얼마만큼 무슨 일을 할 수 있는가가 결정됨으로써 인력의 수와 그에 대한 급료가 결정될 것입니다. 이러한 자세한 업무평가 분석에 의한 기획 능력이 경영에는 절대적으로 필요하며 이로 인해서 병원 수입의 증대와 지출의 절감을 가져올 수 있을 것입니다. 이러한 모든 연간 업무계획을 정확하게 연구 작성한 후 이에 따른 튼튼한 예산을 결정하고 모든 운영은 계획된 업무와 예산의 테두리 안에서 신중히 집행되도록 노력하여야 할 것입니다.

무엇보다도 지출은 쓸 때 쓰되 함부로 지출하지 말아야 하지만 더 중요한 것은 쓸 때 쓰지 않는 것은 절약이 아니고 오히려 낭비입니다. 돈은 어디다 써야 하고 어디에는 써서는 안 된다는 판단력은 경영자가 갖추어야 할 가장 중요한 자질입니다.

3. 이상과 같은 방법으로 병원 규모별 또 성격별 적정인력이 구체적인 형태로 파악된 모델이 작성되면 그 모델 테두리 내에서 병원 운영의 효율성을 어떻게 하면 극대화할 수 있는가는 운영자의 책임입니다. 병발증을 극소화하고 의료사고를 방지할 수 있도록 적극적 학술능력의 배양과 모든 인력의 교육훈련 등 계속적이고 계획적인 노력이 기울여져야 합니다. 또한 이렇게 해서 짜인 모든 병원 인력은 현재 물의를 일으키고 있는 환자 대기시간, 불친절 기타 운영 전반에 걸친 문

제점들을 충분히 인식하며 적극적인 자세로 병원 운영 개선에 참여케 함으로써 인건비와 부가가치를 높여야 할 것입니다.

병원은 높은 수준의 전문 분야를 다루어야 합니다. 병원이 개업의의 집합 장소가 되거나 잡화만물상과 같은 형태로 전락하면 우리나라 의료계의 앞날은 암담한 것입니다.

4. 지출 면에서 본인은 다음과 같은 안을 제시해 봅니다.

① 병원에 투자는 신중히 처리해야 할 뿐더러 결코 병원 간에 또는 의료 기관에 투자의 경쟁으로 서로 간 자본의 잠식을 가져오지 않도록 하여야 합니다. 본인은 이러한 뜻에서도 지역 의료 발전을 주창하는 사람입니다. 서울의 예를 들면 한두 개구가 합쳐서 한 지역 의료구를 형성하고 그 지역 내에 있는 각급 진료 기관이 공동투자 해서 고급 장비를 일정한 장소에 설치하여 공동 이용케 함으로써 투자는 절감될 것입니다. 요새 미국·일본 등에는 임상검사만을 담당하는 전문회사가 성행하여 고도의 정밀기술이 있어야 하거나 많은 시간이 소요되는 중요한 검사물은 지역 의료 구에 한두 군데 정밀검사소를 설치하여 모든 의료기관이 공동 사용하도록 공동 운영하고 있는데 이렇게 해서 방만한 과다 투자를 억제할 수 있을 것입니다.

② 이미 미국 같은 데서 많이 관행이 되는 방법이지만 약품 또는 의료소모품 등의 공동 구매센터를 설립해서 전문적인 구매 능력을 갖춘 사람들이 의약품과 의료소비품을 염가로 구매케 함으로써 각 병원의 비용에 상당한 절약을 가져올 수 있을 것으로 생각합니다.

이상과 같은 지역구 공동기구 설치는 각 기관이 출자해서 주주가 되어 각 병원에 돌아가는 이득이 균형 있게 되도록 노력할 수 있을 것이며 좀더 앞서서 각종 정보의 지역의료센터를 설립해서 각 기관의 활동에 관한 자료를 상호 제공함으로써 각 의료 기관이 상부상조하는 기풍을 가져야 할 것입니다.

　5. 개인병원이 많이 설립되는데 운영원칙상 의료법인화가 권장되고 있으나 이는 개인이 평생 벌어서 희사하는 용단이 필요하며 정부에서는 이 법인을 그런 의미에서 육성, 격려해 줄 뿐만 아니라 희사한 자에 대한 반대급부도 연구해 보아야 할 과제라고 생각합니다.

　6. 그 외에 의료전달체계가 머지않은 장래에 확립, 실시될 것이라는 데 대한 전망하에 대처방안이 세워져야 할 것입니다.

　병원경영에 대한 높은 안목을 키우고 경영 능력을 향상해야 하며 병원행정의 전문화를 과감하고 성실하게 추진해서 병원경영의 합리화에 적극적으로 노력해야겠다는 것은 우리가 모두 다 알고 있는 사실입니다.

　이상 몇 가지 병원경영과 관계가 있는 문제들을 열거해 보았습니다. 이는 우리가 다 아는 사실이나 오늘 저를 여기에 부른 여러분의 뜻은 그보다 더 병원경영을 오래 했다는 저에게 무슨 특수한 비법을 들어 볼까 해서 이 자리에 세워 놓은 것으로 압니다. 저는 여러분들보다 모든 면에서 모자라면 모자랐지 결코 나은 것은 없습니다. 그것은 저 자신이 여러분들의 강연과 여러분들이 쓰신 글을 읽을 때마다 얼마나 내가 부족한가를 느껴왔기 때문입니다.

　제가 지금까지 살아오면서 몇 가지 느꼈던 것을 말씀드려도 좋겠다고 생각하는 일이 있다면 저는 지금까지 병원을 운영하여 돈을 벌겠다는 욕심으로 병원경영에 임해본 적은 없습니다.

이것이 옳다고 생각하면 나의 모든 열과 성의를 다해서 그 일에 몰두할 뿐이며 혹시 돈을 벌었다고 누가 말한다면 돈은 아마 그 뒤에 쫓아왔을 것입니다.(다음 호에 계속)

〈성심월보 119, 1985년 8월 20일〉

특별강연
병원경영의 전략적 접근 방향 (완)

한 가지 옳다고 결정한 일에는 나의 모든 인생을 던져버리는 정열을 나는 아직도 잃지 않고 있습니다. 이것은 저의 신념이고 저의 건강이기도 합니다. 나는 이러한 나의 신념과 건강을 나하고 같이 일하는 모든 직원에게 동참할 것을 강권합니다. 남한테 존경받는 인생을 살아야 한다고 언제나 기도하면서 열심히 책을 읽습니다. 나는 누구나가 병원경영에 대한 자신감과 철학과 비전을 가져야 한다고 생각합니다.

21세기를 내다보는 안목을 키워야 하기 때문입니다. 남보다 더 멀리 보고 남보다 앞서 볼 줄 아는 눈을 키워야 합니다. 남보다 더 멀리 보고 남보다 앞서 볼 줄 아는 눈을 키워야 합니다. 절대로 사리사욕에 휘말려서 내가 기관을 이용해 보고자 하지는 말아야 합니다. 소탈하게 살려고 애써왔고 높은 사람인 체하지 말고 잘난 체하지 않으려고 살아왔지만 때때로 나는 나도 모르는 사이에 교만과 방자한 나의 변모를 부끄럽게 내다 볼 때도 있습니다. 나는 나의 동료들에게 비판하는 사람이 되지 말고 비판을 충분히 받고 비판받은 것을 해결할 수 있는 사람이 되자고 항상 주장합니다.

모든 직원이 하나같이 온 정열을 다 쏟고 열심히 하면 무엇이든지 된다고 봅니다. 운영자는 어떻게 하면 모든 직원이 합심해서 열성을 다할 수 있게끔 하느냐에 있습니다.

생명공학이 움트고 있습니다. 저는 지금으로부터 40여 년 전에 의사가 된 사람입니다만 이제부터 40년 후 우리 생활이 지금보다 더 윤택하고 자유로우며 모든 국민이 평등하게 살 수 있는 시대가 올 것입니다. 국민 보건의료의 대부분을 책임지고 있는 민간의료기관은 목전의 소리에 급급하지 말고 긍지와 자신감을 가지고 정정당당하게 새로운 세계를 맞이해야 합니다. 정부는 관 주도 보건 의료 개발은 한계가 있음을 솔직히 인식하고 허심탄회하고 성실하게 국민 보건의료를 위한 백년대계를 수립하는 데 민간단체의 광범위한 의견을 과감히 수렴하는 데 인색하지 말기를 부탁드립니다.

〈성심월보 120, 1985년 9월 30일〉

교수연찬회 강연
제6회 한림대학 교수연찬회에서

학생들 교육뿐만이 아니고 학문연구에 얼마나 진지한 태도를 보이고 우리가 교수 생활을 하고 있으며, 쉬지 않는 의욕이 지금, 이 순간에도 여러분들 가슴속에 들끓고 있을 것을 본인은 확신합니다.

학원 자율화는 자율을 해내겠다는 굳은 의지가 담겨야 하고 자율적

으로 학원을 이끌어 나갈 수 있는 능력을 보유하여야만 학원 자율화
는 이루어질 수 있습니다.

1982년 1월 7일 대학설립 인가를 문교부로부터 받은 후 꼭 3년 6개월
이라는 세월이 흘렀습니다. 이제 6개월 후에는 제1회 졸업생을 내게
되었는데 이 대학은 지금 어디로 가고 있는지, 또 어디로 가야 하는
지, 우리 한림대학의 1회 졸업생을 낼 때까지의 우리가 한 것이 무엇
이고 또 우리의 목표가 무엇인지를 차분한 마음으로 반성 검토하여야
할 때가 왔습니다.

대학발전위원회에서는 그동안 여러 교수로부터 많은 의견을 들
으면서 방대한 문어발식 대학 확장보다는 내실 있고 알찬 대학이 되
어야 한다고 대학의 살림을 짜고 있습니다.

어디까지나 이 지역사회의 특성이 있으면서도 세계를 바라다보
는 대학이 되어야 하며 50년, 100년 후를 바라다보는 건설작업을 서
두르지 말고 이루어 나가야 할 것으로 생각됩니다.

우리 대학의 건학이념이 또 교육목적이 얼마나 뚜렷하게 우리 학
생들에게 심어져 왔는지, 또 우리 교수들이 얼마만큼 교육과 연구를
기준으로 항상 잊지 않고 건학이념을 간직하고 있는지를 다시 한 번
되새겨 보고 싶습니다.

대학은 창조적 지성을 개발하는 곳이라 했는데 또 우리는 어느
자리에 나서거나 나는 그러한 대학에 있다고 이야기하겠는데 정말로
우리들의 창조적 지성이 얼마만큼 개발되었고 학생들이 대학에 들어
와서 대학인답게 잘 개발될 수 있도록 우리 교수들이 학생들에게 어

떻게 무엇을 가르치고 지도했는지 생각해 봅시다.

1982년도 극히 어설픈 학생들이 제1회로 우리 대학에 들어왔는데 지금 졸업하면서 이들이 얼마나 달라졌는지를 여러분들은 보고 계실 것입니다.

학과는 14개 학과로 늘어났지만, 학과마다 교육 목표가 뚜렷이 서 있고, 그 목표를 달성하기 위해서 구체적인 교육 방법이 얼마나 연구되어 실천됐는지를 각자 반성하여야 할 때가 왔습니다.

색깔 있는 대학을 만들어야 한다고 세미나 때마다 목청을 높였는데 지금 우리 대학은 어떤 색깔을 가졌는지 여러분들에게 물어보고 싶습니다.

요새 고도산업사회의 각종 기업 수준이 상당히 높아져서 대학 졸업생만 가지고는 소용이 없다는 말들이 들리는데, 우리 대학에서는 사회에 나가도 소용이 없는 졸업생들을 만들어 놓지나 않았는지 걱정스러울 때도 있습니다.

대학은 대학으로서의 도덕과 그 대학의 훌륭한 전통이 서 있어야 한다는데 우리는 얼마만큼 이런 일들을 성취하였으며 우리는 쉬지 않는 활력을 다하여 젊은 대학답게 희망과 용기를 지속하고 있으리라 확실히 믿고 있습니다.

학생들 교육뿐만이 아니고 학문연구에 얼마나 진지한 태도를 보이고 교수 생활을 하고 있으며, 우리보다 앞서가는 대학들, 선진국의 대학들에서의 연구 활동을 뒤쫓아 가고 앞질러 가야겠다는 쉬지 않는 의욕이 지금, 이 순간에도 여러분들 가슴속에 들끓고 있을 것을 본인은 확신합니다. 본인은 이 대학의 문을 열면서 대학교육에 깊은 관심을 가졌던 것이 학문연구 분야이며 뜻있는 학문연구를 하는 분들에게 연구비의 부족함 없도록 최선을 다한다는 결심은 과거나 지금이나 미래나 변함이 없을 것을 확실히 해둡니다.

지역사회의 특성을 살리는 대학이 된다고 하면서 우리는 구체적으로 이 지역사회를 위해서 무엇을 계획해 보았고 생각해 보았는지를 다시금 다짐해 보기도 합니다.

문교부에서 특성 학과를 지정해서 중점적으로 대학을 발전시켜 나가도록 하라고 해서 사학과를 수동적으로 신청한 일이 있는데 과연 우리 대학의 특성 학과로 지정한 사학과를 위해서 무엇을 했으며 혹시나 정부로부터 특성 학과로 지정받은 서류상 요식행위만 함으로써 특성 학과가 되었다고 생각하는 것이 아닌지 염려스러울 때도 있습니다.

명년도에 대학원 설립 가부 문제를 논의하는 과정에 충분한 도서도 갖추지 못한 채 무슨 대학원이냐는 말이 들릴 때 본인은 정말로 부끄러워서 쥐구멍이라도 찾고 싶은 심정이었습니다. 본인의 뜻과는 전연 다르게 대학의 갈 길이 빗나가고 있지나 않은지 염려하는 마음이 지극히 큽니다. 도서관은 충분한 시설과 충분한 도서와 또 도서관을 운영해 나갈 수 있는 훌륭한 인력이 절실하게 요망되고 있는 단계에 있습니다. 현재와 같은 낙후된 상태에서 학생과 교수들에게 도움을 주지 못하고 도서관이 있다는 볼품없는 전시에만 끝나는 현 사태에서 용감하게 탈출하여야 할 때가 왔습니다.

현대 문명은 첨단과학을 앞세워서 엄청난 속도로 새로운 세계를 향해서 뛰고 있는 현상입니다. 더욱이 여기에 주도적 역할을 하는 첨단과학 분야의 발전으로 인류문화에 예측할 수 없는 미래 혁명이 가까이 오고 있는 것 같습니다. 반도체의 끝없는 개발, 빛을 잃어가는 화석에너지에서 새로운 에너지로의 전환, 식량, 축산, 환경 해양과학 등을 포함한 새로운 생명공학의 활발한 개발, 정밀과학 컴퓨터를 위시한 시스템공학의 발달, 이상과 같이 우리 대학이 짊어져야 할 학문 분야는 엄청난 책임을 우리에게 요구하고 있습니다. 대학은 쉬지 않고 숨 쉬는 대학이어야 하며 밤에도 전등불이 꺼지지 않는 고동치는 대학이어야 하고 방학 때도 쉬지 않는 full time university가 되어야 합니다.

학생들은 이러한 교수들의 숨결을 쫓아가며 같이 호흡할 수 있는 체력과 지혜와 근면성을 가져야 하며 우수한 학생들을 길러내야 할 것입니다. 이러한 우리 대학이 가야 할 그 먼 길을 같이 갈 수 없는 학점미달의 학생은 입학 때부터 뽑지 말아야 하며, 잘못 입학 되었더라도 온갖 노력을 다해도 따라올 수 없는 낙오자는 과감하게 딴 길을 택할 수 있도록 해주어야 합니다.

학원 자율화

학원 자율화는 자율을 해내겠다는 굳은 의지가 담겨야 하고 자율적으로 학원을 이끌어 나갈 수 있는 능력을 보유하여야만 이루어질 수 있으며, 이는 정부, 재단, 대학 자체, 교수, 학생들의 가슴에 이와 같은 굳은 희망이 살아 있을 때 이루어질 수 있습니다. 본인은 지난번 총학장 간담회 때 정부 고위관리도 참석한 자리에서 어느 대학 학장이 학원 자율화 정책은 너무 서둘렀으며 아직 학원 자율화를 할 수 없는 때라고 생각한다면서 학원 자율화를 반납하겠다는 발언에 말할 수 없는 분개를 하였으며 강력한 반대 의견을 제시한 바 있습니다만, 이처럼 학원 자율화하겠다는 의지가 담겨 있지 않은 우리나라 교육계를 비통한 마음으로 대할 수밖에 없는 형편입니다.

문교부

문교부는 작년 봄에 느닷없이 학원 자율화 정책을 쓰겠다는 발표를 하면서 그 중요한 사항이 학원 내에 주둔했던 경찰이 물러가고 제적된 학생들을 복교시키고 형사 처분을 받았던 학생들과 교수들을 학원으로 돌아오게 하는 등등의 시책을 발표하면서 학원 자율화를 한다고 했는데 본인은 도대체 경찰이 대학에서 물러가는 것이 학원 자율화인지, 법에 따라서 유죄판결을 받았던 죄인들을 대학에서 다시 학생이나 교수로서 받아들이는 것이 대학 자율인지를 처음부터 의심해 왔습니다만, 우리 대학의 현주소가 이처럼 무정견하고 학원에 대한 인식조차 제대로 못 하는 환경에서 대학에 몸담은 여러분들이나 대학을 설립하고 이끌어 가겠다는 본인이나 우리에게 과해진 엄청난 과제들을 어떻게 타개해야 할지 암담하기 짝이 없습니다. 지도 휴학제를 폐지하고 교수 임명제를 개선하겠다고 정부에서 발표는 했지만, 여전히 학생 아무개 제적이고 아무개는 몇 주간 정학이고 아무개 교수는 대학에 들어오면 곤란하고 등등의 보이지 않는 규제를 하는 현실을 우리는 알면서, 본인은 총학장 간담회 때 과연 정부는 학원을 자율화할 의사가 있는지 없는지를 솔직히 대답해 달라고 질문한 바 있습니다만 한편 돌이켜 생각해 보면 정부가 하라고 해서 하고 하지 말라고 해서 못하는 것이 아니고 우리 대학 스스로가 하여야겠다는 의지를 다지고 할 수 있는 능력을 발휘하여야 한다고 생각한 바 있습니다.

재단

재단에서는 대학설립 후 제1회 졸업생을 맞이하게 될 현재까지 무엇을 해 왔는지를 스스로 반성해 보면서 여러분들 앞에 재단의 이사장으로서 능력이 부족했던 점을 사과드립니다. 엄격히 말해서 현행법상 재단은 대학의 학장이 요구하는 예산만 지출하고 그 외의 어떠한 문제도 관여해서는 안 되는 것으로 되어 있지만, 초창기 대학 건설에 너나없이 모든 힘을 합쳐야 할 때 본인도 이러한 조그마한 법에 핑계 삼아 뒤로 물러나 앉지 말고 학장을 위시해서 교수 여러분과 학생들과 더불어 대학을 건설하는 데 동참하여야겠다는 뜻에서 아는 것도 없으면서 오늘 이 자리에 외람되게 참석한 것입니다.

〈성심월보 120, 1985년 9월 30일〉

훈시
신입직원 훈시

스스로 자기의 맡은 일을 책임지고 할 수 있는 자율성 있는 직업인이 되어야 한다. 우리는 내 주변 사람들에게 항상 미소 짓는 습관을 지녀야 하며 반드시 무슨 취미든지 한두 가지를 가져야 한다. 만족할 수 있는 인생을 살기 위해서는 내가 사는 일, 하는 일 이 모든 것을 사랑하여야 한다.

우리는 항상 자아를 찾아내라고 배워 왔다. 자기가 누구인지를 발견하여야 한다. 자기를 똑똑히 발견해서 자아를 자신 있게 끌어낸다는 것은 그만큼 자기를 사랑하여야 한다는 뜻이다.

일확천금을 꿈꾸지 말고 하루아침에 출세해 보겠다는 승리욕에 사로잡혀서는 안 된다. 콩 심은 데 콩 나지 콩 심은 데서 소나무가 자라지는 않는다.

다음 내용은 윤덕선 이사장이 지난 7월 7일 공채 신입직원을 대상으로 한 훈시를 요약한 것이다. - 편집자 주

여러분들은 오늘부터 병원이라는 직장에서 직업인으로서 일하게 되었다.

첫째로, 여러분이 가져야 할 직업관 중 가장 중요한 것은 우리 재단 산하 기관에 근무하는 데 따른 자기 직업에 대한 긍지를 가져야 한다.

사람이 어떤 환경에 살아도 자기가 서 있는 인생에 대해 긍지를 가지지 못하면 뜻있는 인생을 살아갈 수 없다.

옛날 모세가 이집트에서 궁전의 노예로 일하고 있을 때 하느님은 모세에게 "모세야, 네가 서 있는 땅은 가장 거룩한 곳이니라"라고 한 말이 있다. 아무리 비참한 환경에 처해 있더라도 그것은 일시적인 현상에 지나지 않는 것이며 오늘의 비참함은 반드시 내일의 큰 뜻을 품고 있다는 것을 알고 자기의 현재 삶에 대해서 긍지를 가지는 것이 중요한 것이다.

둘째로, 여러분들은 우리 재단 산하 각 기관에 여러 가지 업무에 대한 전문적 식견을 가져야 한다. 그래서 항상 자기 직장에 관한 얘기를 듣고 내용을 파악해서 공부하려는 노력을 쉬지 않고 기울여야 한다.

셋째로, 여러분들이 이 기관에서의 직업인으로서 성장하려는 것은 하루아침에 이루어지는 것이 아니라 상당한 동안의 훈련을 받아야 한다는 것을 각오해야 한다.

넷째로, 여러분들은 이 직장에서 한 달에 얼마의 봉급을 타기 위해서 일하는 것이 아니라 이 기관에 근무하는 직장인으로서 사회에 봉사한다는 사명감을 가지고 일해야 한다.

다섯째, 여러분이 근무하는 데는 상사가 있고 또 여러분과 같이 일하는 동료도 있고, 지휘하여야 할 아랫사람도 있다. 그러나 여러분 각자가 하는 일은 각자가 자신 있게 책임을 져야 한다. 책임감 없는 직업인은 직업인으로서 낙제이다. 이런 책임감을 확실히 겸비하려면 자기 스스로 내가 맡은 일이 무엇이고 또 내가 할 수 있는 일을 깨닫고 자율적으로 일할 수 있는 능력을 길러야 한다. 언제나 기계와 같이 상사의 명령에만 충실하고 또 명령한 것만을 수행하는 인간이 되지 말고 스스로 자기의 맡은 일을 책임지고 할 수 있는 자율성 있는 직업인이 되기를 바란다.

그러기 위해서 여러분들은 차곡차곡 서두르지 말고 일을 배워 나가도록 하여야 할 것이다. 병아리는 아무리 서둘러 세상에 나오려고 해도 20일 동안 부화기에 따스한 어미 품에서의 시간을 보내야 비로소 완전한 병아리가 될 수 있다.

미국의 유명한 풋볼 코치 '빈스롬바르디'라는 사람이 있었다. 이 사람은 자기 팀 선수들의 훈련에 관하여

"첫째, 모든 선수는 하나하나 풋볼 선수로서의 기초훈련을 착실히 받아야 한다. 둘째, 모든 선수는 각자 자기 포지션이 무슨 역할을 하는지 정확히 이해하여야 한다. 셋째, 모든 선수는 서로 자기와 같이 뛰는 다른 동료 선수들을 이해하고 도와주고 협력해 주어야만 풋볼은 승리한다"라고 말을 했다.

요즈음 축구에서도 슈팅을 잘하는 선수보다 어시스트를 잘하는 선수를 높이 평가하고 유럽의 프로 축구단에서는 어시스트 상금을 주고 있다. 우리는 직장에서 내가 하는 일을 충분히 이해하고 나와 동료와 내 부서에서가 아닌 다른 부서에서 근무하는 사람들을 이해하고 협조하는 습관을 지녀야만 직장인으로서 성공할 수 있는 것이다.

우리는 항상 자아를 찾아내라고 배워 왔다. 자기가 누구인지를 발견하여야 한다고 한다. 자기를 똑똑히 발견해서 자아를 자신이 있게 끌어낸다는 것은 그만큼 자기를 사랑하여야 한다는 뜻이다. 사랑한다는 것은 자기를 아름답게 하는 것이요, 자기를 아름답게 해야만 할 수 있다. 자신을 아름답게 한다는 것은 남을 아름답게 하는 것이어야만 자기도 아름다워진다고 한다. 그래서 기독교에서는 사랑의 진리를 가르치지만, 이 사랑은 자기에 대한 사랑을 키우기 위해서 남을 사랑하기를 자기처럼 하라고 가르치고 있다. 내 동료와 주변의 모든 사

람과 나보다 잘사는 사람이나 더욱이 나보다 불우하게 사는 사람들을 마음으로부터 도와주고 사랑하는 마음가짐을 가져야 한다.

우리 병원에 찾아오는 사람은 다 불우한 사람이다. 남과 같이 건강하지 못해서 건강해지고 싶어서 우리에게 찾아온다. 이들에게 사랑을 베풀 줄 모르면서 내가 나를 사랑한다고 생각해서는 안 된다. 그래서 병원은 사랑을 나누는 직장이라고 항상 가슴속 깊이 생각하고 결심하고 있어야 한다. 나 혼자 잘난 체하는 유아독존唯我獨尊에 빠진 오만불손한 프리마돈나Primadonna는 가장 추한 여자이다.

병원에서 친절 불친절을 운운하는 경우가 있다. 어떤 사람이 식당에 가서 식사하려는데 웨이터가 너무나 불친절하여 "이 사람아, 나는 자네에게 친절을 받으려고 왔는데 자네는 친절을 주지 않고 음식을 팔 수 있다고 생각하는가? 불친절하다는 데 대해서는 어떠한 변명도 성립될 수가 없는 것이라네." 하고 주의를 주었다고 한다.

내 주변 사람들에게 항상 미소 짓는 습관을 지니도록 하자.

Smile은 세계 어디서나 통하는 여권International Passport이라고 한다. 사람은 누구나 잘못을 저지르면서 산다. 여러분들은 앞으로 일을 해 나가면서 쉽게 잘못을 저지르는 일이 더러 있을 것이다. 결코 자기가 저질러 놓은 실수에 대해 부끄럼을 가지지 마라. 문제는 자기의 잘못을 스스로 인정하느냐 안 하느냐에 있다. 자기의 실수를 잘못으로 받아들여야만 그런 잘못을 다시는 되풀이 하지 않는 것이다.

반드시 무슨 취미든지 한두 가지를 가져야 한다. 우리는 직장에서 항상 무엇인가 배워야 한다. 컴퓨터를 배우고 영어, 또 일어도 배우고 주변 사람들의 좋은 점도 흡수하고 항상 배우며 살아야만 멋진 삶을 살 수 있는 것이다. 우리는 좀더 멋있는 인생을 살아야 한다. 그래야 만족할 수 있는 것이다. 그러기 위해서는 내가 하는 일에 모든 정열을 기울여야 한다. 내가 사는 일, 내가 하는 일 이 모든 것을 사랑하여야 한다.

요즘 젊은 사람들은 너무 쉽게Easy-Going 세상을 살아가려는 경향이 있다. 6·25의 아픔도 동족상잔의 처참함도 보릿고개도 일본인의 식민지 억압도 그 어느것도 겪어보지 못한 사람들이다. 풍요한 세상을 살아왔기 때문에 쾌락에 빠지기 쉽고 환상적이기 쉬우며 이기적일 때가 너무나 많고 내 이웃들에 대한 무관심과 불감증이 극도에 달하고 있으며 정착성이 없이 방황하는 사람들이 많다. 이상주의라는 것은 요즘 젊은 사람들에게서 참으로 찾기 힘들다. 주말에 들로 산으로 가서 대자연의 섭리 속에 창조주의 큰 힘을 느껴보지 못하고 먹고 마시고 떠들고 흔들다가 오는 것이 보통이다. 우리는 사람답게 자연 속에서 느끼고 배워야 하는데 돼지와 같이 먹고 마시고 떠들기만을 좋아한다. 인생을 인생답게 살지 않고 돼지와 같이 살려는 것이다.

도스토옙스키의 『죄와 벌』의 주인공 라스코르니코프가 전당포의 돈밖에 모르는 주인 노파를 필요 없는 인생이기 때문에 죽여도 된다는 논리적인 생각에 빠져 노파를 죽이고 자기는 잘못이 없다고 생각했는데 몇 달 동안 고열에 신음하면서 자연의 섭리를 파괴한 자기 스스로에 대한 가혹한 비판 속에 빠지고 만다는 얘기가 있다. 자연의 섭리를 이해하고 배우는 습관을 지녀야 한다.

근대에 와서 급속한 과학 물질문명의 발달, 더욱이 우리나라에서 국가에 대한 가치관의 확립도 되지 않은 채 온갖 정권 교체는 무력으로 탈취하여야만 이루어질 것 같은 철학 속에서 살아온 우리는 급속주의와 현란한 신문명에 혼돈이 되어 대자연의 섭리를 잊어버리고 기다릴 줄 모르는 민족이 되어가고 있다.

율곡 이이 선생은 "환자를 진찰할 때 살이 쪘는지 말랐는지가 문제가 아니라 그 나라 국민의 기강이 서 있는지가 문제"라고 하였다.

마르코 복음 4장에 "조그마한 겨자씨가 땅에 떨어져 그것이 자라 큰 나무가 되어 가지를 뻗고 잎이 무성해져 그 그늘에 많은 사람이 쉬어간다"라는 내용이 있다. 비록 우리 한 사람은 보잘것없다고 생각되지만, 겨자씨 한 알에 지나지 않는 우리 한 사람 한 사람의 힘이 합쳐서 많은 국민이 우리 그늘 밑에서 편안을 되찾고 인생을 구가하게끔 노력한다는 것은 우리 삶의 큰 보람이 아닐 수 없다.

우리는 우리가 하는 일에 이러한 간절한 염원을 가지고 일을 하도록 하자. 세상일이란 무엇이든지 간절히 염원하고 기구한다면 안 되는 일이 없다고 나는 믿고 있다. 사과가 나무에서 떨어지는 것을 수많은 사람이 보아 왔지만, 뉴턴은 그것을 보고 만유인력을 발견하였다. 뉴턴은 사과 한 알이 떨어지는 것을 간절하게 보았기 때문이고 그냥 지나쳐 보는 것이 아니라 간절한 염원을 가지고 보고 또 보았기에 거기에 숨어 있는 만유인력을 발견하게 된 것이다. 간절한 염원이라는 것은 이처럼 무서운 것이다.

일확천금을 꿈꾸지 말고 하루아침에 출세해 보겠다는 승리욕에 사로잡혀서는 안 된다. 콩 심은 데 콩 나지 콩 심은 데서 소나무가 자라지 않는다. 아무리 세상이 졸속주의, 급속주의에 빠져들고 있다고 하지만 우리 기관에서 일하는 여러분들은 기다릴 줄 아는 여유를 가지는 인생을 살아주기를 바란다.

<성심월보 129, 1986년 6월 30일>

5. 인터뷰

대학은 당대에 세우는 것이 아니고 몇십 년, 몇백 년을 내다보는 대학이 되어야 한다며 조경 구상에도 신경을 많이 쓰고 계신 모습을 통해 기자는 한림의 풍요한 미래를 그려 볼 수 있었다.

개교 3주년을 맞으며 윤덕선 이사장 인터뷰

"감회랄 거까지 뭐 있나! 사람이 계속해서 살아가듯 해가 거듭하는 것은 당연한게지."

개교 3주년을 맞이한 윤덕선 이사장의 첫 소감이다. 질문한 기자를 당황하게 할 정도의 짧은 대답이다.

"그래, 다 그런 거지 뭐……. 춘천에 꼭 대학을 세워야겠다는 의지는 없었다. 그러나 막상 일을 시작하다 보니까 최선을 다해야겠다는 생각이 들더군."

■ 개교할 당시 재미있는 에피소드에 대해 묻자 제법 긴 정적 끝에,

"참으로 많이 제일 기억에 남는 것은 제주도에서 죽을 고비를 넘긴 사건이지. 한림대학 인가가 나오느냐의 여부에 대해 그 당시 말이 많았어. 대학 서류준비를 다 해놓고 나는 제주도로 여행을 갔어. 알다시피 서귀포에 내 농장이 있거든. 그런데 그날 밤 문교부에서 인가를 해줄 터이니 내일 아침 10시까지 서울에 오라는 거야. 다음날 서울 가는 비행기는 8시에 있어서 6시에 일어나 준비를 하고 이럭저럭 하다 7시를 넘겼어. 그런데 제주도에 눈이 많이 와 비행장까지 가는 데 농장에서 두 시간이나 걸리는데, 택시마다 길이 험하고 시간이 없다고 서로 안 가겠다는 거야. 이젠 다 틀렸구나 했는데 한 운전사가 한 번 시도를 해보자는 거야. 그때 40분만에 비행장에 도착했어 두 시간 거리를. 휴! 그때 죽는 줄 알았지……"

■ 그렇게 해서 인가를 받을 때 우리 대학의 교명을 어떻게 정하게 되었느냐는 질문에,

"그것도 참 재미있었네. 우리 재단이 성심이고 병원도 모두 명칭이 성심이어서 성심대학으로 맨처음 등록을 했지. 그런데 성심여대에서 반발이 있었고 등록시간 세 시간 전에 문교부에서 명칭을 바꾸라는 지시가 왔어. 할 수 없이 다시 생각해야 했는데 한림원翰林院이란 단어가 떠오르더군. 그래서 각계 인사들에게 한림이란 명칭에 대해 물어봤지. 다들 좋다고 하더군. 그래서 결정한 거야. 3년 동안 한 일은 없지만 어떻게 하면 좋은 대학을 만들 수 있을까 고심 중이야."

하며 앞으로의 한림대학 발전을 위해 무엇을 하여야 하는가 하고 어깨가 무거워진다며 그 당시의 일을 회고하였다.

■ 장학리의 제2캠퍼스 부지를 비롯하여 도서관, 의학관 등 양적으로 증가하는 우리 대학의 미래상에 대해서는,

"그럼, 양적으로 질적으로 커가야지. 학생들이 거기에 대해서는 잘 아니까 생략하고 새로 계획 중인 마로니에 공원에 대해 얘기해 볼까? 지금 공사가 진행 중인 도서관 앞에 마로니에 공원을 계획하고 있어. 우리나라에 1백 그루 정도밖에 안 되는 마로니에지만 가능한 한 많이 사들여 울창하고 시원한 공원을 만들고 싶어. 그러한 분위기 속에서 진정한 대화가 오고 가는 학생들의 안식처가 된다면 공원은 그 기능을 다 하는 것이라 할 수 있지."

올 여름까지 완공할 계획인 마로니에 공원은 전국 곳곳에 산재해

있는 마로니에들을 옮겨놓고 그곳에 조각작품을 비롯한 여러 가지 예술작품들로 조경을 하여 프랑스 파리의 마로니에 공원과 비견되게 할 것이라고 한다.

■ 마로니에 공원을 만들 계획을 직접 구상하셨느냐는 기자의 질문에,

"그럼! 프랑스를 여행할 때 도시 거리에 있는 공원들을 보고 생각해 낸 거야. 지금 마로니에 공원을 만들 위치가 참으로 좋아. 소양강 물줄기가 보이고 장학리가 내다보여서 자리로서는 그만이던걸."

또한 그러한 장소에서 많이 사색하고 고민하는 우리 한림학생들이 되기를 바란다고.

"대학은 당대에 세우는 것이 아니라고 생각해. 장학리에 심을 나무들을 위해 지금 농장에 묘목들을 부지기수로 많이 심고 있거든. 우리나라엔 나무가 별로 없잖아."

라며 몇 십 년, 몇 백 년을 내다보는 대학이 되어야 한다며 조경 구상에도 신경을 많이 쓰고 있는 모습을 통해 기자는 한림의 풍요한 미래를 그려볼 수 있었다.

■ 우리 대학을 총장클럽이라고 칭할 정도로 저명한 교수들이 대거 부임해 오셨는데, 그분들을 어떻게 우리 대학으로 모시게 되었는

지 대부분의 학생들이 궁금해 한다고 하자,

"대학의 첫째 목표는 학문을 연구하는 일이야. 그런데 학문을 하려면 적어도 학문할 분위기가 있어야 하는데, 요즈음 그러한 분위기가 점점 사라져 가고 있고 또한 대학생들이 교수들에게 많은 실망을 안겨 주는 것 같다. 그러한 걱정 속에서 공기 좋고 연구에 전념할 수 있는 우리 학교를 알게 된 거지."

라며 현재의 대학가의 풍토에 대해서 애석해 하시며 직접 접촉한 것이 아니라 경성제대 동기이기도 한 현승종 교수와 그외의 몇 교수들의 추천에 의해서 지금의 그분들을 모시게 되었다고 한다.

대학이라면 학생들과 교수들에게 실망을 주어서는 절대로 안 된다며 우리 대학에서는 이러한 풍토가 조성되어서는 안 된다고 걱정하기도 하였다. 또한 서로 공부할 수 있는 분위기를 만들기 위해서는 사제 간의 정이 필요하다며 거듭 분위기를 강조했다.

"교수들은 제군들이 항상 찾아오길 원하고 있어. 제군들끼리만 낚시다, 등산이다 놀러가지 말고 한 번 교수들에게 권해 보지. 그러면 무척 좋아들 하실 거야. 어떤 교수분은 여러분이 술값이 모자라 전화할 것 같은데 그런 학생이 한 명도 없다며 불평을 하시던데 연구실 및 댁으로 한 번 찾아가 봐요. 학과 얘기로만 아니라 그분들의 경험담을 들으면서 대화의 길을 열면 아주 잘해 주실 거야. 일주일 몇 시간으로 그분들의 강의에 만족해야 하나?

라며 반문하기도 했다.

교수와 학생의 관계는 학생들의 적극적 참여가 무엇보다도 중요하며, 어떻게 학생들이 교수가 먼저 대화를 청하기를 요구하느냐면서 거듭해서 그러한 분위기를 만들 필요성을 당부하였다.

대학이란 학문 그 자체로만은 만족할 수 없는 교양을 쌓는 곳이며 그러한 대학을 이끌어 나갈 수 있는 우리 한림인이 되길 원한다며,

"또한 대학생이라 하면 젊고, 지성을 가진 사람인데, 적어도 자기 의사를 분명히 밝힐 줄 아는 대학생이 되어야 해. 자기 소신대로 행동하지 않는 대학생이라면 그건 고등학생과 마찬가지야. 대학은 정말 시끄러워야 한다고 생각해. 자기의 주장을 떳떳하게 밝히는 교정의 모습은 얼마나 씩씩해 보여?

라며 대학생으로서 지녀야 할 것은 기본 교양과 자기 소신을 주장하는 거라며 거듭 강조하셨다.

■ 대학생의 그러한 본분에 이어 우리 한림대 학생에게 제일 바라고 싶은 점은 무엇이냐는 질문에,

"우리 한림의 학생이라면 적어도 대학생이 지녀야 할 기본적 교양을 갖추었으면 해. 잔디밭에 담배꽁초를 버리는 일이나 캠퍼스 중앙에 있는 조각작품(드러난 섬)을 감상할 줄 모르고 장난을 하는 일이 있는 것 같은데 적어도 대학생이라면……"

말꼬리를 흐리면서 우리 대학생들의 교양에 대해 꼬집기도 하신다.

■ 3주년을 맞이하여 그간을 돌아볼때 아쉽다고 생각되는 점에 대해서 질문을 하자.

"미비한 점이야 많지만 아직 초창기이니까 충분히 보충해 나갈 수 있다고 생각해. 단지 건학이념에도 잘 나타나 있듯이 특히 강조하고 싶은 것은 우리 대학은 튼튼한 사람을 길러내고, 세계를 바라볼 수 있어야 한다는 점이야. 지금 국내보다 국외에서, 특히 미국에서 한림 대학이 유명한데, 그것을 몸소 느꼈을 때 어깨가 무거워졌지만, 우리 학생들에게는 기대할 만한 일이라고 생각해."

라며 세계 속의 한림으로 되기 위해서는 우리 학생들의 외국어 실력을 쌓아야 한다고 재삼 강조하고 또한 건강하지 못한 지식인은 있을 수 없다며 체육의 필요성을 덧붙이기도 하였다. 타교와는 달리 교양과목이 월등히 많은 이유 또한 어느 한 지식에 국한된 학자보다는 풍부한 교양을 기반으로 한 전문지식을 습득하는 것이 올바른 방법이라는 견해를 밝히며 인터뷰를 끝맺었다.(이진희 기자)

〈한림학보 9, 1985년 5월 21일〉

윤덕선 박사(일송학원 이사장) 신춘 특별 인터뷰

'황금알을 낳는 거위'로 불리는 종합병원을 5개나 거느린 우리나라 최대의 병원 기업가 일송一松 윤덕선尹德善 박사(66). 그는 인술仁術을 펴 축적된 부를 육영과 사회복지사업을 통해 사회에 환원, "의술醫術은 있고 인술仁術은 없다"는 지적을 받는 오늘의 의료계에서 돋보이는 사람이다.

　또 일송학원 이사장으로 총장을 지낸 학계 중진 교수들을 대거 영입해 '총장클럽의 총수'라는 별명과 함께 교수 확보율 1백%, 대학에 대한 재단 출연율 전국 1위로 대학가에 한림대 신화를 창조한 장본인이다. 훤칠한 키에 부드러운 듯하면서도 약간은 고집이 있어 보이는 얼굴. 젊었을 때는 '게리 쿠퍼'를 닮았다는 얘기도 들었다지만 이제 고희를 앞둔 그는 텁텁한 시골 중학교의 교장 선생님을 연상케 한다.

담배 끊고 운동

　■ 예전보다 건강이 좋아 보이는데요. 어떻게 지내십니까?

　"7~8년 전부터 당뇨가 생겼어요. 그래서 매일 아침 6시면 일어나 1시간가량 제 나름대로 개발한 운동을 하고 있습니다. 쿵후도 하고 단전호흡도 하고……. 담배도 끊은 지 10년쯤 됐는데 컨디션 유지에 그만이에요. 그전에는 하루 두 갑씩 태우는 헤비 스모커였지요."

　[요즘 서울의 병원 일은 장남 대원大元 씨(한림대의료원장)와 차남 대인大仁 씨(강동성심병원 부원장)에게 맡기고 재단의 중요 업무만 다

루고 있다.]

■ 한림대 개교로 강원도와 인연을 맺으신 지 6년째가 됩니다. 올해 2회 졸업생이 배출되고 춘천성심병원도 지역의료기관으로 뿌리를 내려 감회가 깊으실 텐데.

"대학은 설립한 지 한 30년쯤은 돼야 어느 정도 모습을 갖추는 것 아닐까요? 아직 멀었지요. 제가 처음 성심여대 인수 권유를 김재순金在順 학장으로부터 받고 쾌히 승낙했던 것은 춘천이 서울과 가깝고 조용하며 인심도 좋아 대학이 들어서기에는 알맞은 곳이었기 때문이었습니다.

마침 의료 조사차 춘천에 왔을 때 이곳에 종합병원을 지어 달라는 부탁도 있었고요. 처음에는 인천에 국제적인 의대를 세울 계획을 하고 있었는데 지금은 이곳에 대학을 세우길 잘했다고 생각합니다."

[윤 박사는 춘천성심병원을 서둘러 지을 생각은 없었다고 말했다. 부속병원으로 의대생들의 임상 실습을 시키는 데는 4~5년의 시간적 여유가 있었기 때문이었다.

그러나 아끼던 성심여대의 부천 이전으로 실망이 컸던 주민들로부터 "한림대도 곧 서울로 갈 것"이라는 소문과 함께 의혹의 눈길이 많아 서둘러 병원을 짓게 됐다고 술회했다.]

■ 흔히 윤 박사를 가리켜 병원경영의 귀재라고 합니다. 병원을 어떻게 키우셨습니까?

"병원경영의 귀재요? 천만의 말씀입니다. 우리나라 대부분 병원장은 2~4년 하면 그만둡니다. 그런데 저는 병원경영을 30년 넘게 했을 뿐입니다. 저는 병원을 지을 때 병원이 꼭 필요한 곳에 지었어요. 그리고 병원을 지어 돈을 벌겠다는 생각은 한 번도 해본 적이 없습니다. 개인의 영리나 명예를 추구하지 않고 원대한 목표를 세웠기 때문에 나름대로 성공한 것 같습니다."

[병원과 대학을 세우면서 "단 한 번도 계산기를 두드려 본 적이 없다"는 그는 8년 전 청진기를 놓고 임상에선 떠났다. 그는 병원 재벌이라고 부르는 것이 가장 싫으며 실제 개인 재산은 집 한 채밖에 없다며 껄껄 웃는다. 그러나 그가 의사가 아니고 사업가였다면 지금쯤 재벌그룹의 총수가 됐을 거라고 얘기하는 사람이 많다.

일본 강점기에 명의였던 백인제白仁濟 박사가 수제자로 장기려張起呂 박사(부산 복음병원장)와 윤 박사를 꼽았던 것에서도 의사로서, 또 병원경영에 뛰어난 그의 재질과 면면을 읽게 한다.]

"저는 의사가 된 특별한 동기가 없어요. 원래는 공과 계통에 진학하려고 했어요. 그쪽에 취향도 있었고. 부친이 일제 치하에서 일본인에게 고개 숙이지 않는 직업은 의사밖에 없다고 해서 의사가 됐지만, 대학교수처럼 좋고 보람된 직업은 없다고 봐요."

[71년 오늘의 일송학원의 모체가 된 한강성심병원을 설립하기까지 그는 16년여 동안 대학강단에 섰다.

타계한 노기남盧基南 대주교의 부탁으로 1956년 가톨릭 명동 성모병원 설립을 맡아 가톨릭의대 부학장을 지냈고 중앙의대 교수로 많

은 제자를 길러냈으며 대한의과학 회장을 두 차례나 역임했다.]

독선·아집 후회

■ 훌륭한 대학교수를 원하셨으면서 병원경영가로 변신한 특별한 이유라도 있습니까?

"처음 가톨릭의대를 설립해 대학다운 대학을 만들려고 무지 고생했습니다. 그런데 저는 이때 일생을 두고 후회스러운 두 가지 경험을 하게 됐습니다. 하나는 병원이 크게 되면서 윤덕선이 모든 것이라는 교만에 빠져 재단 측 신부들과 불화를 빚은 것이고 또 하나는 제자 중에 내가 너무 억압적인 교육을 한 탓인지 큰 의사가 되지 못하고 의사로서 부끄러운 제자가 있다는 자책감입니다. 당시의 독선과 아집이 후회스러워 교육자로는 자격이 없다고 스스로 결론을 내렸지요."

[그는 평양보고 동기동창인 현승종玄勝鍾 학장에게 대학 운영의 전권을 맡기고 있는 것도 그 때문이라고 설명했다.]

■ 우리 국민의 수진受診 관행상 대학 부속병원은 병원 경영주의 입장에서 이점이 큽니다. 일부에서는 서울의 병원들을 대학 부속병원으로 만들기 위해 한림대를 세웠다고 보는 시각도 있는데요.

"그렇지 않습니다. 지금 한림대는 연간 자체 수입이 15억 원 정도밖에 안 되지만 재단 출연금은 80억 원에 이릅니다. 세계 속의 대학, 21세기를 지향하는 대학을 꼭 만들고야 말겠다는 것이 저의 신념입니다. 서울의 대학병원은 한림대를 훌륭히 키우기 위한 말 그대로 부속기관입니다."

[윤 박사는 제삼 세계의 후진국 학생을 데려다 우리의 최신 의학을 가르치고 선진외국의 석학을 초빙, 우리의 의료기술도 높이는 국제 의대 설립과 동양 제일의 의학도서관 건립이 꿈이었다. 그래서 국제 의대와 의학도서관 건립 부지도 마련했으나 한림대 육성 때문에 뒤로 미뤘다고 한다.

그는 지역사회에서 야간대 설립과 전문대 육성을 희망하고 있어서 한림대에 야간대를 설치하는 문제와 전문대의 육성에도 관심을 갖고 있다고 덧붙였다.]

■ 기라성 같은 학계의 중진을 초빙해 와 대학가에 화제가 됐는데 배경 좀 들려주시지요.

"대학교수를 탤런트처럼 유명하다 무명하다고 얘기할 수 있겠습니까? 한림대를 유명하게 만들려고 특별히 그분들을 모셔온 것은 결코 아닙니다. 그분들은 석학입니다. 학문적 경륜을 보았기 때문입니다. 대부분 총장을 지내신 분들이라 대학 운영에 있어 큰 도움을 받고 있어요."

■ 춘성군 동면 장학리의 제2캠퍼스 확장이 난관에 부딪혀 어려움이 있다는 데 해결 전망은 있습니까?

"특수시설지역으로 묶여 있어 여러 해 해제를 위해 이곳저곳 많이 뛰어다녔습니다. 도나 관계 당국에서 애도 많이 써주셨고요. 그런 데 지난해 다른 곳은 다 풀렸는데 우리 것만 빠졌어요. 할 수 없이 다른 곳을 물색해 보았는데 마땅한 곳이 없어 고심하고 있습니다. 지역에서 여러분들이 도와주고 있으니 올해는 풀리지 않을까 기대를 걸어 봅니다."

[한림대는 제2캠퍼스가 조성되면 1990년대 초 31개 학과에 학생수 5000명의 종합대 승격을 실현한다는 마스터플랜을 짜놓고 있다.]

■ 병원이 병들어 가고 있다고 걱정하는 사람이 많습니다. 오늘의 의료계를 어떻게 보시는지요.

"근래에 와서 의료계가 국민으로부터 불신을 받고 있어 안타깝습니다. 의사는 부자다, 종합병원은 돈을 버는 곳이라는 얘기도 있고……. 그런데 전부 그런 것은 아니지요. 흔히 의술은 인술仁術이라고 표현합니다만 저는 돈 조금 받고 치료해 주는 것이 인술은 아니라고 봅니다. 모든 정성을 다해 치료하는 것이 인술이 아닐까요.

돈을 많이 벌고 적게 벌고 하는 것이 인술의 척도가 되어서는 안 된다는 얘기지요. 환자를 열심히 치료해 병을 고쳐주고 또 그래서 환자가 몰리면 돈을 벌 수도 있는 겁니다. 문제는 돈을 벌기 위해 의술을 파는 행위가 있어서는 안 된다는 것이지요. 물론 인간의 질병을 고쳐주는 거룩한 면을 도외시하고 의학의 권위만 내세우려는 경향도 있긴 있어요.

돈 많이 번다고 질타만 하지 말고 인간 생명을 다루는 이들을 격려하고 이해해 주는 애정의 눈길도 필요합니다. 또 의사들은 축적된 부를 가난하고 어려운 사람을 위해 쓸 줄 알아야 합니다.”

■ 내년이면 한림대 의대의 첫 졸업생이 배출됩니다. 졸업생 중 도내 벽지 농촌에 가서 주민들을 위해 헌신할 학생이 얼마나 될까요.

“선뜻 대답하기 어렵군요. 입시 때 학생들에게 왜 의대를 지원했느냐고 물어보면 80%는 병든 사람을 고쳐 주고 박애의 사도가 되기 위해서라는 등 희생과 봉사의 정신을 말합니다. 그런데 졸업할 때는 그런 숭고한 사명 의식을 갖는 학생이 하나도 없어요. 그래서 저는 우리 대학 교수들에게 생명을 사랑하는 인간다운 의사를 만들어야 한다고 입버릇처럼 말합니다. 의사로서 꼭 필요한 것만 가르쳐 주고 품성 도야에 힘써 달라고 당부하지요. 의사는 질병을 고치는 기술자가 돼서는 정말 안 됩니다.”

의료정책 부재

■ 1988년 전국민 의료보험실시를 앞두고 있습니다. 국민의 의료 보장을 위해 해결해야 할 과제는 무엇입니까?

“우리나라에는 의료정책이 없어요. 의료제도부터 정비한 뒤 의료전달체계니 벽지 의료 확충이니 하는 문제를 풀어 나가야 해요. 우리는 1차 진료 기관이니 2차 진료 기관이니 하는 개념도 아직 정립이 안 된 상태입니다. 지금 관계 당국에서는 농촌 벽지 의료 확충을 위해 의사를 양산해야 한다는 얘기도 나오고 있습니다. 그러나 의사만 많이 배출한다고 문제가 해결되는 게 아닙니다. 벽지에 가서 근무할 수 있는 사명감을 지닌 의사를 양성하는 데 더 주력해야 해요. 아무튼 근시안적인 의료정책이 많아요."

■ 대학 부속병원과 지역개업의 간에는 보이지 않는 알력이 있다는데.
"대학병원과 지역개업의와의 관계는 고속도로가 뚫릴 때 국도변 주민들이 차량 통행이 줄어 망했다고 속단했던 예를 들어 설명하면 문제가 되지 않는다는 것을 알 수 있어요. 고속도로가 뚫려 산업이 발전하고 더불어 국도 차량 통행도 잦아져 모두가 좋아진 것처럼 대학병원과 개업의는 경쟁의 상대가 아니라 공존 협력의 관계로 발전돼야 합니다. 춘천의 개업의들도 우리 병원이 들어설 때 걱정을 많이 했지만, 지금은 다들 잘 운영되고 있지 않습니까?

■ 강원도는 의료취약지구로 꼽히고 있습니다. 윤 박사께서는 강원 의료계를 어떻게 보십니까.

의료수준과 시설은 손색없어요. 대학병원들도 전국 어느 대학병원에 뒤지지 않고요. 벽지 의료가 문제인데 강원도의 보사 당국이나 개업의, 대학병원 관계자들이 자주 만나 해결방안을 모색하고 순회 진료 활동도 강화하면 큰 어려움은 없다고 봅니다."

병원은 도민의 것
■ 평소 대학생들을 만나면 어떤 얘기를 들려주십니까?

"인화人和를 강조하지요. 또 예절을 지키고 정직하게 사는 삶의 자세가 필요하다고 이릅니다. 그리고 쉽게 살지 말라는 얘기도 곁들이고요. 요즘 의사들도 보면 피부과 임상병리과 등 쉬운 과만 택하는 경향이 있어요. 그리고 젊은이들에게 믿음을 가지라고 권하고 싶어요. 좌절하고 불안할 때 초자연의 신에 대한 믿음을 가지면 능히 역경을 헤쳐 나갈 수 있습니다. 힘을 달라고 기도하면 정말 힘이 생깁니다."

[윤 박사는 이어 도민들에게는 한림대와 춘천간호보건전문대 춘천성심병원이 윤덕선 개인의 것이 아니라 바로 도민의 것, 나아가 국가의 것으로 생각하고 아끼고 사랑해 달라고 부탁했다.]

■ 재단에서 필요한 각종 자재나 소모품의 현지 구매가 아쉽다는 얘기가 들립니다.

"저는 이 지역의 물건을 사고 싶고 또 현지 구매를 관계자들에게 지시합니다. 그런데 그게 잘 안 됩니다. 서울에서 타자기 1대 값이 24만 원인데 춘천에서는 32만 원을 받아요. 건설공사를 맡기고 싶어도 공사비가 비싸요. 경영하는 사람의 처지에서 현지 구매에 어려움이 있어요."

[윤 박사는 "1년에 춘천에 투자하는 돈이 1백억 원이 넘는데……"라며 안타깝다는 표정을 지었다. 성심聖心이란 병원 이름에서 보듯 독실한 가톨릭 신자인 그는 서울 관악구 신림동 달동네에 신림복지회관을 지어 도시영세민들의 구호사업에 심혈을 쏟고 있고 시·청각장애

자복지, 구라 사업에도 앞장서고 있다. 소외계층을 돕는 것은 여유 있는 사람으로서, 신앙인으로서 의무라고 믿기 때문이다.]

그는 외국의 명문대학이 모두 지방에 있듯이, 한림대를 10년 이내에 국내 굴지의 대학으로 키우겠다는 의지와 자신감에 차 있다.

"우리는 매머드 대학을 지양합니다. 규모는 작지만 알차게 가르치고 연구하고, 그리고 참된 인간을 양성하는 대학을 만들어 갈 것입니다."

대학도시로 춘천만큼 좋은 곳은 없다는 윤 박사는 "사회의 기대에 어긋나지 않는 대학과 병원발전에 최선을 다하겠다"고 거듭 다짐했다.

대담: 김중석金重石(정치부 차장)

〈강원일보, 1987년 2월 20일〉

특집 개교 9주년 기념 윤덕선 설립자 대담
대학, 어떻게 발전시킬 것인가 백지상태
한림과학원 육성 한림대를 학자 연구기관으로

지난 15일 본교의 개교 9주년 기념일을 맞아, 설립자인 윤덕선 명예 이사장에게 본교의 발전을 위한 계획을 들어 보고자 대담의 자리를 마련했다.

그러나 윤덕선 설립자는 본교 구성원들이 기대할 만한 획기적이고 대폭적 지원에 대한 계획보다도 한림대학에 대한 비판적 논조로 일관했다. 그러나 그러한 설립자의 입장을 '알린다'라는 의미에서 대담 내용을 게재하기로 했으며, 이에 대한 한림인들의 반박·비판·요구사항 등을 전면 수용. 학보를 통해 설립자에게 전달할 예정이다. - 편집자 주

■ 저희 한림대학교가 내년이면 개교 10주년을 맞이하게 됩니다. 설립자로서 한림대학의 미래를 어떻게 구상하고 계시는지, 부지확보 및 인원 확충 문제 등에 대해 어떤 복안을 갖고 계시는지 의견을 들어 보고자 이렇게 찾아뵙게 되었습니다.

먼저 개교 9주년을 맞은 감회가 어떠신지 말씀해 주십시오.

"감회?(웃음) 먼저 이 얘기부터 하고 싶네. 학생들은 비판을 과감히 받아들일 수 있는 용기를 가져야 하겠어. 또한 나 역시 비판을 스스럼없이 받아들이는 입장이고.

작년 졸업식 날 식사를 통해 이사장직을 사임하게 된 이유를 밝혔지만, 학교가 발전하려면 어떤 방향을 먼저 설정해야 하는 것 아닌가? 1989년 봄 두 달간 휴교 사태가 있었는데, 난 학생들에게 크게 실망했어. 내가 학생들과 마지막으로 타협할 기회가 있었을 때 세 가지 조건을 제시했지. 그건 첫째, 학생은 공부해야 하니까 학업의 중단은 절대 없어야 한다는 것. 둘째, 학교 건물이 북한 김일성 정권의 혁명 기지화되는 것은 용인할 수 없다는 것. 셋째, 주체사상이든 무엇이든 흥미를 가지고 공부하는 데 대해선 충분한 재료와 기회를 주겠다는 것이었지. 그런데 학생회 측은 이를 거부했고, 이후 나는 한림대를 어떻게 해야 하겠느냐는 심각한 고민에 빠지게 되었지."

■ 학생운동에 대한 비판적 시각을 갖고 계시는데, 그후 한림대를 어떻게 운영하는 것이 좋겠다고 생각하셨는지요?

"그래서 그 대안으로 한림대를 학자들이 연구하는 기관으로 키우고자 한림과학원을 신설해서 많은 예산을 투입, 집중 육성하고 있어. 학교를 사랑하지 않는 학생은 더 뽑아봤자 소용없다고 생각하는데, 학생들로부터 비록 배신감을 느꼈지만, 감정적으로 해결하려 하지는 않아."

■ 한림과학원 위주의 발전 정책은 눈에 띄게 드러나 보이던데요?

"한림과학원에는 집중적으로 투자를 해서 독립건물도 새로 지어 키워 보고 싶어. 기대가 크지."

■ 한림과학원의 구체적인 연구 과제에도 관심이 있으신지요?

"이번에 연구 주제를 '한국의 자본주의'로 생각해 보고 있어. 한국의 비뚤어진 자본주의를 재조명해야 한다고 생각해. 그 나라, 그 민족을 잘살게 만들려고 했는데 공산주의는 사양기로 접어들었고, 사회적 민주주의 방향 등 모든 사람이 행복할 수 있는 사회를 모색해 봐야지."

■ 한림과학원 외에 학교 육성방안이 있으신지요?

"'대학발전위원회'(이하'대발위')라고 초창기부터 대학의 발전계획을 수립하는 기구가 있지. 총장이 위원장이 되고 교수들로 구성되는데, 여기서 수립한 방향을 재단에서 검토하게 돼."

■ 최근의 움직임은 어떻습니까?

"원래 '대발위'는 1년에 7, 8회 열렸지만 1989년부터 중단되었어. 그러다 지난 3월 위원들을 다시 위촉하고 5월 7일 첫 모임을 했지. 오래간만에 열렸다기에 가봤더니 방향도 아직 모르겠고, 대학발전의 원칙조차 잡히지 않은 단계야."

■ '대발위'에서 논의될 사항 이외에 설립자로서의 한림대학에 대한 구상이랄까, 전망이 있다면 어떤 것이겠습니까?

"일단 '대발위'에서도 별 얘기가 없었지만, 나 역시 대학을 어떻게 발전시킬 것인가에 대해선 백지상태야. 그 이유는 내가 처음에 밝혔지만."

■ '대발위'에서 어떤 방향으로 학교를 발전시킬지 모르겠지만 적극적으로 수용할 방침이십니까?

"적극적인 욕구가 없으니 두고 봐서 결정해야겠지."

■ 학교 당국 등 본교에서는 재단이 의욕을 잃었다고 푸념하던데, 그렇게 봐도 무리가 없겠군요.

"그래. 1988년, 89년도에는 예산 없이 지원했었는데, 1989년이

지나고 나서 1990년부터는 예산 행정을 실시하게 됐지. 확고한 비전 없이 예산을 늘려 달라는 것은 부당하다고 생각해."

■ 캠퍼스 부지 현황에 대해서 어떤 안을 갖고 계시는지요?

"1989년 이전부터 학교 당국과 내 생각은 공히 춘천에서는 옥천동 캠퍼스로 굳히자는 거였지. 전경 부대 대지도 그렇고 도무지 땅을 살 수가 없어서 더 넓히기 불가능한 상태야. 장학리 캠퍼스도 그래. 진입로를 만들려면 땅을 사야 하는데 팔지 않으니 어쩔 수 없지."

■ 인원 확충 면에서, 예전엔 '총장클럽'이란 별명을 얻을 정도로 유명한 교수들을 영입하기 위한 노력을 보였는데, 최근에는 어떻습니까?

"이제 한림대엔 훌륭한 교수가 아니면 올 수 없다고 확신하고 있지. 대학이 발전하려면 학생·교수·시설이 만족스러워야 하는데, 지방대학이면서 후기대라서 열등감을 느낀다는 형편은 알고 있으나 우수한 학생을 만들어 졸업시켜야 하는 게 중요해. 그러기 위해 학습 능력 테스트를 해서 부족한 학생은 특별과정을 거치는 등 교수들이 지도를 잘 해줘야 한다고 생각해. 물론 공부할 수 있는 시설을 잘 갖춰야 하는 게 당연하고."

■ 방금 학교에 대한 의욕을 잃은 이유가 학생에 대한 실망이라

고 하셨는데, 그 후에 학생들과 직접 대화하신 적은 없었습니까?

"학생들에게 보다는 더 좋은 연구소나 만들어야겠다는 데 신경을 쓰고 있어. 또 한편으론 학생들 태도를 주시하고 있어. 학생은 공부를 해야지. 혁명할 때가 아니야. 또 학생운동에 대해 할 말이 있는데, 주체사상을 주장하고 있지만 정작 주체성이 결여돼 있다고 생각해. 내가 알기로는 '전대협'에서 어떤 지시를 내리면 이유가 타당한가 검토해 보지도 않고 맹종하고 있는데, 난 여기서 심한 모욕감을 느껴. 노예근성이 있는 학생들에게서는 희망을 엿볼 수가 없다고 봐."

■ 학생 증원에 대해서는 부정적인 것 같으신데, 지금의 한림 재학생들에게 하고 싶은 말씀은 어떤 것입니까?

"난 데모를 하지 말라고 하는 게 아니라, 화염병·돌 등 유치한 폭력을 쓰지 말라는 거지. 대학 내의 문제, 예를 들어 무능 교수 물러가라는 시위나 등록금 인상 반대 같은 시위에 왜 화염병과 최루탄이 등장하는지 비통함을 느껴. 또 한 가지 당부하고 싶은 말이 있다면, 내가 늘 강조하는 건데, 건강을 위해 체육에 신경 써야 한다는 거야. 젊어서 운동을 많이 해 건강을 챙겨놔야지."

■ 이번 대담에서 본래의 의도와 달리 비판적인 의견이 많이 나와 뜻밖입니다. 마지막으로 지난 9년간 한림대학교의 발전상을 정리해 보신다면요?

"학생들이 공부할 열의만 가지고 있다면 대학발전에 무제한 투자할 의향이 있어. 지금은 워낙 실망이 큰 상태라 발전적인 얘기를 못하겠지만, 여건만 된다면 다시 용기를 내서 발전하는 한림을 건설토록 노력해야겠지. 그리고 내 말에 반대 의견이 많을 거야. 처음에 말했다시피 난 비판받는 데 인색하지 않아. 반박이라든가 이견 등은 수렴하도록 하겠어.

■ 장시간 말씀 감사합니다.

◇ 대담: 김희덕 편집장

◇ 일시: 1991년 5월 17일 오전 11시

◇ 장소: 강동성심병원 이사장실

◇ 정리: 김정수 기자

〈한림학보 81, 1991년 5월 23일〉

제3부

일기와 메모

❶ 1970년대-미국출장-넓은 세계를 바라
보며
❷ 고희기념식
❸ 1992년-수요세미나
❹ 김수환 추기경과 일송 부부

1. 일기

1992년 1월 6일(월)

소련은 공산주의가 무너져 이제 적이 없어졌는데 이제부터의 적은 누구인가라고 물었더니 부시가 답하기를 불확실성과 불안정성이 적이라 했다. 독일의 베를린 장벽이 무너지고(11/9) 루마니아의 차우셰스쿠가 사형되면서 소련의 70년대의 공산주의자는 무너져 온통 세계사의 흐름을 격변시키고 있는데 지금의 한반도는 물론 동구, 소련 등에 엄청난 혼란을 야기했거나 세계가 어떻게 될 건지 아무도 확실한 예측을 못하고 온 세상은 안주安住를 찾으려고 혼란을 거듭할 것이다.

그 찾으려는 안주의 실체는 어디인가?

우리는 그것의 흐름을 깊이 있게 그러나 아주 조심스럽게 관찰하면서 우리 스스로의 반성과 새로운 변화에 자신의 생각을 가져야 하겠다.

결코 조그마한 충동에 놀라서 흥분하여서도 안 되고 그렇다고 그

도도한 역사의 흐름과 물결을 놓치고 머뭇거릴 수도 없다.

한반도의 충격은 앞으로 더 클 것이며, 우리나라의 갈 길과 그 주체를 정확하게 읽으면서 새로운 정신으로 우리 자신의 큰 변화와 발전을 가져와야 한다. 이제 우리는 우리를 찾아야 하며, 미국과 소련에 더 이상 끌려 다니지 말고 일본 중국의 어느 나라도 우리를 넘보거나 얕보지 못하도록 우리의 국력을 키워야만 한다.

1992년 1월 14일(화)

회의는 크게 나누어 두 가지가 있다.

그 하나는 의결하는 회의이고, 또 다른 하나는 토론하는 회의이다.

전자는 다수결로 결정하는 방법의 회의인데 이 방법이란 중요성의 경중을 기하기 위해 신중한 토의를 거쳐 다수결로 결정하되 입법이 제정 공포 시행되려면 대통령이 다시 결재하고 공포 시행하게 되며 만약 대통령이 마음에 안 들면 다시 이를 거부하고veto 국회에 심의토록 하고 있다.

또 하나의 회의는 대학의 교수회의, 기업의 각종 참모회의 기타 몇 종류의 집단에서 각 직급의 회의가 있는데 여기는 다음과 같은 특징이 있다.

(1) 모든 회의는 주관자가 있고 이 주관자는 회의의 의제를 선택하고 스스로 그 의제에 대한 충분한 지식과 검토를 하고 자신의 뚜렷

한 주관과 신념을 가지고 회의를 소집하여야 한다.

(2) 여기 이런 종류의 회의는 제기된 주제에 대한 최종결정을 짓는 것이 아니고, 주권자(총장, 사장, 원장 등)가 회의내용을 검토하여 최종결정을 짓는다는 전제가 있어야 한다.

(3) 이런 종류의 회의 주관자가 의제를 내놓고 참석자들의 광범위한 이해를 촉구하여 동의를 얻는 데 목적을 둘 수도 있다.

(4) 회의에서는 참석자들이 자연스럽게 자기 의사를 개진할 수 있어야 하며, 그 의제에 대한 충분한 사전 검토가 있어야 한다. 그래서 회의 주관자는 반드시 회의 중간에 간단한 내용설명을 포함한 시간을 두고 참석자들에게 사전 배포하여야 한다.

(5) 회의 주관자 또는 의제 제기자는 그 의제에 대한 지식과 광범위한 검토가 있으리라는 전제하에 그가 그 의제내용을 가장 잘 알고 있기 때문에 회의 방향은 그가 많은 의견을 들으면서 올바른 방향으로 선도해 나아가야 한다.

(6) 참석자는 대부분 의제에 대한 깊은 검토도 없이 의견을 내고 또 자기가 한 검토의 권위를 위해서는 옳지 못한 발언을 낼 수도 있고 참석자가 생각하는 좁은 시야의 판단보다 의제 제출자의 여러 면을 보는 의견과는 차이가 많다는 것을 모두가 이해하고 있어야 하고, 이런 점에서도 참석자 선택은 의제와 밀접한 관계가 있는 자를 선택하여야 한다.

(7) 이와 같이 회의 참석자들의 광범위한 의견과 적극적 동의를 얻는 것이 목적이니만큼 주관자는 의제만 내놓고 자유토론을 시키면서 참석자들의 의견을 꺼내게 한 다음 제일 나중에 좋은 의견을 내는

방식의 회의라야 한다.

　이와 같은 순서로 회의에서의 제안은 이것이 총장, 사장, 원장 등 최종결정권자에게 제출되어 이를 신중하게 정리해서 결정되어야 한다. 요즘 대학 총장선거를 교수회의에서 의결 결정하는 예가 많은데 교수들의 의견은 듣되 총장이 이 교수, 저 교수 눈치만 보며 학사행정은 못하는 폐단이 있어서는 안 된다는 뜻에서 총장의 교수회의 선출은 반대한다. 또한 교수회의에서 총장 선출로 파생되는 파벌싸움은 그 대학에 막대한 피해를 줄 뿐이다.

　우리 민족은 어느 계층이건 조그마한 판결도 자기가 꼭 내려야 한다는 것에 사로잡혀 있기 때문에 교수는 자기의 학문과 교육에 전념하기보다 이러한 판결을 좇는 곁눈질로 생활하고 있는 사람이 더 많음은 반드시 고쳐져야 한다.

1992년 1월 16일(목)

모든 인간 생명은 부잣집에서 태어났건 왕족에서 태어났건 권력 집안의 자손이건 가난하고 미천한 집안의 사람이나 불구자나 정신박약자, 모두 조물주(신)에 의해 창조된 고귀한 생명체이며 그 생명체를 창조한 신 이외에 어느 누구도 이 유일무이한 지존의 생명을 위해하거나 천시하거나 살상할 권리가 없다.

　정자와 난자가 합쳐서 생명이 잉태되는데 잉태되는 정자부터 시작해서 그 수정된 생명체가 분열해서 인체가 되고 동물이 되고 꽃이 되든가 아무도 아는 이 없다. 그것은 오직 신만의 능력에 의해서다.

이 지구상 모든 생명체에 해당되겠지만 길가의 자갈들이 하나같이 서로 다른 모습을 가지고 있는 것처럼 모든 생명체는 서로 다른 모습으로 탄생한다.

이 지구상에 40억 인구가 찼다지만 어느 한 사람도 똑같은 사람은 없다. 이것은 신의 능력만이 할 수 있는 일이며, 신이 하나하나의 생명에 얼마나 그 지극한 정성을 기울였는가 짐작할 수 있다.

그래서 이와 같은 모든 생명체는 신의 지극한 정성, 사랑이 담겨 있는 오직 하나의 생명이기 때문에 모든 생명은 존경받아야 한다.

신은 그래서 모든 생명이 모든 인간이 서로 존경하고 사랑하되 상하의 계층이 다시 말해 어느 생명이 더 귀하고 어느 생명이 덜 귀하게 살 것은 아니라고 가르쳐 주고 있다.

태국에 갔더니 사찰이 전국에 35000개나 되는데 그 많은 절간에 부처님마다 금빛으로 입히고 전국민의 추앙을 받는 것을 보았다. 그러나 신은 결코 이런 사람들의 추앙을 바라지 않거니와 모든 불자가 서로 존경받으며 사는 것이 자기(신)를 존경하는 것으로 생각하고 있음은 자명한 일이다.

북한의 김일성 동상이 수만 개가 있지만 인민들이 항상 절하고 꽃다발을 바쳐야 하고 그 동상은 금박을 입혀서 외국인에게서 golden boy라는 명칭까지 듣고 있다.

그런데 태국에서는 부처님이라는 신으로 추앙하는 부처상이긴 하지만 북한에서는 살아 있는 우리와 똑같이, 신께서 창조한 한 인간인 김일성을 이렇게 숭배한다는 것은 적어도 신의 뜻에 어긋난다. 김일성 동상 수만 개뿐만 아니라 그를 추앙하며 소모되는 국력은 얼마나 아까운 것인가.

나는 태국을 여행하면서 이 나라는 부처님을 잘못 섬겨서 가난하게 살게 되었고 신이 그렇게 존귀하게 창조한 인간을 천대받도록 가난하게 하고 있음을 느꼈다.

똑같은 일이 북한에도 있다. 김일성은 추앙하는 일이 국민의 결집력의 중심이 되는 데 도움이 된다는 주장도 있지만 국민을 우민화하며 개인숭배에 소모되는 막대한 재산 낭비가 인민을 헐벗게 함은 실로 한심스러운 일이 아닐 수 없다.

또한 우리나라에서 근래 신을 숭배한다고 어마어마한 불당을 짓고 수없이 많은 인력과 재산을 탕진하면서 신자인 국민들의 재산을 소모시키면서 가난한 자는 진복자가 된다고, 헌금을 유인하며 성전 꾸미기에 열중하는 교직자들이 많은데 내가 알기에 신은 이를 터무니없이 싫어하고 절대로 증오할 것이다.

꾸밈보다 가난한 신자들이 똑같이 신의 고귀한 피조물일진대 이 신의 생명체를 키우고 보호하고 존중하도록 함이 신의 마음을 흡족하게 하는 것이 아닐까 생각해 본다.

1992년 1월 17일(금)

인생을 평안하고 올바르게 사는 데 두 가지를 들고 싶다.

첫째는 부지런함이다. 언제나 누가 시키거나 누구 눈치를 보기 위해서가 아니고 내가 맡은 일에 흥미를 가지고 나의 최선을 다한다는 것은 일이 끝나고 피곤하면서도 보람을 즐기는 포만감을 가져다 준다. 땀 흘려 일한 후에 오는 만족감은 무엇으로도 표현할 수 없다. 열심히 책을 보고 구상하고 시험하며 내가 하는 일에 집중할 수 있다는 것은 누구나 노력하면 되는 것이다. 처음에 다소 힘들거나 피곤하거나 권태를 느끼는 수도 있지만 쉬지 않고 노력하면 일에 흥미를 가지게 되면서 참된 보람을 맛보게 된다. 때로는 일하다 실수하는 수가 있고 권태를 느낄 수도 있지만 이러한 좌절과 실망, 때로는 일을 성공시키기 위해 이겨내야 하는 과정이라고 생각하면 결코 중단할 수 없는 노력이 될 수 있다.

둘째로 정직함이다. 모든 일에 거짓이 없는 생활을 하면 나는 불안이나 스트레스를 받지 않는다. 더구나 잔꾀를 부려 돈을 좀더 벌어보겠다든가 명예를 얻고 싶다든가 어떤 사랑을 차지하겠다든가에 눈이 어두워 거짓을 저지르면 반드시 부끄러움을 초래하게 된다. 아무에게나 어디서나 떳떳하고 더 정직하게 산다면 소신과 신념을 가지고 살 수 있어 가장 건전하고 행복한 인생을 살 것으로 생각된다.

물론 사람에 따라서는 정직하게만 살다가는 남에게 뒤지기 쉽고 손해 보는 인생을 산다고 하는 사람도 있겠지만 인생은 길게 볼 때 현재 조그마한 손해는 오히려 훗날 큰 플러스가 될 것을 확신한다.

1992년 1월 18일(토)

명예스러운 일을 해서 명예가 주어지는 것은 당연하고 또 보람도 있는 것이다. 그러나 그러한 당연한 명예도 결코 받는 이에게 부담이 되어서도 안 되고 또 받는 이도 주어진 명예를 거추장스러운 것으로 생각하면 피하는 것이 좋다,

부담이 되거나 거추장스럽다는 것은 주어진 명예 때문에 행동이 일부러 부자유스럽다든가 주어진 명예 때문에 나의 거취에 허세를 부려야 한다면 피하여야 한다.

명예는 어디까지나 주어지는 것이지 결코 자기가 따내는 것이 아니다. 또 애써 멀어질 수도 없고 그래서도 안 된다.

그런데 사람들 가운데는 명예를 얻기 위해 피나는 애를 쓰는 사람도 있다. 그래서 이러한 사람들에게 교훈이 되라고 "명예는 물거품이다"라고 하기도 한다.

명예는 무거운 감투가 되기 일쑤다. 멀어진 명예를 지키려고 사람들은 애쓰기 때문에 하는 일, 행동, 말, 생각에 오판하기 일쑤다.

이러한 소치로 빚어낸 생각은 자연히 모든 일에 정직하지 못하게 하고 결론은 주어진 명예를 명예롭게 지키지 못하고 물거품같이 사라지고 만다. 명예를 좇는다는 생각은 버리고 나만이 폭넓은 사람들과의 사귐은 나의 인생을 풍족하게 하는 데 크게 도움이 될 뿐 아니라 내가 하는 사업 모든 일에 많은 도움을 준다. 명예를 피한다고 고독함에 만족한다고 궤변을 논하는 것은 자기 자신에 대한 가장 비열한 기만이다.

많은 친구들과 사귀고 폭넓은 교우를 하며 남을 진심으로 도와주고, 내가 갈 길을 찾아가며, 남의 선의의 도움을 받으며, 여러 사람과 어울려 사는 넓은 행위가 절대 요망된다.

여기는 다분히 용기도 필요하고 또 노력도 있어야 한다.

너무 내성적 성격으로 남에게 접근하고 인사하고 말 붙이기 꺼리는 성격은 과감히 고쳐 나갈 용기가 있어야 한다.

내가 부끄럽지 않은 인생을 살고 어디서나 떳떳할 때 모든 이들은 나와 가까이하기를 기다리고 있다.

공연히 겁을 먹고 수줍음을 타고 그 때문에 닫힌 협량의 인간을 고집해서는 안 된다.

또 이러한 폭넓은 교우는 많은 시간과 노력을 필요하게 한다.

이러한 시간과 노력은 결코 헛된 것이 아니며, 반드시 그 삶에 알게 모르게 도움을 줄 것이다.

1992년 1월 20일(월)

아파트마다 일본방송 수신을 위한 안테나 설치가 늘어나고 있다. 걸프전쟁 소식을 CNN은 마치 잠실구장에서 야구중계를 하는 것처럼 보도하였다. 이것이 정보혁명이다.

컴퓨터와 정보통신의 우위를 가지고 있는 미국은 과학언어에서 공인을 받고 있으며, 외교 표준어였던 프랑스어도 영어에 밀리고 있다.

뉴욕 타임즈The New York Times나 일본경제신문이 머지않아 지구에서 한국어로 번역 인쇄되어 우리 곁에 올 것이다.

소련이나 북한이 그들이 그렇게 노력했던 국방력도 미국이나 한국의 정보화 위력에 무릎을 꿇어 화해의 길을 찾고 있다.

선진국의 이와 같은 보도 도구와 방송설비로 우리는 무차별하게 침공당하고 있다.

우리는 어떻게 대처해야 할 것인가?

세계 각국의 고유문화가 강대국의 문화공세에 공격을 받아 사회규범, 윤리관, 가치관의 혼란을 겪고 있다. 문화의 예속화는 모든 것의 예속화를 뜻한다.

기업 설립에 필요한 요건은 자금, 인력, 기술, 홍보의 4대 요소가 필요했는데 이제는 정보가 필요 요소가 되었다. 기업은 정보관리체계 확립에 노력해야 하고, 문화의 예속화와 사고의 표류에 반한 정보전쟁의 준비를 해야 한다.

모든 젊은이들은 컴퓨터학원에 등록시키고, 정보기기 전시회를 구경시키고 관련 잡지를 구독하여야 한다.

전통문화와 결합된 창조적 기술 잠재 수준의 개발독점시장 형성을 통한 국력 신장이 요구되고 있다.

이와 같이 정보화 문명의 발달은 엄청난 발달로 새로운 문명과 문화가 창출되는데 그 주된 결과는 컴퓨터와 첨단기지에 의한 정보과학에 힘입은 분야일 것이다.

정보과학의 발달은 앞으로 우리가 얼마나 선진국에 가까워질 수 있는가를 재는 척도가 될 것이다. 그래서 정보과학교육은 필수적임을 우리는 모두 깨달아야만 한다.

1992년 1월 30일(목)

사람은 살아가면서 무엇을 위해 무엇을 어떻게 하여야겠다는 목표가 확실히 서 있어야 한다. 이것을 이념이라고 하고 확고한 신념이라고 도 표현한다.

그러한 목표가 세워지면 살아가는 데 모든 것을 그곳에 초점을 맞추어 열심히 살아가는 것이다. 그러나 흔히 사람들은 말이나 생각 으로는 이념이나 목표를 세우고도 실천을 안 하거나 하고자 하지 않 는 때가 많다. 대학은 대학 나름대로 병원은 병원 나름대로 이념과 목 표가 세워져 있어야 하는데 그냥 내세우기는 화려한 이념을 내세우면 서도 그것을 실천에 옮기지 못한다면 아무 뜻도 없는 것이다.

말로만 건학이념이나 경영이념이니 하면서도 그것을 실천하겠 다는 의지가 없기 때문에 공염불이 되어버린 대학이나 인생은 방향을 찾지 못하고 이리 밀리고 저리 밀리면 표류하기 쉽다. 기업은 흔히 목 표를 세워 몇 % 달성이니 따위의 목표 설정이 있지만 왜 그런 목표가 설정되어야 하는지 이념적으로 뒷받침될 때 그 목표 달성은 퍽 손쉬 운 것이 된다.

이렇게 해서 세워진 목표를 향해 가는 길은 결코 누군가 대신 가 는 길이 아니고 자기가 몸소 가야 할 길이다. 학교는 설사 부모가 보내 서 들어왔지만 학교생활은 자기가 하는 것이지 부모가 대신해 주는 것이 아니라서 자기만이 가야 할 길은 험난한 길이기 쉽다. 모든 성공은 인내하는 사람에게 있다. 고생스러우나 그것은 행복한 길이다. 스스로 간다는 것은 자기가 누구의 도움 없이 자기 실천을 해 나가는 것이 주체적 인생이다.

주체적인 삶이란 그 반대인 타인에게 의존하거나 모방하지 않고 스스로 자기 능력을 개발하여 자기 삶을 창조해 나아가는 데에 가치 있는 실천이 된다. 남에게 의존하거나 모방이나 하며 남의 것은 다 빼어나고 자기 것은 다 고루하다는 식의 자기비하는 자기의 실천을 감내할 노력이 없음을 비호하는 천박한 생각이다. 남의 흉내나 내는 이러한 의지박약한 성격에서는 힘든 것은 배우지 못하고, 배우기 쉽거나 힘 안 드는 것만 배우게 되니 유흥이나 나쁜 점만 배우게 된다.

우리 조상들이 사대주의 사상에 젖어 있었고, 중·일·미 등의 흉내 내기만 하는 습관을 키워 와서 후손인 젊은이들도 그러하게 된다. 이런 궤변은 주체적 정신의 차원에서 나온 말이다. 우리 선조들은 결코 남에게 얻어먹으려 하지도 않았고, 남의 흉내 내는 모방행위를 가장 천시하던 선비정신을 가지고 있었다.

철학, 종교, 과학 등 다방면에 걸쳐 우리 선조들은 우리의 독자적인 창의력을 얼마나 많이 키워 왔나. 결코 우리 선조들을 욕되게 하면서까지 자기의 소치를 비호하려고 해서는 안 된다.

1992년 1월 31일(금)

여유 있는 삶을 가져야 한다.

여유라고 하면 어떤 이는 당장 먹을 것도 모자라는데 무슨 여유라는 팔자 좋은 소리를 하느냐 할지도 모른다.

그러나 반드시 경제적 여유만을 가리키는 것은 아니다.

내 손자 녀석이 요새는 매일 수영을 배우는데 이달 말까지 수영이고 내달 초하루부터는 바둑을 배운단다. 그전 달은 무얼 했느냐 했더니 태권도와 피아노를 배웠다고 한다. 방학을 하여 학교에서 벗어나 손자를 산에 데려갔더니 이 녀석이 뒤에서 소리를 지르는데 가만히 들었더니 "나는 자유인이다"라며 목이 터지라고 소리 지르고 있다. 이제 국민학교 5학년이다. 이렇게 초등학교 때부터 밤낮없이 무얼 배우라고 붙들어 매는 것이 참된 자녀교육일까?

할아버지로서 손자가 귀여워 이런 걱정도 하는 것일까?

사람이 살면서 여유가 있어야 한다. 삶의 여백이 있어야 더 풍요로운 인생길을 적어 넣을 수 있는 것이다. 빈틈없는 삶은 참된 삶이 아니다.

학교 교육도 그렇다. 고등학교를 졸업할 때까지 밤낮없이 다져 넣는 주입식 입시교육은 자라는 학동들을 비틀어버리기 때문에 올바른 대학생활이나 사회생활을 가질 능력을 키우지 못하고 있다. 결코 풍요롭지 못한 가난한 사람에게 경제적 여유를 주장하는 것은 무리이다. 나는 그런 뜻에서 여유를 말하지 않는다.

우리는 생활수준의 성장을 위해 뛰기만을 해왔고, 앞으로도 더욱

더 그러하라고 독촉을 받는다. 앞으로 나가는 생활을 한 나머지 여유라는 단어를 모르고 살아왔다. 선진화에 매진한 나머지 여유라는 단어를 모르고 살아왔다.

모자라는 속에서도 마음 여유는 절대로 있어야 한다. 여유 없는 삶은 아무리 성공을 해도 소용이 없다. 재물도 필요하지만 체력, 생각, 행동에 여유를 가질 줄 알아야 한다.

아무리 가난해도 창가에 꽃 한 송이를 키울 줄 아는 마음의 여유는 모든 인생에 윤기를 더해 준다.

아무리 탈진했어도 서로 위로해 주는 따스한 마음가짐의 여유는 모든 피로를 씻은 듯이 없애 준다.

이러한 꽃 한 송이나 따스한 사랑의 말 한마디가 천만금의 금보다 더 좋다.

물자를 추구하다 보면 인색하게 되고 꽃 한 송이도 못 키우고 따스한 말 한마디도 못하는 여유 없는 생활은 인생의 실패다.

피곤함은 건강으로 정신은 여백으로 다루며 고됨도 외로움도 인색함도 고쳐 나가는 여유를 가져야 한다.

여유는 물자와 정신의 풍요를 말한다. 요새 감히 물신주의에 빠져 정신은 소외되고 물자만을 숭배하다가는 여유를 못 가진다. 물자에는 만족이라는 것이 없이 항상 불만이지 여유가 없다.

정신적 윤택함이 이 물자주의를 고쳐 주어야 한다.

1992년 2월 6일(목)

기도하는 마음은 종교인만이 가지는 것은 아니다. 초자연 또는 초인간의 존재를 꼭 믿고 안 믿고가 아니다. 우리는 자주 또 항상 누군가에게 우리의 소원을 간청한다. 그것은 들어주거나 말거나가 아니다. 아마 인간은 약하기 때문에 기도한다고 할 수도 있다. 그러나 약하다는 것은 누구보다 무엇보다 약하다는 뜻이며, 그 누구 또 무엇은 나보다 더 크고 때로는 엄청나게 커서 나의 어려운 소원을 들어줄 수 있는 어떤 힘에 기도하기도 한다.

그러나 기도의 대상은 나 자신을 위하기보다는 나 아닌 나보다 다른 사람들 또는 다른 사실을 위해 기도하는 것이 보통이다. 나의 처지나 나의 친구를 친척 형제들을 위해 기도하기도 하고 나라를 위해 기도하기도 한다. 이러한 기도는 그 기도가 간절한 때 반드시라는 말이 적절할지 모르지만 대부분 그대로 이루어진다. 이러한 사실을 초능력의 힘이라고만 생각하고 싶지는 않지만 간절한 소망 그렇게도 열심히 며칠, 몇 월, 몇 년을 두고 드리는 기도는 이루어질 수밖에 없다. 지성이면 감천이라는 말이 바로 기도의 효험이다. 감천은 나의 정성이 나로 하여금 이루어지게끔 한 것이다. 내가 도저히 이루어지리라고 믿을 수 없던 일도 지성으로 감천하면 이루어진다. 이루어지지 못할 때도 많다. 예를 들어 자식의 대학입학을 위한 기도가 이루어지지 못했다고 기도가 효험이 없다고 해서는 안 된다.

기도하는 마음과 기도를 하지 않는 마음과는 엄청난 차이가 있다. 기도를 해도 안 되는 일은 기도에 따른 나의 정성의 본체적 방법이 없이 기도만 했을 때 실망을 가져오는 수가 있다.

기도만 하고 나는 부지런하지도 않고 빈둥빈둥 놀면서 기도만 한다고 이루어질 수 없다. 나와 그에 상반하는 행위가 기도의 정성 못지 않게 뒤따를 때 그 기도는 빛을 보게 된다.

항상 기도하는 사람은 항상 노력한다. 항상 노력해서 성공을 못하는 일은 없다.

1992년 2월 7일(금)

그리스도는 많은 기적을 이루었다. 눈먼 소경이 눈을 떴고 하혈하는 사람이 병이 낫고 절름발이가 걸어다녔다. 이러한 일이 현세에도 많이 일어나고 있다. 그리스도는 제자들 보는 앞에서 바다를 걸어서 건넜다. 제자는 감히 흉내내다가 물에 빠졌다. 신앙이 모자란다고 했다.

그렇게 참된 신앙, 굳은 믿음은 무엇이나 전파할 수 있다. 그리스도는 참으로 신의 대리자임을 확실히 믿고 그가 하자는 대로 굳게 믿음은 무엇이나 전파할 수 있다. 그리스도는 참으로 신의 대리자임을 확실히 믿고 그가 하자는 대로 굳은 믿음으로 자신 있게 물을 건너면 반드시 건널 수 있었을 것이다. 이것이 믿음의 기적이다.

내가 그렇게도 하느님을 믿었기에 나에게 기적의 힘이 이루어졌다는 것은 누구나 부인할 수 없다.

사람의 힘이나 오관은 헛됨이 많다.

내 눈으로 바로 잉크색이던 물빛이 다르게 보면 완전히 무색일 때가 있다. 이와 같이 사람의 눈은 헛된 것이어서 보고 보지 못함이 결코 판단의 기준이 될 수 없다. 색즉시공은 공즉시색이라는 반야경의 말이 옳다.

나의 오관으로 판단하여 그것이 진실이거니 생각하는 것같이 어리석은 게 없다. 나의 오관은 내가 살아가는 데 불안한 삶의 능력에 지나지 않으며, 그보다 더 깊은 곳에 인식의 눈을 뜰 때 우리는 종교도 기적도 다 경험할 수 있는 것이다. 또한 기적은 흥밋거리가 될 수는 결코 없으며 우리는 기적을 보면서 그 안에 숨어 있는 엄숙함과 참됨이 무엇인가를 깨달아야 한다.

기적이라고 해서는 안 되며 그것은 기적이라고 판단하는 우리의 나약한 지각 능력이 그렇게끔 한 것이다.

참된 기적은 그 안에 깊은 뜻이 있고 진리가 있다. 거기서 우리는 우리 인간이 경험한 수 없는 높은 차원의 인간 지성 또는 능력을 인식하게 되며 그것이 곧 종교의 기적인 것 같다.

1992년 2월 8일(토)

인생은 존재다. 인간은 인식이다. 인간은 존재할 때 우주 만상이 같이 존재하고 인간이 살아서 인식하기 때문에 우주의 섭리가 인식된다. 그것을 가리켜 인간은 소우주라고 하면서 대우주 생명이 인간 안에서 운영되고 있다고 많은 철인들이 주장한다. 인간이 인식하고 존재하는 한에서 우주도 우주의 섭리도 운명도 있지만 인간이 죽으면 그 인간에게는 아무것도 없다. 그러기에 인간 안에 우주의 섭리가 있다고 주장한다.

이 우주의 운명은 수가 있어서 수에 의해 인간의 우주와 대우주가 연차를 같이하고 있다고 한다.

그런데 사람은 이 우주의 섭리를 무시하거나 파괴하면서 인간은 발전한다고 주장하지만 사실은 인간이 발전하는 것은 아무것도 없다. 인간 위주로 그저 우주 운명 안에 있는 것들이며, 그 이상의 변화도 가져오지 못한다. 우주는 그저 영원하고 소우주는 대우주의 운명 속에서 감히 살고 죽는 우주의 운명에 끼어들고 있을 뿐이다. 우주를 정복했다느니 하는 식의 생각같이 경박한 것은 없다.

1992년 2월 18일(화)

과연 일본은 아시아를 지배할 것인가? 일본의 경제, 기술의 발달은 미국과 유럽을 위협하고 있고 아시아 여러 나라들은 한국을 포함해서 정신을 잃고 바라보며 다시 일본의 야만스러운 침략이 있지 않을까 근심스러운 태도를 가지고 있으면서도 나중에 기대고 싶은 심적 상황에 있다.

200년 전 산업혁명으로 지배하기 시작한 서구의 문명 그것이 20세기를 들어 미국으로 동진해서 약 100년 후 전세계를 미국이 정치 경제 문화면에서 휩쓸면서 오늘에 이르렀는데 이제 미국의 군사력이 여전히 최강이라지만 쓸 데가 없어졌고 미국의 정치력은 경제의 퇴색과 더불어 그 힘도 자꾸 줄어들고 있다. 그러나 한 가지 유념할 것은 미국의 힘이 이와 같이 줄어드는데도 그들 서구의 문화는 여전히 아시아를 강력하게 침략하고 있음을 우리는 주목하지 않을 수 없다. 설령 일본이 경제적 우세를 이용해서 아시아를 석권하고 전세계를 리드하겠다는 생각이 있다고 해도 이 서구 문명과 같은 강력한 문화력과 철학이 있는지가 문제다.

서구는 2000년에 걸친 기초로 문명이 아주 뿌리 깊게 그래서 강력하게 뿌리내린 역사 속에 200년간 번영을 유지했지만, 일본은 그러한 문화력이 없다. 일본이 오늘날 그들의 과거를 아무리 미화하고 도색해 보려고 해도 그들이 창출한 철학과 이상의 바탕이 없다는 것은 일본 스스로가 알고 있을 것이다.

문화의 힘은 경제적 부보다 몇 배나 더 큰 위력을 가지고 있다. 문화는 모든 것을 동화할 수 있으나 경제는 그렇지 못함을 우리는 안다.

우리나라는 일본보다 오랜 역사와 선조들이 뿌리 깊게 심어놓은 선비정신 특유의 가치관과 사상을 가지고 있다. 누구는 그것이 유교문화라고 하지만 그렇게 불려도 좋지만, 중국의 유교문화는 우리나라에 와서 한국문화로서 튼튼히 자리 잡았다. 오늘날 서구문화가 판을 친다고 하지만 우리의 정신 우리의 핏속에는 우리의 것이 살아 있으며 또 우리는 이것을 확인하고 발전시켜 튼튼한 문화와 철학의 사상을 확인하고 모든 국민이 긍지를 가지고 우리 문화를 창출 또는 새로 정립함으로써 앞으로 우리의 발전에 발을 맞추어야 한다. 너무 경제에만 눈이 어두워 문화를 소홀히 해서는 안 되며 우리는 서구문명과 일본의 경제발전 및 그들의 과거를 거울삼아 정신을 차리고 새 문명에 대처해 나가야 한다.

1992년 2월 20일(목)

지금 우리 사회에는 서구풍의 춤과 음악이 판을 치고 있다. 한때 우리 나라에는 비애, 절망의 노래가 연가라는 이름으로 판을 치며 우리 민족을 좀먹더니 이제는 잘 이해 안 되는 리듬과 곡조로 음성을 발하는 많은 유행가들이 범람하는데 이들은 선정적이거나 불안정한 것들이 대부분이다.

우리나라는 이제 각성하여 자유를 구가하고 발휘하면서도 활기에 찬 음악이 요구된다. 슬픔, 절망과 비애는 이제 집어치우고 고통 속에서도 용기를 갖고 미래를 꿈꾸는 국민 활력을 되찾는 것이어야 하며, 건전하면서도 활달한 힘이 넘치면서도 명랑하고 서로 조화를 이루는 새로운 음악이 요구되고 있다.

따스한 사랑을 키움으로써 민족공동체를 확인하고 미움이니 증오니 선동 따위는 지상에서 없어져야 한다.

이러한 음악에 맞추어 춤도 힘이 있고 미래지향적인 것으로 민족정기를 되살리는 자신감과 긍지를 불어넣어 주는 것이 바람직한 것이다. 느리고 유연하면서도 힘을 느끼고 긍지와 자신감이 넘치는 것이어야 하고 어떤 좌절에도 굴하지 않는 강인한 민족성이 발휘되기를 바란다.

1992년 2월 29일(토)

식사를 하는 데는 동서고금에 예의범절 또는 에티켓이 있다.

식탁에 집에 있는 식구들이 모두 모여 앉아 먹는 것이다. 누구 따로 서로 떨어져 먹는 것은 같은 식구들끼리 식사하는 법이 아니다.

식사는 모든 식구가 모인 후 웃어른이 먼저 수저를 들고 따라서 다른 식구들이 다 같이 식사를 시작한다. 세계 어느 나라에서도 이것만은 전통이다. 웃어른이 있건 없건 다른 식구들이 먹건 말건 자기부터 먼저 수저를 든다는 것은 배우지 못하는 사람이 하는 버릇이다. 이것은 동양이나 서양이나 일본이나 한국이나 어디에서건 공통된 예의범절이다.

식사를 시작할 때와 끝났을 때는 반드시 기도를 하여야 한다. 쌀한 톨도 생선 한 토막도 어느 내가 모르는 농부가 또 땀 흘려 농사짓고 험한 바다에서 그물질한 수고 덕분에 내가 이러한 음식을 먹고 있다는 것을 나도 모르는 이 음식을 장만해 준 사람들을 위해서 감사하다는 기도를 드려야 함은 너무나 당연하다. 또 이러한 음식을 먹게끔 해주신 하느님께 감사드려야 한다는 것은 두말할 나위도 없다. 잠깐 묵상을 해도 좋지만 감사합니다라는 마음을 가진다는 일이 중요하다.

음식은 먹을 수 있을 만큼만 자기 앞에 덜어다 먹어야 한다. 욕심내서 많이 갖다 놓고 나중에 남겨서 버린다는 일은 아주 나쁜 것이다. 음식을 많이 밥상에 올려놓고 나중에 남겨서 버리거나 찬장에 넣어두었다가 다시 먹는 일도 아주 좋지 않은 일이다. 우리나라 식생활 중에 철저하게 고쳐야 할 일이 음식 먹다 남은 것을 버리거나 잘못 저장했다 낭비하는 것이다. 이것만은 고쳐야 한다. 세계 어느 나라도 우리 같은 허영과 낭비를 하는 민족은 없다. 가장 부끄러운 일이다. 음식을 흘리거나 밥상머리를 어지럽혀서는 안 된다. 가능하면 냅킨을 착용하는 것도 좋으며 식사 후 수저는 가지런히 놓아야 한다.

가짓수 많은 반찬을 어떤 것은 수저가 가지도 않은 음식들을 식탁 가득히 차려놓는 것은 허영에 불과하다. 맛있고 깨끗하게 먹을 것만 골라서 먹을 만큼만 먹는 것이다. 간장이나 된장 고추장 김치도 마찬가지다.

한국 음식의 기본은 김치, 된장, 고추장, 간장이다. 이것이 맛이 없으면 그 집 음식은 맛이 없는 것이 음식점도 마찬가지다. 이 한국 음식의 기초 음식이 맛이 있어야 그 집 음식은 맛이 나는 것이다. 흔히 대중음식점의 김치는 짜고 맵고 항상 누가 먹다 남은 것 그대로 내다 주는 집이 있다. 이것은 음식점 영업의 기본을 모르는 것이다. 김치는 우선 새롭고 깨끗하고 맛이 있어야 한다.

음식을 입에 특히 양쪽 볼에 물고 밥을 먹는 사람이 있다. 또 소리 내며 먹는 사람도 있다. 결코 교양 있게 먹는 것이 아니다. 입을 다물고 조용히 먹는 버릇이 필요하다. 숭늉은 마셔도 커피를 들어도 훌소리 내는 일은 삼가야 한다. 또 음식 먹다가 또는 먹은 후 식탁에서 트림을 요란히 하는 사람도 있다. 교양이 없는 배우지 못한 사람이다. 음식 먹으며 더러운 얘기나 흥분된 이야기를 하는 일은 삼가야 한다. 즐거운 마음으로 온 식구가 화목한 분위기는 식사 시간이 제일이다.

밥을 먹을 때 밥숟가락 따라 먹는 사람도 있다. 가난하게 산다고 흉본다. 음식은 너무 뜨겁거나 너무 차도 나쁘다. 밥그릇은 부뚜막 온도 또는 아랫목 온도가 제일 좋다는 웃어른들 말이 있다. 국이나 찌개도 마찬가지다. 보글보글 끓여야 좋다는 말은 절대로 틀린 말이 아니다. 먹을 인정이란 말이 있다. 맛이 있는 것은 같이 먹는 사람에게 맛이 있다고 서로 권하며 먹는 것이 좋다. 맛이 있다고 자기 혼자만 정신없이 먹는 모습은 보기가 흉하다.

음식은 결코 포식해서는 안 된다. 건강에 아주 나쁘거나 후일 당뇨병이나 위장병에 걸리기 쉽다.

8분分이란 말이 있다. 조금 더 먹었으면 할 때 수저를 놓는 것이 좋다. 먼저 식사가 끝나면 다른 식구들이 다 끝날 때까지 식탁에 앉아 있는 것이 나중 먹는 사람을 위해서도 좋다.

식사는 항상 고마운 마음을 가지고 먹어야 한다는 것을 애들에게 가르쳐야 한다. 어른이 먼저 수저를 들어야 아랫사람도 먹기 시작한다는데 철모르는 사람은 반감을 느끼는 때도 있을지 모르나 아버지보고는 아버지 동무라는 공산당들은 수령이 먼저 수저를 들어야 당원들도 식사를 시작한다.

식사 매너는 동서고금이 공통된 것이다. 모든 동족이 민족에 따라 각기 다르지만, 기상천외한 일은 세계 모든 민족이 공통으로 지키는 이것이다.

1992년 3월 5일(목)

사람은 이 지구 개벽 이래 수없이 많은 인간이 아마도 수십억의 인간이 태어났지만 한 사람도 똑같은 복사물이 없다. 다시 말해 역사상의 한 명도 똑같은 인간이 없고 모든 인간이 하나밖에(이 지구상에) 없는 귀한 존재이다. 그뿐만 아니다. 사람은 그 사람이 죽으면 그 생명이 끊기면 그 인간에게는 이 지구가 몽땅 없어지는 것과 같다. 그만큼 인간 생명은 중요하다. 그것은 나의 생명뿐 아니라 남의 생명도 똑같은 것이다. 그러기에 내가 내 욕심 때문에 남의 생명에 피해를 끼쳤거나 죽음, 아픔 괴로움을 주었다면 그것이 사람이 저지를 수 있는 가장 최악의 범죄일 수밖에 없다. 또 남을 해치면 반드시 예외 없이 그 갚음이 자기에게 따라온다.

남에게 주는 피해란 물질적인 것과 정신적인 것을 들 수 있다.

남의 신체를 위해하거나 정신적으로 불안이나 고통을 주거나 또 그 사람의 마음을 아프게 하거나 멸시하거나 험담하거나 욕지거리나 중상모략을 하는 것, 이 모든 것이 다른 생명에 위해를 주는 것이다.

남에게 위해를 주고 내가 위해를 받기 싫어하는 것이 당연하니, 사람이 살면서 싸움을 하거나 모략을 하는 따위는 정도의 차이는 있을지언정 일종의 살인 행위로 볼 수 있다. 생명을 끊게 하는 것만이 살인이 아니고 남을 음해하거나 험담모략하거나 중상하는 것 모두가 일종의 살인 행위이다. 그래서 남(사람)을 죽이지 말라는 계명은 엄히 기록되어 있다. 사람을 죽이지 말라는 뜻은 육체적으로 살인하는 것만이 아니라 남의 명예를 손상시켜 망신을 주거나 중상모략을 해서 그 사람에게 부끄러움을 주는 따위의 행위, 사람들 앞에서 멸시하거나 희롱하여 부끄러움을 주는 행위는 모두 일종의 살인 행위로 절대로 용서받지 못할 잘못이다.

남을 원망하거나 다른 사람이 나에게 잘못을 했거나 불량한 일을 했을 때 우리는 사회의 한 사람으로서 꾸짖고 잘못을 고쳐 주면 되는 것이지 두고두고 그 사람 가슴에 못을 박아놓아서는 안 된다. 깡패라는 불량 청년들처럼 비굴하고 치사한 인간은 없다. 남을 음해하고 협박·공갈이나 하면서 빈둥빈둥 놀고먹는 기생충 같은 생활에도 부끄러움을 모르고 남을 음해하고도 잘못을 못 느낀다는 것은 사람으로서 절대로 있을 수 없다. 이것은 일종의 정신질환들이다. 사실 이들이 겉으로는 으스대는 듯 보이지만 속으로 그들같이 불안하고 무서워 떨고 있는 사람도 없다. 그들은 결코 체력도 강하지 못하고 싸움을 잘하는 것도 아니다. 기껏해야 칼이나 흉기를 휘두르며 맨손의 시민을 괴롭히는 것이 고작이다. 아마 깡패처럼 신체가 허약하고 담력이 약한 사람은 없을 것이다. 다만 그들은 무리를 이루고 있다는 것이다. 혼자서는 무슨 일이건 자신이 없어서 무리를 이루어 불량한 짓을 하는 패거리여야 하기 때문에 깡패라 부른다.

남을 해하려 하지 말고 남을 음해하지 말라. 착하게 살자.

남을 해하거나 음해하려 데 노력을 쏟지 말고 남을 위하고 나를 위하고 나의 가정과 친구와 주위 사람들을 위해 나의 체력과 정신력을 쓰라.

1992년 4월 13일(월)
− 사람은 먹고 살아가는데…… −

사람이 산다는 것은 사람답게 삶을 의미한다. 동물이 사는 것처럼 먹고 자고 지내는 삶은 동물의 삶이지 사람의 삶이 아니다. 동물도 자기 먹이는 자기가 벌어서 구해서 먹고 산다. 그 동물이 자기가 먹을 것을 자기 힘으로 구하지 못하면 그 동물은 죽음을 피할 수 없다. 다만 동물이 갓 태어나서 자기 힘으로 자기의 먹이를 찾을 능력이 없는 성장기에는 어미가 새끼를 먹여 주지만 어느 정도 키우면 그 새끼도 스스로 먹고살도록 내버려 두고 그때 그 새끼가 다 성장하고도 스스로 먹이를 구하지 못하면 죽음밖에 없다는 것을 무릇 동물들은 다 알고 있다.

사람도 이와 마찬가지다. 성장할 때까지는 부모가 자식을 양육하지만 성년이 되면 사람은 스스로 자기 먹이와 자기가 양육하여야 할 자손의 먹이를 찾아야 하며 만일에 이것을 성취하지 못하면 그 사람은 죽어야 마땅한 것이다.

그런데 사람은 동물과 다르게 살되 그 사회에 이바지하고 남을 도와주는 봉사 능력을 사회는 요구하고 있다. 만일에 남을 도와줄 수도 없고 공동체 사회에 도움을 주지 못하거나 오히려 해나 끼칠 때는 사람답게 사는 것이 못 되며 차라리 죽음이 마땅하다. 사람은 죽기 전에 후손에게 또는 사회에게 무엇인가 주고 갈 것을 요구받으며 살고 있다. 그냥 혼자서 먹기나 하고 사회에 아무것도 남기지 못하면 그것은 인간의 삶이 아니고 동물의 삶이 된다.

그 동물 같은 삶을 살아서는 세상에서 아무것도 기대해서는 안 되며 그저 인간사회에서는 떨어져 나가 사는 것이 된다. 그러나 사람이 병들어 스스로 자기 먹이를 구하지 못하고 사회에 보탬도 되지 못하는 불가피한 사정이 생길 때 사회 또는 자손이 그를 돌봐 주기는 한다. 그러나 이 보살핌이란 동물같이 먹고나 있으라는 대우 이상이 아니며 이러한 삶은 하루속히 청산되어야 한다.

그런 의미에서 사람은 건강에 아주 신경을 써서 누구에게도 폐를 끼치는 삶을 갖지 않도록 하여야 한다. 그래서 노약해지면 하루속히 나의 할 일(사회에 봉사, 내 자신의 먹이 벌이)을 다하지 못할 때는 오래 병상에 누워 식구들이나 사회에 누를 끼치며 동물같이 여생의 삶을 오래 끌 것이 아니라 하루 이틀 누웠다가 삶을 마치는 죽음의 과정이 지극히 필요하다.

내가 먹고 자고 입는 것은 내가 구할 수 있어야 하며 내가 삶을 지속하는 동안 나는 나의 모든 노력으로 후세에 무엇인가를 주고 가고 사회에 보탬이 되어야 한다. 또 이 사회나 후손에게 도움 되는 일 중에는 후세에 주고 가야 할 말이 있으면 결코 눈치 보지 말고 솔직하게 말을 해주어 그 말이 도움이 되면 다행이고 부질없는 말이면 잊어버려도 된다.

다만 남을 해치거나 험담하는 말은 절대로 해서는 안 된다. 요는 남에게 도움을 주지 못하는 인생은 빨리 끝맺음이 본인을 위해서나 사회를 위해 극히 자연스러운 것이다.

1992년 4월 30일(목)

과학이란 무엇인가, 백과사전에 의하면 "과학은 자연에 관한 인간의 경험을 바탕으로 한 객관적 합리적 지식 대계이며 자연을 대상으로 하는데 인간도 포함되지만, 물질로서의 탐구의 마음을 유출하는 것이다"라고 하였다. 또 어떤 사람은 "과학을 정의하는 것은 우선 불가능하다. 다만 과학은 인간의 큰마음의 움직임의 하나이며 그 점에서 예술, 철학, 종교 등과 아주 흡사하다"라고 하는 사람도 있다.

과학에 뜻을 둔 사람은 먼저 어떤 질적 자격이 필요하다고 본다. 과학하는 자는 먼저 선견성 즉 선견지명이 있어야 한다. 과학자가 목표를 두고 연구를 계속할 때는 반드시 어떤 결론에 도달한다. 물론 그 목표는 인간사회에 유익한 것이어야 함을 전제로 한다. 도달된 결론이 기대했던 대로면 문제가 없지만 기대와는 달리 예상 밖의 유해한 결과가 나왔을 때는 곤란하다.

물론 이러한 일이 일어나지 않도록 과학자들은 항상 연구 방향에 관해 예의주시하여 인체에 해를 끼치는 일이 되지 않도록 주의하여야 하며 이런 면에서 과학자는 먼저 앞을 내다볼 줄 아는 선견지명의 자질을 갖추어야 한다.

아인슈타인은 세계에서 가장 훌륭한 물리학자이며 널리 존경받고 있는 사람이다. 그는 제2차 세계대전 때 루즈벨트 대통령에게 원자폭탄의 제조를 강하게 요청하여 끝내 실현을 보았다. 그는 독일의 나치가 연합군보다 먼저 원폭을 제조할까 봐 크게 걱정했던 것이다. 결국 독일은 원폭을 갖지 못한 채 멸망했지만, 미국은 제1탄을 히로

시마에 투하했고 그후 소련, 영국, 중공 등이 원폭 제조에 성공하였다. 그사이 미·소 양국은 핵폭탄 제조 경쟁에 열을 내어 현재 양국이 가지고 있는 원폭은 히로시마형의 2000배의 위력을 가지고 있으며, 50000개 이상의 원폭을 보유하고 있다. 세계 인류를 몇십 번 멸망시킬 수 있는 양이며 냉전이 끝난 지금도 원폭의 지하 실험은 계속되고 있다.

원폭은 앞으로 다시는 사용되지 않을 것이며 오히려 그 무서운 상상력 때문에 냉전의 종식을 가져올 수 있는 계기가 되었다고 하지만 한번 태어난 악마의 자식들은 어제 무슨 일을 저지를는지 아무도 예측 못 하며 마치 인류는 매일 폭탄을 안고 산다는 불안을 떨쳐 버리지 못 하고 있는 것이다. 이제 어쩔 수 없는 일이지만 아인슈타인 같은 대학자도 이 무서운 결과를 예견하지 못했을 것이다. 그저 편리하다, 돈이 잘 벌린다고 인간에게 유해한 물질을 사용해서 마구잡이로 원폭을 생산하는 무리한 일들을 우리는 깊이 반성하여야 하겠다.

기술의 발달이 과학연구를 전적으로 뒷받침해 주고 과거 400년간 인류에게 여러 가지 편리한 물질의 동요를 가져올 수 있던 기술의 발전과 과학의 진보에 비해 인간의 내면을 파고 있는 윤리, 철학, 종교의 분야에 관한 진전은 지지부진이었다.

물론 지구의 일부에서는 휴머니즘과 민주주의의 사상이 보급되어 인권이 옹호되고 있으며 그런 지역이 점차 확대되어 가고 있는 사실은 부인하고자 하지는 않는다. 그러나 거꾸로 기술의 권능에 의해 오랫동안 지켜져 왔던 인간 생활이 뿌리째 파괴되고 신앙을 잃어버려 가는 무수한 지역과 수많은 민족이 있다는 것은 잊어서는 안 된다.

세계의 추세는 자국만, 자기만 행복하면 되는 것이 아니고 모든 인류의 행복을 추구하는 방향으로 진보하고 있기는 하다. 그리고 인간의 행복은 단지 물리적 풍요에 있는 것이 아님을 누구나 인식하고 있다.

기술은 물질의 생산축적에는 거대한 능력을 발휘할 수 있으나 사람의 마음에 평화를 가져오는 데는 전적으로 무력함을 알아야 한다. 이것이 기술의 한계일 것이다.

인간은 그 점을 명백히 판단해서 그에 대처함이 필요하다.

과학의 발달이 한계를 넘어서서 이제 과학은 인간을 떠나 자기 혼자 행동하는 단계에 이르지 않나 생각되는 일까지 있다.

기술과 과학은 인간이 생각해내고 연구한 것이다. 그러나 기술의 복잡화가 거대해짐에 따라 인간은 점점 거기에 대처해내지 못하고 있다. 지금의 컴퓨터가 그것을 암시해 주고 있다. 이제 그 컴퓨터가 한계를 넘어설 때 인간의 컨트롤 없이 기술은 혼자서 걸어가게 된다. 인간에게는 인식, 애정, 결단과 같은 마음(정신)이 있어서 인간이 기술을 완전히 지배할 때는 큰 잘못은 없겠지만 기술이 혼자 노력하게 되면 사정은 아주 달라진다. 기술에는 정신(마음)이 없다. 선의의 판단도 생물에 대한 애정 같은 것은 티끌만큼도 없고 오직 법칙에 따르기만 한다. 이러한 행동이 지구를 지배하게 되면 상상할 수 없는 냉담한 세계가 출현하게 된다.

지금 원자폭탄 경쟁은 왜 중지되지 못하고 있는가, 세계의 대기권이 마구잡이로 헤집어져 세계가 사막화되고 있는 현실을 왜 방지하지 못하고 있는가, 수많은 유해물질이 지구환경을 오염 파괴하고 있는데 왜 눈을 감고만 있는가, 인류는 이러한 일을 방지할 수 있는 판단과 능력을 반드시 가지고 있는데도 아직까지 방치되고 있는 것은 기술의 검은 그림자가 벌써 혼자서 행동하고 있음을 암시해 주고 있다. 그것이 오직 염려스러운 대기업 때문이라고 안전하게 내버려 둘 수 있는 문제는 아니다. 지금이야말로 인류의 예지가 대결단을 내리지 않으면 안 될 21세기 문턱에 인류는 서 있다.

1992년 5월 1일(금)

역사가와 역사학자와는 조금 달라서 역사가라고 하면 사마천司馬遷과 같은 역사를 기록하는 사람을 가리키며 역사학자라고 하면 학문으로서 역사를 연구하는 사람을 의미하며 19세기에 역사의 연구가 학문의 1개 분야로 정착되었다고 한다.

첫째, 역사가란 이론에 강하다고 할 수 있다. 대체로 학문이라고 하면 이론이 없을 수 없으며 이론이 없는 역사학이란 학문으로 인정받을 가치가 없다고도 한다. 그러나 역사가 중에도 가히 이론에 뛰어난 사람도 있어서 철학이나 과학이론을 어느 정도 이해하고 있는 사람도 있기는 하지만 그렇다고 그들이 자기 스스로 이론을 만들어내는 사람은 적다. 사실 역사가 중에는 이론과 전혀 관계없이 조금도 이론 따위를 의식하지 않고 훌륭한 업적을 쌓은 사람도 많다. 그러나 그렇다고 해서 역사가는 이론이 필요 없다는 뜻은 아니며 다만 역사가는 흔히 이론을 만들어내는 것보다는 만들어진 이론들을 사용하는 때가 많다고 할 수 있다.

둘째로 역사가는 일을 하는 데 상식을 이용한다. 즉 상식을 이용해야 한다고 생각하고 있다. 이것은 아마 이론에 강하다는 것과 맞물린 뜻이 되기도 하다. 영어의 격언에 "모든 진리는 결국에는 상식을 명백하게 한 것밖에 아니다"라는 말이 있듯이 우리들은 일상생활에서 학문으로가 아니고 상식으로 살고 있으며 상식이란 생활의 필요한 요소 즉 지식, 경험, 이해력, 판단력, 상상력, 사리분별 따위가 포함되어 있다. 상식이란 이와 같이 오감, 기타 감각과 관계되는 공통감각이란 의미를 가지고 있다고 해석되고 있다. 이 공통감각이 상식의 출발점이나 한계라고 할 수 있으며 그 위에 지엽이 풍성하고 그 전체가 유기적으로 결합할 때 상식이 성립된다 생각하면 될 것이다.

일상생활에서 상식의 효용은 절대적인 것이지만 학문의 여러 영역에서는 각기 그 영역에서의 상식 또한 중요한 역할을 가지고 있다. 체립된 학문 영역의 상식은 그 나름대로 제정되어 보편되고 육성되어 가는 것이며 어느 전문분야에서 소위 대가가 말하는 것이 그럴듯하게 들리는 것은 그 분야에서의 세련된 상식이 줄거리를 가지고 있을 뿐이다.

역사를 학문으로 취급하는 데도 학문의 방법으로 상식을 사용한다고 하면 어떤 그 나름대로의 보편성을 찾는 것이 당연하다. 그러면 상식에서 보편성을 얻으려면 어떻게 해야 하는가는 상식이란 원래 막연하게 퍼져 있는 경계가 확실하지 않은 것이며 무엇인가 그 내부에 중요하고 움직이지 않는 중핵이 되는 것을 찾는 길밖에 없다.

원래 상식은 원인에 따라 다르고 문화나 시대에 따라 다르고 문화나 시대에 의해 다르게 흔들리고 있는 것이기 때문에 그 속에서 언제나 근거가 되는 불변의 것이 있다면 경험 전에 그것을 구하는 한 그것은 '인간'이라고밖에 말할 수 없다. 그러니 이 "인간은 무엇인가"라는 것은 난문 중의 난문이어서 다른 작업을 시작하려면 아무것도 시작할 수 없기 때문에 우리는 흔히 "인간은 무엇인가"라는 문제를 추구함과 동시에 이해된 것을 우선 근거로 하여 다른 작업을 추진할 수밖에 없다.

역사학이란 이 양면을 동시에 취급하는 것이라고 할 수 있다.

"역사를 알게 되면 인간을 이해하게 되고 인간을 이해하면 역사도 알 수 있게 된다"라는 말이 된다. 그래서 그 과정에서는 인문 연구가 큰 역할을 하게 되는 것이다.

1992년 5월 18일(월)
− 과학의 지배 −

신의 지배로부터 인간의 해방이 서구에서는 르네상스로 시작되었다. 15C까지 인간의 모든 현상은 자연 우주 현상을 위시하여 신의 움직임에 의한 것임을 굳게 믿고 있었고 이를 부정하는 자는 로마 가톨릭에서는 이단자로 혹평받았다. 그것이 17C(1600여 년)에 갈릴레오가 지구의 천동설을 부인하고 지구 자전설을 제창해서 이단자로 파면 처벌을 당한 일들이 인간이 신으로부터의 해방의 교시라고 할 수 있다. 최근 로마 교회에서는 갈릴레오의 지동설의 타당성을 인정하여 로마 교황이 갈릴레오의 고향인 피사에 가서 그의 면죄를 선언하는 일이 일어났다.

이와 같이 인간은 르네상스를 통해 자연을 탐구하면서 자연의 현상을 분석하고 그 비밀을 광대하고 섬세한 자연의 대법칙을 찾아내기 시작한 것이 오늘날 과학의 시초이다. 이렇게 자연에 대한 탐구, 모든 현상의 분석, 그것을 해석한 방법 등을 가리켜 과학이라고 한다. 이러한 학문적 학구적 방법이 사회에 적용되면 사회과학, 인간에 적용되면 인문과학이라고 부른다.

우리나라는 서구의 과학문명의 발달로 기술, 기계문명이 오늘날 세계를 휩쓰는데 그 문명의 흐름을 타고 있어서 이러한 서구 주장을 다 수용하지만 아마 우리나라도 르네상스 같은 신으로부터의 인간의 해방이라는 이러한 문화·문명적 시기를 거치지는 않았지만, 신라시대의 첨성대, 조선시대 동국여지승람, 달구지 개발 등 과학 문명은 옛날에 싹터 있었음을 안다. 또한 현대 과학이란 문명의 뜻은 이상과 같이 철학, 예술 등 모든 분야에도 적용되는 것이어서 우리나라의 조병화 시인의 주장에 의하면 "신은 인간이 자연을 표재로 하여 그 연장으로서 다시 완미한 결정을 이룬 제2의 자연이다. 시뿐 아니라 모든 예술은 자연을 정연하며 그것은 다시 자연의 혈통에 환원시키는 것이다"라고 했듯이 시 또한 과학이라고 할 수 있다.

이렇게 싹트고 연구된 과학은 기술을 개발했고 그 기술로 인간 생활에 관계되는 모든 기술이 기계를 발명한다. 이 기계들은 자연을 이용해서 인간 생활과 밀접한 관계있는 물자들을 대량생산할 수 있게 하였고 이 대량생산은 사람들에게 대량소비의 습성을 키워 주었다. 여기에 물질문명이 낙출落出되면서 사람들은 물질에 대한 끝없는 욕망에 사로잡히고 인간은 이 끝없는 욕망 속에 허황된 신기루를 찾다가 비참한 인생을 마치는 현상이 일어나고 있다.

결국 오늘의 과학은 인간에게 이러한 결코 바람직스럽지 못한 결과를 가져오고 있음을 똑바로 인식하며 허황된 신기루를 좇는 꿈에서 과감히 탈출하여야만 현대문명을 창출할 수 있을 것이다. 현대문명의 위기는 바로 여기에 있다.

1992년 5월 29일(금)
— 형제우애兄弟友愛 —

형제간의 우애는 사람이 살아가는 데 가장 기본적 행위이다. 우리는 부모가 되어 자식들에게 바라는 가장 중요한 대목이 자식들이 모두 잘살고 건강하게 서로 화목해서 서로 사랑하고 도우며 사는 모습이다. 모두 골고루 잘살고 서로 아끼며 도와주며 살아야 한다고 가르친다. 자식들이 우애로 화합하면 곧 그것이 그 가정의 큰 힘이 되기 때문이다. 또 우리는 일상생활에서 형제간의 우애가 돈독한 집안을 볼 때 그렇게 존경스럽고 부러워할 뿐 아니라 그 집안의 뭉쳐진 힘에 찬사를 보내고 있다.

그런데 성장한 부모의 자녀로서 나 자신을 되새겨 봐야 한다. 나는 어렸을 때 부모에게 그러한 가르침으로 자랐는데 성장해서 지금 나는 과연 형제들과 화목하게 살고 있는가를 반성해 본다. 나이가 들며 자연히 형제들이 제각기 크면 어떤 자는 물질적으로 풍부하고 또 어느 형제는 가난하기도 하다. 어느 형제는 건강하고 또 누구는 건강치 못하기도 한다. 누구는 공부를 많이 하고 출세도 했는데 누구는 공부도 못했고 출세도 못 하는 수가 있다. 이러한 차이가 형제간의 불화, 질투, 심지어는 증오에까지 번져 반목을 가져오게 하는데 여기는 당사자 서로의 잘못도 있지만 각자 배우자의 잘못이 크게 영향을 준다. 그래서 옛 말에 외갓사람(흔히 며느리) 잘못 들어오면 집안이 망한다는 말도 있다. 그러나 어렸을 때 그렇게 가까웠던 형제는 성장해서 아내나 남편이 무슨 말장난을 하건 형제간의 우애를 손상시키는 어떤 훼방도 단호히 거절할 줄 아는 의지를 가져야 한다.

못 가진 자는 그걸로 불평하거나 누구를 원망치 말고 형제 중 누구나 자기보다 낮게 살면 그것은 나의 자랑으로 생각하고 더욱더 친숙해지도록 노력하여야 하고 가진 자, 더 공부한 자는 자기 것을 못 가진 형제에게 기꺼이 나누어 주되 준 척하지 말아야 하며, 음으로 양으로 약한 형제를 돕겠다는 마음을 잊어서는 안 된다. 집에서 아내 또는 남편이 무슨 불평이나 형제에 관한 험담을 하더라도 다시는 그런 말 못하도록 하여야 한다. 또한 아내나 남편들은 서로 동서간 친근해지고 자주 만나서 서로 어려운 일도 돕도록 할 것이며, 절대로 누구의 험담이나 하는 일은 없어야 한다. 더구나 교양 없는 사람들처럼 시누이나 올케에 대해 이러쿵저러쿵하며 집안 불화를 만들어내는 저속한 사람이 되어서는 안 된다.

사람이 살며 잘못은 누구나 저지를 수 있고 실수할 수 있고 미움받는 일도 한두 번이 아니지만, 그것이 인간이며 남을 탓하지 말고 나 자신을 반성하고 이럴 때 나는 나의 형제간의 우애를 위해 무엇을 하는 것이 옳은 일인가를 항상 생각하여야 한다. 형제간의 우애는 그 가정, 가정간의 우애는 그 사회와 국가와 전인류의 참된 행복을 가져올 수 있을 것이다.

1992년 7월 22일(수)

이제 우리나라는 양적 팽창의 열을 올릴 때가 아니다.

역대 정권이 오로지 성장만을 목표로 하여 자기 정권을 유지하려고 무리를 거듭해 왔다. 기간산업은 그대로 두고 경제성장만을 강행함으로써 엄청난 부작용을 산적하게 되었다. 이제 양적 팽창을 목표로 하지 말고 차분히 뒤돌아보며 질적 내실을 기하는 데 노력하되 그동안에 엄청나게 커진 온갖 열악한 부산물을 과감하게 정리, 혁신할 대각오를 가져야 할 때이다. 참된 자유민주주의의 원칙을 결코 잃지 않으면서 주권재민의 대원칙을 모든 정치인은 자기 주장의 절대 근간으로 삼아야 한다.

극에 달한 이 사회의 병폐를 과감히 수술을 단행하여 시정하되, 거기에 따른 모든 고통을 국민은 당분간 힘들어도 참아야 한다.

상실된 가치관을 도로 찾으며, 미래에 대비한 새로운 삶의 목표를 국민에게 제시하여야 한다.

자유민주주의 표방을 빙자한 집단이기주의는 발본색원 되어야 하며 이 나라의 경제를 망쳐놓은 단계까지 이른 고임금이 시정되어야 한다. 이 나라 경제가 제자리를 찾을 때까지 국민들은 그 고통을 이겨내야 한다.

　　이념 전쟁에서 탈피하지 못한 소수의 불행하고 낙후된 무리들을 범국민적 도량으로 대폭 수용하여 그들에게도 빛을 보여 애국심 전국가적 대혁명에 동참하도록 하여 주어야 한다.

　　정치인들은 완전히 저버렸던 애국심을 되찾아 다시 태어나야 하며, 구태의연하게 당리당략에만 빠져들어 나라를 잊어버린 존경받지 못한 구태의연함에서 용기를 찾아 뛰쳐나와야 한다. 정치이념은 똑같으면서 개인의 집권 야욕에 예속되어 정치싸움만 일삼는 파기해야 할 행태에서 하루속히 벗어나야 한다. 모든 정치 부패를 국민이 얼마나 증오하고 경멸하여 이러한 정치적 행태가 올바른 국가를 지향하는 우리 대과업에 얼마나 큰 장애물인가를 알아야 하며 적어도 애국하는 마음만은 되찾아야 할 때이다. 때 묻지 않고 구습의 탁류에 젖지 않은 참신한 인재들은 과감히 구국정신으로 나설 때이다. 그 필요성을 알면서 '내가 무얼' 식의 움츠리고 있을 때가 아니다. 우리는 앞을 보고 누구나 과감히 이러한 아픔을 이겨내면서 새 국가를 건설하여야 할 때이다.

　　전국민의 궐기를 소리높이 제창한다.

1992년 7월 24일(금)
─ 걸프Gulf전과 인류문명 ─

걸프전쟁은 여러 가지 문제를 노출(표출)시키고 있다.

극도로 대립화되었던 미·소 양대 세력 중에 소련이 거의 완전히 무력화無力化됨으로써 미국의 독무대가 될 수 있었다. 미국은 지구상 중요 분쟁을 UN이라는 이름을 빌려 자기의 침략야욕을 달성할 수 있었으며 앞으로 세계 분쟁은 집단 안보에 크게 기여할 수 있을 것이고, 미국은 자기가 주장 멤버로 걸프전을 치렀으나 다른 여러 나라들의 재정지원이 있어 가능했다는 사실은 마치 용병화되어 버린 미군을 상기시키게 되었고, 대의라는 가치는 사실상 다국적군 형태이었다.

또 현재 전쟁은 첨단기계 사용으로 변모하면서 앞으로 전쟁의 모습은 21세기에서는 엄청난 아주 다른 형태의 전쟁이 될 것을 예시하겠다. 이 이라크라는 작은(전력에서) 나라에 대한 승리는 그 재정적 손실이 너무 컸고 인명피해도 엄청났다. 결국 미국은 전쟁에서 승리하였다고는 하지만 미국 국내에는 많은 문제가 노출되기 시작했다.

미국의 세계전쟁 청부업자들의 참전에 대한 국민의 분노는 크게 대두되었다. 동시에 미국 경제의 취약성이 노출되면서 미국 경제는 곤두박질하기 시작했다. 이러한 일련의 사태는 미국 시민들의 과거와 같은 세계로부터 존경과 동경의 대상이던 것이 실망의 대상으로 전락하게 되었으며, 이로 인한 미국 시민들의 가치관 혼돈은 사회를 황폐화하고 범죄가 창궐하여 LA 사태까지 일어나게 되면서 미국인의 우월감을 되찾아 보겠다는 안타까운 몸부림이 되어 추한 꼴까지 전락하게 하고 말았다.

인간과 자연은 더불어 살아야 한다.

인간은 살기 위해 물질을 이용하지만, 과소비를 가져온 자본주의 경제는 물질 존중보다 물질 파괴의 결과를 초래하고 있다.

인간과 인간의 관계는 이러한 가치관의 상실로 인간성이 파괴 실종되면서 무너지고 말았다. 이러한 세계사적으로 아주 중요한 현상은 유복한 인간 생활을 목표로 한다면서 자연을 괴멸하다시피 하면서 깨끗한 물과 녹색 자연Green에 목말라 하고 있다.

이제 다시금 인간의 중요성을 깨달을 때다. 자유민주주의를 외치면서 그 인간의 삶은 파멸로 이끌어가는 자유에 입각한 자본주의는 하나의 큰 죄악이 되어가고 있다. 인간에게 꿈을 찾아주어야 한다. 미래는 물과 자연이 살아있는 풍요로움이 올 것이라는 꿈을 심어 줄 필요가 있다.

소득증대, 자산증대 시대를 넘어 부가 모든 시민에게 환원되는 생활 대국을 이루겠다는 꿈을 가져야 한다. 너무 깊이 물질문명, 기계문명에 빠져들어 가면서 무한 욕망에서 헤어나지 못하고 있다.

미국은 이미 패패霸자가 아니다. 오히려 패패敗자가 되어가고 있다. 그 근원은 무엇인가? 인간 존중을 기본으로 하는 자유민주주의는 인간의 한없는 욕망을 파도파도 끝이 없는 추한 욕망 속에 몰아넣고 있는 것 같다. 거기서 오만불손과 패자가 되어 보겠다는 끝없는 욕망 속에 헤어나지 못하는 불안과 초조에 빠져들고 있다.

1992년 7월 31일(금)

노인은 자기 자식들을 양육, 교육시키고 사회건설에 노력했기에 응분한 대접을 받아야 한다고들 한다.

일리가 있는 일이지만 아무리 과거에 그가 이룩한 일이 훌륭하다고 해도 현재 그의 삶이 남아 있는 사람들이나 그 가정이나 사회나 국가에 도움이 되지 못하고 오히려 무위 기생하는 삶이라면 노인 자신은 깊이 다시 생각해 볼 필요가 있다. 혹시나 자기를 먹여 주고 재워 주는 자식이나 친척이나 관계있는 사람들에게 귀찮은 존재여서 '가 줬으면' 또는 '뭐 이제는 저승으로 가시지' 하는 생각을 가지게 하는 존재라면 당연히 노인은 다시 생각하여야 한다.

그뿐 아니라 그 늙은 인생의 존재가 눈에 거슬리거나 싫다는 생각을 추호라도 누구에게 주는 노인의 인생이란 참으로 불쌍한 존재가 된다. 그렇다고 그 노인이 스스로 목숨을 끊을 수도 없고 어디로 행방을 감추는 일이라도 있으면 자식들에게 욕이 될 것은 뻔한 일이다. 문제는 내가 병자가 아닌 이상 무엇인가 하여야 한다. 하다못해 방을 치운다든가 작은 빨래를 한다든가 풀을 뽑는다든가, 유리를 닦는다든가 애를 봐준다든가 무엇인가 움직여서 자식들에게 도움을 주어야 한다. 그런 일할 처지가 못 되면 스스로 글을 쓴다든가 서예를 한다든가, 그림을 그린다든가, 자기 돈이 있으면 여행을 한다든가 해서 자식이나 자기와 유관한 사람들로부터 그냥 무위도식하는 기생 인생으로 살지는 않도록 노력할 필요가 있다.

몸이 말을 안 들어 이것저것 다하고 싶지 않기도 하고 의욕도 없겠지만 무엇이든 움직이는 것이 자기 건강에도 좋을뿐더러 남이 볼때 자기의 삶을 돌봐주는 자식들이 볼 때에도 생기 있는 삶의 모습을 비록 한푼의 돈을 도와주지는 못해도 그 생기가 자기뿐 아니라 자식이나 남에게 용기와 희망과 긍지를 주게 한다는 뜻에서 반드시 권장하고 싶다.

그냥 하루 세끼 밥이나 먹고 내가 너희를 길러 주었으니 이제 나는 아무것도 안 하고 가만히 앉아서 너희들의 대접이나 받고 있어야겠다고 생각하는 늙은이가 있다면 젊은 사람들로부터 멸시받아도 당연하다고 생각된다.

잔칫집이나 찾아다니면서 얻어먹으려고 하지 말고 버스 타고 노약자석 내놓으라고 힘없고 조소받는 신소리치는 일 없이 살아야 한다. 더욱이 조심할 것은 늙어서 물욕이나 명예욕에 사로잡히지 말아야 할 것이다.

숨을 거두는 순간까지 나의 도움이 아무리 하찮은 것이라도 줄수 있는 한 주고 가는 것이 보람된 인생이 된다.

1992년 8월 6일(목)

가까워질 수 있는 나라끼리 협력하여야 살아남을 수 있고 한 나라의 지배하에 살기는 힘든 세상이 되어가고 있다.

아시아도 이처럼 블록의 경향이 왜 일어나야 하고, 일어날 것임을 알아야 한다. 항상 백인들의 뒷일만 치르고 그에 예속되어 살 수도 없거니와 그렇게 살게 내버려 두는 때도 아니다.

한때 대동아공영이란 말이 있었으나 일본인들의 금도襟度가 이러한 사상 세계를 요리하리만큼 크지 못했기 때문에 실패하고 말았다. 이제 개인에서부터 나라까지도 더불어 사는 시대가 왔다. 어느 한 나라만이 잘살고 다른 나라는 그에 예속될 수 있는 역사는 이미 지났다. 아시아에서 일본은 경제 대국이 되었다. 미국 점령정책이 주효했고 일본인들의 근면과 천황 위주의 단결의 힘이 컸다. 일본인들은 아시아 블록의 리더가 될 수 있다. 그러나 과거와 같은 지배의식에서는 깨어나야 한다. 그럴 때가 아니다. 돈이면 제일이라는 세상이 된 것 같지만 돈이 제일은 아니다.

문화와 역사가 중요하다. 아시아 각국은 일본의 경제침략을 무서워하고 또 일본은 경제를 무기화하고 아시아 각국을 병탄하려고 하고 있는지도 모른다. 그러나 경제의 힘은 그리 쉽게 남의 나라를 병탄할 수 없다. 자기가 지배해야 할 나라가 따라올까 봐 겁이 나서 기술협력에도 인색하지만 기술 진보는 영원한 진보일 수는 없다. 더불어 사는 원리를 알아야 한다. 다른 나라가 잘살면 자기 나라도 잘살게 된다는 원칙을 알아야 한다.

일본은 리더가 되어야 하는데 그들이 저지른 과거의 잘못이 항상 걸림돌이 되고 있다. 남의 나라를(한국, 중국) 병탄할 수 있는 금도를 가지지 못한 채 사기로 남을 먹으려다 안 되고 실패했다. 왜 그들은 그들의 과거를 솔직하게 인정하지 못할까 — 과거에 이런 것은 이처럼 부끄럽고 죄스러운 일이 아닐 수 없다. 우리는 이를 알아야 하며 결코 숨기려고 해서는 안 된다. 기념비라도 세워라. 정치한다는 사람들이 부정이나 해보고 자기 합리화시키려고 하니까 문제가 생기고 그런 인식은 앞으로 다시는 그런 일 안 할 것이라는 뜻이 아니고 또 틈만 있으면 자기 합리화한다는 생각이니 거짓은 결코 용서받지 못한다.

솔직하지 못하단 말인가? 그들이 점령했던 또는 식민지화한 나라들에게 잘했던 일은 잊지 않는다고 말한다. 절대로 그 나라 백성을 위한 것이 아니고 자기의 침략야욕을 달성시키기 위한 것이었다. 그런 말 하는 것 아니다. 왜 정정당당하게 인정하지 않으려고 발버둥 치다가 망신만 당하는 건가, 과거를 솔직히 인정하고 고칠 것은 고치려고 하라, 누구나 이해하고 용납할 것이다.

한국이나 피해국들이 이를 미끼로 치사하게 돈이나 뜯어먹자는 생각은 추호도 가져서는 안 된다. 돈으로 해결하려는 문제가 아니다. 그들이 기술 협력을 하고 안하고는 그들의 자유이며, 민족적 긍지를 가지고 정정당당히 살아가지 않고 만의 하나라도 빌어먹을 생각이었다면 영원히 구제받지 못하는 민족이 될 것이다. 우리도 노력해서 경제의 힘도 키우면 됐지. 비굴한 짓은 하지 말자.

세계 강국은 원래부터가 아니다. 그들의 금도, 그들의 협력의 태도, 그들의 노력이 그들을 크게 한다. 그래서 그렇게 아시아로 키우는데 눈을 크게 뜨라. 이제 또 뒤떨어져서는 안 될 때이다.

1992년 8월 11일(화)

논리적 사고를 바탕으로 하는 것이 철학이나 수학이다. 바라볼 수 있

고 헤아릴 수 있고 측정할 수 있는 정돈된 세계가 곧 수학의 세계라고
한다.

수학을 획기적으로 발달시킨 탈레스나 피타고라스는 수학자이
면서 철학자이었다. 버트런드 러셀이나 화이트헤드도 철학자이기 전
에 수학자였다. 마르크스나 엥겔스도 수학에 많은 흥미를 가지고 있
었다고 한다.

우리나라에도 철학의 천재들이 있다. 세계에 이름을 날리는 재사
들이다.

위대한 철학이 나와 이 나라를 구해 주기를 비는 마음 간절하다.

1992년 8월 29일(토)

나는 적어도 나에게만은 정직하여야 한다. 만일 내가 나 자신에게 정
직하지 못한다면 나 아닌 다른 사람에게도 정직할 수가 없다.

누가 나의 단점이나 결점을 지적해 주면 거기에 변명하거나 알면
서 부정하려고 해서는 안 된다. 솔직하라. 나의 지적된 결점이 사실인
줄 알면서 그것을 남 때문이라거나 다른 이유 때문인 것이라고 핑계
를 대서는 안 된다. 자기의 결점이나 잘못이 더 극명하게 부상됨으로
써 나의 약점을 보완하려는 노력이 곧 뒤따라야 한다. 만일 내가 나 자
신을 속여 나에게 지적된 나의 약점에 눈을 감아 버리려고 하면 나의
약점을 보완할 기회를 놓친다. 내가 나의 약점을 누구한테서 지적받
았을 때 그 지적한 사람이 누구이건 나는 결코 기분 좋은 일은 아니다.

그러나 사실은 그 이상 좋은 일은 없다. 어떤 지적을 받음으로써 나의 약점이 확실해지면서 곧 나는 그 약점을 보완 첨삭할 수가 있다. 그것이 곧 나의 성장이요. 나의 완성이다. 결코 자만하지 말고 더욱이 나는 언제나 다 잘한다고 생각해서는 절대로 안 된다. 사람의 능력은 무한 무궁무진한 것이지만 또한 그에 못지않은 실수가 무한이 나타나는 법이다. 문제는 이런 실수에 대처하는 나의 능력이 더 중요한 것이다.

무슨 핑계나 남의 탓으로 돌리면 그만이 아니다. 그것은 곧 100% 나의 일이니 내가 그 결과를 받아들여야 한다. 필요한 것은 나지 다른 사람이 아니다.

1992년 10월 28일(수)
– 휴거 –

오늘이 휴거날이다. 밤 12시 정각에 선택된 신자들은 하늘에 끌어올려 천년만복을 받게 되고 천년 후 예수그리스도가 내려와서 만민을 심판하며 휴거되지 못한 사람들은 지옥의 고통을 받는다는 주장으로 백성들을 현혹시키고 있다.

이러한 시한부 종말론을 주장하는 교단은 50여 개가 되고, 교회는 250여 개, 신도는 2만여 명이며 동조하는 신자들이 10만 명이 넘는다고 한다. 이들이 주장하는 시한부 종말론은 다니엘서, 요한묵시록, 데살로니카 전서 일부(4장 17절), 데살로니카 후서 5장, 고린도 전서 일부(15장 51절) 등에 근거한다고 하며 소년 선지자가 하느님의 계시를 받아 나타나서 어린 종으로서 만민을 지도한다고 한다.

미국에서 한때 짐 존스가 이와 유사한 종교로 930명의 집단자살을 가져온 예도 있다.

예언서나 묵시록을 해석하는 데는 그 글들이 쓰인 시대 2000~4000년 전 상황, 그 당시의 역사 상황, 풍습 등이 고려되어야 하고 해석되어야 하는데 이를 현대에 적용해서 시한부 종말을 예언하는 어리석음이 왜 일어나는가. 이러한 시한부 종말론 중 서버나 교회는 9월 28일을 예언하였으나 일어나지 않았고, 다베라 선교회는 10월 10일 전에 일어난다고 하였으며 마리나다 선교회는 10월 10일을 예언한다고 거짓으로 예언되었다. 이장림 목사가 주도하는 다미선교회가 10월 25일을 예언하였다.

도대체 하느님이 있다면 그가 일시를 정해서 인민을 소위 휴거하겠다고 주장할 리가 전혀 없으며 생각할 수도 없는 일이다. 성경에도 예수그리스도는 백성들은 깨어 있으라 언제 하늘의 심판이 올지 모른다고 하지 않았던가, 예수그리스도도 예언치 않았던 인류 세계의 종말을 어떻게 정확히 날짜와 일시를 예언할 수 있단 말인가 혹자는 "백성들은 깨어 있으라"라는 그리스도의 말씀을 사람들은 자지 말고 깨어 있으라고 했다고 주장하는 사람도 있을지 모를 지경이다.

이 종말론을 맹신하게 된 이유는 그 종파가 산업사회에서 정보화 사회로 넘어가는 모든 현상 즉 컴퓨터, 신용카드, 바코드 등을 적그리스도라고 규정짓고 있다는 사실을 보면 현대정보 과학문명에 적응치 못하고 이에 반대하는 집단인 것 같다.

특히 흥미로운 것은 신도 중의 8.7%가 가톨릭신자였음을 상기할 때 많은 것을 생각하게 한다. 가톨릭신자는 세례 받으면서 지난 삶을 청산하고 새로운 영생의 길을 얻었는데 어찌 이런 광신자가 나오느냐 하는 문제이다.

생각건대 교회는 신자들에게 성서를 가르쳐서 올바로 해석하고 이해할 수 있도록 성서 공부를 시킬 필요가 절실하다.

그런 의미에서 가톨릭에서는 교리 집행에만 집착하곤 성서 공부는 소홀히 하고 있음을 이때에 솔직히 시인하여야 할 것 같다.

문제는 이 나라에 진정 국민을 이끌어갈 지도이념과 지도자가 없다는 것이다.

세상이 혼란해진다는 증거가 바로 이러한 현상의 분출이다. 그냥 이들을 매도하거나 그저 무시하지 말고 " 왜 이 나라 젊은이들이 이러한 믿음에 현혹되는가?"라는 사회적 현상으로 파악함으로써 깊은 성찰이 있어야 하며 나라의 기강을 바로잡을 때라고 생각한다.

1992년 10월 29일(목)
− 대학 교수 면담 −

총장이 급작스럽게 총리로 임명되니 대학은 충격적인 공백에 부딪혔다. 좋건 싫건 간에 현 총장[현승종 총장을 말함-편집자]을 기둥으로 우리 대학은 착실한 발자취를 남겨왔는데 느닷없이 이런 일을 대하니 모두 어쩔 줄을 모른다.

그동안 교수 면담회, 학과장 회의, 교수평의원회, 개별 면담 수십

명으로 교수들의 의견을 수합해 보았다.

문제는 대학 개교 10년, 이제 다시 또 다른 10년을 향한 말들이 있어야 하는 아주 중요한 시기다. 교수들의 자세를 가다듬고 학생들도 새로 각오하여야 할 중대한 결단에 직면하였다. 앞으로의 발전 방향도 지정되었다.

그런데 많은 교수들이 거의 90% 이상이 나에게 당분간만이라도 또 어떤 이는 1~2년만이라도 총장직을 맡으라고 강권하다시피 한다.

그 이유는 대학발전 방향을 가장 잘 이해하고 있고 재단의 후원을 증대시킬 것이며 총장으로의 위치도 무방하다는 것이다.

그러나 땅에 묻힌 주춧돌이 되어 일하는 사람을 도와주고 믿어주는 인생을 살겠다는 내 인생철학은 확립한 지 오래다. 결코 일이 싫어서가 아니고 어떤 종류의 겸양도 아니다.

대학을 바로잡을 때가 왔다는 것을 알고 있다. 대학을 바로잡는 것에 내가 할 수 있는 모든 것을 다 할 생각이다. 표면에 나타나서 명예나 찾는 내가 아니고 진심으로 이 대학을 도약시키는 원동력이 될 수 있도록 하면 된다.

후임 총장은 이제 그만하면 교수들의 의견을 충분히 들었다.

빨리 앞으로의 대학 재건 방도를 강구하고 새 총장과 협력해서 이 대학의 재도약에 힘써야 한다.

또 앞으로 4~8년, 10년까지의 대학을 맡을 일꾼도 키워 놓아야 하며 막연한 생각보다 구체적인 계획을 가지고 대학 육성에 열을 다해 여생을 보람 있게 하여야 할 것이다.

1992년 10월 31일(토)
– 재벌 –

큰 재벌의 총수쯤 되려면 세상의 온갖 험한 풍파를 다 겪은 후에야 그만큼 성공할 수가 있는 것으로 되어 있다.

그런데 큰 재벌의 총수쯤 되는 사람이 대선에 출마하느니 마느니 아리송한 답변으로 갈팡질팡하면서 국민과 사회를 혼란에 빠트리는 것을 보고 어떻게 저런 사람이 큰 재벌의 총수가 될 수 있는 것이었을까? 깊은 생각을 해보게 된다. 큰 사람이 되려면 적어도 확고부동한 신념이 있어서 그 신념을 중개로 해서 불철주야 노력하고 공부해서 크게 될 수 있는 것인데 신념도 없고 굳은 의지력도 없는 사람도 재벌의 총수가 될 수 있겠다는 것이 우리나라 최근세사의 실상인지도 모른다.

사실 현재 우리나라 재벌들은 사업경영의 특별교육을 받은 일도 없고 풍부한 지식을 가진 자도 없다. 다만 그들은 나를 비롯해서 — 내가 재벌 축에 들지는 물론 못 하지만 모두 최근에 성공했다는 사람들은 시운時運이 그들에게 있었다는 것에 불과하다.

기업에 대한 철학도 탄탄치 못하고 그러다 보니 돈푼이나 만지게 되니, 그 기업 육성에 더 전념하고 성장할 생각은 안 하고 엉뚱한 꿈을 꾼다는 것이다.

돈이 있으면 무엇이나 다 될 수 있다는 식의 물질문명과 황금만능주의에 빠져 권력까지 잡겠다는 욕심과 그 권력은 정치를 하여야 한다는 일차원적 이해밖에 할 수 없기 때문에 우리나라에 독특한 재벌당이라는 정당이 나오고 돈을 좀 벌었으니 대통령이 되어야겠다는 허황된 꿈을 가지게 된다.

대통령이란 나라를 다스리는 사람이라 국가경영의 큰 경영과 차원 높은 철학 없이 아무나 나라를 다스리는 것이 아닌데 회사나 기업이 내 마음대로이니까 나라도 쉽게 요리된다고 생각할 수 있을 정도의 머리밖에 없는 사람들이 대선의 꿈을 꾸게 되는 것이다.

경제발전이 세상 사는 데 오직 하나의 중요한 길인 줄 알고 인간의 정신문화나 역사를 무시하고, 돈으로 나라를 다스려 간다는 발상이 판을 치는 우리나라의 현실이 안타깝기만 하다.

1992년 11월 2일(월)
− 노인 −

노인은 자식들에게 손자에 관해 이래라저래라 하는 것이 아니라고 한다.

이제 2세대가 지났기 때문이다. 가치관이 달라졌고, 모든 척도가 달라졌으며 세상 물정을 자식들만큼 모르기 때문이다.

그러나 노파심이라는 것이 있다. 세상이 어떻게 변화하고 있는지 또 앞으로 그들이 살 세상이 어떠한 것인지를 자식들은 알고 있으나 노부모이기 때문에 모르고 있는 것이 허다한 터인데 옛날에 재던 자로 지금을 가늠하려는 것이 매우 무리한 일임을 알아야 한다. 다만 걱정하는 마음으로 자식들이나 손자들의 마음에 상처를 주지 않는 범위에서 부모의 생각을 비칠 수는 있으나 이러한 행동은 차라리 말 대신 글로 하는 것이 더 바람직스럽다. 자식들이나 손자들이 할아버지나 할머니 글을 읽고 안 읽고가 문제가 아니고 세상을 오래 살아온 사람의 눈으로 보는 바를 신중히 글로 적어두는 것은 연륜의 책임일 수도 있다.

또 때에 따라서는 젊은이들이 느끼지 못하는 바를 깨우쳐 줄 수 있는 일도 없지는 않은 것이 아닌가? 세상은 달라졌다. 공연히 노부모 랍시고 함부로 훈계하고 권유 또는 명령하다가 젊은 자식이나 손자들로부터 빈축을 사거나 역정을 받거나 또는 비웃음 받을 수도 있을뿐더러 지금 세태에 떨어진 엉뚱한 충고가 커다란 오해를 일으켜 어떤 때는 오히려 부모·자식 간이나 형제간 불화의 원인을 던져줄 수도 있는 일이다.

노부모는 한세대 떨어진 젊은이들에게 함부로 말할 것은 아니다. 이제는 예전과 달라 한 세대 차이가 옛날의 수십 년, 수백 년 차이가 되고 있음을 알아야 한다.

1992년 11월 3일(화)
– 완벽주의 –

완벽주의 또는 결벽주의에 시달리고 있는 사람이 있다. 사람은 원래 불완전한 것이고 거기서 또 인간사가 생긴다.

그런데 사람에 따라서는 무엇이든 완벽을 주장하고 또 자기도 완벽함을 도모하고자 하는 수가 있다. 결벽주의에 빠진 사람을 아마 정신과 의사들은 일종의 정신질환으로 간주하지만 — 문고리 하나를 잡을 때도 수건으로 싸서 문고리를 잡는 사람도 있다.

조물주는 사람은 미완성으로 만들었다. 그래서 불완전한 사람은 스스로 미완됨에 웃기도 하고 후회도 하면서 인생을 사는 것이다. 유머라는 것은 사람의 미완됨에 웃음을 자아내는 것이 보통이다.

인간의 불완전 또는 미완을 완전히 터득한 사람은 인격자이다.

완전이란 있을 수 없는 일인데 완전을 추구하다가는 실망이 앞선다. 사람들은 여유를 가지고 살아야 한다고 하지만 여유로운 마음은 인간의 불완전을 알고 있을 때 참된 여유를 가지게 된다. 자신이 완전함을 항상 신조로 삼기 때문에 다른 사람들의 불완전을 용납할 수 없다는 사람이 있다.

자기가 완전하다고 생각하는 자체가 자기가 완전하지 못하다는 사실을 깨닫지 못하고 있기 때문이다. 사람은 항상 자기가 옳다고 생각하고 있을 때 그 반대 입장을 스스로 반성해 보아야 한다.

자신을 항상 잘 안다고 자부하는 사람치고 잘 아는 사람은 없다. 안다는 것은 모른다는 사실을 전제로 하는 것이고 알고자 할 때 거기에는 한없는 깊음이 있음을 먼저 깨달아야 한다.

완벽을 주장하면서 스스로를 스트레스와 오만에 빠트리지 말고 여유와 유머와 웃음을 항상 지니고 사는 삶을 가져야 한다.

거기서 우리는 남을 용서하면서 스스로도 용서받을 수 있는 것이다.

표리를 같이 보고 생각하여야 하는 것이 인생이다.

1992년 11월 4일(수)
― 멀티미디어Multi Media ―

단절적이고 불연속적인 변화가 엄청나게 빠르게 진행되는 현대 20세기 후반 21세기를 앞에 둔 지금의 시대를 비이성의 시대The Age of Unreason라고 미국의 찰스 핸디Charles Handy는 말했다.

산업혁명으로 변하는 사회를 산업사회라 했고, 정보혁명으로 변하고 있는 지금의 사회를 정보화 사회라고 한다. 이 정보화 사회를 이끌고 있는 네 가지 상품이 자동차, 전화, TV, PC이다.

자동차는 운송 수단이다.

운송수단으로는 기차도 있고 비행기나 상선도 있지만 개인이 손쉽게 가질 수 있는 운송수단이 자동차이다. 이 자동차는 시간적 지리적으로 제한을 넘어서서 커뮤니케이션의 비약적 증가를 가져오고 있다.

우리가 1960~70년대는 증산, 수출, 건설로 경제부흥을 일으켰고 국민학교나 중고등학교에서는 공중굴뚝의 연기가 시커멓고 힘차게 내뿜는 게 이 나라의 수출의 상징이라고 지도했다. 그러나 지금 1980~90년대는 그 기운차게 뿜어내던 연기는 사람의 목숨을 앗아가는 공해로 간주되고 있다.

이렇게 시대는 엄청나게 변해가고 있다. 어제의 선이 오늘의 악이 되는 시대이다.

컴퓨터는 그 위력을 1960년대부터 발휘하기 시작했다. 거대한 컴퓨터의 위력은 큰 나라만이 가질 수 있는 무기로 성장했다.

그러나 1975년 22세의 스티브 잡스가 자기의 자동차를 팔아서 창고에서 만들어낸 애플컴퓨터는 퍼스널 컴퓨터의 시초이며 컴퓨터 계에 혁명을 일으켜 오늘날 개인이 누구나 가질 수 있는 엄청난 정보 전달 해석 기계가 되었다.

앞으로 PC의 조작이 손쉽게 되고 TV의 영상이 더 선명해지면서 음성, 문자, TV, 케이블 TV, 디지털TV, HDTV, 위성TV가 발전되면서 일방적인 정보가 양방향 정보교환 기능으로 바뀌고 있다.

VTR은 인간이 원하는 대로 정보를 저장할 수 있게 한다.

21세기를 주도하는 멀티미디어 기계란 다정보 문화를 가져오는 멀티펑션Multifunction 기술이다.

빠른 수송, 거리를 무시한 통화, 음성 문자로 보완된 고화질 TV와 PC의 연결 ― 이것은 곧 인간 사회를 정보화하는 데 크게 기여한 것이고 인간은 이러한 정보화 사회에 살아갈 수 있는 새로운 가치관, 국가관, 인생관을 준비하여야 할 때가 왔다. 이 정보화 시대를 얼마나 슬기롭게 살아갈 수 있느냐가 어떻게 인간은 더 행복하고 사랑과 믿음의 삶의 본질을 지켜 나갈 것인가가 중대 과제이다.

1992년 11월 5일(목)
― 사랑 ―

우리가 세속에서 겪는 사랑을 사랑이라고 할 수는 없다.

참다운 사랑, 남녀노소 계급을 막론하고 높은 차원의 사랑을 가진다는 것은 참으로 아름다운 것이다. 그것은 한 차원 높은 데에서의 상념이어서 끝이 없고 양이 없다고 할 수 있다. 사랑한다면서 회의하고 의심, 질투하고 탐하는 것은 한 차원 낮은 것이어서 언제나 무너질 수 있는 것이고 끝이 있는 것이다. 그러나 한 차원 높은 사랑은 회의를 느끼거나 의심 질투하거나 무엇을 원하는 것이 아니고 그냥 사랑 속에 사는 것이다. 그것은 그의 삶이요, 끝이 없는 것이다. 언제나 숨을 쉬고, 같이 사는 것, 그 사람이 죽어도 옆에서 같이 숨쉬어 주고 같이 느끼고 얘기해 주고 산 것과 같이 대해 주고 있는 것, 그것이 참된 사랑이다.

부재에서 있는 존재로 느낄 수 있는 것, 그것이 참된 사랑이요, 그것은 그래서 엄청난 힘을 가지는 것이다. 회의를 품는다는 것은 벌써 유한의 목적의식에서 시작되는 것이어서 통속적인 것 이외에 아무것도 아니다. 더욱이 의심하거나 질투하거나 물질이나 쾌락을 원한다는 것은 저차원의 욕망에 불과하며 그 욕망이 채워지지 않을 때 회의를 느끼고 결국은 사랑을 못하게 되며 그것은 속세에서도 참다운 사랑이라고 할 수는 없다. 참된 사랑은 모든 원願을 초월해서 심지어 나의 죽음을 겪고도 나와 같이 숨 쉬고 있음을 느끼고 내가 없어도 나와 친밀히 대화할 수 있는 높은 차원의 마음을 의미한다.

사랑은 끝이 없고 사랑은 양으로 헤아릴 수 있는 것이 아니라는 말이 그것을 뜻한다.

내가 원할 때는 그가 지금 저승에 갔어도 그를 부를 수 있고, 그가 와서 나의 어려움이나 슬픔을 그의 크고 깊은 사랑으로 나의 마음의 빈자리를 채워줄 수 있음을 느낄 때 그것이 곧 사랑의 큰 힘이다. 시간도 공간도 초월한 정신 상태이기 때문이다.

1992년 11월 7일(토)
- 군사독재 -

1961년 5.16 군사혁명이 시작되면서 소위 군사독재정치가 자리 잡은 지 30여 년이 흘렀다. 군사정치란 군대의 명령에는 절대복종한다는 규범에 따라 정치 집권자의 명령에 국민은 복종해야 했던 시절의 산물이다.

나라가 명하는 일이면 그것이 확실히 틀린 일이라도 반대나 이견을 제시할 수 없었던 시절의 일이다.

이견이 없어야 한다는 것은 이견이나 반대 의사를 표시하면 곧 최소한 기피인물 취급되거나 나쁜 경우 사상불온 또는 반체제로까지 몰려 적으로 취급되기 때문에 국민 누구도 군벌독재정치의 처사에 이견을 제시할 수 없는 소위 흑백논리의 전형이 30여 년간 자리 잡아 왔다.

그런데 문제는 군사독재정치만이 문제가 아니고 이러한 사고나 가치관이 이 30여 년간 성장한 지금의 20대 후반에서 30~40대 사람들의 그들의 성장 과정에서 받아온 가치관 교육이 문제이다. 많은 선진 외국은 철저한 민주주의 국권재민의 법들을 거친 충분한 의사교환 후 결론을 창출하는 습관 속에 자랐는데 우리나라 30~40대 또는 그 이상의 세대도 소위 토론문화라는 것을 전혀 거치지 못하고 자랐고 윗사람이 말만 하면 가만히 듣고만 있고, 여기에 승복하거나 아니면 지난 후 뒷자리에서 불평이나 불화만 만드는 습관에서 살아온 것이 문제이다.

흑백논리의 군사독재식 가치관이 어느 한계까지는 그 뜻도 있겠지만 이러한 습관이 한참 인격 성숙이 되는 단계에서 훈련받은 우리나라 중견층의 가치관은 앞으로 나라 건설에 크게 문제가 될 것이다.

이제라도 문민정치가 이룩된다고 하는 시점에서 이 땅에 참된 토론문화가 발붙일 수 있도록 모두가 스스로를 반성하고 큰 귀를 가지고 남의 말을 들을 수 있는 넓은 도량과 자기 의견을 솔직히 표현할 수 있는 능력을 키우는 것이 시급한 일이다.

표현능력을 키운다는 것은 밑바탕에 깔려 있는 토론문화의 장이 폭넓게 형성되고 환영된다는 전제하에서야 가능한 것이다.

지금의 30대, 40대, 50대가 어느 기업이나 기관의 장이 되었을 때 그들은 남의 의견을 듣기보다 맹종을 원하고 있고 옛날에 익혀 왔고 보아 왔던 군사독재식 명령을 지상의 것으로 생각하는 습관들을 버리지 않는 한 이 나라의 성장은 그 한계성을 뛰어넘을 수 없을 것이다.

토론문화의 정착이야말로 이 나라를 선진대열에 참여할 수 있는 기본조건임을 강조한다.

1992년 11월 8일(일)

– 자유 –

오랜 식민지 생활에서 해방되어 급작스럽게 일본의 군사통치에서 벗어나며 민족사상의 기틀도 잡지 못했는데, 6.25라는 민족의 참변을 겪고 겨우 민주주의가 무엇인지를 시도해 보려던 참에 5.16 군사혁명으로 반공군사독재로 모든 사상 체계는 한곳으로 몰려 30여 년간의 세월이 흘러갔다.

우리 민족 문화를 찾으려는 참된 노력도 무산되면서 나 아니면 남의 흑백논리에 젖어 오다가 6.29 이후 갑작스럽게 사상 자유 활동이 어느 정도 용인되고 동시에 먹는 것에 급급하던 가난에서 탈출하여 경제가 발전하여 미·일 서구 문명이 쏟아져 오는 틈에 국민들은 갈피를 못 잡고 허둥지둥하는 동안의 우리나라 국민들은 물론 특히 젊은 세대에게 엄청난 혼란을 초래하고 말았다.

정치는 이제 민주정치를 한다는 구호만 만들었지, 어떻게 하는 것이 민주정치인지조차도 모르고 사회의 가치관, 정치관, 국가관이 자리 잡지 못한 채 어서 이 혼란에서 벗어나야 한다는 정책에서 개혁의 목소리가 제법 크게 소리 내고 있다.

자유! 그것은 참된 인간의 사상의 자유가 아니고 저마다 자유라는 못된 풍조 속에 나라를 이끌어갈 지도자의 출연은 가망이 없고 서로 목소리는 높이면서도 막상 발 벗고 나서려는 사람이 없는 형편이다.

이제 개혁을 하자는데 무엇을 어떻게 개혁을 하자는 것인가를 구체적으로 그 모습을 극명하게 파악하도록 깊은 생각을 해보아야겠다.

이는 정치, 사회, 경제, 문화, 교육, 종교 등 모든 면에서 검토되어야 한다.

1992년 11월 9일(월)
– 정치인 –

정치개혁을 요구하는 목소리가 큰데 그 목소리는 또 정치하는 사람들에게서 자주 나오지만, 일반 국민들이 정치에 대한 불신이 심해지니까 정치하는 사람들이 구호로만 개혁을 부르짖고 있는지도 모른다.

우리나라 정치는 독립 후 수많은 우여곡절과 파란과 부침을 겪으면서 스스로 갈고 닦아야 했는데 정치하는 사람들이 권력을 빼앗길 때가 많아서 권력을 다시 잡는 데만 정신이 팔려 오늘날과 같은 정치 불신의 시대에 빠지고 만 것 같다.

소위 정치지도자란 사람부터 또 그에게 추종하는 사람들이 진심으로 자기가 하는 정치가 왜 국민의 불신을 받고 있고 왜 개혁을 해야 한다든지 그 뜻도 모르고 있는 정치인이 오늘의 대부분인지도 모르겠다.

정치는 그 나라 살림을 해나가는 데 근간이 되는 것이며, 여기서 이 나라의 모든 것 사회, 경제, 문화가 다 창출되고 요리될 수 있는 아주 크고도 중요한 일터인 줄을 정치인은 알고 있는지 모르겠다.

그냥 권력이나 휘두르는 것이고 거기서 이권이나 금전 취득을 할 수 있는 곳이라고 생각한다면 큰 잘못이다.

첫째, 정치인은 나라를 사랑할 줄 알아야 한다.

자기가 생각하고 행동하는 일 모두가 애국심에서 우러나오고 거기에 걱정하고 고쳐나가야겠다는 기초를 두어야 한다. 애국심이 투철하지 못한 자는 정치인이 될 수 없다. 그는 애국심에 바탕하여 확고한 국가관을 가지고 있고 세계를 볼 줄 알며 그 속에서 이 나라와 자기를 조명할 줄 아는 자라야 정치인이 될 수 있다.

둘째, 정치인은 그만한 자질이 있어야 한다.

정치에 관계되는 풍부한 경험이나 지식이 있어야 한다. 그렇지 못한 자가 권력을 붙잡겠다고 돈푼이나 생겼다고 아무나 할 수 있는 일이 아니다. 갖고 있는 풍부한 자질을 계속해서 연마하기 위해 쉬지 않고 공부한 자라야 한다. 그는 법을 알고 경제, 문화, 교육, 사회를 이해하고 그것을 발전시킬 신념과 능력을 가진 자라야 한다.

셋째, 정치인은 국민과 아주 가까운 자라야 한다.

일단 국회의원이 되면 국민들을 돌보지 않고 자기가 무슨 큰 벼슬이나 한 것처럼 겨우 결혼식 주례나 장례에 화환이나 보내는 것으로 국민을 안다고 생각하는 오만에서 벗어나야 한다. 어려운 사람, 가난한 사람 그들 하나하나를 정확하게 파악해서 어려움과 가난이 무엇이며 그것을 해결하는 데 정치인은 무엇을 하여야 하는지 공부하고 행동하여야 한다.

넷째, 선거는 절대로 돈 안 드는 선거가 되어야 한다.

돈으로 정치하려는 자는 정치로 다시 들어간 돈을 빼내겠다고 생각하는 것이 당연하다. 일단 발을 들여놓으면 돈의 노예가 되어 권력을 휘두르며 들어간 돈을 되찾으려고 할 뿐 아니라 다음 선거를 위해서도 돈을 벌어 두어야겠다는 생각이 앞서면 자연히 정치는 더러운 것이 되고 만다.

다섯째, 정치인이 국민과 가까워야 하는데 누구한테 돈이나 얻어먹고 국민은 마치 죄수나 거지 다루듯 하는 자들이 있다.

"너 혼 좀 나볼 테냐? 검찰총장을 불러라, 국세청장을 불러라"라고 큰소릴 치고는 보좌관 시켜 돈 몇 천만 원, 몇 억 원 내라고 뒷구멍에서 협박, 공갈을 일삼는 자가 오늘의 정치인이다. 이러한 오만, 교만에서 벗어나야 하고 이런 자는 법으로 처단해서 다시는 정치에 발을 들여놓지 못하도록 하여야 한다.

여섯째, 정치인이나 그 지도자들이라는 사람들이 민주주의를 외치면서 막상 그가 이끄는 또는 그가 속해 있는 정당의 행태는 지극히 비민주적이다.

당 총재나 국회의원 후보자 결정 과정이나 하나도 민주적인 방식을 취하지 못하고 있다. 총재나 높은 사람이 공천권을 돈 받고 사고파는 현황은 타파되어야 한다.

당을 이끌어 나가기 위해 돈이 필요하니 그러한 일들이 있어야겠다고 하지만 당은 당비와 정치헌금으로 꾸려나가야 한다.

일곱째, 이런 의미에서 현행의 공천제도는 근본부터 뜯어고쳐야 할 것이다.

끝으로 이러한 과정을 거쳐 이 나라의 모든 면에서 국민을 끌고 가는 지도자가 나와야 한다. 결코 총칼이나 금권으로 지도자 자리를 빼앗거나 돈으로 사고파는 풍토는 이제 이 땅에 더 자리 잡아서는 안 된다.

1992년 11월 11일(수)
－ 사회개혁 －

사회 개혁은 전국민적인 지상과제이다.

누구나 그 필요성이 절실할 때 말장난이나 한탄만 하지 말고 이 절박한 상황에 용기를 가지고 발 벗고 나설 때이다.

사람 죽이기를 파리 잡듯하는 생명천시의 시대는, 심지어 초봄 아직도 날이 쌀쌀한 때 산골짜기를 찾아 흐르는 또 얼어붙은 골짜기 계곡의 풀을 들추어 동면하는 개구리 새끼들을 돌로 때려죽여 구워 먹는데 그 이유는 건강에 좋기 때문이란다. 나르는 까마귀가 근래 그 씨가 말라 간다고 한다. 정력에 좋다는 낭설에 속아서 수많은 사람들이 까마귀를 잡아먹는 세상이다. 정력이 무어라고 펄펄 뛸 수 있는 15~20살까지 청년들이 몸에 좋다고 계곡을 찾아다니며 잠든 개구리 새끼를 잡아먹는 세상이다. 생명을 천시해서는 안 된다.

사람의 생명은 물론이지만 사소한 미물로 움직이는 생명을 나 좋다고 마구 죽이고 잡아먹는 생명 천시는 천벌 받게 된다. 세상에는 나의 생명과 나 이외의 생명, 생물, 식물과 같이 화합해 살도록 하느님이 생명을 창조했다. 내 생명도 중요하지만 나를 위해 해치거나 폭력을 휘두르거나 살상하면 세상이 무너지면서 그 피해는 곧 나에게 온다.

남의 생명뿐 아니라 인격을 존중할 줄 알고 다른 생명들을 보호해 주고 사랑해 줄 때 나도 남으로부터 보호받고 사랑받게 되며 모든 생명 우리와 더불어 사는 대자연을 나는 보호해 주는 것이다. 폭력은 비겁한 자나 힘이 모자라는 사람만이 쓰는 것이다. 동물도 자기에게 위해를 가하지 않는 한 가만히 있다. 하물며 자기 외의 생명을 폭력으로 가해하는 따위의 일은 결코 있어서는 안 된다.

남의 험담을 하거나 남과 다투는 일도 생명에 대한 위해와 같다. 남을 헐뜯기 전에 자기부터 반성해 보는 습관이 필요하다.

생명을 존중하여야 한다는 이론이 모든 가치관에 우선을 두어야 한다. 남의 생명뿐이 아니라 나의 것이 아닌 남의 재산은 어디까지나 그 사람 것이다. 내가 나의 소유재산을 빼앗겼을 때 가질 수 있는 억울하고 분함을 안다면 남의 생명은 물론 남의 재산을 탐내서는 안 된다.

이와 마찬가지로 자연의 것은 어디까지나 자연의 것이다. 우리와 더불어 사는 자연의 것을 함부로 해치고 아프게 해서는 그 피해를 곧 내가 입는 것이다.

마찬가지로 내가 가지고 있는 모든 것을 아끼고 남의 것도 아껴 주는 것이 재산 보존의 원칙일진대 내가 돈푼이나 있다고 마구 버리고 낭비하는 사치는 인간이 할 짓이 아니다. 그래서 절약하고 저축하는 습관을 키워야 한다.

사람이 사는 데는 질서가 있어야 한다. 이 세상 만물이 질서 속에 아름다움과 강한 힘을 발휘하고 있다. 아침에 해가 뜨고 저녁에 해가 지고 달이 뜨고 별이 빛나는 변하지 않는 질서는 대자연의 아름다움이요, 그것이 엄청난 힘이 된다.

사람이 사는 데는 질서가 있어야 한다. 아침에 정한 시간에 일어나고 저녁에 제시간에 잠을 자야만 건강한 것은 그것이 곧 질서이기 때문이다.

이 질서는 우리가 사는 모든 일에 합당하다. 가정이나 조직에는 반드시 윗사람과 아랫사람의 상하와 질서가 있어야 그 가정이나 조직은 능력을 발휘할 수 있다. 학교에서는 스승이 존경을 받아야 하고, 학생은 스승으로부터 사랑과 가르침을 받는 질서가 있어야 한다. 무차별 평등을 주장하던 사회주의 패망의 가장 큰 이유가 질서 없는 평등이다. 다만 상하의 질서는 그 내용에서 무조건 맹종을 뜻하는 것은 아니다. 직책상의 상하는 그 조직을 움직이는 데 지극히 필요한 것이지만 무엇이든 윗사람의 명령에는 맹종한다는 말은 아니다.

사람은 깨끗해야 한다. 함부로 담배꽁초를 버리거나 침을 뱉거나 쓰레기를 버리는 일들은 각자 자기에게 불쾌감을 주고 질병을 주는 일이다. 나를 위해서라도 우리 모두 같이 사는 사회를 아름답게 깨끗하게 꾸려가기 위해서라도 함부로 쓰레기를 버리는 따위의 일은 하지 말아야 한다.

내가 저지른 일은 내가 책임지는 습관을 가져야 한다. 내가 잘못하고 그 책임을 남에게 돌리는 비겁한 일은 없어야 한다. 죄가 없는 사람을 함부로 죽이고 이놈의 사회가 이래서 그런 짓을 했다며 자기가 한 살인이라는 무서운 죄의 책임을 남에게 전가하려는 판이다. 모든 일에서 내가 한 일은 나의 책임임을 피하는 비겁한 인간이 되어서는 안 된다.

우리는 토론문화를 키우지 못했다. 교수회의, 과장회의, 가족회의— 모든 조직의 회의는 아버지나 스승, 사장, 총장이 가지는 회의에서 자유스럽게 의견을 개진하는 습관을 가져야 한다. 그러기 위해서는 자기 의견을 발표할 줄 아는 표현훈련이 필요하다. 회의석상에서는 아무 말 않고 찬동하는 듯하고도 뒤에서는 험담을 하거나 인화를 깨트리는 일은 비겁한 행동이다. 토론문화의 정착이 요망된다.

사람은 자기의 삶을 지키기 위해 근면하고 많이 배워서 가지고 있는 숨은 능력을 키워야 한다. 나의 인생을 내가 책임질 일일진대 내가 잘살고 못살고는 내가 얼마나 부지런한지 나태한지에 달려 있다. 남이 나의 인생을 살아주려니 생각하는 사람은 없을 것이다.

내가 죽기로 일했는데 기업주가 착취해서 나는 근면의 대가를 못 받았다고 불평하는 사람들도 있다. 그러나 그 내면에는 그런 일도 있겠지만 소위 운동권 사람들의 피해망상적 적대감 조성에 원인도 있다. 내가 나의 능력만큼 열심히 일했으면 반드시 그 대가를 받기 마련이며 나의 모든 것을 다 했는데도 그 대가가 미흡하다고 생각하면 정정당당히 그 보상을 요구하고 또 나의 노력을 더 하도록 힘쓰겠다는 생각부터 하면서 악덕 기업주와 싸울 수도 있으나 함부로 남을 불구대천의 원수 취급하면서 기물을 파괴하거나 폭언하는 따위로 남의 생명을 무시하는 증오의 추태를 부려서는 안 된다.

항상 배우려는 노력을 하고 혹시 새로운 것을 배우더라도 그것이 타당한 것인지 더 공부하며 자기반성부터 앞서야 한다. 때로 사람들은 자기의 불만을 집단이기주의 사상에 빠져 자기의 불만과는 관계없는 데까지 피해를 주는 일이 있다. 집단이기주의는 어디까지나 자기밖에 모르는 이기주의며 더불어 사는 것을 거부하는 것이다. 기업에서 임금 투쟁을 하면서 고속도로 통행을 못하게 막는 따위의 행동은 너무나 차원이 낮은 일들이다. 학생들이 대학에서 툭하면 총장실을 점거하거나 대학의 문을 잠그는 따위의 행동으로 학생들의 총의總意 운운하면서 학업을 막는 일은 어떤 경우이건 용납할 수 없는 집단이기주의의 표현이다.

1992년 11월 12일(목)
- 교육개혁 -

과거의 우리나라 교육이 어떤 길을 걸어왔건 그것은 오늘의 우리나라를 건설하는 직접적인 힘이 되었고 앞으로도 우리나라 교육이 올바른 길만 걷는다면 이 나라를 제대로 발전시키는 데 크게 힘이 될 것만은 틀림이 없다.

혹자는 말하기를 인구감소 추세여서 앞으로의 대학 인구는 줄어들 것이고 또 대학만은 가야 한다던 과거의 한국 국민의 취향이 그것보다는 전문대, 고교에서의 직업교육이 돈 버는 데에 더 유리하다는 인식이 깊어지면서 대학 진학률이 낮아지고 학문의 길을 찾는 인구가 적어진다는 주장을 하고 있는 사람들도 많다.

그러나 교육이 국민의 인구수가 감소하건 말건 국민의 취향이 어떻게 변하건 교육의 중요성은 크다. 교육이 국가발전 인류복지에 원동력이 된다는 원론에는 변함이 없다. 대학교육이나 고교교육은 기업적 측면에서 판단할 것이 아니라 올바른 교육의 길을 찾아내고 교육자는 거기에 매진한다는 데 모든 정력을 다해야 할 것이다.

교육은 첫째 교육이념이 확립되어야 하며 교육으로 인해 학문을 어떻게 계발하고 어떤 인재로 어떻게 육성하여야 한다는 확고한 이념을 설정하고 거기에 따라 빈틈없는 추진에 힘을 써야 한다. 이것이 곧 그 대학, 사회, 나라와 인류사회의 문화발전의 창시계발의 밑거름이 된다는 것을 잊어서는 안 된다.

거기서 우리는 연구를 통해 올바른 국가관 역사관을 찾아내서 이 나라 국민에게 긍지를 심어주고 세계를 볼 줄 아는 눈을 키워 준다.

튼튼한 체력을 길러 주고 문화의 밑거름이 되는 사회의 질서의식, 청결의식도 심어줄 필요가 있다.

현행의 입시제도는 그 장단점을 과감히 파헤쳐 정정당당한 백 년 앞을 보는 자신 있는 입시 제도의 개혁이 앞서야 하며 대학을 유지하기 위한 기부금 문제도 대학이라는 기업 치부의 수단으로 한때 이용도 되었지만, 대학에 따라 기금 준비방법도 모색할 수 있음을 용인하되 결코 대학을 기부금 없이 운영할 힘이 없는 자는 대학경영에 참여해서는 안 된다는 원칙도 잊어서는 안 된다.

물론 국가의 힘이 닿는 한 교육의 중대성을 보아 교육지원에 국가가 발 벗고 나설 필요는 두말할 나위도 없다. 현재와 같은 입시경쟁

에 따른 고교교육의 황폐화를 막기 위해 무시험 전형방법도 고려되어
야 한다.

　교육이 헤쳐 나가야 할 수많은 장애물이 있다. 사소한 일에 집착
말고 충분한 연구개발로 과감한 개혁이 이루어져야 한다.

1992년 11월 13일(금)
- 언론과 문화 -

중국의 문화대혁명은 중국을 50년 후퇴시켰다고 한다. 그와 같이 문화
의 변혁은 아주 중요한 것이다. 정치나 개인의 야망을 초월해서 그 민
족, 그 국가 나아가서 그 시대의 인류가 지향할 길을 찾아 주고 국민을
이끌고 갈 철학과 사상이 필요하며, 여기에 문화가 앞장서야 한다.

　확고한 문화의 발전이 그 나라의 정책, 경제, 사회, 교육의 모든
것을 선도하게 된다.

　더욱이 근래의 문화 발전의 속도는 엄청나게 크게 빨라졌다. 또
이러한 시대에 우리는 정보문화라는 새로운 문명에 살고 있음을 생각
하며 정보문화를 손쉽게 소화할 수 있는 능력을 키워야 한다.

　그 나라 국민의 인생관, 가치관, 국가관, 역사관, 세계관에 확실
한 기틀이 제시되어 그 줄기를 타고 문화의 발전을 서서히, 그리고 신
중히 좇아가야 한다.

　여기에 문화의 길을 끌고 갈 수 있는 예술, 음악, 문학 등이 확고
한 사상과 철학에 기초를 두고 있어야 한다.

일반 대중을 계도하고 있는 큰 문화의 힘은 언론매체이다.

각 언론기관은 그 기관이 지향하는 목표가 있을 것이다. 언론은 국민을 계도하는 것이 목적이며 어디로 계도하는가가 결정되어야 한다.

결코 언론의 중립을 주장하는 것이 아니다. 정치적으로 나는 어느 정당을 지지하고 후원하고 있으면 정정당당하게 그 지향하는 바를 밝혀야 한다. 언론은 진실을 보도하여야 한다. 왜곡 보도, 과장 보도, 거짓 보도로 국민을 현혹해 국민을 나쁜 곳으로 선동하는 것이 언론의 실상인 현 사태는 진실로 이 나라 앞날에 크게 걱정되는 일이다.

언론은 특색을 가져 주었으면 한다. 일률적으로 모든 신문이 똑같은 복사판을 만드는 것은 정력과 물자의 낭비일 뿐이다. 과학문명을 주장하든가, 문화, 경제, 사회, 정치 등 어딘가 특색 있는 신문이 되어 주었으면 한다.

TV라는 매체는 더욱 한심하다. TV는 국민을 우민화하는 데 목적이 있는 것이 아니냐고 물어볼 만한 점이 있다. 병신 노릇이나 하는 코미디, 광기 어린 가요와 춤을 골든아워에 보내서 이 나라 젊은이들, 어린이들을 어떻게 하겠다는 것인가?

올바른 역사의식을 심어 주고 삶의 보람을 보여주지 않는 이유는 무엇인가? 예술의 극치를 보여주어 거기 담긴 사상을 가르치지 못하는 이유는 무엇인가? 문제는 언론매체에 종사하는 간부들의 몰지각에 문제가 있지만 일선 기자들의 무지와 부도덕, 경솔함은 이루 헤아릴 수가 없다. 무엇인가 근본적인 해결이 있어야 한다.

언론혁신 그것은 바로 문화를 바로잡고 국민을 올바른 사회문화

속에 살 수 있도록 해주는 가장 큰 힘을 가진다는 책임을 느껴 대오각
성하기를 바라마지 않는다.

1992년 11월 14일(토)
- 종교의 역할 -

세상이 혼란해지면서 문화가 정착하지 못하니 국민정신이 방황하며
새로운 세상을 살아가려는 많은 사람들 특히 젊은 층에 불신의 풍조
가 팽배해지고 사람과 사람 사이에 믿음이 없어지고 가치관이 허물어
진 상태에서 종교의 역할은 지극히 중요하다.

더욱이 이러한 상태에서 방황하는 사람들에게 여러 가지 허황되
다고 간주되는 각종 신흥 종교가 창궐해서 바람직하지 못하게 끌고
가며 사회 혼란을 가중시키고 있는 근년 정신문화의 빈곤을 볼 때 종
교는 절대적 책임을 지고 인류의 갈 길과 가는 방법을 명시하여야 할
때이다.

지금까지의 종교는 초자연적 힘을 의인화하여 여러 가지 신앙을
전파시켜 왔다.

그러나 종교가 찾는 목표는 변함이 없으며 지금까지 종교가 주장
하던 예수의 처녀잉태라든가 하늘로 승천이라든가 부활이나 불교의
윤회사상 같은 것은 깊은 음미를 통한 과감한 개혁이 요구되고 있다.

종교의 뿌리가 하도 깊게 인류사회에 자리 잡고 있기 때문에 이
러한 사상적 개혁을 주장함은 종교로부터 탄핵받을 소지가 크기 때문

에 누구도 입 밖에 내고자 하지도 않았고 또 못해 온 것이 사실이다.

　종교는 궁극적으로 죽음을 어떻게 이기느냐에 있다. 신은 그것이 예수이건 하느님이건 또는 부처님이건 문제가 아니다.

　봄이 오면 겨울을 기다리게 되고, 아침에 해가 뜨면 밤에 해가 지고 달이 뜨게 마련이다. 꽃이 피어 씨앗을 땅에 뿌려 겨울에 죽는 것 같지만 잠들었던(동면이라고 하지만) 씨앗이 다시 싹을 틔우고 자라서 꽃을 피우고 씨앗을 잉태하는 반복이 영원히 계속된다.

　그래서 불교에서는 '윤회'라고 하면서 다시 태어나되 짐승으로도 사람으로도 태어난다고 했다. 예수는 죽었다가 사흘 만에 다시 부활하지 않았는가?

　이러한 철학이 궁극적으로는 우주 만물의 반복되는 생명력의 영원한 되풀이이다.

　이러한 우주나 대자연이나 인간의 삶의 윤회를 예수는 부처는 인간들이 납득하기 쉽게 의인화해서 조물주는 사람 모습을 하고 있다느니 마리아에서 처녀로 하나님의 아들을 잉태했다느니 죽은 후 사흘 만에 부활하여 구름을 타고 하늘로 올라갔다느니라는 표현으로 종교를 인간화하는 데 힘써서 많은 인류가 이러한 신앙 속에 삶의 이룰 수 없는 일들을 이루는 것으로 믿어 왔다.

　그러나 이제 새로운 문명에 들어가면서 인간의 죽음과 태어남은 영원히 반복되는 삶의 변화로 죽음은 소멸이 아니고 동면과 재생으로 삶의 영원 지속을 뜻함을 이해하고 나의 죽음은 없어지는 것이 아니고 나의 씨앗인 아들과 딸에 또는 제자와 나의 영향을 받은 자들에게 영원히 전파되는 영원한 삶의 되풀이일 뿐 그것이 결코 의인화하여 높은 차원의 이 철학이 결코 현재의 유기적 해석으로 믿음을 강요하는 시대는 지났다고 생각한다.

다만 이 위대한 우주와 자연, 인간의 영원 불멸성을 다스리는 초자연의 힘, 그것이 신이 되어도 좋고 하느님이 되어도 좋지만 절대적 힘을 인정하고 거기서 이 대자연 법칙에 순응하는 자세로 그 힘 또는 신에 기도하는 마음을 가져야 한다.

그래서 거기서 서로 사랑하고 서로 아끼는 자비의 마음을 가질 수 있도록 하여야 할 것이다.

신은 있다. 그 신은 현세의 인간은 아니다. 그것은 힘이다. 동양철학에서는 기철학으로 이러한 영원한 초자연의 힘을 해석했고 또 기속에 살고 있는 인간의 생명을 찾았다.

이제 새로운 시대에 사는 우리는 지금까지의 종교에 대해 두려워하지 말고 대개혁에 과감히 노력해야 할 것이다. 그러기 위해 옛날 갈릴레오가 겪었던 종교로부터의 수난도 각오해야 할 것이다.

1992년 11월 15일(일)
- 희망 -

사람은 희망과 같이 산다. 희망이 없다고 하면 그것은 사는 것이 아니다. 내일은 해가 뜨고 내일이 온다는 것을 알고 있기에 오늘을 산다.

그것은 내일이라는 희망이 있기 때문이다. 봄이 오면 반드시 여름과 가을과 겨울이 온다. 추운 겨울만 있고, 만물이 싹트는 봄이 오지 않는다면 겨울은 살 수 없는 것이다.

이와 같이 사람은 항상 반복되는 우주 만상을 이해하고 다시 온다는 희망을 가지고 있기 때문에 산다.

이 세상에는 끝이 없다. 그것은 반드시 돌고 도는 반복이기 때문이다. 사람이 죽는다는 것이 인생의 끝이라고 작은 눈으로 보는 소견 좁은 소아小我이어서는 안 된다. 내가 죽어서도 내가 뿌린 씨앗이, 내가 뿌린 사상이, 나의 죽음을 거름으로 다시 싹트고 다시 생명이 연속된다.

어떻게 되든 그것은 끝이 아니다. 죽음에서도 희망을 찾아내고 영생을 반복 현상을 이해하여야 한다. 잎이 싹트고 꽃피고, 열매 맺어 그 열매가 땅에 떨어졌다고 풀잎이 죽는 종말이 아니다. 그 씨앗을 다시 싹트게 하고 죽었던 것 같은 지난날의 죽음은 거름이 되어 그 힘과 새 열매의 씨앗이 합쳐서 또 하나의 생명을 탄생시킨다.

그것이 삶의 반복이요, 그것이 영생이다.

우리는 세상 모든 현상에서 그와 같은 반복되는 삶에 대한 희망을 알고 있기에 우리 삶은 기운을 낼 수 있고 슬퍼하거나 서러워하지 않는다.

난 다시 살아나 영원히 죽지 않는(영생) 삶의 반복(윤회)을 알고 있기 때문이다.

1992년 11월 24일(화)

1989년 11월 9일 베를린 장벽이 무너지는 소리에 미국을 위시한 모든 자유 서방국가들은 환호를 외쳤지만, 그것은 새로운 지각 변동을 일으킨 환호보다 두려움의 소리였음을 우리는 인식하여야 한다.

미소 중심에서 소련은 적이고 서방은 미국을 중심으로 미국에 의존하는 나라로서 안보, 경제, 정치에 큰 변동을 예고하고 이것이 곧 포스트모더니즘의 시작이었다.

이는 곧 유럽 사회의 변화를 가져왔다. 새로운 시대를 위한 극적인 제도의 개혁이 대두되었다. 베를린 장벽 붕괴로 미국은 환호하면서 계속 세계를 이끌고 나가리라 생각하고 있다면 큰 착오이다.

통독 문제를 가지고 부시와 콜이 캠프 데이비드에서 회담을 가진 뒤 기자들이 부시에게 묻기를 "이제부터의 적은 누구인가?"라는 질문을 던졌다. 소련이라는 적이 없어졌으니까 부시의 대답은 "이제부터의 적은 불확실과 불안정이다"라고 했다.

지금은 냉전 시대와는 다른 새로운 우선권이 필요하게 되었다.

융통성이 없는 엄격한 전통에 기반을 둔 일본과 독일이 융통성과 변화에 대한 적응에 충실한 미국보다 새로운 시대에 잘 적응해 나가고 있다.

베를린에서의 지각변동은 이제 역사의 융기로 지반이 새로 변혁되면서 독일이 유럽의 중심이 되어가고 있다.

1992년 12월 6일(일)

세상만사는 상하, 전후, 표리 등 양면을 가지고 있다. 이 양면의 조화는 주야晝夜, 음양, 남녀 등의 둘의 조화로 더 아름다움을 가져온다. 이러한 양면은 대립을 가져온다. 여與와 야野, 정正과 사邪, 빈부貧富, 미추美醜 등이 그것이다. 이와 같은 대립이 더 나가면 경쟁이 되고 경쟁은 인간 사회를 발전시키는 데 크게 기여하기도 한다.

그러나 대립이 경쟁으로 그것이 소위 투쟁으로 치달아 승패가 생긴다. 사회주의 실패는 대립을 조화로써 이끌어가려고 하지 않고 투쟁을 행동 목표로 했기 때문에 승패를 초월해 결국은 패자는 아주 없어지는 것으로 여겨 그것이 최후승리로 간주하는 데 모순이 있었다.

이와 같은 경쟁에서의 패자는 원한을 품게 되고 그것이 또 힘을 키워서 다시 투쟁하게 되고 언젠가는 옛날의 승자가 패자가 되고 패자가 다시 승자가 되면서 승패의 투쟁의 반복을 가져와 다시 세상을 피비린내 나는 싸움의 도가니가 되고 만다. 대립을 경쟁보다 조화로 이끌면서 아름다움과 사랑의 제휴를 가져올 수 있는 길을 찾아야 한다.

음양이 어울려서 꽃이 피게 되고 거기서 열매가 나와 새로운 생명을 잉태해서 그 음양의 어울림은 영원한 생명을 가져오게 되는 것을 우리는 본받아야 한다. 이것이 정치에서는 타협이요, 조화이다. 네가 여與가 되고 내가 야野가 되어 서로 어울려 살자는 정치, 네가 대통령이 되었고 나는 너를 지지해 주지만 내일은 내가 대통령이 되고 네가 나를 지지해 주는 여유 있는 세상이 얼마나 아름다울 것인가? 서로 대통령이 되겠다는 대립은 경쟁의 단계를 넘어 투쟁에 빠지고 그것은 처참한 승패를 가져와 승자는 승리에 젖을 수 있겠지만 패자는 비참한 슬픔에 빠지게 된다.

그러나 그 승자는 영원한 승자도 아니고 패자가 영원한 패자일 수는 없다. 이러한 대립, 경쟁, 투쟁의 습성은 오랜 세월 동안 군사독재 하에서 살아와 그것밖에 모르는 흑백논리에 젖어서 살아온 습관 때문에 나 아니면 적이고, 적은 무참하게 깔아뭉개야 한다는 극렬한 투쟁만이 — 마치 군대에서의 전쟁과 같이 — 최상의 길인 줄만 알고 있으며 이러한 싸움 와중에 나라 사랑이라는 근본정신을 깡그리 잊어버린 대통령선거가 되고 마는 것이다.

1992년 12월 7일(월)

소유라는 의의 또는 행위는 정확히 무엇을 말하는지 자세히 모르겠다. 나는 병원 일에 종사하면서 내 인생을 몰두해 오는 동안 시운을 타서 그 행위가 곧 나의 인생이 되고 말았고 그것이 외형으로 나타난 것이 나의 소유처럼 되었다.

그렇게 해서 내가 이루어 놓았다기보다 살아온 나의 인생 전부인 나의 기업은 자꾸 커졌고 남이 평할 때 성공했다는 말들을 많이 하는 인생이었고 그것이 곧 나의 기업이었고 마치 나의 소유인 것처럼 보였다.

내가 나이 들면서 예전만큼 거기에 나의 인생 전부를 쏟아 넣을 만큼 근력이 떨어지면서 — 근력이란 나의 육체의 힘도 있겠지만 정신적 끈기와 발랄한 약동 정신 등을 포함하는 — 정신력의 쇠퇴가 왔으며 여기서 점점 손을 떼어야겠고 유한한 인생의 끝이 가까워 오매이 나의 생명 또는 인생과 꼭 같은 기업을 나의 후손들에게 물려주고 있다.

그러나 물려준 그 기업은 여전히 나의 인생의 연장선상이니 나로서는 깊은 관심을 갖고 그 생명 또 기업의 잘못됨은 고쳐 주고 싶고 잘됨은 키워 주어야겠다는 생각이 어쩔 수 없이 든다.

후손들에게 물려주었다고 해서 나는 완전히 망각되는 상태에서 그 기업들을 방관만 하고 있을 수는 없다. 그런데 문제는 이 기업 또는 생명을 물려받은 사람들은 그것들을 나의 생명의 연장인 줄 모르고 그냥 힘 안 들이고 굴러들어온 것이기 때문에 거기에 대한 열의가 나의 1/10도 못 된다. 나는 그런 중요 기업을 잉태하는 데 밤잠을 안 자고 쉬지 않고 뛰었지만 이러한 생명을 이어받은 후계자손 말은 변명조로 그전하고 세상은 달라졌다면서 나의 권위만 상속받았지 하루 2~3시간 일 보고 모든 것을 창업자보다 낫게 하고 있다고 자만하고 있을 뿐이다.

그럴수록 이 기업을 상속자의 생명으로 받아들이려 하지 않고 그냥 들어온 소유물로 생각하기 때문에 항상 불안에 싸여 여러 가지 비정상적인 판단과 초조함을 면치 못하고 있다. 항상 염두에 두는 것은 선임자의 그늘에서 어떻게 하면 완전히 벗어나서 이것들 완전무결하게 나의 소유로 만드느냐 하는 것이다.

언필칭 나는 경영자이거나 관리자에 불과하다거나 로봇 노릇이나 하고 있어 사실은 선임자가 다 하고 있다느니 식의 말로 때워 보려고 하지만 이런 것들이 거저 얻어진 다시 말해 자기의 피와 땀이 섞이지 않은 것을 소유한다고 생각하는 데서 나오는 불안감일 것이다.

문제는 이어받았으면 그저 나는 관리자나 경영자이지 소유자가 아니라는 식의 생각에서 과감하게 뛰쳐나와 그것이 비록 이어받은 기업이지만 거기에 나의 생명, 인생을 접목시켜 또 다른 더 훌륭한 생명 또는 기업으로 키워야겠다는 진취적인 생각이 심어져야 한다. 그래야만 그 기업은 — 또는 그 인생은 — 약동하고 힘을 찾고 내 인생의 힘과 보람을 찾게 된다.

자질구레한 불행이나 불만을 씨부렁대며 약진 못하는 소인배가 되지 말아 주기를 간절히 바란다.

1992년 12월 8일(화)

1. 개인과 사회의 윤리·도덕의 확립
2. 교육제도의 대개혁
3. 경제구조의 근본적 개혁으로 불로소득이나 투기가 자리 잡지 못하고 부익부, 빈익빈 타파
4. 공무원 부정부패 척결
5. 환경보존과 공해대책 추진
6. 황금과 물질만능주의 타파
7. 근로의욕 고취, 검약정신 수호
8. 대립보다는 협조정신, 남을 비판하고 헐뜯는 것만이 야당의 역

할이라는 생각에서 탈출

9. 생명존중

크게 나누어서 이러한 일들이 앞으로의 우리나라가 찾아서 할 일이며 요즘과 같은 격화된 정치투쟁에서 서로 헐뜯고 권력을 잡기 위해서는 법을 어기고라도 권력만 잡으면 저질렀던 불법행위도 다 무사해진다는 생각에서 벗어나야 한다.

경선이란 자기의 정책을 내세워서 그 우열과 실천을 가릴 수 있게끔 하는 경쟁이어야 하는데 서로가 헐뜯고 죽기 아니면 살기 식의 대선은 우리나라 앞날을 위해 참으로 근심스럽기 한이 없는 일들이다.

정치는 결코 감정이 아니고 진심으로 나라를 살린다는 충정에서 우러나오는 모든 궁리를 하여야 할 것이다.

왜 서로 욕하고 미워하며 싸워야 하는가에 대한 근본부터 찾아내어 잘못된 마음가짐을 고쳐 나가야 할 것이다.

1992년 12월 10일(목)

노인이 되면 사적인 문제는 될 수 있는 대로 언급하지 않는 것이 좋다. 여기 노인이란 어떠한 사람이냐? 예를 들어 65세 이상이냐, 아니면 70세 이상인지인데, 반드시 숫자로만 따질 것이 아니고 자식들이 다 성장하고 손자가 생겼을 때를 말한다고 하는 것이 좋겠다. 사적인 문제란 사람에 대한 또는 관한 이야기들이다.

예를 들어서 손자, 손녀들에 관한 일로 자식들에게 이래라저래라 하는 것은 반드시 좋은 일은 아니다. 왜냐하면 자식들이 보는 자기 자식과 할아버지 할머니가 보는 손자하고는 너무 시간적 차이가 심해서 사리판단이 달라지기 때문에 할아버지 할머니의 판단이 언제나 옳은 것이 될 수 없기 때문에 자칫 잘못하면 가치 없는 푸념이나 간섭으로 자식들로부터 빈축을 살 때가 많기 때문이다.

공연히 이 사람 저 사람 특히 젊은이들에 대한 비판도 삼가는 것이 좋다. 이제 세상은 노인의 세상이 아니기 때문에 노인의 눈으로 보는 것이나 노인의 자로 재는 것이 다 그릇되기 쉬운 형편임을 알아야 한다.

그러나 노인은 지난 역사에 대한 얘기와 거기에 비추어 현세의 여러 가지 면을 해석하고 추리하는 일은 좋은 일이다. 결코 어떤 사람에 관한 일이 아니고 전반적인 역사관, 나름대로의 가치관, 사회관 등은 젊은이나 기타 듣는 이들에게 귀를 기울이게 할 만한 가치가 있는 것들도 꽤 많을 것이기 때문이다.

1992년 12월 11일(금)

세상에는 여러 가지 모임이 있다.

각기 그 나름대로의 목적이 있고 그 목적이 같은 사람들끼리 모임을 갖는다. 조찬회, 월례회, 친목회, 망년회, 신년회 등이다.

그런데 그 모임 중에서 스스로를 반성하고 보살피는 회합이 없다. 나와 같은 연령층끼리 모여서 서로 우리들이 당면한 문제를 털어놓고 서로 어떤 길을 가야 하는지를 의논하는 모임 말이다.

세상의 번다한 일들이 순전히 우리 연령층들이 가지고 있는 문제들 건강, 마음가짐, 친구 대하기, 자식 대하기, 아내와의 관계, 형제들과의 관계, 종교문제 등 이러한 문제들에 대한 각자의 솔직한 의견을 피력하고 거기에 대해 동료들의 기탄없는 의견을 듣고 또 모든 모임들의 종합적인 의견들을 들어 서로가 살아가는 올바른 길을 찾고 또 서로 진심으로 도와주는 모임 같은 것이 필요하다.

결코 내 사업의 일 또는 물질 금전에 관한 일들이 아니고 개인적인 인간관계, 가정관계에 관한 상담을 서로 의견을 피력하며 듣는 것이 아주 좋은 일인 것 같다. 간단히 식사나 하면서 결코 술 먹고 흥분하는 일이 아닌 또 어떤 금전이나 기타 문제로 부탁하거나 원조를 바라는 것이 아닌 그런 모임을 갖는다는 것은 우리가 메말라 가는 정신적 양식을 얻는 데도 지극히 도움을 주는 것으로 생각된다.

1992년 12월 12일(토)

세대 차이라는 말이 있다.

기성세대와 젊은 세대는 대화가 안 된다고 한다. 그러나 이러한 세대 차이라는 말로 노약老弱이 화합을 못 하면 큰 잘못이다.

젊은이와 노인의 대화에서는 기성세대는 젊은 세대의 가치관이나 삶의 척도가 다르기 때문에 노인은 이해가 안 되고 노인은 또 젊은

이들에게 말을 해도 젊은이들이 상대를 안 해주기 때문에 또 노인의 말을 듣지 않기 때문에 서로 이해가 안 되고 연령의 격차만 들추어내는 수가 많다.

결코 그럴 수는 없다. 노인은 젊은 사람들의 사고방식과 가치관을 이해하도록 노력하고 또 그 노력으로 자기(노인)의 잘못을 고쳐가야 한다. 무조건 나는 옳고 젊은 사람들은 글렀다고 생각하는 한 연령의 격차는 좁힐 수가 없다.

젊은이들도 노인이 또는 선배가 하는 말과 의견을 저 사람도 나이가 들었다고 무시해 버리기 전에 귀를 기울여 내가 가지고 있는 사고에 비추어 고칠 것이 있으면 고치고 서로의 연령적 격차를 줄이는 데 힘써야 한다.

노인은 젊은이가 가지지 못한 경험이라는 것이 있고, 젊은이는 노인보다 앞선 현대의 감각, 지식이 있어 이런 양자의 좋은 점이 합쳐질 때 그것은 큰 힘이 될 수 있다. 나는 노인의 사고는 필요 없다는 오만을 가져서도 안 되고 젊은것들이 한심하다는 등 말을 안 듣는다는 등으로 젊은이를 깔보는 우를 범해서도 안 된다.

세대 간의 차이는 충분히 극복할 수 있는데 특히 우리나라같이 전통 유교사상이 뿌리박힌 국민들에게는 이러한 솔직한 자기 파악과 상호 간의 자유스러운 대화나 의견교환이 아주 힘든 전통 속에서 특히 힘써서 노력하여야 할 사람은 노인들이다.

젊은이 스스로도 노인과 대화하기를 어려워함을 알고 젊은이들이 쉽게 맘 편하게 말을 교환할 수 있게끔 만들어 주는 것은 우리나라에서의 어른들의 책임이다.

젊은이들도 선배나 노인의 말과 행동을 경솔하게 늙었으니까 또는 요즘 세상을 이해 못 하기 때문이라는 식의 선입견으로 노인의 말을 해석해 버리는 경솔함이 없어야 하며 노약이 서로 허심탄회하게 대화를 하고, 이해를 하는 일이 아주 중요하며 결코 불가능한 것이 아닐 뿐더러 꼭 실천해서 노약교차를 해소시키는 것이 중요하다.

1992년 12월 15일(화)

제조업이건 회사, 병원, 학교 할 것 없이 어떤 기업이라도 그 경영책임자는 하찮은 아주 말단 직원들과도 자주 접촉을 가져 그들의 의견을 듣는 것이 무척 힘이 된다.

사람에 따라서는 경영책임자는 참모격 스태프들만의 접촉으로 경영을 판단하면 되는 것으로 알고 있고 또 스태프들이 그 밑의 직원들과 접촉하고 그 밑은 그 밑 사람들과의 접촉으로 기업 전체의 여러 의견들이 잘 정리되어 경영 최고책임자에게 가면 된다고 생각하는 사람도 있지만 이러한 단계적 정리를 거치는 동안 많은 귀중한 의견들이 빠지거나 탈색되거나 염색되어 최고 참모회의 또는 경영책임자에게 올바른 또는 소기의 의견들이 전달되지 못하는 수가 있다.

어떤 사람은 특히 기업의 규모가 아주 큰 경우 어떻게 그 많은 사람들의 의견을 다 들을 수 있겠는가라고 하는 사람도 있지만 무작위로 대화를 가진다 등과 또 전체 직원들이 활발히 참여하는 주보나 월간 유인물을 통해 밑의 사람들의 생각을 들어보는 것은 지극히 중요하다.

　또 어떤 사람들은 최고 경영자의 권위에 너무 치중해서 최고 경영자가 말단직원들과 대화를 한다든가 그들의 모임에 동참하는 것은 위신상 좋지 않을 뿐더러 또 어떤 참모들은 자기들을 무시하고 말단직원들과 최고 경영자가 접촉하는 것은 참모들의 권한을 무시하는 행위라고 생각하는 수가 있는데 이것은 크게 잘못된 생각이다.

　기업의 모든 직원들이 여러 그룹으로 나누어 상하가 같이 앉아서 그 기업의 모든 문제, 자기 관련 분야는 물론 기타 참고가 될 의견들도 자유스럽게 정기적으로 만나서 토론하고 수렴된 의견들을 모아 정리하여 최고 참모회의에 내보내는 것이 아주 좋은 일이다.

　혹자는 이런 모임은 잘못하면 기업에 대한 불평불만의 노출 기회가 되어서 저질 노동운동이 되도록 부채질하게 되는 수가 있다는 걱정을 하지만 이러한 점은 경영자가 얼마나 그 그룹들 또는 모든 직원들의 의견에 진지하게 귀를 기울여 주는가에 따라 나쁘게 발전할 수도 있고 또 여러 나라에서 선봉적 효과를 거두는 소위 노사평화로 기업발전에 크게 이바지하게 된다.

　중요한 것은 이 그룹에서의 토의가 언제나 건설적인 것이어야 하고 그룹 토의내용에 대한 검토와 의견, 답신이 다음 모임 때 반드시 이루어져야만 그런 그룹은 긍정적으로 작용하고 발전해 가리라고 본다.

　절대로 필요하고 권장할 만함이라고 생각된다.

1992년 12월 16일(수)

사람이 살아가는 데 근간이 되는 것은 믿음이다.

부부간의 믿음, 부모와 자식 간의 믿음, 형제들 사이의 믿음, 애인 사이의 믿음, 친구들과의 믿음, 상사와 직원들 간의 믿음, 스승과 제자의 믿음, 의사와 환자 간의 믿음, 상인과 고객 간의 믿음, 대통령과 국민 간의 믿음, 세계 모든 국가 간의 믿음, 신과 인간의 믿음, 모든 믿음은 세상을 즐겁게 하는 근간이 된다.

집에서 기른 진돗개가 있다. 아주 사나운 개이지만 매일 아침 빠지지 않고 뜰 안을 산책할 때 꼭 들러서 쓰다듬어 줘 버릇했더니 나의 손길이라면 무조건 순종한다.

개를 어쩌다 놓아 주어서 뜰 안을 뛰어다니는 것을 붙잡으려 해도 누구도 잡지 못하지만 나를 믿고 있는 개는 자기를 해하지 않을 것을 믿고 있기 때문에 쉽게 복종해 온다. 이와 같이 믿음이란 쉬지 않고 노력하여야 성공하는 것이다.

믿기만 하다가는 손해를 봐 믿음을 없애기 쉽다고 하는 사람이 많아서 될 수 있는 한 믿지 않아야 한다는 주장도 있다. 그러나 믿음이란 무조건 믿어 주어 손해 보는 듯해도 큰 손해 볼 것 없고 속아 주는 버릇이 자꾸 생기면 상대도 다시 속이지 않으려고 하게 된다.

다만 믿음이 약한 사람들은 아예 서로 관계를 하지 않는 것이 좋다.

예를 들어 돈거래를 한다든가 그것도 이자 붙인 돈거래 같은 것은 될 수 있는 한 하지 않아야 한다. 이자 없이 돈거래 할 때에는 그 돈은 꾸어 주어도 받지 못할 수 있을 것을 각오하고 꾸어 주는 것이 좋다.

돈이나 물질에 대한 계약은 나약한 인간에게서는 믿음을 파괴하게 되는 경우가 많다.

아예 이런 일이 일어나지 않도록 그러한 가능성이 있는 사안은 피하는 것이 좋다. 더 중요한 것은 믿음을 근간으로 할 때 한 발자국 앞서서 속아주는 아량을 가지는 것이 좋다.

누가 약속을 못 지켰을 때 그 이유를 횡설수설하지만 그러한 약속위반을 미주알고주알 캐고 묻는 일은 다음에 그로 하여금 또 거짓말을 하게끔 하며 점점 믿음의 관계가 멀어지게 된다.

알고도 모른 척하며 속아 줄 때 상대는 그저 미안하게 생각하는 것이 인지상정이며 그러한 일이 거듭되면 거짓말은 하지 않게 된다. 인간관계의 모든 일이 다 동일하다. 흔히 사랑의 배신이니 하는 말도 있으나 그저 믿고 살 때 믿음으로 유지되는 사랑은 결코 배신하지 않는다는 것을 깨달아야 한다.

1992년 12월 17일(목)

교회에서는 일 년에 두 번 부활 때, 예수 성탄 때 판공성사를 의무적으로 신자들에게 시키고 있다. 적어도 일 년에 두 번은 고백성사를 하여야 한다는 것이 법규이고 그를 이용해 신자들을 파악하고 신심을 재활성화시킨다.

판공성사 때 하는 고백성사는 그간 자기가 저지른 죄를 성찰하고 반성하여 신부에게 죄를 고하고 그 죄에 대한 보속으로 몇 가지 신공 神功을 바치도록 명령받는다. 물론 그보다는 자기가 지은 죄에 대한 깊은 반성과 다시는 잘못을 저지르지 않겠다는 각오가 있어야 한다. 남을 미워했거나, 거짓을 했거나, 사음을 했거나, 거짓말을 했거나, 사람을 음해했거나, 부모에게 불효했거나, 주님을 모함했거나, 남의 물건을 훔쳤거나, 이 모든 것이 저지른 죄악이다.

사람이 살면서 1년에 몇 번이라도 자기의 사언행위를 반성하고 회개함은 지극히 필요하고 소중한 일이며 다시는 이러이러한 잘못이나 죄를 짓지 않겠다고 맹세하고 결심하는 일은 얼마나 좋은 일인가?

그런데 나이가 들면서 70을 넘으니 인생을 복잡하게 살지 않게 되고 모두를 용서하고 이해하고 사랑하여야 한다는 생각이 자주 들면서 그저 큰 잘못은 많이 하지 않는 것 같다. 아마 이런 생각에 빠지는 것 자체가 잘못인지는 모르겠지만 고백성사를 하려고 해도 별로 할 것이 없다. 남을 미워한 일도 없고 거짓말로 음해할 수도 없으며 더구나 남의 물건을 훔친 일은 꿈에도 생각 못 하니 나의 인생은 아마 무위에 가까운 것 같다.

한 가지 더 힘쓸 것은 남을 이해하고 사랑해 준다는 것이다. 내가 남을 용서하는 만큼 나도 용서해 주십사고 늘 천주께 빌고 있지 않은가?

내가 아주 부족한 것은 자식들, 동생들, 친구들, 고객들 이 모든 이들을 이해하지 못하고 용서하지 못하며 더욱이 그만큼 더 사랑해 줘야 하는데 그렇지 못함이 죄스럽기만 하다.

남을 위한 인생 그것이 나의 마지막 보람인 것 같다.

1993년 1월 5일(화)
– 화합의 시대 다 같이 노력 –

병원이나 대학이라는 조직을 살리고 움직이는 것은 결코 이사장이나 원장 총장이 아니고 그 구성원 모두가 하는 일이다.

이제 시대는 바뀌고 있다. 모든 자기 위상을 똑똑히 파악하여야 한다. 이사장이라고 해서, 총장이나 원장이라고 해서 자기만이 이 조직을 지휘하고 생각하고 관리하여야 하며 모든 직원은 따르기만 하면 된다는 사고에서 이제 벗어나야 할 때이다. 장長이 아닌 구성원이라고 해서 그 조직이 어떻게 되든 자기는 잘살아야 하고, 하고 싶은 일 하고, 될 수 있으면 3D는 피하고 돈은 더 받아야겠다는 근거 없는 이론에 목메어 있어서는 안 된다. 이사장, 원장, 총장이라고 해서 명령만 할 줄 알고 명령에 복종치 않으면 나쁜 사람으로 질타하고 처벌하는 따위의 권위주의 발상은 시대의 뒷전으로 물러가고 있다. 내가 뜻한 대로 안 될 때 그 원인부터 알아보고 그쪽을 이해하려는 노력부터 하면서 그쪽이 잘못 생각하고 있으면 설명해 주고 이해시키면서 시정해야 한다.

잘못을 지적받은 사람은 누구나 잘못을 저지를 수 있으되 그 잘못은 다시 저지르지 않도록 노력하면 된다. 만일 내가 한 일이 나는 그렇게 생각하지 않는 때 이해가 잘못되었을 때는 그 이유를 설명해 주고 또 상대의 반응을 들어 봐야 하며 여기서 자연히 해결점이 생기게 된다.

화합의 시대이다.

저마다 잘났다고 따질 때가 아니다. 1987~88년도 우리나라의 노사분규와 같은 생각만 해도 낯이 뜨거운 부끄러운 일들은 다시는 저지르지 말자. 이제 다시는 그런 상기하기조차 싫은 일들, 힘과 시간과 돈을 낭비하면서 귀중한 시간을 허비할 때가 아니다.

앞을 보라, 저 앞이 내가 갈 곳인데 내가 어찌 뒷전에서 허튼짓만 하고 있을 수 있겠는가? 정치인들이 연단에서 강연장에서 남의 욕이나 퍼부으면 국민들이 시원하게 생각할 것이라는 고리타분한 상념에서 벗어나야 한다. 이제 그런 모습에 국민들은 식상하고 있다.

데모를 주도해서 무슨 지도자나 되어 보겠다는 정치꾼들이 있다. 이제 그런 일하기보다 실리를 찾을 때이다. 대변신이 요구된다. 꿈에서 깨어나야 한다. 나는 높은 사람도 귀한 사람도 더욱이 천한 사람도 아니다. 다 똑같은 사람이다. 똑같이 사고하고 있음을 알아야 한다.

1993년 1월 7일(목)
- 권위주의 -

권위주의란 독재체제 하에서만 횡행하는 것이다. 권위주의도 카리스마적 존재가 되게끔 해서 그 카리스마의 위력으로 국민을 또는 사람들을 통제하겠다는 뜻에서 생긴 일들이다. 이러한 모델이 전체 국민들에게 파급되어 조그마한 조직이나 단체에서도 권위주의적 행위나 행사가 다반사로 이루어지고 있다.

사상事象의 옳고 그른 것이 문제가 아니고 문제는 그 권위에 흠이

가느냐, 빛이 되느냐에 달려 있다. 이 권위주의는 그것을 음해하는 어떤 사언행위도 용납지 않는다. 나라의 대통령에서부터 관공서 공무원, 심지어는 일선의 순경까지도 그 권위주의를 내세워 국민을 호령하려고 한다.

이러한 풍조는 일반 기업에서도 마찬가지다. 병원이나 기타 특수집단에서도 전문직업인들은 자기의 직업성을 그렇지 않은 사람들이 모르기 때문에 혼자서 알고 있는 전문지식을 권위적 태도로 휘두른다. 전문분야를 모르는 사람들이 그 부분에 대한 질문을 하면 "넌 아무것도 모르면서 무슨 쓸데없는 질문을 하느냐" 또는 "너한테 아무리 설명을 해주어도 알지도 못할 것을 무슨 질문을 하느냐"식의 권위주의에 도취해서 거만을 떠는 수가 있다. 그는 전문분야는 모르는 사람보다 직업적으로 더 알고 있겠지만 그것이 그 사람의 권위를 형성하지는 못한다.

권위란 어떤 특별 분야에 전문지식이나 기술을 가지고 있다고 해서 이루어지는 것이 아니고 어떤 제한된 특수지식이나 기술이 아니고 인간으로서의 전체적 숙성 또는 완숙도가 커졌을 때 저절로 생기는 것이고 권위란 그래서 결코 강요하거나 억압으로 이루어지는 것이 아니고 스스로 무게를 가지고 남을 감화시킬 수 있는 인격의 힘이라 할 수 있다.

모자라는 사람들이 대통령이 되거나 공무원이라도 될라치면 심지어 하급 공무원이라 하더라도 무슨 큰 권력이나 가졌고, 그 권력이 권위도 붙여주는 것으로 생각하게 되는 것은 참으로 부끄러운 일이다.

권위는 힘이 아니고 그 인격의 무거움이 주는 광채라고 할 수 있다.

1993년 1월 11일(월)
- 화합과 협동 -

우리는 배가 고파서 굶지 않으려고 열심히 일하는 힘을 가지고 오늘의 경제를 이룩했다. 이제 밥술이나 먹게 되니까 권리를 찾아야 한다고 아우성치며 열심히 일한다는 기질은 없어지고 갑자기 쇠퇴해지고 말았지만 이러한 경기침체Depression를 일으킬 만한 대안 제시가 없었다.

그것은 이번 대선에서도 마찬가지였다. 이제 우리는 새로운 시대, 정신을 찾아야 할 때이다. 앞으로 우리에게 주어진 과제는 경제재건이다. 더 이상 늪에 빠지게 할 수가 없다. 그러기 위해 언제까지고 조립경제에 안주할 수는 없다.

중요한 것은 기술개발이다. 우리도 남과 같이 새로운 기술을 개발해서 기술 패권주의, 기술 민족주의에 과감하게 뛰어들어야 한다.

세계는 지금 블록화하고 있다. EU가 그렇고, 북미 무역협정이 그렇고, 아시아와 일본이 블록화할 것이 보인다. 이들의 권역경제는 기술이 선도할 것이란다.

앞으로 20년 내에 기술선도 국가군과 기술종속 국가군으로 나눠진다고 한다. 우리는 그때 기술 종속국으로 전락해서 개발도상국에 머물러서는 안 된다. 남보다 기술을 선도하기 위해 우리는 정성을 다해 일하고 연구하고 공부하여 우리의 자존심을 키워 나가야 한다.

정성, 정진의 시대정신이 요구된다. 우리끼리 반목하고 비판하고 질시, 반목하는 데에서 벗어나 한국인이 하나로 뭉쳐 새로운 근면, 절약의 시대정신의 기치 아래 뭉쳐서 화합하고 협동하여야 할 때이다.

1993년 1월 12일(화)
- 문화 -

자연현상은 시간과 공간에 관계없이 획일적으로 보편적이고 불변인 법칙에 의해 지배되고 있는 것이다. 그러나 인간만이 가지고 있는 문화현상은 가변적이고 아주 다양하다. 문화란 오로지 인간에게서만 볼 수 있는 현상이기 때문에 인간적이란 말은 필연적으로 문화적이며 또 반대로 문화적인 것은 반드시 인간적이라고 할 수 있다.

　　문화란 인간의 정신적 요구를 충족시켜주는 활동, 현상, 표현을 뜻한다. 인간 생활에서 순전히 동물적 또는 생물학적 또는 물질적인 것 외에 정신적인 욕망을 추구하는 것은 아주 중요한 일이다.

　　문화사회라는 말을 물질적으로나 질적으로나 도덕적으로 상당히 높은 수준에 이른 고등교육을 받은 사람 혹은 산업화된 사회를 말한다.

　　문화는 보다 구체적으로 한 사회의 수준 높은 학문의 발달, 문화 예술 활동과 깊이 있는 도덕적 의식을 뜻한다.

　　그러나 문화 없는 경제활동은 가능할 수 있지만 경제를 전재하지 않는 문화는 생각할 수 없다. 마르크스가 생각한 대로 인간의 물질적 조건은 정신적 현상에 선행된다. 그러나 경제활동은 그것이 아무리 중요하더라도 어디까지나 인간의 정신적 충족을 위한 수단에 지나지 않는다. 문화야말로 동물로서의 인간을 인간으로서의 동물로 승화시키는 활동이며 방법이며 척도이다.

절대빈곤에 허덕였던 우리 민족의 가장 긴급하고 중요한 문제가 경제적 자립임을 뼈저리게 느끼지 않았던 이는 아무도 없다. 그러한 과정을 거쳐 오늘에 이른 우리는 그 경제활동이 지향하는 우리 문화의 향방을 똑바로 봐야 한다. 더 나아가 또 반대로 어떤 문화인이라는 사람들이 오늘의 문화를 가져온 경제활동, 과학, 기술 등을 바탕으로 한 오늘의 경제 결과를 비판하고 조소하고 저주하는 모순된 현상도 생기게 되었다.

이것은 숲은 모르고 나무만 보는 눈이다. 물질적 충족이 있어야 정신적 충족을 가질 수 있다. 물질적 빈곤은 문화를 가질 수 없다. 그러나 이것이 지나쳐 물질적 충족이 황금만능주의에 빠져 문화를 망각할 때 우리는 동물에 지나지 않는다.

그래서 경제활동은 우리가 무엇을 위해 하는 활동인가를 알고 하여야 한다. 문화는 결코 낭비가 아니다. 근래 서구의 문명이 물밀듯이 들어오고 있다. 우리의 경제 또는 물질의 풍요는 이러한 서구문화에 의해 거의 광적인 행태를 보이고 있다. 꽃나무의 뿌리와 토양이 경제이면 그 나무와 꽃은 문화이다. 경제가 즉 뿌리가 흙 속에서 잘 자라면 그 꽃은 아름답고 싱싱하다.

문화와 경제는 이러한 관계이다. 그런데 그 꽃나무는 자기가 자란 토양에서 펴야 잘 자란다. 다른 토양에서는 자라지 못한다. 자기의 토양이란 자기의 전통이며 거기서 피어난 꽃은 전통문화이다. 억지로 서양의 사상과 문화를 흉내내는 것은 꽃을 피우는 것이 아니고 조화를 즐기는 것과 같다.

우리는 그 꽃나무 뿌리에서 우리의 얼, 우리의 슬기, 우리의 강인한 민족성, 건강한 육체를 찾으며 거기 꽃이 피어날 때 우리 것을 찾는 주체라는 보람을 갖는다.

뿌리가 우리의 모체인 것과 같이 우리 경제도 우리 문화의 모체가 됨을 알고 경제활동의 지향을 찾고 거기에 거름을 주고 잡초를 뽑아서 아름다운 우리 전통의 꽃을 피워야 한다.

1993년 1월 28일(목)
－ 정보화 시대 －

21세기를 바라보는 우리는 새로운 변혁이 절실함을 실감하고 전자기술과 정보통신 기술이 눈부시게 발달하는 시대에 진입하고 있음을 알고 우리 자신의 철저한 개혁을 절감하여야 한다. 이제부터 우리가 겪어야 할 정보화 사회란 능률성과 합리성이 제고되고 사회복지가 이룩되며 사회구조가 지식집약화된 고도의 창조적 사회를 말한다.

이에 부응한 정보산업의 발전은 첨단컴퓨터의 등장과 통신기수의 발전이 예상보다 더욱 빨리 이룩되며 국제간의 산업경쟁력은 정보통신 산업의 경쟁력에 정비례하게 될 것이다. 10년 전만 해도 컴퓨터는 수치계산만 하던 것이 이제는 문자, 그림, 영상인식에서부터 음성까지도 해독하게 되었으며 좀더 있으면 냄새까지도 포함한 인간의 감각을 모두 다루게 될 것으로 전망된다.

이러한 시대에 대비하여 우리가 알아 두어야 할 일은

1. 우리가 너무 오랫동안 공업화 사회에 접하고 있었음에 비해서 컴퓨터나 통신기술을 접할 수 있는 시기가 너무 짧아서 우리의 기존 의식이 정보화 사회에 진입을 막고 있기 때문에 경영인, 전문직업인, 근로자 자신들의 의식의 벽을 허물고 정보시스템을 개방하는 데 적극 참여하여야 한다.

2. 앞으로 개인소득의 증가와 더불어 각자 개인의 개성화, 국제화, 다양화의 시대조류의 영향으로 가치관이 물질에서 정보로 옮겨 감에 따라 어릴 때 가정에서부터 정보·전산지식을 터득하도록 하여야 한다.

3. 경제의 흐름이 이제 '규모의 경제'에서 '범위의 경제'로 이행하는 시점에서 기업에서의 산업 소프트화, 다각화에 익숙해져야 하며 통합생산시스템과 융통성 있는 생산시스템으로 연결되는 총합 생산 시스템으로 바뀌어야 하고

4. 통신시스템의 고도화 즉 무선 전산기기, 데이터 통신 산업의 발달이 요구되고

5. 국제화 시대를 맞이하여 모든 정보시스템의 표준화가 요구되며

6. 행정부부터 솔선해서 과감한 개혁, 변신을 하여야 할 것이다.

1993년 2월 12일(금)
- 블록화 -

세계는 지금 냉전 소멸로 미소의 대결이 끝나고 그렇게 원수 취급하던 소련이 없어지고 이제 동서 각국의 갈 길은 어디인가, 누가 누구를 미워해야 하는가, 사랑해야 하는가, 새로운 질서를 모색하고 있다.

세계 각국이 갈 길을 찾고 있다. 세계 블록화가 우선 단기적인 갈 길인 것 같다.

EC는 완전히 블록화했다. 미국의 영향력은 줄어들었다. 이제 더 이상 미국의 눈치는 안 보려고 하고 있고 미국 자신도 이제 미국은 세계의 경찰국가가 아니라고 한다. 미국은 북미 블록을 형성했다. 아시아는 그 나름대로 블록화를 시도하고 있다. 그런 식으로 세계가 블록화 되면 각 블록의 입지가 좋아지고 블록끼리의 마찰은 블록 내의 붕괴를 가져오게 된다.

그러나 이제 아시아는 일어나야 한다. 근대 인류역사는 서구 문명이 선도해 왔고 서구세력이 세계를 이끌어 왔다. 아시아인은 그 피부색깔과 더불어 서구인들에게 항상 열등의식을 가지고 살아왔다. 세계는 무력의 세계로부터 경제력이 크게 대두되었다. 아시아의 경제력은 향후 20년 내 무서운 힘을 발휘할 것이다. 아시아인도 일어설 때가 왔다. 정정당당하게 서구인에 맞설 때가 왔다.

한국은 늦어도 10년 내에 통일이 될 것이다. 통일 한국은 결코 아시아에서 작은 나라가 아니다. 북조선은 공산주의를 지키는 것이 종주 소비에트에 대한 충성으로 믿고 오늘에 왔는데 소비에트가 이제 없어졌으니 자기 스스로 주체니 무엇이니 하며 자기 테두리에 합쳐서 그 세력을 유지해 보려 하고 있다.

누군가 누구의 세력 하에 있다는 것이 문제가 아니다. 세계는 그러한 한두 개개인의 지배하에 있는 질서를 완강히 거부한다. 모두가 협력하되 서로 신뢰하는 사회 속에서 블록의 힘을 키우자는데 나는 나만 살아야 한다는 주장에 사로잡혀 있다가는 자멸하고 만다.

통일 한국의 아시아에서의 책무는 과소평가함은 없을 뿐 아니라 우리는 우리의 위상이 무엇인지를 확신하고 모든 생각과 행동은 큰 것을 목표로 삼아야 할 것이다.

1993년 2월 15일(월)
－ 생명 －

사람이 살아가는 데 가장 중요한 것은 생명이다. 생명이 병들거나 쓰러지면 아무것도 없다. 재산이나 권력은 물론이지만, 이 지구도 우주도 존재치 않는다. 생명은 인간의 전부이다. 그러면 생명이란 무엇인가?

한 사람이 건강하게 먹고살면서 자기 자신의 발달과 원만한 사회생활을 할 수 있는 것이 생명이다. 건강하다는 것은 무엇인가? 신체에 결함이 없고, 병이 없고, 정상생활을 활발하게 할 수 있는 신체조건을 흔히 건강이라고 한다.

신체의 건강을 위한 타당한 음식 섭취, 적당한 운동, 그리고 적당한 휴식이 필요하다. 그러나 이러한 신체 건강을 위한 여러 가지 일들도 결코 쉬운 것은 아니다. 편식이나 과식 또는 결식은 해서 안 되고 끊임없이 쉬지 않는 규칙적인 운동이며 규칙적 생활을 통한 일정한 휴식 등은 결코 쉬운 일이 아니다. 엄청난 인내와 지속성과 끊이지 않는 노력이 있어야 한다. 이러한 것들이 어떤 무리를 요구하는 것은 아니다. 평범하고 평상적인데도 불구하고 사람들은 이러한 평범한 일의 반복을 싫어한다. 그래서 이런 것을 이겨 나간다는 것이 중요하다.

또 건강으로 생명을 지키는데 생명이란 신체적 조건만을 말하지 않는다. 생명은 정신과 육체로 되어 있다. 건강을 말할 때 육체만 생각하는 사람이 많다. 정신이 더 중요할 뿐 아니라 건전한 정신의 통제를 받는 육체이어야 건강하게 된다. 건전한 정신이란 불안이나 초조나 과도한 욕심 등에서 해방되는 것이다. 항상 편안한 마음이 곧 건전한 정신이다. 항상 편안한 마음이란 과욕이 없고 남을 사랑하고 남을 도와주고 남으로부터 신뢰받고 존경받는 정신이 곧 건전한 정신이다.

이와 같은 존경과 신뢰를 받는 사람이 되려면 남달리 부지런하고 물질에 허황된 욕심들, 사치나 낭비가 없고 남을 도와주고 사랑해 주는 상태라야 불안이나 초조가 없는 편안한 사람이 된다. 그것이 곧 건강의 요체이다.

사랑은 모든 것을 내포하고 있다. 부조, 노력, 신뢰, 존경 이 모든 것이 사랑에서 유래한다. 생명이 그렇게 존귀한 것일진대 그 생명은 나의 것만이 아니고 남의 생명도 똑같다. 인생은 혼자서 사는 동물이 아니다. 더불어 살 수밖에 없고 거기서 이웃과 사회와 국가와 세계가 있다.

내가 건강한 생명을 가지고 싶으면 똑같이 남의 생명도 존중해 주어야 한다. 그것이 곧 사랑이다. 내 신체의 위해를 나는 싫어하느니 만치 남의 신체에 결코 물리적으로 정신적으로 위해를 주어서는 안 된다.

폭행·폭력은 물론 남에게 위해를 가할 수 있는 불결이나 질병 전파도 결코 있어서도 안 되며 그것은 곧 죄악이다. 이러한 물리적 행동보다 더 나쁜 것이 있다. 남의 생명에 위해를 가하는 것 중 아주 나쁜 것이 남을 증오하거나 시기, 질투한다든가 남의 험담을 한다든가 남의 명예를 손상시키는 일이 생명에 아주 중요하고 큰 위해를 주는 것이다.

물리적 폭력, 살인과 동등하게 남을 증오, 험담, 시기, 질투 등의 정신적 살인은 더 무서운 것이다. 남을 도와주고 이해해 줄 때 나도 도움을 받을 수 있고 신뢰를 받을 수 있다.

생명의 위해 중 아주 나쁜 것이 이기주의이다. 나 자신의 생명을 지키기 위한 나 자신의 발달만 하면 된다는 착각을 하게 되는 수가 있다. 남도 나같이 발달하지 않으면 나의 발달은 아무 의미가 없다.

남을 속여서 나의 이득을 보고자 하는 사기행위는 악질적인 이기주의이다. 나만이 잘사는 것이 아니고 잘산다는 것은 모든 사람들과 더불어 사는 것을 잘사는 것이라고 한다. 잘사는 사람이 아무도 없는데 나만 잘산다고 하면 그것은 잘사는 것이 아니다. 잘산다는 뜻은 남과 비교해서 하는 말일진대 비교가 없는 잘 삶은 결코 잘 삶이 아니다. 생명은 아주 중요한데 나의 것이나 남의 것이나 말이다.

1993년 2월 16일(화)
- 정신문화 -

인간이 최소한의 의식주를 해결하면 정신적 욕구를 충족시키기 위한 노력을 한다. 그것이 곧 문화이다. 인간 정신의 순화향상이 곧 문화이다. 과학, 철학, 문학, 예술 등 모든 학문의 발달에 참여하게 된다. 그러면 자칫 물질 만능에 빠지지 말도록 자연과 같이 공존하면서 자연이 가지고 있는 착함과 순리로움과 아름다움을 공유하려고 노력한다. 그것이 문화의 본질이다.

이렇게 문화가 발달하면서 인간을 계도하고 즐겁고 남을 해치지 않고 서로 도우며 믿고 화합하며 살아가는 인간 정신의 순화가 곧 문화이다. 그래서 문화인은 될 수 있는 대로 최소한의 규약을 만들어 그 규제 밑에서 서로가 서로를 해치지 않고 도우며 살아가도록 한다. 그것이 문화가 창출한 법이 되는 것이다.

사람이 사는 공동사회는 반드시 공동의 삶을 위한 질서가 있어야 한다. 질서 없는 혼란은 인간들을 불안하게 한다. 국가는 법을 만들어 인간들이 그 법 테두리에서 서로 해치지 않고 살도록 하고 있고 그 법은 집행관이 있어서 지키도록 계도하고 감시하고 법을 어기면 벌을 주도록 하고 있다. 이것이 곧 질서이다.

질서는 이러한 계급적 뜻만 가지고 있는 것은 아니다. 혼잡을 초래하지 않도록 무엇이든지 합리적일 수 있도록 순서를 지키는 것도 질서이다. 부모와 어른을 공경하고 순종하며 이해하고 사랑하는 질서 말이다.

이러한 질서는 우리에게 어디서나 깨끗한 환경을 가져올 수 있도록 각자가 노력하여야 한다. 나의 몸도 깨끗해야 하고, 옷도 깨끗하게 입고 내 집도 주변도 마을도 청결케 함으로써 내가 즐겁고 남이 또 즐겁다. 그래서 문화란 질서와 청결이라고도 한다.

1993년 2월 17일(수)
－우리 민족의 갈 길－

한 나라의 흥망성쇠는 시장경제질서의 제도적 기능 양식과 문화 윤리적 특성인 국민정신의 상호관계에 의해 결정된다. 우리나라 경제 침체의 원인은 국민의 생활 태도(사치, 낭비) 직업의식, 윤리적 태도(졸부), 공중질서 관념, 공직 관념(부정부패) 등 국민정신의 해이와 책임감 결여가 그 큰 원인이다.

이 모든 것은 사람에 의해 이루어지는 것이며 그만큼 인력이 큰 문제이다. 즉 사람의 문제이다. 1920년대부터 1940~50년대에 태어난 사람들은 뼈저린 가난에 생존 지혜survival wisdom를 습득해 살아왔고 이 생존 지혜는 오늘까지 지속되면서 이제는 오히려 우리 사회 전체의 생존과 진보를 위협하고 있다.

이제는 생존 지혜와 같이 나와 내 가족을 위해서가 아니라, 공동체 전체를 위해서 또 남을 위해서 공동체 진입을 넘어 오랫동안 지속되면 생존체가 이기주의로 타락하고 정신기능 향상high-mental process에 진입하는 데 실패한다.

학교에서는 전임교육은 학교 밖으로 내팽개치고 비본질적인 요소들이 주인행세를 하고 있다. 즉 학교는 가족이기주의를 확산시키는 각축장이 되게 만들었다. 즉 교육은 개인적 출세와 성공을 목표로 한 경쟁터로 바뀌었고 여기서 이긴 자를 공식 확인시켜 주는 기관으로 되었다. 예컨대

1. 국·영·수 위주로 선발 경쟁시키는 것

2. 객관식 문제로 경쟁시키는 것

3. 지식과 경력으로만 능력을 측정하고, 인격과 성품, 활동력을 선발해서 제외시키는 것 등이며 국·영·수 외의 독특한 기능과 자질을 가진 자는 매장하는 교육이 문제이다. 우리 민족은 역동성vitality이 있다. 신명나면 무엇이든지 할 수 있다.

각 개인의 독특한 재능을 살리며 그것은 공동체 전체의 이익과 어떻게 조화시키느냐에 따라 새 한국 창조의 성공 여부는 달려 있다.

1993년 2월 19일(금)
- 한민족의 역동성vitality -

한국 사람은 가능성이 있는 민족이라고 한다. 어떤 사람은 그것을 한국인의 역동성이라고 한다. 그 역동성을 나는 두 가지로 보고 있다.

우리는 하면 된다는 민족적 자신감을 가지고 있는데 첫째는 우리는 어려울 때 일어설 수 있는 민족이다. 가난해지면 죽어라 하고 일한다. 이를 악물고 일을 한다. 결코 좌절하지 않는다. 그래서 요새 우리

경제가 내리막길이고 사회 혼란이 극에 달했지만 이런 일이 극에 이르면 이 민족은 반드시 다시 기를 쓰고 새 삶을 세워 나간다. 그것이 가장 자랑스러운 민족 자존심이다. 그래서 우리는 역사상 수다한 침략을 받고 멸망 직전까지 갔다가도 다시 나라를 되찾을 수 있었는지 모른다.

그런데 한 가지 큰 결함이 있다. 조금만 일어나면 조금만 잘살게 되면 금방 나태해지고, 해이해지고, 교만해지고, 허세에 빠지고 만다. 이것이 우리 민족의 약점 중 가장 큰 약점이다. 어깨에 힘주기 좋아하는 민족이다. 어렵다가 다시 일어서면 다시 분발해서 더 크게 도약하겠다는 야심을 잃어버린다.

조금 벌어놓고 엄청나게 벌어놓은 것같이 허황 떨지 말아야 한다. 그러한 우리의 약점만 없어지면 이 민족은 마구 일어난다.

우리 민족이 또 하나 가지고 있는 역동성으로 신명나기 쉬운 민족이다.

신명만 나면 상상을 초월한 괴력을 발휘하는 능력을 가지고 있다. 서구에서는 무대가 있어 거기서 춤을 추고 노래를 한다. 그러나 우리나라에는 그런 무대가 없다 정도가 아니고 멍석 깔아놓으면 배워놓은 재간도 못 부린다고 한다. 서구사람들은 멍석을 깔아놓아야 잘한다. 그런데 신명만 나면 우리나라 사람들은 기가 막힌 춤을 추고 노래를 부르고 온갖 재주를 다 피운다. 그것은 신명나는 일이어서 지칠 줄 모르는 초인적 능력이 된다. 이것이 이 민족의 역동성이다.

어떻게 하여야만 이 신명남을 일으키게 하는가? 우리가 올림픽을 거뜬히 치를 수 있었던 것은 신명이 나서 민족의 힘을 기울였기 때문이다. 세계 모든 나라들은 올림픽만 치르면 나라가 발전하다고 한다. 그런데 우리나라는 올림픽 치르고 경제는 땅에 떨어지고 사회 혼란은 유심해졌다. 좀 잘했다 하면 계속 잘해야 하는데 그러지 못하고 허풍에 빠지고 교만해지고 해이해졌기 때문이다.

이제 우리는 다시 이 역동성을 살릴 때가 왔고 이제 다시 일어나면 우리는 지속적인 자기반성과 힘의 신장에 게을리 해서는 안 될 것이다.

어려우면 다시 일어나는 저력과 신명을 일깨우는 길을 찾아야한다.

1993년 3월 1일(월)
− 진리와 진실 −

진실은 변할 수 있어도 진리는 불변한다.

진리란 관념적인 개념이고 사념이고 진실은 육감과 더불어 느끼는 것이다.

사랑한다, 미워한다, 있다, 없다, 간다, 온다는 다 진실이다. 육감으로 느낄 수 있는 것이 진실이다.

진리는 진실보다 한 차원 높은 사상이다.

사랑한다는 조건 없는 사랑 — 어떻게 사랑한다는 것이 아니라 인간적 매력, 성적 매력, 이성 간의 매력으로 사랑하는 것이 아니고 내 나라를 사랑한다는 사랑이 이 국토를, 이 국민을, 이 정부를 사랑한다가 아니고 전체적인 포괄적인 내 나라를 사랑한다는 것이 진리이다.

내가 자식을 사랑하기 때문에 추운데 나가려면 두꺼운 옷을 입혀 주고 넘어지면 이끌어 주고 학교 가면 공부 잘하기를 바라는 사랑은 진실이지만 그 모든 것이 사랑이라는 진리에서 시작되는 것이다. 그 진리로서의 사랑과 사랑하는 수단으로서의 사랑과는 엄연히 차이가 있다. 부모가 자식을 사랑한다는 것은 진리에 속하지만, 사랑하는 자식이기 때문에 추운데 나가 다니지 못하게 한다는 것은 진리로서의 사랑은 아니다. 자식을 위해서 부모는 자식을 추운 날일수록 나가 극기훈련을 시킨다. 그렇다고 그것이 사랑하는 것이 아니라고는 아무도 말 못한다. 방법이 아니고 사랑한다는 차원 높은 정신이념이 진리이며 진리는 변하지 않는다.

종교는 천국으로 또는 극락으로 가는 길을 가르치는 것이다. 결코 천국은 어디에 있고 그곳은 어떤 곳이라는 것을 가르치는 것이 아니다. 천국으로 가는 길 방향·방법은 종교의 일이요 진리를 탐구하는 자의 일이지만 천국에는 나무가 많고 물이 맑고 날씨도 좋고 따위를 천국이라고 하면 그것은 사기이다. 지옥은 뜨겁고 기름 가마니가 끓고 따위는 거짓말이다. 그것은 진리가 아니기 때문이다.

진리는 불변하기 때문에 강하다.

역사는 수많은 순교자들을 기록한다. 진리를 위해서는 자기 목숨도 버릴 수 있는 것이 믿음이다. 불변의 영원진리를 믿는 것이지 소유하는 것도 먹는 것도 보는 것도 듣는 것이 아니다. 믿는 것은 영원불멸의 진리이기 때문이다.

천국과 지옥은 이렇다고 설명하지 말라. 누가 가본 일이 있느냐, 천국이나 지옥은 누가 가본다는 지각의 세계가 아니다.

모르면 모른다고 하라, 그것이 진리이다. 모르면서 아는 체하는 것 그것은 진리를 모독하는 것이다.

1993년 3월 9일(화)
− 일본인의 대한對韓 감정 −

일본과 한국의 감정적 대립은 꽤 심각하다. 우선 일본 측 시각을 검토해 보자. 일본은 아시아에서 맨 처음 자력으로 서구문명을 도입해서 현대국가로 탈바꿈하였다. 그러나 메이지明治유신 이전 일본은 아시아에서는 동떨어진 섬나라로 외래문화를 받아들일 기회가 적어서 일본 자체로서는 아시아에서 가장 문화가 뒤떨어졌던 나라다. 그러한 상태에서의 서구문명의 흡수는 지극히 용이하여 과학문명에 따른 무력팽창이 급성장하여 무력에서 아시아 최강국가가 되었다. 그러한 이유로 태평양전쟁을 일으키게 되었고 결국 비참한 패전국이 되었으나 전승국인 미국의 도움으로 경제 대국으로 다시 일어나게 되었다.

이러한 근대사는 일본인으로 하여금 아시아에서 일본인은 가장 분명하고 우수한 민족으로 자찬케 되었고 이러한 일본인의 국민감정은 아시아에서 가장 오만한 민족으로 등장하게 된다.

어떤 면에서는 일본인은 일등국민이라는 과대망상에 빠져 있기도 하다. 거기에 사사건건 일본인에게 쓴소리 하는 민족은 한국인이다. 그런데 그 한국인은 전후 일본에서는 일본인도 먹고살기 힘든 패전 직후 과거에는 내선일체內鮮一體라 하여 너도 일본국민 또는 황국식민이라고 부르던 한국인을 너희는 딴나라 사람이라고 모든 면으로 푸대접이나 차별대우하지 않을 수 없는 패전 당시의 일본 형편에서 한국인은 자연히 살기 위해 술장사나 파친코 등 외식사업에 종사하며 그러다가 치부하게 되니 일본인은 한국인은 술장사나 사기행위나 하는 민족이라고 깔보기 시작하게 되었다. 그러면서 옛날 황국 문화의 일본 유입 등 과거 역사가 발굴되는 데 대한 반발 의식이 겹치면서 한국인을 싫어하거나 미워하는 감정이 일본인들에게 퍼지게 되었다.

또 일본이 경제 대국이라면서 한국인은 과거의 질긴 악연(クサリ 緣)을 가지고 사사건건 트집 잡아 돈이나 뜯어 먹으려는 민족이라고 허위 선전 또는 오해하기도 하게 되었다. 이러한 또는 이와 유사한 감정을 일본인은 아시아 각 민족에게 동등하게 가지고 있다. 다만 동남아 민족들은 일본의 말을 잘 듣는 얌전한 민족이라고 생각하고 그들을 멸시하면서도 한 등급 아래 민족으로 취급하면서 또 사랑도 해주고 있다.

반면 일본이 현대국가로서 이렇게 된 것은 서구문명을 일찍 받아들였기 때문에 또 태평양전쟁의 전승국이 미국이라는 점 등으로 백인에 대해서는 지나칠 정도의 비굴함과 또한 존경심을 가지고 그들에게 아첨하는 태도의 국민감정을 가지고 있다.

일본은 역사상 침략당한 일도 없으나 메이지유신 후 처음 아시아 각국을 침략하는 새로운 역사를 가지고 있어서 침략 국가로서 어려웠던 문제점보다 교만한 마음만을 가지게 된다. 일본인은 천황을 중심으로 한 애국심이 대단한 민족이고 말없이 열심히 일하는 민족이기도 하다. 그러나 그들이 좋은 뜻에서 큰 나라가 되었지만, 아시아의 많은 나라는 항상 일본을 경계하고 의심하고 속지 말자고 주의하고 있는 대상이 되고도 있다.

메이지유신 후 일본이 아시아 각국에게 저질렀던 많은 잘못이 있다. 그것은 그 시대에 일어난 힘든 일이지만 지금은 그로 인한 아시아 피침략국들은 엄청난 피해를 입었다는 것을 알아야 한다. 그런데 일본인은 그러한 사실을 인정하기를 거부한다. 심지어 그들은 우리가 언제 남을 침략했느냐 그들이 오라고 해 갔을 뿐이라는 식의 과거 망상에 사로잡혀 그들의 오만함을 더더욱 부채질하게 된다.

왜 일본인은 탁 터놓고 그런 일을 솔직히 인정하고 다시는 일본 역사에 그런 오점을 남기지 않을 것이라는 마음을 못 가지는가 참으로 안타까운 일이 아닐 수 없다. 섬나라 사람이니까 탁 터놓고 과거는 과거대로 인정하고 앞으로는 새로운 국가이념을 설립해서 다시는 남의 민족을 괴롭히는 일은 없을 것이라고 크게 소리칠 수는 없는 것인가?

정신대 문제도 일본이 먼저 끄집어 내놓고 말썽이 나니까 너희들이 가난해서 배고프니까 그런 짓 했지 내가 무슨 잘못이 있는가라는 식의 발뺌만 하려고 한다. 너무도 치사한 일이다. 가난해서 정신대 되었다고 하자, 누가 그들을 그렇게도 가난하게 했던가 말이다.

타민족은 깔보고 싫어하고 나는 우수한 민족이라고 오만하기 쉽다. 나는 결코 우수한 민족도 아니고 잘난 민족도 아니지만 시운을 잘 타서 이렇게 잘살게 되었다고. 과거의 많은 잘못된 일들을 인정하라. 이제 우린 지난날은 깨끗이 씻어내고 밝은 앞날을 위해 살려고 한다면 그들은 아시아에서 정말로 우수한 민족이 될 수도 있다. "어느 나라 민족이 정신대 문제, 원자탄 피해 문제 가지고 정부가 돈이나 뜯어내려고 한다"는 식의 저주스러운 언행은 아예 말아야 한다. 하늘이 용서치 않을 것이다. 아시아인이 그러한 과거의 일 가지고 돈이나 뜯어먹는 정도로 가난하지는 않다는 것을 알아야 한다.

1993년 3월 14일(일)
- 8.15는 우리에게 -

1945년 8월 15일은 우리나라 광복절이다.

일제의 쇠사슬에서 벗어나 40년간의 노예 상태에서 자유 독립 해방을 맞았으나 그것이 우리나라에 반드시 기쁨만을 가져다주지 못했다. 역사는 시간을 두고 해석해야 한다.

8.15 광복은 우리의 자력으로 이룩한 것이 아니고 외세에 의해서 이루어진 해방이었으나 그것이 진정한 해방은 못 되고 또 그 당시 신탁통치를 외세가 권장했지만 설사 신탁통치가 되는 한이 있어도 오늘과 같은 국가 분단의 비극보다는 나았는지 모른다. 또 더 거슬러 일본이 우리나라를 병탄할 때쯤 해서 러시아, 중국, 미국, 일본 등이 태평양으로의 진출 또는 인도차이나 대륙으로의 침공 발판으로 조선반도가 열강의 먹잇감이 되었음을 생각하면 일본에 병탄된 것은 역사적으로 꼭 나쁜 것이었는가는 알 수 없는 일일 것이다.

여하간 8.15 광복은 남북 분단국가로 만들었고 1948년 8.15와 9.9[1948년 8월 15일 남한정부 수립과 9월 9일 북한정부 수립을 말함-편집자]에 분할된 독립국가로 선포함으로써 우리나라 역사 1000년에 ─ 후삼국 이후 958년 ─ 처음 두 나라로 갈라졌다는 비극이 8.15 광복의 기쁨이 변질된 계기가 되었다. 그뿐 아니라 6.25전쟁이라는 민족 상잔의 한국 역사상 가장 큰 전쟁으로 580만 명의 희생을 낸 참극의 역사를 기록했다. 우선 남한만을 생각해 보면 한국이 독립한 이후 미소 양대 냉전 하에서 미국에 의해

    1) 나라가 독립되면서 은자의 나라가 미소를 업고 국제무대에 서게 되고, 1991년에는 UN에 가입되었다.

    2) 한국민이 민권을 찾을 수 있는 기회를 가지게 되었다.

    3) 근대화 시책으로 경제발전을 이룩하였다.

    4) 강한 국방력을 가지게 되었다.

    5) 인구폭발로 남한만이 4500만 인구가 되었다.

    6) 교육이 발달했다.

이러한 변화가 8.15 광복과 더불어 오늘의 역사를 수놓았으나 그러한 일들이 반드시 이 민족의 장래를 위해 어떻게 평가될 것인가는 좀더 시간을 가지고 관찰하여야 하며 결코 8.15 광복이 우리에게 광명만 갖다 준 것은 아니었음을 깊이 반성해 볼 필요가 있다.

1993년 3월 15일(월)

─ 노인 망언 ─

나이가 들면 많은 노인들이 말을 막 하는 버릇이 생긴다. 늙은이가 무

슨 말을 하든, 또 뭐 체면 볼 것 없고 무서워할 것도 없다는 생각에 남의 감정 모르고 함부로 말할 때가 있다.

그러나 그러한 말이 물론 세상의 비리를 바로잡아야 한다는 생각에서 궤도에서 좀 벗어난 또는 정도가 지나친 언행을 할 때가 있으나 이는 매우 중요한 문제며 노인일수록 삼가야 할 일이다. 생각에는 젊은이가 못 하는 일을 노인이 해야지 하는 생각도 있겠지만 노인이기 때문에 젊은이들에게 주는 영향도 생각하여야 하고 남이 못 하는 말이라면 왜 못 하는지도 생각하여야 하고 또 내 감정대로 토해버리는 식의 말은 경망하거나 또는 노망기가 든 말이 되기 쉬우며 많은 경우 젊은이들이 노인의 마구하는 말을 듣고 시원하다는 또는 내가 못하는 말을 잘했다는 식으로 고맙게 생각하는 일은 아주 드물다. 오히려 저 노인 주책이야 또는 노망기 들었어 또는 거저 흘려듣지 정도의 반응이나 받을 때가 많다.

노인일수록 사회의 선배일수록 그 말은 무게가 있어야 하고 후배들에게 교훈이 되어야 함은 당연한 사실이다. 내가 말하지 않으면 누가 할 것인가라고 생각하는 것은 아주 잘못이다. 어떤 젊은이나 꾸지람 비슷한 또는 싫은 소리를 듣고 그 말이 옳은 말이든 그렇지 않든 나는 내 부모한테서도 못 들어 본 욕을 한다고 원망한다면 그 노인의 말은 본인이 기대했던 것 이상의 역효과를 낼 것은 틀림이 없다. 이렇게 노인일수록 말을 조심해야 한다. 나는 결코 누구를 미워해서도 아니고 누구의 잘못을 욕하기 위한 뜻의 말도 아니었는데 오직 이런 좋지 않은 일은 일어나서는 안 된다고 해서 한 말인데 그 역효과밖에 나지 않는다면 그런 말을 해서는 안 된다. 노인이니까 또는 선배니까 막 해도 된다고 생각해서는 큰 잘못이다. 선배일수록, 노인일수록 듣는 사람의 감정을 충분히 생각해보고 다듬어 보고 말을 해야 한다.

가능하면 노인일수록 말을 안 하는 것이 좋다. 공연히 선의에서 한 말이 악의로 취급받는 망신을 하는 수가 있다는 것을 명심해야 한다.

1993년 3월 17일(수)
− 권력 −

인간이 탐하는 것 중에 명예, 권력, 돈, 성色, 식, 의, 주 등을 들 수 있다.

인간은 누구나 이런 것을 얻기 위해 욕심을 내고 노력하고 있다.

그런데 여기 문제가 있는 것이 있다. 그중에서 권력이란 자기 힘을 과시하는 것이다. 그 힘은 자기 아닌 남에게 과시한다는 것이며, 그러한 힘의 과시는 상기한 여러 가지 욕망을 취하고자 하는 데 목적이 있다. 그런데 이 힘은 결코 영구적이거나 언제까지 또는 오래 지속하는 것이 아니고 인간세계는 어느 누구가 이런 권력이라는 힘을 오래 보유할 수 있게 하지 않는다. 왜냐하면 어느 개인이 이러한 권력을 오래 가지고 있으면 그 권력의 힘으로 상기한 모든 욕심을 혼자서만 모두 차지하게 되며 인간 사회에서는 이러한 불평등을 아무도 허용하지 않으려고 하기 때문이다.

이와 같이 권력이란 극히 생명이 짧은 극히 유한적인 것인데 이 권력을 가지고 즉 권좌에서 그 힘을 올바르게 사용하면 그 권좌도 꽤 오래갈 수 있고 또 남으로부터 존경을 받기도 하지만 권력이란, 결코 약한 인간에게 분에 넘치는 강한 것을 주었기 때문에 거기서 발생하는 수없이 많은 부조리가 교만이라는 데서 시작되며 인류역사상 수많은 권좌가 종말에는 비참하리 만큼 타락해 버리는 역사적 사실을 우리는 외면해서는 안 된다. 또 이 권력이란 잡으려고 애를 써서 잡은 자는 그 권좌가 더욱 명이 짧을 뿐 아니라 그 뒤끝이 아주 불결함을 알아야 한다. 많은 사람들이 또 이 권좌에 앉으면 곧 물러날 것을 모르기도 하거니와 물러난 후 다시 말해서 권력을 상실했을 때의 자기의 처신을 생각지 못하는 우매한 사람이 많다. 혹시나 권좌에서 물러난 후에도 예전의 권좌에서 누리던 위세를 써보려고 내가 엊그제까지 무슨무슨 자리에 있었는데라고 하소연해도 그때는 먼저 남의 웃음거리만 되고 말 것이다.

사람은 열심히 노력해서 얻어진 자리를 차지했을 때 그 자리가 권력의 자리라고 생각지 말고 더 무거운 책임의 자리라고 생각해서 자기 자리에 주어진 임무를 성실히 수행할 때 그 자리는 길게 유지되고 남의 칭송과 존경을 받고 자기가 속해 있는 사회에 도움을 주게 되는 것이며, 그것은 결코 권위라고 생각해서는 안 될 것이다.

1993년 3월 19일(금)
- 돈, 힘 -

무력, 폭력, 전쟁의 시대가 점점 기가 죽어가면서 세계는 경제의 시대가 다가오고 있다. 이제는 돈 많은 나라가 가장 잘 사는 나라가 된다. 그러다 보니 물질 만능시대가 되어버려 인간의 정신문명은 점점 쇠퇴해 가는 것 같다. 돈을 벌기 위해 모든 짓이든 하고자 한다.

돈으로 권력도 사고 명예도 관직도 이성도 무엇이든 입수할 수 있는 세상이 되었다. 원래 우리나라는 선비정신이라고 해서 돈을 탐내는 것은 부끄러워했던 일들도 있지만 돈이 요새같이 무력을 발휘한다면 좀 지나친 일들이 많이 생긴다.

돈은 있어야 하지만 돈에 탐을 내서 돈을 벌기 위한 인생을 산다면 돈은 벌어지지도 않거니와 그러한 삶이 결코 올바른 삶이 되는 것도 아니다.

가진 자를 질시 또는 시기하는 사람들도 있지만 그러한 감정은 더욱이 나쁜 것이다. 돈은 있어야 한다. 어느 정도의 돈이 있어야 하느냐는 경우에 따라 다 다르지만, 돈이 많은 것은 무슨 큰 나쁜 일이나 하는 것처럼 생각하거나 자기하고는 아무 관계도 없으면서 돈 버는 사람은 죄지은 사람이고 게으르고 부정직하여 가난하게 사는 사람이 올바르고 정직하다고 하는 사람들도 반성해야 할 일이다.

돈은 결코 벌려고 해서 벌어지는 것이 아니고 인생을 열심히 살면 돈이 뒤에서 쫓아오는 수도 있고 명예가 쫓아오는 수도 있는 것이지 인생의 목적을 돈에 두어서는 안 될 것이다. 또 돈만을 위해 나의 모든 것 다 희생한다는 생각은 더더욱 해서는 안 된다.

2. 메모

1984년

해방 후 40년, 보통 사람들의 사회가 만들어졌다. 해방되면서 1인당 국민소득 50달러밖에 안 될 때 벌써 의무교육을 실시했다. 이것이 우리 사회에 비상한 에너지를 발동시키는 요인이 되었다.

1960년대 공업화의 수레바퀴가 몇 차례 돌면서 1970년대 후반에 와서는 이제 농촌에도 셈 못하는 부녀가 없고 어느 공장이나 부대에도 대수, 기하를 배우지 않은 젊은이가 없다.

소시민 — 보통 사람 — 시골서 자라서 농고를 나온 뒤 군 복무 중에 익힌 기술로 도시에서 생업을 가지고 다른 시골에서 자란 여자와 결혼해서 37세의 남자, 월급 36만 원으로 단칸방에 가게가 붙은 집을 가지고 있고, 국민학교 다니는 아들딸 두 자녀의 교육에 삶의 보람과 희망을 걸면서 열심히 사는 소시민. 부자를 부러워하지 않고 언론은 더 자유로워야 하고 나라의 통치자는 국민들이 직접 뽑는 것 옳다고 주장하는 식견도 가진 시민.

보통 사람들의 출현 — 그들은 민주주의가 무엇인지 알며 민주주의를 충실히 지킬 것을 주장한다. 농촌에 가도 부녀자들이 면 직원보다 학식이 높아지고 있다. 보통 사람들은 자꾸 기하학적으로 늘고 있다.

정치하는 사람들이 멋모르고 국민을 개조하려 들지 말라. 공무원들이 이전 방식대로 국민들을 몰아붙이려고 하지 말라. 일류 대학을 나왔다고 우쭐대거나 선민의식을 가진 사람은 웃기는 존재가 되어가고 있다.

1984년 11월
- 11월 조회 -

요새 학생 데모는 우리 사회의 큰 문젯거리가 되고 있다. 정부에서는 극히 일부의 소수 학생들이 학원의 면학 분위기를 흩트러 놓는 것이라며 크게 모인 것이 아닌 것처럼 목소리를 높였는데 지난번에는 서울대학에 그 극히 일부의 극렬 학생을 진압하기 위해 6400여 명의 경찰관이 옛날 로마 시대의 십자군 같은 중무장을 하고 서울대학 캠퍼스 내에 쳐들어가는 준 전쟁 상태를 야기했던 일이 있다.

요새는 매일같이 학원에서 거리에서 돌팔매와 최루탄 가스로, 서울 시민들은 그 물리적 시달림보다 국가 장래를 위해 이 사회 소요를 근심하지 않는 사람이 없게 되었다. 학생들이 데모로 극성을 부리는 나라는 지금 세계에서 한국과 필리핀뿐이다. 어쩌다 우리나라가 필리핀 같은 후진 독재 국가와 어깨를 겨누게 되었는가 하고 생각해 보면 스스로 창피함을 금할 수 없다.

대학의 교문을 사이에 두고 피를 흘리며 맞서고 있는 저 젊은 대학생들과 저 젊은 전투 경찰대들은 누구들인가? 만일에 오늘이라도 이 땅에 공산군이 침입한다면…… 저 젊은이들은 바로 앞으로 10년 20년 후에 이 나라를 짊어져야 할 사람들인데 지금 저렇게 피를 토하는 싸움만 하고 있으면 어떻게 하겠다는 것인가? 이 나라는 장래 어디로 가려고 이러한 진통을 겪고 있는 것인가?

데모는 대략 두 가지 줄기가 있는데 ― 반체제적인 것과 반정부적인 것.

반체제적 혁명 운동은 대한민국 체제를 폭력의 힘으로 전복하려는 시도이어서 이를 발본색원하는 데 선택의 여지가 있을 수 없다. 그러나 반정부적 소요와 주장에 대해서는 강대한 힘을 가진 정부의 물리적 제압이라는 방식을 버리고 좀더 참을성 있게 대학의 자율을 더 기다려 보면서, 오랜 세월 타율성 제압 밑에만 있다가 지금 비로소 자율적 심호흡 해보려고 하는 진통을 지켜봐 줘야 할 때가 아닌가 한다. 이러한 맥락 속의 데모의 원인은,

첫째, 정치 도덕의 타락
둘째, 사회 정의의 소멸
셋째, 의사 발표의 부자유

등을 들 수가 있다.

데모가 정치적, 경제적, 문화적, 구조적 모순과 불합리를 그 대상으로 하고 있다면 그 주장의 합리성 여부의 판단과 함께 문제를 바로 잡아가려는 책임은 당연히 당국도 져야 한다. 스스로 냉정을 찾아서 우리 국가의 진로를 바로잡을 때가 왔다. 우리가 느끼는 이 사회적 소요와 불안이 무엇인가 우리의 빛나는 장래를 위한 진통이어야 한다.

지난 11월 7일 미국의 민주당 대통령 후보 먼데일Mondale은 그의 고향 세인트 폴St. Paul 미네소타Minnesota에서 그의 마지막 대통령 선거 패배 강연을 하였는데 참으로 감명 깊게 보았다. 그는 "우리 모두 위대한 미국인들은 우리의 지도자를 뽑았으며, 그[8]는 훌륭한 대통령임을 우리 미국인들은 자랑으로 삼아야 한다. 우리는 비단 패했다 해도 우리나라와 우리 민주당의 민주주의에 환호를 보내고 우리 국민의 자유에 갈채를 아끼지 않는다. 우리는 이번 선거의 패배 속에 승리 씨앗을 심었으니 결코 좌절하지 않는다."고 하였다.

우리 한국 사회가 겪고 있는 지금의 이 아픔과 불안은 우리에게 실망이나 좌절을 안겨주지 않고 그 아픈 진통 속에서 내일의 빛나는 희망이 심어져 있기를 기도한다.

이러한 생각에서 우리들의 젊은이들을 폭력으로 질타하지 말고 더 뿌리 깊은 사랑과 이해를 가지고 이 난국을 타개해 나가는 데 누구나 인색하지 말아야 한다.

---

8) 1984년 미국 대통령 선거에서 승리한 공화당의 로널드 레이건Ronald Reagan을 말함.

1986년

내가 어렸을 때 부모님이나 선생님이 고루하다고 느꼈듯 세대차 감각이 지금은 형인 대학생과 아우인 고등학생 간에 일어나고 있다. 이러한 의식 구조의 차이가 세대 간의 갈등과 불신으로 치닫고 이것이 우리 가정과 사회의 구석구석에 앙금으로 깔려 있다.

20여 년 전 1인당 국민소득 80달러였는데 이것을 이룩하기 위해 4000년이 걸렸는데 이제 1년에 100달러가 넘는다.[9]

사람들의 의식 구조와 가치관은 바로 경험을 통해서 형성되는 것이다. 섭씨만 쓰던 우리의 경험은 화씨의 체감온도를 느끼지 못한다. 미터meter를 쓰던 우리의 경험은 인치inch의 가치를 모른다. 변화의 속도가 너무 빠르다 보니 우리 사회에는 경험이 전혀 다른 세대들이 공존하고 있기 때문에 세대 간의 갈등이 생긴다.

자식의 수업료를 마련하기 위한 옛날 부모의 어려움을, 지금 세대는 고마움도 어려움도 자기와는 관계가 없는 것으로 생각한다. 기성세대의 취약점은 과거 지향적이고 현실 안주적이며 변화에 따라가지 못한다. 이들은 쓰라린 과거를 가지고 있으며 이를 극복하기 위해 많은 땀을 흘렸다. 그리고 많은 것을 성취하였다. 그런데 이들은 그동안의 성취에 자만하고 현재 진행되는 변화를 수용하는 데 낙후되고 있다.

한편 젊은 세대는 환상적이며 도덕적 기반이 취약하다. 그들은

---

9) 대한민국 1인당 국민소득이 80달러였던 해는 1958년이고, 이 글이 쓰이기 전해인 1985년의 1인당 국민소득은 2457달러이다. 수치를 잘못 기록하였다.

많은 것을 유산으로 받았다. 그러나 이들은 그 유산들이 마치 하늘에서 떨어진 것처럼 생각한다. 그래서 그들은 쾌락주의, 이기주의의 유혹을 크게 받고 있고 실천적 책임감보다 환상적 욕구 불만을 앞세우기 쉽다.

기성세대는 과거지향적인 경직성에서 탈피해야 한다. 내가 세상을 따라가야 한다. 어려운 환경 변화에 꾸준한 자기 노력으로 적응하는 신축성을 가져야 한다.

젊은 세대는 좀더 겸허해야 한다. 지금 그들이 물려받은 유산은 결코 적은 것이 아니며 그것은 기성세대가 땀으로 창조한 것임을 인정하고 여기에 감사해야 한다.

분수를 알고 이기利己와 공리功利를 자제할 줄 알며 도덕적으로 두텁게 사는 길을 넓혀가야 한다.

1987년

나는 여행을 떠나기 전에는 부담을 느낀다.

길 떠나고 싶지가 않다.

습관이 된 삶에서의 일탈이 싫어서이기 때문인 것 같다.

매일 되풀이되는 여러 가지 일의 시달림이 나에게 짐을 주지만 내가 항상 하는 평상시의 습관에서 벗어나는 것이 싫기 때문일 것 같다.

잠자는 것, 먹는 것, 여기저기 가는 것, 사랑하는 것, 모든 것이 내 인생을 지탱해 주는 습관화된 삶에서 일탈이 나를 불안하게 해주기 때문인 것 같다.

그러나 여행을 떠나면 나는 새로운 나를 찾아내기도 한다.

이제 전화 소리도 방문객도 결재 서류도 골치 아픈 일의 스트레스도 우선은 없다.

거기서는 오직 나만이 있다.

나의 침전沈澱을 본다.

가만히 가라앉은, 앙금 앉은 나를 볼 수가 있다.

나는 여행에서 나에게 열중할 수가 있다.

내가 나 자신에게 열중하는 시간을 평상시에는 가져보지 못한다.

집에서는 거저 밀려서 사는 밀리는 인생을 살지만, 여행에서는 외롭고 고독하지만 스스로 자기 속에 밀고 사는 삶을 가진다.

여행은 고독하다. 그러나 그 외로움이 여행을 즐겁게 해준다.

생각하는 시간, 나를 들여다보는 시간, 나에게만 열중하는 시간을 가질 수 있기 때문이다.

고독이란 거울을 통해서 내 삶의 많은 것을 다시 음미해 본다.

1988년

계단 옆 돌 틈의 한 떨기 노란 꽃 그 아름다움
　　하느님의 빛을 거기서 본다.
　　어느 위대한 화가가 저보다 더 아름답게 그릴 수 있는가?

누가 감히 저런 하느님의 숭내[흉내]를 낼 수 있는가?

씨앗이 자라서 꽃과 나무가 되고 생명이 주어지고

과일과 곡식이 여물어서 사람의 생명을 기르고

먹은 것밖에 없는 애기는 자라고

태양과 은하수, 쉬지 않고 일 초의 오차도 없이 자전하는 지구를 비롯한 수많은 별들.

더 위대한 힘의 조화는 그 속에 누가 하느님의 섭리를 부정할 수 있는가.

하느님이라는 어휘가 싫다면 초자연의 힘이라 해도 좋다.

그 표현이 어떻건 거기서 우리는 인간이 상상할 수 없는 인간이 해낼 수 없는 천지조화를 보면서 사람들은 흔히 인간보다 차원이 다른 신의 존재를 긍정한다.

사람의 얄팍한 지식으로 이해할 수 없는 힘 — 그것이 신의 섭리이다.

우리는 우리 주변 모든 것에서 이 신의 섭리를 보고 느끼며 거기에 순종하며 신의 섭리에 어길 수 없음을 안다.

신은 유무有無의 대상이 아니다.

신은 그 위대한 섭리는, 존재함을 우리는 아무도 부인치 못한다.

1988년

도도한 충격과 변화의 흐름을 타지 못하면 낙오되고 만다.

사람이 많고도 귀한 이유 — 이 물결을 타는 사람만이 살아남는다.

제멋대로 사는 것이 아니고 제 뜻대로 살아야……

사회가 집단화, 도식화될수록 개인에 대한 존경과 신뢰가 없어져 간다. 그것은 슬픈 일이다.

위대한 한국인 상은 웃음과 관용에 있다.

장승, 조각, 석불 — 어디서나 빙그레 웃는다.

모두가 목청을 낮추어야……

차분한 대화와 지혜는 가라앉은 목소리에서 우러난다.

진실이 없는 말은 세상을 더욱 시끄럽게 한다.

심신이 건강해야 한다.

피로하면 판단력이 흐려진다.

심신이 약해지면 통솔력도 약해진다.

아무리 유망한 기업도 아무리 뛰어난 경영자도 위기를 맞을 때가 있다. 신념으로 극복해 내는 철학이 확고하면 절대로 패배하지 않는다. 더욱이 기업이 잘 되고 모든 것이 순탄하고 넉넉할 때, 철학은 더 중요하다.

철학이 없는 자에게는 호황으로 돈을 많이 벌었을 때가 더 위험하다.

기업은 나만의 것이 아니라는 인식, 특히 자수성가한 사람에게 더욱 그러하다.

획득한다고 하여 다 사유私有는 아니다. (삼략三略)

천하를 내 것으로 함은 곧 천하를 잃게 되는 것이기도 하다.(육도六韜)

개개의 인간보다도 집단으로서의 기세를 더 중요시하라. 기세를 이용해 승세를 굳혀라.

인간은 이론으로는 해명할 수 없는 면을 가지고 있다. 그 예로 인간적인 매력을 들 수 있다. 똑같은 말도 A의 말은 잘 먹혀 들지만 B의 말은 순탄하게 받아들이지 못한다.

사람을 끌어들이는 흡입력, 분위기 조성 능력이 우월한 자가 윗자리에 앉아야 한다.

일을 낙樂으로 살자.

인생은 낙樂으로 살라.

직장에 가고 싶어 하는 직장인, 항상 얼굴에 웃음을 가진 사람, 찡그린 찌푸려진 우울한 얼굴 아닌 즐거울 수 있는 길은 남을 도와주는 것, 남에게 주는 일, 기쁜 마음으로 남에게 주는 것. 마음을, 노력을, 돌봄을, 가진 것을, 웃음을, 즐거움을 주는 사람 — 인생을 낙樂으로 사는 사람이다.

무엇이든 남에 주려면 내 희생이 뒤따라야 한다. 희생을 즐겁게 생각하는 마음.

나의 노력을 나의 소비를 내가 남에게 주면 반드시 그 갚음이 온다.

즐거움을 주어 그 즐거움을 받은 상대가 즐거워하거나 고맙게 생각하는 것을 볼 때 나도 즐겁고 행복해진다. 그것이 보답이다.

세상에 공짜는 절대로 없다.

주는 사람 얼굴은 보기가 좋다. 행복해 보인다. 행복은 미美다.
미美는 제대상 위의 양羊이다. 양의 희생이다. 희생은 미美다.

1989년

근래에 국내외 정세의 급격한 변화에 따라 우리의 대외 관계나 남북
한 관계, 국내 정치 경제 제반 문제에 대한 새로운 문제들이 제기되고
있다. 또 그러한 문제들을 새로운 시각에서 재점검하고 종전과 다른
방향에서 풀어 나가려는 모색이 더욱 절실해진 시기에 접어들었다.

우리 국가가 궁극적으로 추구하는 목표가 경제적인 번영과 민족
의 생존 보장 그리고 통일이라고 할 수 있다.

전쟁은 억제되어야 하고, 남북의 상대방에 대한 제諸 정책과 통일
정책의 전반적 틀 속에서 갖는 위상이 검토되어야 하며 오늘날 우리
내부의 갈등 문제가 안보에 더 중요하다는 지적도 있고 북쪽도 나름
대로의 해결해야 할 내부 문제가 있다.

일찍이 한국 사회에서 남북한 관계가 지금처럼 세인의 관심을 크
게 끈 시기는 없었다. 그것은 어떻게 보면 분단 40여 년 역사에 대한
일대 반성의 소산이 될 수도 있고 시대 상황의 변화에 수반된 의식의
전환에 기인된 것일 수도 있다.

통일주의와 운동은 다각도로 제기되고 있지만 아직 통일 국가의
실현을 위한 총체적인 민족적 합의나 실천적 의지가 구체적으로 창출
되지는 않고 있다.

분단이 어떻게 이루어졌든 통일은 이제 우리 민족 내부의 문제이
고 스스로의 힘에 의해 해결되어야 할 명제이다.

그러나 이러한 민족적 이상을 현실화시키는 데 먼저 생각할 것이
남북은 각각 일정한 국가체제가 존재하고 있고 한반도 문제가 주변
국제 환경과 무관할 수 없다는 것이다.

1990년

안정된 사회 구조는 사람들 사이에 서로 공유하고 수용되는 가치와
규범을 전제로 하는데 사회가 갑작스럽게 경험해 보지 못했던 변화
과정에 돌입하면 이른바 무규범 상태anomi에 빠져 사회 질서는 혼미
와 불확실성의 특징을 보인다.

자유민주주의

현실적으로는 자유도 없고 평등도 존재하지 않는 상황에서, 자유
민주주의란 허망한 이데올로기의 기치가 국민 대다수를 기만하고 있
을 때 이에 대한 저항 세력인 이상주의와 정의감에 불타는 젊은 세대
들, 학생들에 대한 위정자나 선배들의 이해 부족은 집요한 저항 운동
을 계속하게 했다.

끈질긴 독재 탄압은 학생들로 하여금 전문적인 혁명 전사를 만들
었다. 형무소에 갔다 오면 전부가 직업적인 체제 저항 운동가가 된다.

국민의 바람과 학생들의 요구 중 정당한 것을 들어주는 노력이

있었던들 자유를 추구하던 학생 운동이 평등을 추구하는 사회주의 운동으로 변질되고 동구의 사회주의 운동의 몰락에도 불구하고 우리나라의 사회주의 운동은 심지어 주사파들에 의해서 우리 정부를 북에 넘겨줘야 한다고까지 하게끔 했다.

정체성 위기identity crisis

20대에 급진주의가 아닌 자는 심장이 없는 자이다. 그러나 40대에도 급진주의적인 자는 머리가 없는 자이다.

말로만 정의, 민주, 평화, 자유, 박애를 가르치면서 실제로는 그것과 완전히 동떨어진 기성세대를 볼 때에 느끼는 좌절감, 회의, 갈등.

주체사상과 북한 상황.

자유민주주의와 자본주의 문제.

남북한의 군사 대결은?

1990년

이것은 나의 일이다. 이것은 나의 삶이다.

남의 인생을 대신 살아주는 것 아니다.

이것이 내 인생이다.

사회의 질을 평가하는 절대적인 기준은 인명 존중의 수준이다.

교양 없는 민족

기자, 교수, 변호사들이 1년만 입 닫고 있으면 나라가 잘될 것이다.

난장판 같은 이 사회에서 그래도 무엇인가를 만들고, 깨지려는 사람을 타협시키려고 노력하는 사람은 어용이라고 만사를 부정적으로만 보면서 깨부수고 비판만 해온 사람은 영웅으로 만드는 사회.

오늘날 이 나라를 망치고 있는 주인공은 바로 우리다.

1990년
– 춘천전문대학[10] 1990년 졸업식 –

이제 학교와 교수님들과 아쉬운 이별로 이 대학의 졸업을 마치고 여러분은 대부분이 곧 당당한 취업인으로서 직업 전선에 뛰어듭니다. 자기 직업에 대한 뚜렷한 목적의식과 사회인으로서의 사명감이 태동하고 있습니다.

전문 분야에서 직업을 가질 때 이제부터 상당 기간 훈련을 쌓을 것이며 그 훈련은 자기가 맡은 전문 분야뿐이 아니고 그 직장 전체를 이해하는 한 공동체의 멤버로서 협동이 무엇이며 왜 중요한가를 체험하게 될 것입니다.

우리는 풍요로운 세계를 지향하고 있습니다. 풍요로운 세계란 인간과 동물 식물 등 모든 생명이 사랑받는 세계를 말합니다.

---

10) '춘천간호전문대학'의 줄임말이다. 현재의 한림성심대학교이다.

지금 우리나라는 세계 기능 올림픽에서 항상 우승하는 나라이니만큼 기능은 뛰어났지만 도덕이 자리를 잃고 있습니다. 도덕은 인간의 모든 것입니다. 그것이 정치, 경제, 문화, 교육 모든 면에 기초가 되는 것이며 도덕이란 사랑을 뜻합니다.

인명을 존중하고 자연과 모든 사물을 사랑하는 마음이 도덕이며 곧 인간의 삶의 기초입니다.

졸업생 여러분! 춘천전문대 출신이라는 긍지를 잊지 마십시오. 서둘지 맙시다. 많이 생각하며 행동합시다. 그리고 건강하고 자기에 충실하며 매일 열심히 살아갑시다.

1991년
- 국제화 -

반성 없이 모든 것을 받아들여서는 안 된다.

국제화라는 말을 낭만주의적으로 해석하고 있지나 않는가

그것은 진귀한 문물의 수입과 새로운 지식과 취미의 지평의 확대이다.

그래서 무해 안전한 생활양식의 개선을 뜻하고 있다.

무엇인가 양보하지 않고 획득할 수 있는 것으로만 이해해 왔다.

피나는 현실의 변혁일 수도 있다.

기업의 중역들이나 대학 교육의 몇 할割은 외국인이 되기도 한다.

즉 상품이나 자본의 수출입만이 아니라 인간 자체의 교류를 뜻하고 있다.

국제적 인간 교류의 경험이 적은 우리 민족은 외국인과 평등한 입장에서의 생활 양식은 큰 문제가 될 수 있는 것이다.

한국인 자체의 국제화가 요구되고 있다.

민족주의, 국수주의에서의 탈피

이질 문화와의 마찰 — 대문명의 역사 창조

불변의 부분과 가변의 부분을 알아야……

1991년

초창기 지방대학이라는 핸디캡은 우수한 학생을 선발하는 데 기대에 못 미쳤다.

그러던 중 1989년도 몇몇 학생들의 주도로 대학은 김일성 주체사상의 교육장으로 변모하면서 해방대학이라는 기치 아래 교수들의 연구실 출입마저도 주동학생들의 제지를 받고 학교 문은 완전히 폐쇄되는 불상사가 일어났다.

내가 대학을 세운 목표는 우리 대학의 건학 이념에 따라 젊은이들에게 학문적 배움과 수련의 장이 되도록 함에 있었지 추호도 국가 혁명기지화하자는 데 있지 않았다. 몇몇 학생들의 폭력에 의한 학교의 점령은 여타 대부분의 학생이나 뜻있는 교수들에 의해서도 수수방관 또는 무관심의 대상이 되었거나 일부 소수의 교수들은 이들 무분별한 학생 집단에 아첨하는 자조차 나타나게 하였다. 나는 결코 대학이 어떠한 학문이나 학문의 자유를 억압하는 곳이라서는 안 되며 그렇다고 대학이 국가 혁명의 기지일 수는 더더구나 없다. 대학은 배우는 곳이고 연구하는 곳임을 목표로 하고 있다. 여기서 터득한 배움과 학술 연구 결과는 장차 우리나라와 세계의 평화를 위해 크게 공헌할 수 있기를 바랐지 대학이 곧 혁명하는 곳이라고 생각하지 않았다.

짧은 개교 10년에 이러한 부끄러운 역사를 기록하면서 지금 우리 대학은 다시 조용히 학습하고 연구하는 데 늦은 밤, 불을 밝히고 있다.

교수, 학생과 재단은 이제 다시 부끄럽지 않은 또 10년의 역사를 쌓기 위해 모두 다 열심히 노력하고 있다. 학생들의 수준은 점차 높아지고 있다.

지방대학이라는 핸디캡도 차차 줄어들고 있다. 많은 연구 업적이 쌓이고 있고 교수들의 학생 지도에 대한 열의도 점점 더해가고 있음을 보며 10년이라는 연륜이 어느 정도 성숙의 틀을 잡아간다는 것을 느끼며 쏟아 넣는 열성이 헛되지만은 아니었음을 스스로 자위하고 있다.

1992년

대학 개교 10주년이 지났다. 조용히 우리 대학의 그간의 발자취를 더듬어보면서 앞으로의 지향할 바를 생각해 보았다. 이 글은 나 개인의 생각이며 이사장이나 이사회에서 논의된 바가 아니다. 뜻있는 교수들의 깊은 관심과 솔직한 의견의 개진을 바란다.

우리 대학은 개교 일천하지만 여러 가지 면에서 사회의 주목을 끌 만한 발전을 해왔다. 그 이유는 첫째 저명한 원로 교수들을 포함한 우수한 교수들의 초빙과 학생 대 교수 비율이 꽤 높은 편이고 전반적인 학교 운영에 재단에서의 재정적 지원이 타 대학에 비해 상당히 높다는 세 가지 이유 때문이다.

거기에 또 재단에서는 대학에 대해 재정 지원 이외에는 인사 행정을 포함한 학사 전반에 대해 일체의 관여도 하지 않았고 100% 대학의 자율에 맡겨두었다. 또 특성학과로 사학과를 지정한 후 집중적 특성학과 육성에 관심을 가졌던 덕택으로 사학과는 우리나라에서 꽤 인정받는 학과로 성장했다. 이러한 일들이 긍정적 평가를 받을 수 있는 개교 10년의 모습이다.

그러나 부정적인 면을 나 나름대로 생각해 본다.

첫째 학생들의 질은 개교 초에 비해 해마다 떨어지고 있으며, 둘째 이러한 저질 학생들에 대한 교수들의 특별한 관심을 재단은 그렇게 요청했는데 교수들은 전혀 동조하지 않았고, 셋째 교수들의 수가 늘어가며 교단에 처음 서보는 젊은 교수들이 대폭 증가하면서 교육에 경험 없는 사람들이 많이 늘어나고 여러 가지 미숙한 의견들이 백출하며 교수들 간의 불협화음이 생기기 시작했고, 넷째 아직도 상당수의 교수들이 대학에는 강의하러 일주일에 2~3일만 나오고 서울로 가서 얼굴도 내놓지 않으며 대학 교수의 자율을 주장하는 사람들이 나왔고, 다섯째 초창기 들어왔던 교수들이 아직도 일 년에 한 편의 논문도 쓸 줄 모르는 사람들이 남아 있으면서 사사건건 불평불만을 교수들 사이에 전파시키고 있다.

최근에 논의되었던 교수평가제에 대한 몇몇 교수들의 불평에 대해서도 마찬가지다. 학문 연구를 할 줄 모르거나 하지 않아도 연수만 차면 승진도 마음대로 시키고 연구비도 줘야 하는가. 내 학술 연구를 남이 평가해주는 것이 그리 무서운가. 나의 전문 연구 분야를 누가 감히 왈가왈부 하는가 식의 불평은 말도 안 되는 이야기이다.

교수들 전체의 동의 없이 왜 이런 것을 행정 당국은 마음대로 하는가라는 말이 있는데 교수 전체가 총장도 서기도 다해야 한단 말인가. 학장을 포함한 교무위원회에서 통과되었으면 학장들은 각 대학에 가서 교수들에게 설명하고 의견이 있으면 교무위에 다시 그 의견들을 수합해서 개진하여야 하지 않았던가.

학문 모든 분야를 균일하게 평가 심사할 수 없는 여러 가지 문제는 있다. 학회지가 충분치 못하다든가 평가할 만큼 인력이 부족하다든가는 있을 수 있고 그런 문제는 평가 실시 과정에서 충분히 다루어질 수 있는데 무슨 불만인가. 대학 교수는 마치 사사건건 말썽부려야만 대학 교수가 되는 줄 아는가. 말들을 조심하고(교수로서의) 나의 말이 교수 전체에 어떤 영향을 주는지를 생각해 봤는가.

또 1993학년도부터는 특성학과를 지정해서 연차적으로 육성하자는 의견이 제시되었는데 이는 학교 재정 자립 정책과는 위배되는 길이니 1994년까지 연기하자고 해서 총장은 그리하기로 한 모양인데 총장은 재단에 재정 지원을 한마디라도 해보고 이런 의견에 동조하였는가. 1993학년도부터 신입생을 엄선해서 일정 수준 이하의 학생은 입학시키지 말자는(특성학과 육성의 일부 방침) 의견에 반대하는 이유는 무엇인가. 학교 자립도 지향 정책에 위배된다는 말은 성립되지 못한다. 겨우 200점 이하 학생은 뽑지 않는 방법을 해놨는데 학생의 질이 별로 나아지지 않았다는 평가는 너무나 경솔하다.

지금 개교 10년, 우리 대학은 재도약하지 않으면 그대로 3류 대학으로 떨어지고 말 것이라는 처지에 놓여 있다. 1993학년도에는 총장의 임기도 끝난다. 내 생각으로는 총장을 한 임기만 더 유임시키고 싶지만 누가 총장이 되건 이대로 대학을 그대로 끌고 갈 수는 없다.

대학 재도약의 방향을 연구하고 그 목표를 위한 과감한 추진력이 요청된다. 교수들이 무슨 말을 하건 교수들의 의견을 충분히 듣되 대학이 갈 방향을 벗어나지는 못한다.

교수평가제가 어떻게 결론이 났건 당장 지금부터 연구 안 하는 교수, 교육을 기피하거나 태만한 교수는 승진을 포함한 강력한 통제가 있어야 한다.

누가 무어라 하건 특성학과는 계획대로 추진되어야 한다. 교수를 상대로 이러지도 못하고 저러지도 못하는 우왕좌왕해서는 대학은 자라지 못한다.

대학은 도약할 때다. 어느 누구도 이 목표에 반대할 수 없다.

강력한 추진력을 가진 신망 있는 지도자가 요구되며 역부족일 때는 부득이 재단의 개입이 필요할 것이다.

1993년[11)

새 정부[12)가 들어선 지 약 80일이 지났습니다.

새로운 문민정부의 터 닦기는 왜곡되었던 과거에 대한 정지 작업부터 시작되었습니다.

매일 언론은 칼날 같은 단죄의 모습과 아직 판결도 채 받지 않은 사람들마저 영상 매체에 확대 방영되는 언론 재판의 모습도 가슴 아프게 하고 있습니다.

대통령은 이 나라가 이렇게까지 썩은 줄 몰랐다고 하고 대검 수사부는 마치 큰 승리나 이룩한 것처럼 기자회견을 하고 있습니다.

국민들의 대다수는 이러한 모습에 박수를 보내고 있습니다.

그러나 이 나라의 오늘의 위상은 그렇게 어두웠던 역사만 가지고 있지는 않습니다.

이 나라를 건국하기 위한 정치가들 중에는 진정 나라를 사랑하고 훌륭한 민주 국가 건설을 위해 목숨마저 바친 많은 정치가들이 있었습니다. 우리나라 근로자의 대부분은 남들이 생각조차 못하리만큼 부지런하고 잘살아보자는 열망의 세월을 가졌습니다. 수십만의 국군은 이 나라를 지키기 위해 아낌없이 목숨도 바쳤습니다.

꿈과 이상을 품은 수많은 젊은이들은 피 끓는 청년 운동도 하였습니다. 대동청년단, 민족청년단, 건청 등이 그것입니다. 새마을운동이 국민정신 기강을 바로잡는 데 크게 기여도 했습니다.

---

11) 이 글은 1991년의 다이어리에 들어 있다. 내용으로 보면 1993년에 쓰인 것이다.
12) 1993년 2월 25일에 출범한 김영삼 정부 이른바 '문민정부'를 말한다.

그러나 지금 이 나라는 혼돈 속에서 새로운 한국을 재건하기 위해 모두 일어서려고 하고 있습니다. 오늘의 개혁 작업을 반대하는 것은 아닙니다. 개혁은 하되 어떻게 이 나라를 끌고 가느냐라는 지표가 서 있어야 합니다. 이제 21세기를 앞두고 이 나라 정치와 경제와 사회 문화 모든 면에서 우리의 모습을 찾고 새로운 개혁은 명확하게 그 미래 모습을 그려놓고 우리는 개혁을 해야 합니다.

그러기 위해 우리는 오늘 이 자리에 모였습니다.

오늘 여러분이 제시하는 여러분의 슬기는 밝고 영광스러운 앞날을 위한 소중한 토양이 될 것을 확신합니다.

이틀간의 일정 여러분의 최선을 다해주기를 부탁하면서……

1993년

세상은 태곳적부터 쉬지 않고 움직이고 있다.

정체 상태status quo는 없다.

이것이 우주의 생명이요 실체다.

우주는 쉬지 않고 숨 쉬는 에너지가 불멸의 상태로 작용하고 있다.

만물이 살고 죽고 썩고 무너지고 흐르고 폭발하면서 쉬지 않고 생동하고 있다.

국가 민족 사회 문화도 쉬는 법이 없다.

항상 약동하며 어디론가 가고 있다. 더욱이 근대와 같이 급변하는 때 지구, 우주, 사회는 격동하고 있다.

인간도 쉬거나 정체될 수 없다. 죽음은 인간이 아닌 또 다른 변화로 전환하는 또 다른 움직임이다.

이러한 변화를 항상 예측하는 것이 인간의 슬기다. 다음에는 무엇일까? 그것이 중요하다.

이라크 전쟁을 승리로 이끌며 축배만 들던 부시Bush[13]는 그후의 세계에 닥쳐올 무질서를 예견하지 못했다. 그것이 오늘날 미국의 쇠퇴 원인이다.

앞을 볼 줄 알아야 한다. 냉전 끝나고 이제 적이 없는 시대의 앞으로의 문제는 무엇이냐 하니까 부시는 불확실하다는 말뿐이었다고 한다.

1993년
- 유교정신 -

나의 도덕적 양심의 명령을 초월자에게서 구하지 않고 인人의 간間에서 성립하는 규범적 윤리로써 인간세人間世의 질서를 유지할 수 있다고 믿는 것이다.

그리고 그 윤리성의 궁극적 조건을 나의 실존에 내재하는 본성에서 구한다.

---

13) 41대 미국 대통령을 역임한 조지 부시George H. W. Bush(1924~2018)를 말한다.

그리고 그 본성은 초자연적 실재로부터 오는 것이 아니라 그 자체가 자연적 절대자는 궁극자인 것이다.

인간세의 도덕이 야훼의 계명으로 유지되는 것이 아니라 나의 실존에 내재하는 본연지성本然之性에 의하여 발현되는 것이라면 당연히 그 발현을 끊임없이 가능케 하고 그것의 발현에 장애를 일으키는 요소들을 끊임없이 제거하는 작업이 필요하게 된다. 그리고 그러한 작업은 시간과 공간이라는 인간세의 역사성 속에서 이루어질 수밖에 없다.

동양인들은 옛부터 하늘에 계신 하느님을 믿지 않고 역사라는 신을 믿었다. 다시 말해서 인간세의 가치는 절대자와의 관계에서 일시적으로 결판나는 것이 아니라 지속적인 체험의 축적 속에서 그 윤곽이 드러나는 것이라고 믿었다. 따라서 그 지속적인 가치를 형성하는 것은 인간의 문화적 작업이며 그 문화적 작업의 방편을 총칭하여 교육이라고 불렀다.

하늘이 명한 것을 본성이라고 일컫고 그 본성을 따르는 것을 도라고 일컫고 그 도를 닦는 것을 교육이라 일컫는다.

天命之謂性 率性之謂道 修道之謂敎(중용)

1994년
- 10주년¹⁴⁾ 모두의 노력에 경의와 찬사를 보내며 -

역사라는 과정은 물 위에 배를 띄워 흘러가는 것이 아니고 물 위에 항로를 만들어 돛을 달고 항해하는 것이다.

이제 10년, 강산도 변한다는데 우리도 변해야 한다. 개혁이란 바람이 세차게 불고 있다.

우리는 10년을 살며 잘한 일, 잘못한 일을 다 경험했다.

이제 또 다른 새로운 역사의 성취를 위해 우리는 스스로 변해야 할 때이다.

권위주의와 허세에서 탈출하자. 무사안일주의나 눈치보기의 삶은 패배만 가져온다.

우리는 교육하는 장에 있다. 우리는 지역 주민을 위해 봉사를 얼마나 했나. 못했으면 해야 하고 하기 싫으면 삶의 역사를 성취하려는 다른 장으로 가야 한다.

앞으로의 10년 역사를 바꾸어 놓을 여러분의 노력에 기대한다.

1994년

1. 대학의 정체identity가 뚜렷하여야 합니다. 한림대학 아, 그 대학은

---

14) 1984년에 개원한 춘천성심병원의 개원10주년을 의미하는 듯하다.

이런 대학이지라고 타 대학과는 다른 인상을 주는 대학이어야 합니다.

1) 교수들은 심오한 학문 연구에 꾸준한 노력이 있어야 하되 결코 연구 논문의 양산量産이 요구되지 않으며 진지하고 지속적인 정직한 연구가 계속되어야 합니다.

2) 학생들은 대학 4~6년에 걸쳐 학문의 길을 이룬 바탕 위에 사회에 나가서 어떤 사태에도 능동적으로 대처할 수 있는 실무 능력을 갖추어야 합니다. 어떤 일에 직면해도 자신 있게 대처해 나갈 능력을 키워 놓아야 합니다.

3) 교수와 학생들은 질서가 분명하여 예의범절이 깍듯한 뚜렷한 학풍을 세워 나갑시다. 스승을 대하면 반드시 경례를 하고 스승은 제자들에 따뜻한 사랑의 웃음으로 대답해 주는 법도가 자리 잡기를 바랍니다. 당연한 일 같지만 아무 대학이나 갖출 수 있는 일은 아닙니다.

2. 자신감을 가지고 미래에 도전할 수 있는 교수와 학생이 되어야 합니다.

미래에 도전하기 위해서는 현실을 긍정하고 이를 올바르게 인식하는 능력이 필요하며 그러기 위해서는 과거 또는 역사를 엄정하게 파악하여야 합니다. 과거나 현실에 대해서 어떤 편견도 용납해서는 안 되며 지나친 미화나 비굴도 하지 말아야 하되 이러한 냉정한 역사 인식과 현실 이해를 바탕으로 건전한 미래를 자신 있게 설계해 나가야 합니다.

교수나 학생이 모두 우리는 밝은 미래를 가질 수 있다는 능력을 구체적으로 키웁시다.

미래에 대한 도전은 당연히 세계를 이해하는 데 있습니다. 구체적으로 세계를 알아야 합니다. 역사를 포함한 문화와 언어에 대한 구체적인 이해 없이 세계에 뛰어들 수 없고 미래에 도전하지 못합니다.(세계인의 양성을 목표로)

3. 교수나 학생은 모두 엄숙한 자연의 섭리에 대한 정의감과 신비감을 가지고 자연을 이해하고 자연에 대한 겸손한 승복을 잊어서는 안 됩니다.

자연의 섭리를 배우려는 겸허함이 곧 학문이요 자연의 법칙을 연구함이 과학입니다. 자연은 정직하며 결코 더함도 덜함도 없습니다.

우리는 과도한 집착, 부富, 명예, 권력에 현혹되어 자연의 섭리를 잊지 말도록 교육하고 훈련되어야 합니다.

자연에 대한 사랑을 배워야 하고 그것은 곧 생명에 대한 외경심과 사랑입니다.

인간 생명에 대한 사랑은 곧 자연의 섭리이며 이것이 곧 삶의 원천임을 터득하여야 합니다.

자연의 섭리를 이해함은 곧 인간을 이해함입니다. 그것이 곧 인문과학이기도 합니다.

4. 우리 대학은 뚜렷하게 가치지향적이어야 합니다.

무엇을 해서 안 되고 무엇을 하여야 하고 무엇을 할 수 있는가를 배우고 터득하여야 합니다.

지식은 법과 결부합니다. 선과 악에 대한 지식이 곧 가치를 결정합니다.

현실을 인식하는 능력 그리고 그것을 비판적으로 평가하는 능력이 곧 가치판단 능력입니다. 사람은 항상 여러 가지 대립되는 견해들과 씨름하는 과정을 거쳐서 하나의 가치 체제를 정립하게 됩니다. 이기심, 이유에 대한 무관심, 타인에 대한 존경, 책임을 받아들이는 자세가 인간의 가치 체계를 판단합니다.

올바른 가치관의 확립은 이러한 끊임없는 노력으로 이루어지며 거기에는 알찬 의지의 단련이 뒤따라야 합니다. 남을 비판하는 데는 열을 올리면서 자기 자신을 비판할 줄 모르는 오만이 대학의 가치를 떨구고 있습니다. 남을 비판하기 전에 자기 자신을 냉엄하게 비판하는 데 인색하지 맙시다. 나 같으면 이렇게 할 수 있겠는데, 그러지 말고 우선 내가 옳다고 판단되는 가치 행위를 할 수 있어야 남을 비판할 수 있다는 것을 배웁시다.

5. 개개인에 대한 전인적 양성을 목표로 합시다.

우리 대학은 집단 교육이 아니고 개개인에 대한 창의 교육기관이길 바랍니다.

대학은 상상력, 감성, 창의력을 발전시키는 곳입니다.

학생 하나하나의 타고난 재능의 전부를 최대한으로 발현시키는 데 힘써야 합니다.

학생들도 하나하나가 모두 보다 넓고 보다 깊은 지식에 갈망을 느끼도록 하여 배움의 기쁨을 발견하도록 합시다.

이것은 학생들 개개인에 대한 배려와 각 사람에 대한 교수의 깊은 관심만으로야 이루어질 수 있습니다.

교수 내용보다 사람에게 중점을 두어야 합니다. 이것이 인격적 관심입니다.(교수나 학생은 각각 개개인이 다름을 알아야 합니다.)

교수와 학생은 기쁨과 슬픔과 고민을 함께 나눌 수 있는 인격적 성장이 우선해야 합니다.

이런 의미에서 학습 과정에서 학생들의 적극적인 참여는 필수적입니다. 거기서 배우는 기쁨과 배우려는 욕망을 갖게 됩니다.

웅변이나 의사 전달의 기술을 배우게 하고 효과적인 의사소통 기술을 개발하도록 하여야 합니다.

언어구사 능력과 작문법을 알아서 자기를 능동적으로 표현할 수 있어야 합니다. 이러기 위해 비디오, 컴퓨터 등 현대적 홍보 수단에 숙달하여야 합니다.

대중매체의 해득에 비판적 평가 능력을 기름으로써 자기 인격 완성에 힘써야 합니다. 뜻도 모르고 부화뇌동하는 자아상실의 우愚를 범하지 말고 올바른 판단 능력을 가져야 합니다.

남과의 협동의 중요성을 터득하여야 하며 정의를 실천하는 데 용기를 가져야 합니다.

인간의 존엄성을 알기 위해 이웃을 사랑할 줄 알고 가난하고 불우한 이웃을 도울 수 있음을 배워야 합니다.

신체적 계발은 중요한 것이며 스포츠를 통해서 남과의 협동의 필요성을 배워야 합니다.

이와 같은 노력과 끊임없는 반성은 균형 있는 인간을 양성하게 됩니다.

6. 인간 공동체의 일원임을 알고 그 책임을 잊지 말아야 합니다. 지역사회에 대한 봉사 활동을 대학에서 터득하고 일생 동안 남을 위한 봉사 정신에 철저하여야 합니다.

자신의 행동에 대해서는 책임을 질 줄 알고 행동 결과를 받아들이는 데 비굴해서는 안 됩니다. 자유는 공동체 내에서의 책임을 수반함을 의미하는 것이며 이웃을 돕고 공동체에 봉사하는 데 능동적 참여를 배워야 합니다.

공동체 내 또는 지역사회에 대한 이와 같은 봉사 활동은 대학에서 배우는 이웃에 대한 사랑에 바탕을 두는 것이며 사랑이 행동으로 표출되는 것입니다.

재능을 개발하는 것은 자기만의 만족이나 자기 획득을 위한 것이 아니고 인간 공동체의 선악을 위한 것임을 깨닫게 하여야 합니다. 이웃에 대한 사랑을 가르치는 곳이 대학입니다. 이러한 타인에 대한 의식의 증진은 더 나아가 만인에 대한 기회 균등 분배 정의나 사회 정의와도 직결됩니다.

가난한 사람이란 경제적 수단이 없는 사람, 심신장애자, 소외된 사람들, 어떤 의미에서 완전한 인간 존엄성을 갖춘 삶을 영위할 능력이 없는 사람들을 가리키는 것이며 그들은 곧 우리들이 관심을 가져야 할 이웃들입니다.

7. 나는 우리 대학의 탁월성은 강조하지는 않으나 실천의 능력을

요구합니다. 거기에는 우리 공동체 모두의 능동적 협력이 있어야 합니다.

교수와 관리자, 이사진, 학부모, 졸업생, 재학생, 후원자까지 말입니다.

재단이 마련하여야 할 교육 연구 공간 부족에 대한 염려에 답합니다.

강의실 공간이 지금도 부족하다는 말이 있는데 사실이 아닙니다. 적어도 수년 간은 6000명 학생의 수업 공간은 충분합니다. 이제 체육관, 도서관, 대강당 등이 갖추어질 것이고 장학리에는 자연과학 계열의 연구단지가 세워집니다. 캠퍼스가 협소하지 않단 말이냐라는 비판은 비판을 위한 비판으로 하지 말고 옥천동 캠퍼스는 대발위大發委[15] 에서 결정한 것이고 춘천의 특수 상황이 캠퍼스 확장을 불가능하게 합니다. 재단은 캠퍼스를 위한 계속적 관심을 가지고 있음을 밝혀둡니다

1994년

한일 관계가 한참 민감할 때 우리는 지금 이 모임을 갖는다. 그러나 이러한 이벤트들이 일본으로서는 종전 50년, 한국으로서는 광복 독립 50년이라는 시대를 구획하는 데 그 뜻의 빛을 잃게 하지는 못하고

---

15) 대학발전위원회를 말한다.

있다.

그런 의미에서도 오늘 이 모임에서 여러 가지 중대한 문제들을 심도 있게 다루면서 진지한 토론을 해주신 여러분께 진심으로 감사하며 또한 이 자리를 빛내 주신 주한 일본 대사를 비롯 내외 귀빈에게 감사의 말씀을 드린다.

50년이라는 세월은 길면서도 짧은 시간이었을 것이다.

한국은 40~50년간의 일본의 지배에서 벗어나 독립을 성취하자마자 처참한 민족상잔의 전쟁을 치렀고 이어 가장 냉혹한 남북분단으로 민족이 갈라진 속에서 아직도 계속되는 무서운 냉전을 겪으며 세계화를 향해 세계열강 속에서 살아남기 위한 처절한 노력을 계속해야만 했던 50년이었다.

일본은 전쟁의 무참한 패배에도 불구하고 지난 반세기 동안 나라 바로 세우는 데 성공하면서 이제 경제 대국으로 성장하게 되었다.

원래 한국과 일본은 오랜 역사 속에서 서로 떨어질 수 없는 깊은 관계를 가져오면서도 서로의 이해와 협력을 저해하는 부끄러운 과정을 점철시켜 왔다.

이제 우리는 두 나라의 번영만 고심할 때가 아니고 동아시아 전체의 평화와 번영을 내다보며 더 나아가 세계 평화에 눈을 돌릴 시점에 서 있다.

일본을 더 알고 이해하기 위해 더 나아가 동아시아의 역사를 바로잡고 자랑할 줄 아는 미래를 공부하기 위해 우리 대학은 개교 10년에 일본학과를 설치하고 오늘 광복 50주년을 기념하여 이 모임을 가지게 되었다.

이 연구소[16]를 성장시키는 연구소장 지명관 교수의 필생의 노력에 높이 경의를 표하며 아울러 여러분의 끊임없는 성원을 바라마지 않는다.

다시 한 번 여러분께 감사드리며.

---

16) 한림대학교 일본학연구소를 말한다.

연보

1921년 1월 11일 평안남도 용강군 금곡면 우등리 417번지에서 윤경
     순尹敬淳, 김은신金恩信의 장남으로 출생.

1927년 봄 광량만공립보통학교 입학.

1933년 봄 평양고등보통학교 입학.

1938년 3월 평양고등보통학교 졸업.

1939년 4월 경성의학전문학교 입학.

1942년 3월 경성의학전문학교 졸업.

1942년 ~ 1945년 경성의학전문학교 부속병원 외과 조수, 백병원
     외과 수련.

1944년 윤봉옥尹奉玉 여사와 결혼.

1945년 초 ~ 1948년 백병원 퇴직, 고향 인근 용강온천 지역에서 성
     심의원 운영.

     6월 23일 장남 대원 출생(1950년 차남 대인, 1955년 장녀 미숙,
     1958년 차녀 현숙, 1961년 삼녀 성숙 출생).

8월 17일   해방 후 가족과 함께 서울로 와 백병원에서 체류.

1948년 6월 ~ 1950년 6월   충청남도 홍성에서 성심의원 운영.

1950년 7월 1일   한국전쟁 발발 후 동생 등과 함께 남쪽으로 피난.

　　　　8월 중순   경상남도 창년에서 제18육군야전병원에서 군의관 활동.

1950년 12월   충청남도 홍성에서 가족과 상봉.

1951년 3월 ~ 1954년 6월   백병원 외과 근무. 미 121 야전병원에 출퇴근하며 약 1년간 임상병리와 보존혈액 기술 배움.

1954년 8월 ~ 1956년 8월   미국 코네티컷 주 브리지포트병원 유학.

1956년 8월   성신대학 의학부(현 가톨릭대학교 의과대학) 부교수 부임.

1957년 5월 ~ 1960년 9월   성신대학 외과학 주임교수 및 교무주임.

1958년 8월   전남대학교에서 의학박사 학위 취득.

1960년 4월 19일   의과대학 학생 및 교수들과 함께 4·19혁명 참여.

　　　　10월 ~ 1963년 2월   가톨릭대학 의학부 부학장 겸 동 대학 부속 성모병원 부원장.

1961년 3월   서해 백령도에서 사회위생학 조사와 결핵 예방 사업 활동.

1962년 2월 1일   가톨릭중앙의료원 설립.

　　　　2월 ~ 1967년 9월   가톨릭중앙의료원 초대. 2대 의무원장.

1964년 ~ 1966년   대학외과학회 이사장.

1964년 ~ 1971년   대한병원협회 이사.

1966년   독일과 미국에서 가톨릭의료원 발전 위해 동분서주.

1967년 ~ 1996년 3월   미국 NIH(National Institutes of Health) 장학위원회 한국 지부 사무총장.

1968년 5월　가톨릭 의과대학 퇴직.

　　　　6월 10일　사단법인 한국의과학연구소 부속병원(필동성심병
원) 개원.

1968년 6월 ~ 1971년 11월　필동성심병원 원장.

1969년 4월　필동 한국의과학연구소에 맹인점자도서관 설립.

　　　　8월 4일　『외과학 각론』(공저) 출간.

1969년 6월 ~ 1970년　대한외과학회 회장.

　　　　~ 1974년　서울대학교 의과대학 동창회 회장.

1970년 11월 1일　한강성심병원 기공식.

1970년 ~ 1974년　필동성심병원과 한강성심병원은 중앙대학교 의
과대학 부속 제1병원, 제2병원으로 개칭, 중앙대학교 의무원
초대 원장.

1971년 12월 10일　한강성심병원 설립.

　　　　12월 ~ 1976년 2월　중앙대학교 의과대학 교수 겸 동 대학
의무원장.

1972년 ~ 1976년　한국의학도서관협의회 회장.

1973년 7월　의학 문헌 색인집(Index Medicus Korea) 발간.

1974년 4월　의료법인 성심중앙유지재단 설립, 성심중앙유지재단
이사장 취임.

1974년 6월　한국의과학연구소 이사장.

　　　　9월　임상영양연구소 설립.

1975년 2월 18일　성심자선병원 설립.

　　　　3월 ~ 1977년 12월　시각장애인들을 위한 전자도서관 운영.

10월 10일　제21차 대한의학협회 종합학술대회에서 「북한의 의료 보건」 특별 강연.

10월~1978년 1월　사단법인 인구문제연구소 이사장.

1975년 10월~1978년　침구에 대한 연구 사업 실시.

10월~1979년　천주교 구라회(救癩會) 인수·운영.

1976년 4월~1978년 7월　미국령 괌의 마리아나의료원 부이사장.

1977년 1월　서울 청량리 소재 서울동산병원 인수, 동산성심병원 개원.
인간과학연구소 설립, 학술지 《인간 과학》 발간.

1979년　가톨릭맹인선교회 후원회장.

1980년 1월 11일　강남성심병원 설립.

2월　서울보건연구회 결성.

1981년 1월　회갑 기념 논문집 『윤덕선 박사 화갑기념논문집』 발간.

2월~1989년　학교법인 일송학원 이사장.

12월　신림복지관 설립.

1982년 3월　한림대학 개교.

4월　제10회 보건의 날 국민포장 수상.

1983년 3월　춘천간호전문대학(현 한림성심대학교) 인수.

4월　국내 최초 의료윤리 모임인 성심의료윤리회 창립.

1984년 12월 10일　춘천성심병원 개원.

1985년 5월　병원협회 정기총회에서 「병원 경영의 전략적 접근 방향」 기조 연설.

1986년 9월　맹인선교회 가옥 마련, 전세 자금 1000만 원 기부. 국내 최초 중복장애 시각장애인을 위한 재활 시설 서울 라파엘의 집 운영.

10월 22일   강동성심병원 개원.

1988년 8월   강원도 장애인복지관 설립.

11월~1990년 10월   평양고보 동문회장.

1989년 11월   일송학원 이사장 사임.

1989년 11월~1996년   일송학원 명예 이사장.

1990년 1월   한림과학원 창설.

1991년 1월   수상집 『낙엽을 밟으면서』, 『병원 경영 실무』 출간.

3월   여주 라파엘의 집 개관, 중증·중복 시각장애 아동 보금

자리 마련.

1992년 10월   성심복지관(봉천사회복지상담소) 개관.

1996년 3월 10일   제주도에서 귀천.

14일   영결식 거행, 정부에서 국민훈장 무궁화장 추서.

1997년 5월   추모 문집 『주춧돌』 출간.

2001년 5월   유고집 『숨은 거인의 길』 출간.

2016년 2월   평전 『한국 현대사의 숨은 주춧돌, 일송 윤덕선 평전』 출간.